師兄雲系列

投融资那些事儿

|2019—2020年|

唐寅生 韩济阳◎主编

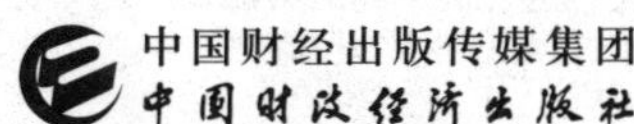

中国财经出版传媒集团
中国财政经济出版社

图书在版编目（CIP）数据

投融资那些事儿．2019—2020年／唐寅生，韩济阳主编．
--北京：中国财政经济出版社，2020.3
（师兄云系列）
ISBN 978－7－5095－9590－9

Ⅰ.①投…　Ⅱ.①唐…　②韩…　Ⅲ.①投资－基本知识②融资－基本知识　Ⅳ.①F830.59②F830.45

中国版本图书馆CIP数据核字（2020）第024430号

责任编辑：郁东敏　　　　责任印制：刘春年
封面设计：陈宇琰　　　　责任校对：张　凡

中国财政经济出版社 出版
URL：http：//www.cfeph.cn
E－mail：cfeph@cfemg.cn

社址：北京市海淀区阜成路甲28号　邮政编码：100142
营销中心电话：010－88191537
中煤（北京）印务有限公司印刷　各地新华书店经销
710×1000毫米　16开　23印张　344 000字
2020年4月第1版　2020年4月北京第1次印刷
定价：68.00元
ISBN 978－7－5095－9590－9
（图书出现印装问题，本社负责调换）
本社质量投诉电话：010－88190744
打击盗版举报热线：010－88191661　QQ：2242791300

本书编委会

主　编：唐寅生　韩济阳

副主编：马超杰　杨子荷　王子文

编　委：甘　睿　沈家齐　翟　旭

曹冬青	同济大学	陈　璐	里昂商学院
陈琼娴	香港科技大学	韩欣恒	上海财经大学
侯雅楠	上海财经大学	黄羽婷	上海交通大学
江思帆	上海交通大学	梁思远	上海交通大学
刘海洋	上海交通大学	刘铭基	同济大学
刘　艺	法兰克福大学	阮丹宁	同济大学
沈雨晴	复旦大学	石文岳	西安交通大学
宋紫珺	上海交通大学	陶　欣	上海财经大学
谢廷敬	上海交通大学	杨　涵	上海交通大学
张健聪	苏州大学	张正贤	湖北经济学院法商学院
张知正	吉林大学		

序一
Preface 1

中国经济发展的速度，是世界格局遭遇百年未见之巨变的关键变量之一。虽2019年中国投融资市场表现趋冷，全行业投资额大幅下降，企业暴雷情况频出，整个融资环境十分恶劣，然而在监管趋严，市场回归理性，人工智能发展，5G迎来元年和技术的不断创新，中国资本市场笑迎新的机遇与挑战。

面临前所未有的挑战，企业争相求变，而不变的是投融资的本质。投资者无非是希望“春种一粒粟，秋收万颗子”，而创业者希望通过“卖企业”，借助资本市场的力量创造更大的价值。二者在本质上都希望抓住超出预期的机会。

《投融资那些事儿（2019—2020年）》立足于投融资市场发展的现状，覆盖人工智能、金融科技、电子商务、在线教育、新零售、新能源等多个行业领域，通过40个备受资本市场关注的知名企业投融资研究案例，借鉴行业相关的公开数据，引领我们去探索和思考这些超出预期的机会。

现阶段，资本市场的谨慎性与避险倾向仍在持续。书中案例背后的分析思路与逻辑框架，提炼出来的未来行业发展趋势和创新型商业模式，对投资者和创业者都极具借鉴意义。

香港中文大学商学院副院长（创新）

麻省理工学院特邀研究员

张晓泉

2020年3月

序二
Preface 2

投融资是国家经济发展的重大动力。自古以来，不论是企业家还是投资者，能够在未来占得先机都是成功的主要因素。市场变化急速，随着中国以致全球的经济发展增速放缓，21 世纪企业投融资需面对更多元的挑战。立足当下，放眼未来的同时，我们也不可以忽略回顾过去的重要性。

唐寅生先生和韩济阳先生主编的《投融资那些事儿（2019—2020 年）》收录了 2019 年中国市场上 40 个被广为津津乐道的投融资案例，所提及的都是与市民生活息息相关的企业，探讨的主题涵盖当前的热点问题。文章语言朴实而简洁，深入浅出地分析案例，探讨市场定位、潜在机遇、企业将要面临的压力和挑战等，协助读者在短时间里获取精简有用的信息，了解市场趋势。

特别欣赏本书采用了由国内在读大学生搜集的材料，以及部分由他们负责撰写之文章。在经济转型的环境下，传统经济与新兴经济既要互相竞争，也要寻求融合。由这批投融界的新力军所撰写的精彩分析，实在不容忽视。本书为读者提供所关注的重点及值得思考的问题的同时，也为培育金融界的未来栋梁出了一分力。

旧事已过，谁都没办法改变过去的决定，但是我们可以从这些具有代表性的案例中学习，赢得明天。“师兄云系列丛书”《投融资那些事儿（2019—2020 年）》帮助读者掌握最新的投融资实务动态之余，也激发更多投融资者的想象。这是一本富实用性的参考书，我强力推荐给企业领导和 EMBA 学员。

香港中文大学高级管理人员工商管理硕士课程（中文班）主任
亚洲供应链及物流研究中发展办公室主任
杨海仁教授
2020 年 3 月于中国香港

前言
Introduction

2019年，多事之秋，艰难之际，全球的经济、政治虽非沧海桑田，却也斗转星移，瞬息万变。在巨变的时刻，趋利避害，资本市场自然选择了更保守稳健的操作手法。与大势趋缓的2018年相比，2019年的私募股权投资市场，无论是募集量还是投资额都在时间的滴答声中一分一毫地日削月朘；更甚者，大量投资机构冻结了招聘名额，体现了对可预见未来心灰意冷的悲观情绪。春日迟迟，卉木萋萋，资本的春天尚未到来。

然而，在这种高风险厌恶的投资环境下，政策的力量却越发凸显出来，蓬勃生长。在中美由贸易战向技术战进化的2019年，尽管私募股权基金的总投资额较上年下降了三成，但是在半导体、通信、人工智能等带有浓厚的“自主研发”以及“进口替代”色彩的领域，投资额却有了成倍的增长，生机盎然，充分体现了宏观视野在投资领域的重要性。

本前言在撰写时，时值百年不遇的“黑天鹅”疫情，2020年本是个吉祥如意的年份，却因此而面临种种挑战，尤其是对于那些致力于在金融投资行业一展身手、大展宏图的在校大学生而言，挑战不可避免，机遇应时而生，好运也都偏爱有准备有方向的人。如同2019年的半导体行业，了解了宏观政策需求，优化了内在条件，炙手可热就伸手可及。

愿本书收录的40个案例分析，可以让希望了解或者意愿投身于金融投资行业的读者受益良多，能透过种种数据对未来的行业趋势有所洞悉，亦能为各位的未来职业、投资乃至人生的规划助上微薄之力。

云师兄商学院创始人
唐寅生
2020年3月于日本东京

目录
Content

No. 1

“绘梦动画”再获融资，国漫 IP 奔现曙光何时出现*

主笔：黄羽婷

资料收集：缪婧怡、汪卓明

交易概览：

国内著名动画公司“绘梦动画”获超过亿元 B+轮融资，该轮融资由深圳前海慧智通宝基金领投，哔哩哔哩（以下简称“B 站”）、三千资本跟投。本轮融资的资金将主要用于提升作品质量，与更多优秀的项目和团队合作，以及拓展原创业务。值得关注的是，B 站在 2016 年就曾投资过绘梦动画。

目前，绘梦动画的主要收入来自动画项目承制、内容付费、版权开发以及海外业务等多个维度，营业收入过亿元。成立至今已制作完成近 40 部作品，主要作品包括《狐妖小红娘》与《万古仙穹》等。

2014.7	上海绘梦文化传播工作室（普通合伙）成立
2015.3	上海绘界文化传播有限公司成立
2015.5	天使轮　创新工场、景林投资共投数百万元
2015.6	累计播放量超过16亿次的动画作品《狐妖小红娘》上线
2016.3	A轮：数千万元融资 景林投资领投，乐元素、B站、创新工场跟投
2017.1	B轮：腾讯、梧桐树资本1亿元投资
2018.12	B+轮：过亿元融资 珠投股权投资领投，三千资本、B站跟投

“绘梦动画”发展及融资历程

* 本文写于 2019 年 1 月。

一、动漫行业迎来资本寒冬

2017 年以来，受资本寒冬的影响，动漫行业总融资数量和金额都呈下降趋势。2016 年资本对文娱行业的狂热已渐渐散去，留下一批在风口上起飞的良莠不齐的公司。2017 年、2018 年时逢资本寒冬，大批动漫公司面临巨额亏损，有些甚至已经倒闭（见图 1）。

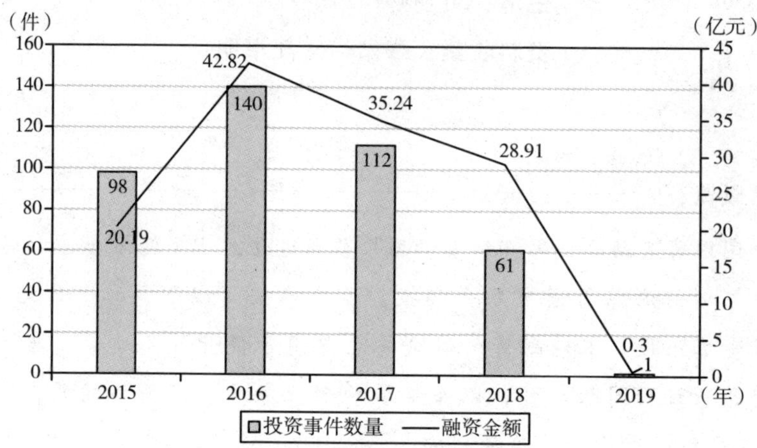

图 1　动漫行业投融资统计

资料来源：IT 桔子

在资本寒冬下，整个投资市场的投资数量和金额都大幅减少，但平均单笔投资额却在逐年上升（见图 2），资源正在向头部企业集中，行业“马

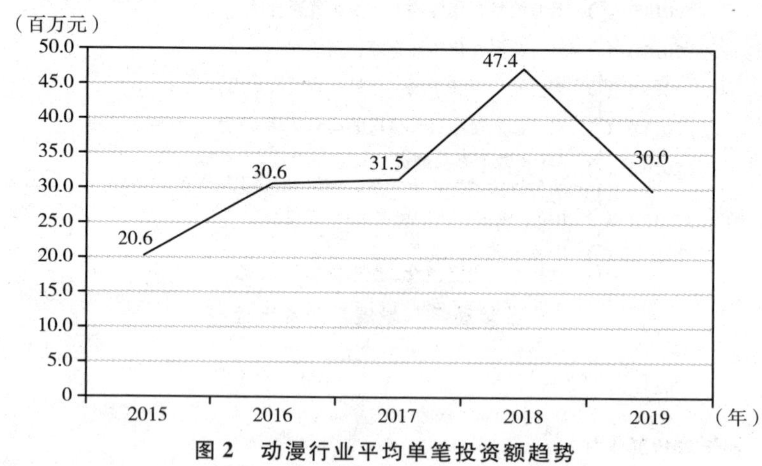

图 2　动漫行业平均单笔投资额趋势

太效应"初显。B 站作为行业巨头，成为动漫行业投资笔数最多的投资机构。行业洗牌风暴来临，大量企业倒闭或被收购，行业面临巨大动荡。

二、长期投入成效难见，当前国漫变现乏力

行业内大量公司经营困难，是动漫行业高投入、长周期以及目前变现乏力导致的低回报共同作用的结果。原创动画制作全流程时间线极长，且制作周期中需要资金不断注入，在动画公司普遍缺乏资金的情况下，众多国内动画电影制作周期长达 10 余年。如《大鱼海棠》的制作时间甚至长达 12 年。如此长周期、高成本的投入，变现时却并未一帆风顺，还会遇到如诸多阻力，如动画电影上映时排片量少；视频网站和电视台购买意愿弱，购片价格低；衍生品市场不发达，导致变现无门等。

三、用户群体的转变带来动漫行业的转机

在人们传统的印象中，二次元的受众特点为低龄化、低消费力、人数少，用户群体大多为小学到高中阶段的学生。这样的用户画像是国漫变现手段在各方面受制的根本原因。

然而，随着二次元文化的不断发展，传统媒体时代动漫的受众——"70 后""80 后"、互联网时代动漫核心观看人群——"85 后""90 后"、IP 时代的动漫最大受众群体——"95 后""00 后"发生叠加，动漫的核心用户从低龄用户渐渐转变为全年龄层用户，从青少年到中青年均有覆盖。动漫的受众群体大批聚集在一线和超一线城市，以大学生、上班族为主，消费能力较此前的低龄人群大幅提升（见图 3、图 4）。

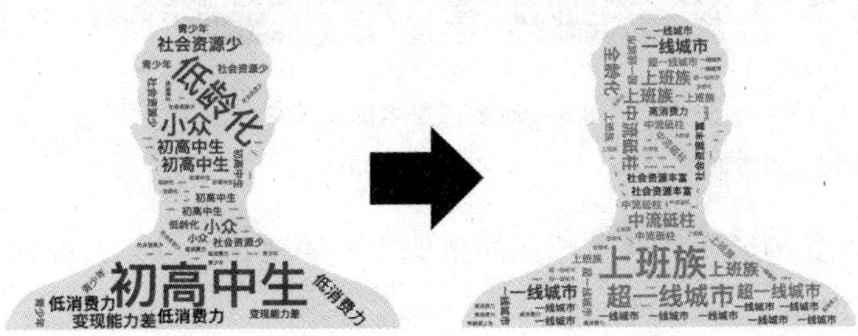

图 3　动漫受众变化

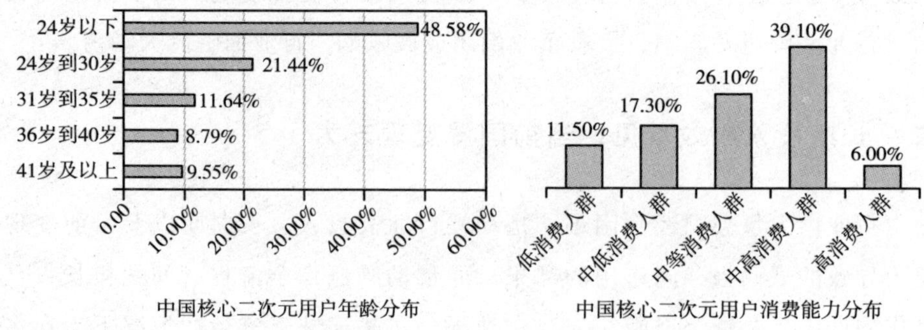

图 4　中国核心二次元用户分布

资料来源：易观千帆

此外，最早的一批动漫观众已经成为社会的中流砥柱，在各行各业具有较高的话语权。这批受众对动漫的认可直接或间接地推动了更多资源涌向动漫行业。随着时间的推移，用户的不断叠加推动着行业向好发展（见图 5）。

	传统媒体时代	互联网时代	IP时代：萌芽期	IP时代：成长期	IP时代：全产业链运营
	● 20 世纪 80 年代－90 年代末	● 2000－2010年	● 2011－2014年	● 2015－2017年	● 2018年到未来
渠道	漫画： 漫画杂志陆续出版 动画： 黑白/彩色电视机	漫画： 网站、论坛、贴吧等新兴社群渠道出现；杂志、单行本流行 动画： 网络电视；弹幕视频网站	漫画： 网络漫画孵化平台、社交媒体新浪微博的兴起；传统纸媒衰落 动画： 手机/宽带电视；在线视频网站动漫频道	漫画： 移动APP的爆发，加快网络漫画传播速度 动画： 3D电视；短视频平台	漫画： 全版权运营：围绕核心二次元用户，涵盖动画、轻小说、游戏等，向真人影视剧延伸 衍生品：周边、玩具等
内容	漫画： 黑白原创漫画连载 动画： 引进欧美、日本动画 国产动画相对落后 动画电影： 文学改编作品为主 儿童低幼向显著	漫画： 日漫为主；原创彩漫出现 动画： 国产原创动画兴起 动画电影： 原创/TV动画作品系列化趋势显著，尚未突破低幼向定位	漫画： 条漫出现；国漫兴起，网文、游戏等改编漫画出现 动画： 国漫改变动画片出现 动画电影： 原创3D、漫改动画大电影出现，尝试打破低幼向定位	漫画： 国产原创漫画与IP改编漫画并存，且快速发展 动画： 国漫、网文、游戏等改编动画爆发，原创动画快速发展 动画电影： 国漫、文学等改编作品出现，打破低幼向局面	动画： 全版权运营：围绕三次元、成人用户，涵盖动画大电影、网文、游戏等，向真人影视剧延伸 衍生品：周边、玩具、主题乐园等
用户	“70后”“80后”为核心观看人群；日漫作品的引进培育了首批日漫忠实用户	“85后”“90后”为核心观看人群：网络加快信息传播速度，动漫用户规模不断扩大	“95后”“00后”成核心观看人群，正版化成趋势，用户漫画付费意愿强；漫画家从幕后走向台前，拥有超多人气及粉丝，动漫粉丝经济业务逐渐兴起		覆盖全年龄层用户，向成人、青少年两级扩展

图 5　动漫行业中国发展史

资料来源：艺恩咨询的《中国动漫行业 IP 价值研究报告》

用户画像的转变对动漫产业的帮助主要体现在广告、影视剧、电影和衍生品四个方面（见表 1）。

表 1　　用户画像的转变对动漫产业的影响

	过去	发展趋势
广告	• 受众少，消费力低，广告投放少	• 广告主自身为受众，认可动漫价值 • 受众增长，消费力提升 • 广告投放量加大
影视剧	• 广告价值低，电视台、视频网站购买量少，价格低，与真人影视剧差距大	• 广告价值提升，在电视台、视频网站炙手可热，价格提升
电影	• 受众少，院线负责人不理解动漫价值，电影院排片量少，票房低	• 受众多，院线负责人认可动漫价值，排片量增加，票房具有竞争力
衍生品	• 制造能力欠佳，定制化、精细化程度低 • 用户少、价格低，制造商投入资源有限	• 精细制造能力提升，衍生品质量更优 • 用户群体扩大，消费能力增加，制造商投入更多资源

● 广告层面：从几乎零投放到广告价值认可

在原有市场环境中，动漫市场极为小众，广告商自身并非动漫受众，无法认同动漫的广告价值，对动漫的广告投放极少。而在传统真人影视业务中，广告植入是最重要的收入来源之一。广告的缺失导致动漫前期制作时资金不够充足，"因资金断裂而延长制作周期"的情况频频发生。

目前，在动漫的核心用户大幅增长，年龄层次和消费能力都大幅提升，核心用户消费层次和社会地位的提升不仅在用户端产生影响，在广告主端同样起着积极作用。广告主公司具有一定话语权的管理层中，也具有一定比例的动漫核心用户，能够理解动漫的影响力和广告价值，故广告主端将会倾斜一部分资源给动漫作品。广告的投放势必会越来越多。《全职高手》中的麦当劳广告、《斗罗大陆》中的康师傅绿茶广告、《魔道祖师》中的可爱多广告，都反映出广告主对动漫态度的转变，切实证明了动漫的广告价值。

● 影视剧层面：从少量低价购买到炙手可热

过去，以播放广告为主要盈利方式的电视台和视频网站对不受广告主认可的动漫作品购买欲望不强，开价与真人影视剧相差甚远，价格差距有时达到 10 倍以上。这与动漫长制作周期和高成本极度不匹配。

而在动漫广告价值得到认可的现在和未来，制作量相对较少的动漫必会成为影视剧市场上炙手可热的商品。虽然短期内不能与真人影视剧“平起平坐”，但动漫制作预算和售卖价格将大幅上涨，巨大的价格差距势必会得到弥补。

● 电影层面：从排片少到青睐有加

电影方面，大部分动画电影的票房都处于千万元级别的尴尬境地。从2008年到2019年上映的众多成人动画电影中，票房过亿元的寥寥无几（见表2）。和国内电影市场的巨大体量和轻易即票房过亿元的真人电影相比，动画电影显得寥落而失意。

表2　　近年动漫电影评分及票房盘点

电影名称	豆瓣评分	票房	上映时间（年）
白蛇：缘起	8.0	7 293 万元	2019
大护法	7.8	8 760 万元	2017
精灵王座	7.5	2 511 万元	2016
小门神	6.8	7 868 万元	2016
西游记之大圣归来	8.2	9.57 亿元	2015
秦时明月之龙腾万里	6.7	5 972 万元	2014
龙之谷：破晓奇兵	7.4	5 730 万元	2014
长江七号爱地球	5.9	2 001 万元	2010
风云决	6.0	2 434 万元	2008

数据来源：豆瓣，猫眼专业版

动画电影的惨淡票房与院线的排片安排密不可分，原先动漫受众少，用户低龄化，消费能力低，排片负责人自身也不是动漫受众，对动画电影预期悲观显得理所应当。

随着动画电影的广告价值提升，广告主更多资源投放倒逼院线给予动画电影更多排片。更多的受众、更强的消费能力和院线负责人对动画电影认可度的不断提高，使得院线对动画电影的预期抬升，给予更密集的排片和更多的宣传资源，从而形成良性循环。目前动画电影仍较为惨淡，但已有向好趋势，但蓬勃发展尚需时日。

● 衍生品层面：从品种单一到百花齐放

衍生品的销售是日本动漫行业的重要收入来源。在中国，动漫衍生品的市场尚未打开，中国动漫衍生品的市场规模和动漫行业整体市场规模极度不匹配。2016 年，国内动漫衍生品市场规模约为 450 亿元，是播映市场的 1.5 倍，而日本的动漫衍生产品市场是播映市场的 8 ~ 10 倍。在拥有超过 3 亿二次元用户的中国，动漫 IP 衍生品市场规模仅为 600 亿元人民币左右。

中国动漫 IP 衍生品市场发展艰难的主要原因有两个：一是中国制造业从改革开放以来便奉行大规模标准化生产，定制化、精细制造能力欠缺，在动漫行业受众的苛刻眼光中，产出的衍生品较粗劣；二是受众消费力低，购买力不强，导致衍生品销量不大，单价也无法大幅提高，厂商不愿意投入过多资源生产动漫衍生品。

未来，随着中国的精细制造能力不断提升，手办等衍生品质量将有望提高，随着用户消费能力的提升也使得高单价成为可能，从而会吸引更多的厂商进入动漫衍生品市场（见图 6）。

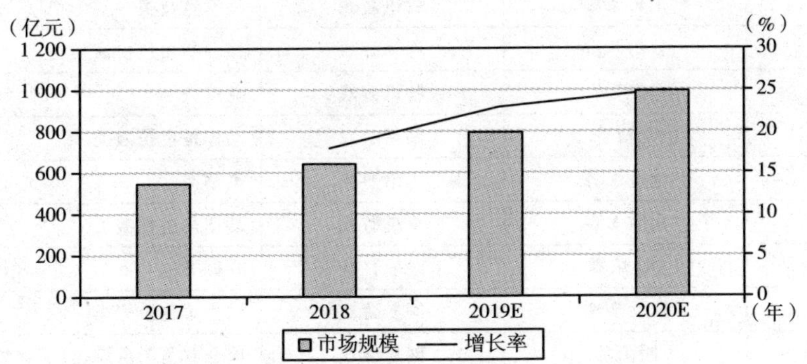

图 6　中国动漫衍生品行业市场规模变化趋势图

资料来源：中商产业研究院

四、目前重要变现手段游戏核心为可玩性，不因用户转变发生质变

游戏目前被认为是动漫市场最核心的变现方式，但其从用户群体转变红利中获得发展机遇却可能相对较少。可玩性是游戏的核心，动漫 IP 改编

游戏在刚推出时进行宣发吸引新用户的作用较大，但后期用户留存与否与动漫IP关系并不密切。根据历史经验，用户不会因为游戏引入IP而成为高消费高质量玩家。从变现层面说，IP对于游戏市场的帮助甚微。2018年中国收入前十的游戏虽然大多都拥有知名IP，但这些IP均非动漫IP。《王者荣耀》使用的是中国历史人物，《梦幻西游》使用的是《西游记》，《楚留香》使用的是古龙先生的小说，《倩女幽魂》和《大话西游》用的是知名电影。这些IP触及人群很广，但IP本身被多次使用（仅在这10款游戏中，“西游”元素就出现了两次），成功关键在于游戏设计和游戏体验。与国民辨识度很高的IP相比较，动漫IP的影响力相对较弱，受众人群范围较窄，在游戏厂商的IP选择方面亦不占优（见表3）。

有趣的是，截至目前，因为其余变现手段都相对过弱，游戏成为“矮子里面拔将军”的核心手段，成为动漫IP最重要的变现手段。

表3　2018年中国收入前十游戏信息

排名	游戏名称	研发商	游戏类型
1	王者荣耀	腾讯游戏	战术竞技类
2	梦幻西游	网易游戏	回合制角色扮演类
3	QQ飞车	腾讯游戏	竞速类
4	楚留香	网易游戏	动作角色扮演类
5	乱世王者	腾讯游戏	策略类
6	我叫MT4	卓越游戏	动作角色扮演类
7	QQ炫舞	永航科技	音舞类
8	倩女幽魂	网易游戏	动作角色扮演类
9	阴阳师	网易游戏	回合制角色扮演类/卡牌类
10	大话西游	网易游戏	回合制角色扮演类

资料来源：2018年中国游戏产业报告

五、总结

用户群体的持续叠加，社会认可度的不断提高，受众消费能力的提升将共同助力动漫行业得到更多线下资源，辅以资本的加持，整合期后，拥有高生产力，整合行业上中下游的B站、腾讯等大平台企业将在行业新一轮的增长中拔得头筹。绘梦动画作为动画制作及原创 IP 创作产业链中的龙头企业，也将大大获益。目前行业的马太效应已经初显，而且会随着整合期的不断推进而愈发明显。小公司在这样的竞争格局中也并非无立足之处。由于创意具有分散性的特殊属性，优秀的独立设计仍然有机会脱颖而出，成为行业黑马。游戏产业中不乏这样的例子，如并未采用腾讯或网易作为发行渠道的明日方舟成为 2019 年游戏行业的最大黑马，数据、口碑双丰收。动漫行业亦是如此，“几大多小”的竞争格局最终将形成。

整合期终将过去，寒冬之后，便是充满希望与生机的春天。

想成为投融资观察报告创作团队的一员吗？微信扫描本书第351页二维码，现在就加入我们吧！

No. 2

东风吹，战鼓擂，IoT时代“米尘暴”能否先发制人*

主笔：曹冬青

资料收集：缪婧怡、汪卓明

交易概览：

小米生态链下的深圳绿米联创科技有限公司获远翼投资、凯辉基金B+轮投资，融资金额达数千万美元。自2013年小米便遵循“竹林理论”，开始了物联网生态链的构建，筑起围绕着手机的三层护城河，并作为港交所近三年最大规模的IPO公司，于2018年7月9日以17港元的发行价成功上市。然而，小米发烧机不再“发烧”，“小小米”的逃离困境以及华为HiLink等平台的步步紧逼都使得小米生态链前景堪忧。IoT的东风已经刮起，四面楚歌的小米采取“手机+AIoT”双引擎战略能否成功？这股“米尘暴”是先发制人还是画地为牢？

一、风口来得太快，“米”都飞进来了

2013年，雷军看到智能硬件和物联网的趋势，便开启了小米生态链计划，定下了5年内投资100家生态链企业的目标。于是，小米一场浩浩荡荡的“造链运动”拉开帷幕。根据相关招股说明书，小米已累计投资了超过210家生态链企业，其中超过90家公司专注于发展和生产智能硬件产品

* 本文写于2019年1月。

（见图 1）。其生态链投资的特点为参股投资，不寻求控股。

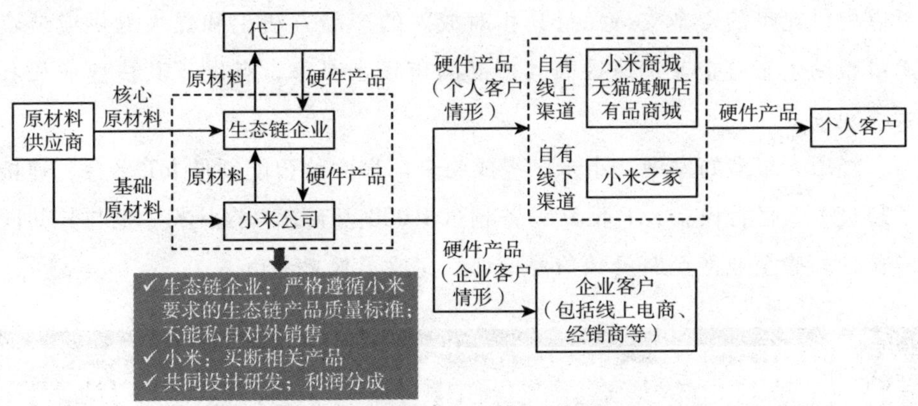

图 1　小米与生态链企业合作示意图

资料来源：小米公司相关年度的招股说明书

这样一种生态链的建设是双赢且具备内在稳定性的，小米与生态链企业之间是互利互惠的共生关系，能够发挥各自的竞争优势。

对小米而言，可以遵循“竹林理论”，依靠一群“竹笋”“小小米”企业构建起围绕着小米智能手机的手机配件、智能硬件和生活消费产品三层护城河，让小米不但有自己的“必杀技”，还有数量庞大的“助攻”，实现业务边界的不断扩张和效率的不断提升（见图 2）。

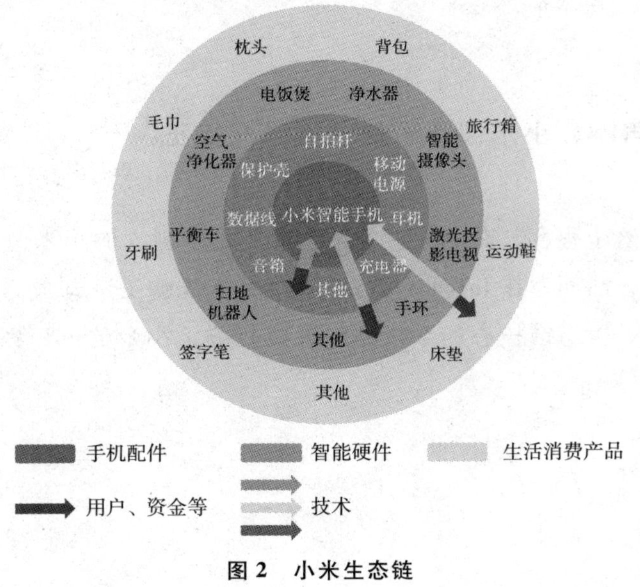

图 2　小米生态链

对于大多处于发展阶段的生态链企业而言，小米拥有庞大的用户群，可以提供充足的资金支持，且其相对成熟的产品方法论和强大的供应链资源可帮助生态链企业迅速提高其产品的市场占有率，有助于其快速成长壮大（见图3）。

经历5年多的发展，小米已经成为全球最大的智能硬件IoT平台，连接了超过1.3亿台设备，日活跃设备超过1 000万台，“小小米”也与其共同成长，一些企业甚至跻身独角兽行列，完成了独立上市。

<table>
<tr><th>公司名称</th><th>主要产品</th><th>成立时间</th><th colspan="2">备注</th></tr>
<tr><td>云米科技</td><td>云米互联网洗衣机、云米互联网冰箱、云米互联网电热水器、云米智互厨电系列</td><td>2014.05</td><td colspan="2">• 上市时间2018.09</td></tr>
<tr><td>青米科技</td><td>小米 3 USB 插线板、青米 5 USB 电源适配器、青米智能插线板、车载逆变电源等</td><td>2014.02</td><td colspan="2">• 上市时间2018.08（小米生态链中首个登陆新三板的企业）</td></tr>
<tr><td>华米科技</td><td>小米品牌的智能手环及智能秤、自主品牌 Amazfit 米动系列智能手环、以及智能手表等</td><td>2014.07</td><td>• 上市时间2018.02</td><td rowspan="5">• 2015至2018年3月从此五家合计采购金额分别为28.08亿、46.90亿、74.02亿、19.83亿</td></tr>
<tr><td>紫米科技</td><td>小米移动电源</td><td>2012.05</td><td>• 小米生态链上的第一家公司</td></tr>
<tr><td>智米科技</td><td>空气净化器，智米马桶盖，智能空调</td><td>2014.06</td><td>• 包括北京智米科技有限公司、北京智米电子科技有限公司</td></tr>
<tr><td>九号联合</td><td>平衡车</td><td>2016.08</td><td>• 有重大影响的被投资企业</td></tr>
<tr><td>石头世纪</td><td>米家扫地机器人</td><td>2014.07</td><td>• 43项专利</td></tr>
<tr><td>机器岛科技</td><td>儿童陪伴机器人</td><td>2016.01</td><td colspan="2" rowspan="3">联营企业</td></tr>
<tr><td>青米科技</td><td>智能家居</td><td>2014.02</td></tr>
<tr><td>小蚁科技</td><td>可穿戴视频类产品</td><td>2014.09</td></tr>
<tr><td>板牙科技</td><td>汽车电子</td><td>2016.01</td><td colspan="2" rowspan="8">有重大影响的被投资企业</td></tr>
<tr><td>峰米科技</td><td>智能投影仪</td><td>2016.03</td></tr>
<tr><td>睿米信息</td><td>智能车载设备</td><td>2015.01</td></tr>
<tr><td>小寻科技</td><td>儿童电子产品</td><td>2015.07</td></tr>
<tr><td>创米科技</td><td>智能家居</td><td>2014.04</td></tr>
<tr><td>纯米科技</td><td>智能电饭煲</td><td>2013.07</td></tr>
<tr><td>绿米科技</td><td>米家智能家庭配件（米家多功能网关，米加空调伴侣，米家门窗传感器等），Aqara品牌（Aqara墙壁开关，Aqara空调伴侣等）</td><td>2015.06</td></tr>
</table>

图3　小米生态链主要企业

资料来源：根据公开资料整理

二、战鼓声响，小米被动面临“擒米先擒王”

发展到这个程度，在IoT生态链建设上先发制人的小米似乎成为不战而胜的赢家，然而，在IoT平台之战中，“擒米先擒王”却成为小米面临的挑战，围剿其生态链核心的手机品牌大战打响，小米的IoT发展略显被动（见图4）。

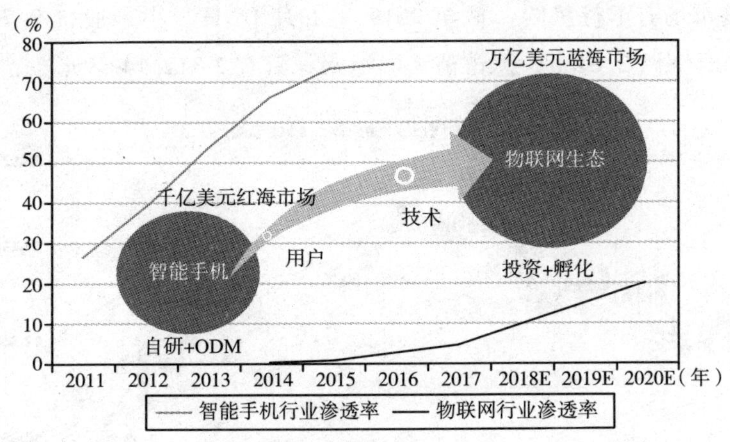

图 4　小米生态之路

资料来源：小米，Gartner，BergInsight，西南证券整理

三、被擒住的“米王”：不再“发烧”的“米粉”与他方的围剿

一直以来，小米拥有庞大且高度活跃的全球用户群。2018 年 3 月，MIUI 月活跃用户约 1.9 亿户。在上述活跃 MIUI 用户中，存在着一群被称为“米粉”的热心用户，他们忠诚于小米品牌，积极参与小米平台，为小米的产品研发提供建议。截至 2018 年 3 月 31 日，拥有 5 个以上小米互联产品（不包括智能手机及笔记本电脑）的“米粉”数量超过 140 万人。“小米，为发烧而生”这句响亮的口号也反映出“米粉”对小米生态链核心——小米智能手机的热爱之情。

然而，随着手机品牌大战下半场悄然打响，小米“发烧友”似乎吃了“退烧药”。最开始的一批“米粉”收入增加，消费升级，对于产品品质的要求越来越高，再加之竞争对手前仆后继，小米的高性价比优势吸引力越来越小。

2018 年第三季度小米的全球出货量虽然增长了 20.4%，但靠的主要是海外市场。根据 IDC 发布的数据，在中国国内市场，小米市场份额低于华为、vivo 和 OPPO，出货量同比下降 10.9%。2019 年 1 月 8 日，摩根大通将小米评级由“增持”降至“中性”，2019 年底目标价由 18 港元降至 10.5 港元。理由之一即为，小米旗下智能手机的海外业务目前提升强劲，但预计被国内需求疲软所抵销，而且随着三星对中等价位机型的发力，预计小米旗下印度市场有下行风险。截至 2019 年 1 月 16 日，小米股价 9.700 港元（见图 5），下跌 2.61%，总市值大幅缩水，只有 2 312.14 亿元。

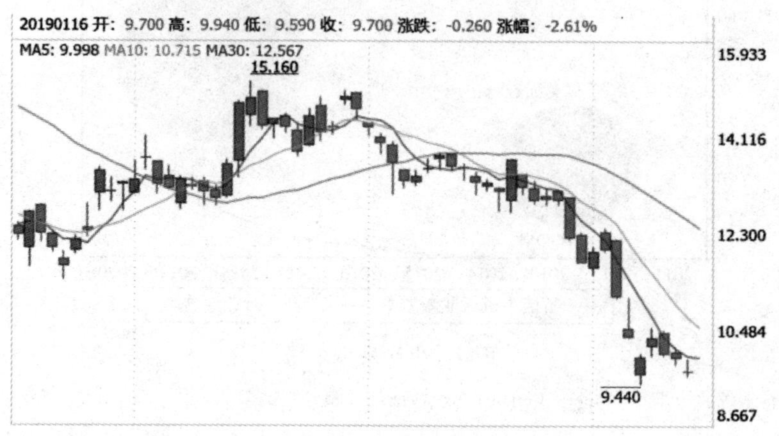

图 5　2019 年 1 月 16 日小米集团日 K 图

资料来源：同花顺

“瘦死的骆驼比马大”或许可以成为小米对生态链企业有关用户总量下降的宽慰之词，但生态链所有产品的用户重叠度也出现了问题。

尽管诸如紫米的充电宝、华米的智能手环等产品用户和小米手机用户存在很大的重叠，但是由于智能家居目前对于大众来讲并不是刚需，造成不少的智能家居生态链企业和小米本身核心用户存在偏差，比如融资方绿米联创。

从技术上看，尽管在表面上看先发制人的小米在智能家居市场的控制权之战中已经站在了第一赛道，但是从数据上来看，很多厂商已经逐渐追上小米的步伐（见表 1）。

表 1　百度、长虹和海尔的 IoT 布局

公司	相关数据	布局 IoT 的优势
百度	Duer OS 的激活设备量超过 9 000 万台，月活跃设备超过 2 400 万台	技术
长虹	已售智能设备超过 6 000 万台，活跃用户在 1 200 万人左右	家电行业的渠道、用户积累
海尔	注册用户突破 1.3 亿人，大数据交互达到 4 000 亿次/天	

小米最大的威胁还要属华为的 IoT 生态布局。在平台、产品、渠道、品牌等方面，双方已经开战，手机大战与 IoT 之战同时打响（见表 2）。雷军更是在红米 Redmi 小金刚 Note7 发布会现场，直接叫板华为，撂下狠话，喊出“生死看淡，不服就干”的口号。

表 2　　小米 & 华为生态对比

小米生态链	华为 IoT
入局时间早	入局时间晚
有一定的封闭性	**开放性强**
集团军 参股不控股，对创业公司投资驱动	**联盟军** **与各个领域头部玩家合作**，共同研发
高性价比，研发能力较弱	研发能力强、质量管控高
小米、米家	华为智选品牌、华为 HiLink 智能家居平台、华为商城 + 华为体验店、方舟实验室
年轻群体，价格敏感型，部分生态链企业受众与小米手机用户偏差较大	用户群较广泛，非价格敏感型，**生态链受众与华为高端手机用户重叠度较高**
线上 + 线下，共同布局	
围绕手机业务自有流量构架生态链	

注：黑体部分为优势。
资料来源：根据公开资料整理

四、“米王”失火，殃及“小小米”

在发展中封闭式的生态链建设弊端逐渐显现，“米王”失火殃及“小小米”。一方面，封闭生态链决定的共生关系使得小米在自己品牌发展遇到瓶颈时，生态链企业的利润也同时受到影响；另一方面，小米生态链内部，同一条赛道上已经有好几家企业同时竞争。比如同时做智能锁的云丁、云柚和绿米，同时做空气净化器的睿米、球珞含章和星月电器，由此造成生态链企业的“去小米化”。一部分“小小米”大力发展自有品牌，甚至联合其他 IoT 平台以吸引更多的流量。如绿米联创旗下品牌 Aqara 支持苹果 HomeKit。“擒米先擒王”之下，“米分”战局愈演愈烈。

五、总结

IoT 时代的东风之下，手机大战与 IoT 之战的战鼓已经打响，以华为为代表的“联盟军”会不会凭借“擒米先擒王”获得智能家居领域的控制权？小米的先发优势能否克服“集团军”带来的弊端？这股“米尘暴”能不能维持威力？只能拭目以待！

想成为投融资观察报告创作团队的一员吗？微信扫描本书第351页二维码，现在就加入我们吧！

No. 3

留学后市场崛起，“学无国界”的匠人精神能否战无不胜*

主笔：曹冬青

资料收集：崔力丹、汤玺瑞、徐嵩阳

交易概览：

致力于提供高度人性化和智能化的全方位留学服务的“学无国界 myOffer”宣布获得数千万元 B 轮融资。本轮融资由火花创投独家投资，融资将用于品牌推广、拓展获客渠道以及产品研发。聚焦留学市场，传统的单一留学中介业务的发展已接近天花板，一个好的 offer 不再是消费者的唯一需求，留学产业链延伸发展，留学后市场正在崛起。在这样一个品牌和影响力起关键性作用的领域，存量博弈，增量突围，没有先发优势的“学无国界”能否凭借匠人精神打造精准产业链而战无不胜呢？

一、留学市场发展进入低速增长，呈现新趋势

我国留学产业经历了前三个阶段的发展后，在 21 世纪初期迎来了繁荣发展阶段（见图 1）。尽管近年来开始低速增长，但不可否认的是留学咨询服务机构仍然是计划留学人群留学申请的主流方式（见图 2）。

* 本文写于 2019 年 1 月。

图1 留学市场发展阶段

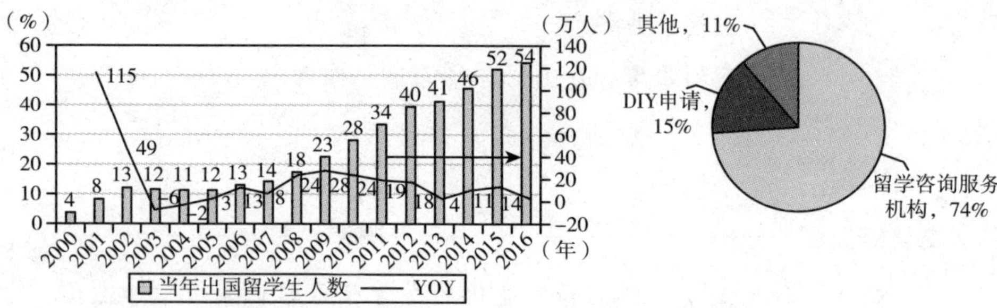

图2 2000～2016年留学人数及留学咨询方式占比

资料来源：国海证券，申万宏源

留学市场呈现出一些新趋势：留学低龄化对中介服务的B端资源产生了新的要求；传统中介进行服务升级及渠道下沉等改革；互联网留学平台涌现等。相关资料见图3和图4。

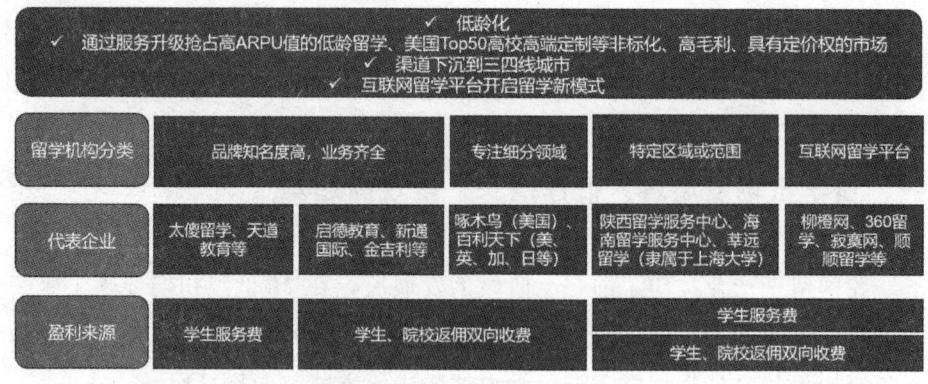

图3 传统中介服务通道

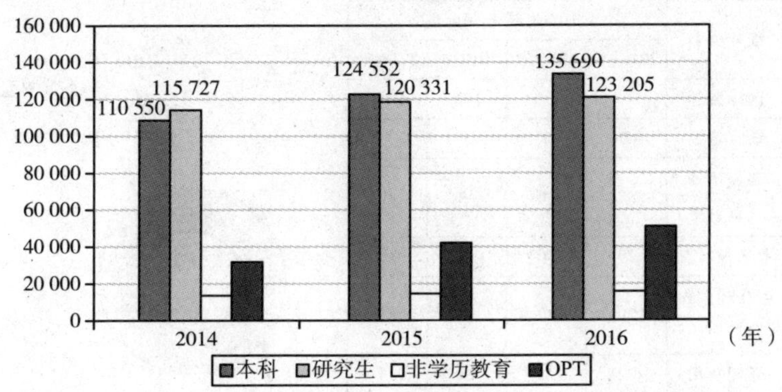

图 4　留学人员学历情况

资料来源：国海证券，申万宏源

二、后市场潜力无穷，留学产业链延伸发展

留学行业集中在前、中市场，分工较明确，产业链未形成，企业盈利来源较为单一，用户价值未被充分挖掘（见图 5）。随着这些平行的留学机构之间能够提供的服务差异性越来越小，对应市场的天花板被触及，难以进一步实现用户价值，利润增长受限。

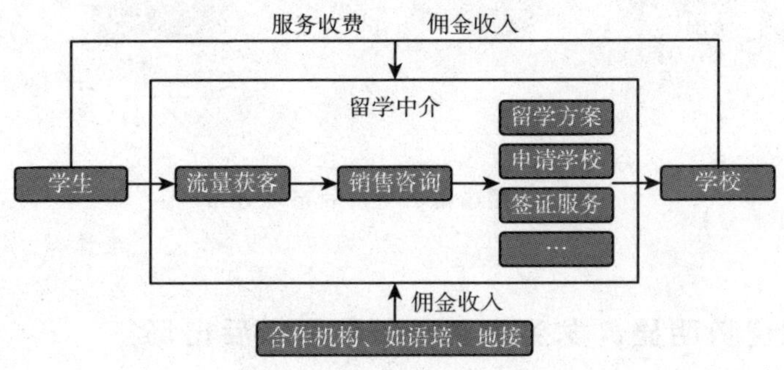

图 5　留学行业盈利来源

与之对比的是留学后市场凸显的潜力，境外支出占整个留学市场的 90% 以上，更加多样和个性化的需求由客户端产生，倒逼留学机构拓展业务边界以求“谋生”，留学后市场逐渐崛起。相关资料见图 6。

阶段	细分类别	市场规模（亿元）			
		2015 年	2016 年	2017 年	2018 年
留学前	国际游学	106	135	172	219
	语言培训	2	2	3	3
	课程培训（含资料费）	32	36	42	49
	考试报名费	29	30	32	35
留学中	中介和咨询费用	29	30	32	35
	返佣费用	22	22	24	26
小计		220	256	305	367
留学后	境外支出	1 896	2 248	2 572	2 942
合计		2 116	2 504	2 877	3 309

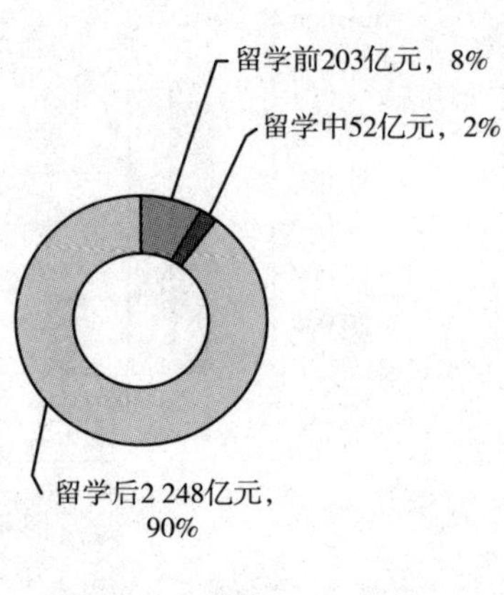

图 6　留学市场占比

资料来源：申万宏源

由此，留学产业正式实现从在留学前、中市场集中到留学前、中、后三个市场集中的转变（见图 7）。

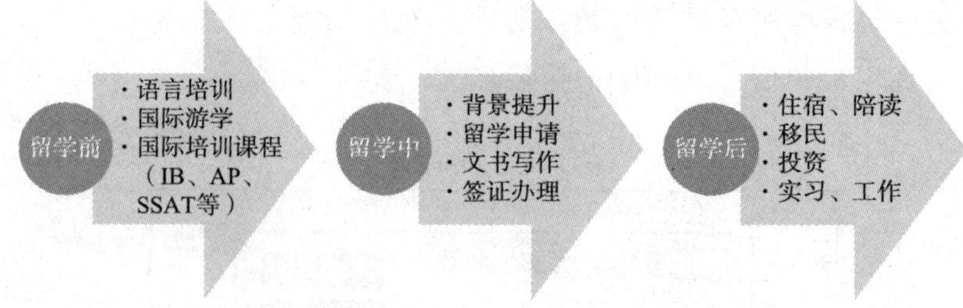

图 7　留学前、中、后市场分布

三、先发优势明显，龙头企业已布局留学后市场

留学行业的龙头企业具有先发优势：

一是品牌优势。根据对于留学用户关注度的调查，用户对于品牌的认知程度不断加深，留学中介品牌词关注度同比增长 11.3%，品牌影响力成为留学市场获客的重要决定因素。

二是资本优势。得益于政策及人们思想转变等原因，教育产业资本呈现加速态势，上市公司收购、控股留学产业链相关公司，以及民间资金引入教育领域较普遍。2018 年上半年，语培留学领域平均单笔融资金额超过 2 亿元人民币。

留学后市场因潜力巨大自然备受这些头部玩家的关注，拓展产业链、整合上下游业务成为其发展重点。如成立于 1996 年的新通国际，主要业务包括语言培训、国际学术课程、留学规划和游学课程四大模块，其服务网络遍布中国主要经济发达地区和英国、澳大利亚、加拿大等多个国家，立志成为“中国青少年国际化最佳成长伙伴”，为客户量身定制跨越整个学习生命周期的国际化教育和国际化服务，以满足中国青少年国际化成长过程中的全部教育需求（见图 8）。

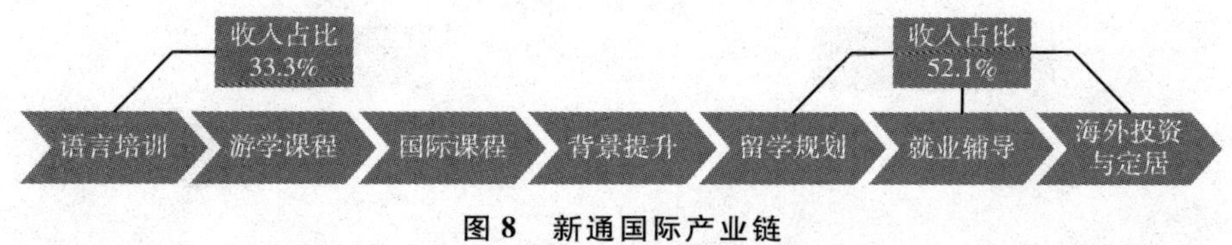

图 8　新通国际产业链

资料来源：国海证券

另外，留学市场的行业集中度较高。根据必宜华的统计口径，留学中介 TOP10 营业收入占行业规模的 84%，TOP15 营业收入占行业规模的 93%。

由此，强者恒强的行业特点使得入局较晚、规模较小的公司不得不同中求异，精修“内功”。

四、“学无国界”匠人精神，构建精准产业链

相比新通国际、新东方等大型留学机构，2003 年成立的“学无国界”并不具备先发优势，而且无论资本还是品牌影响力都无法与龙头相提并论，但是它凭借自己的核心竞争力——匠人精神分得一杯羹，即“精益求精，用户至上”。“学无国界”遵循精耕细作的模式，建立精准产业链，优势在于：

- 用户范围精准。基于 UVIC 英国教育签证中心，“学无国界”主要业

务分布于英国和澳大利亚市场。虽然 B 端资源地域广泛性不及其他企业，但其致力于区域性的精益求精，将英国和澳大利亚市场作为主打品牌，瞄准特定群体，提供更加专业化和个性化的服务。

• 业务提供精准。产业链构建的资本需求较大，规模相对较小的“学无国界”综合内部因素和外部环境，采取建立保守式的精准产业链，业务数量不多但涵盖留学产业链的核心环节（见图 9）。

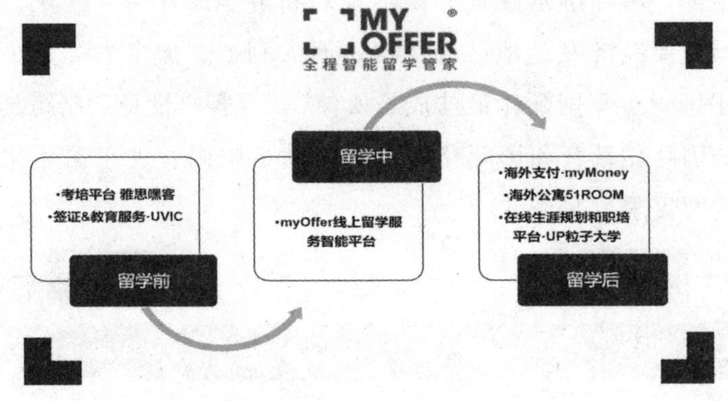

图 9　核心环节

• 营销策略精准。在新媒体矩阵投放触达率更高的短视频领域进行内容营销，结合社群裂变等方式进行精准营销，抛弃传统高成本的硬广投放和搜索引擎优化（Search Engine Optimization，SEO），提升获客效率。

• 低成本客户端获客能力。“学无国界”的客户单价在 5 000 元左右，外加境外院校 2 万元左右的招生补贴，获客成本仅仅是行业的 1/3，即 2 000 ~ 3 000 元。

• 管理优势。主创团队超过 40% 拥有海外留学背景，且超越行业内竞争者更早地建立了员工持股计划，采取人才吸引和激励政策。

五、机遇与挑战并存，“学无国界”能否战无不胜？

相较于留学前、留学中市场，留学后市场的服务提供商较为分散，有待整合。除了留学期间的住宿、陪读、留学金融等耳熟能详的业务之外，移民置业成为新的趋势。随着我国高净值人群规模扩大，高净值移民增多，其中子女教育是最主要的原因，占比 21%，由此带来的投资移民、资产配置、境外旅游探亲都将成为留学后市场发展的新方向（见图 10）。

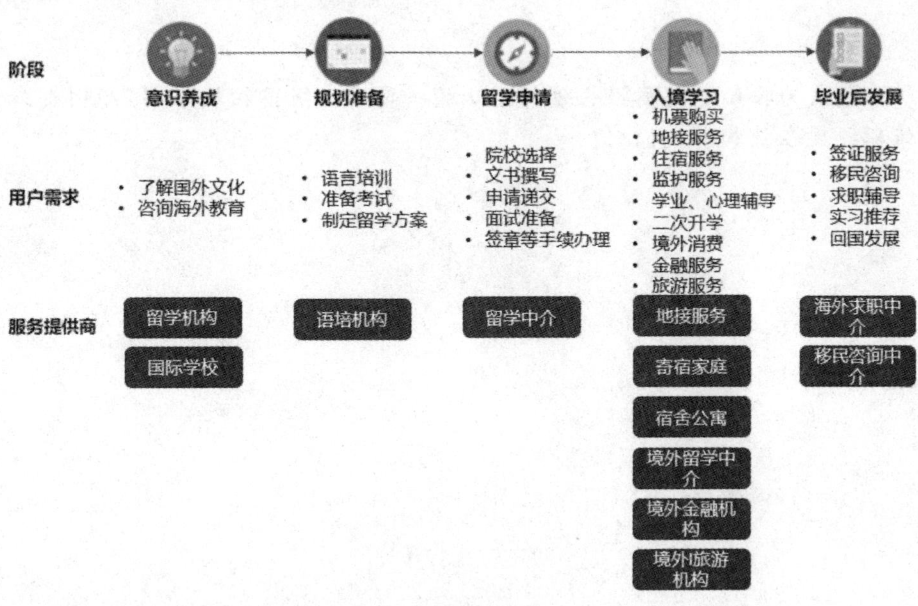

图 10　留学后市场

尽管有机遇，但技术壁垒不高和规模不足的“学无国界”面临的挑战依旧不小：

• 对资源整合能力的挑战：留学后市场的壁垒并不高，如何利用自有流量，将后市场资源进行整合，并与境外服务提供商和国内巨头进行竞争，是“学无国界”必须应对的挑战。

• 对创新和“内功”的需求：面对龙头已有的产业链布局和先发优势，“学无国界”要想在留学后市场打出自己的天地，必定要寻求创新。归根到底，教育行业中服务品质才是用户关注的核心。

六、总结

留学中介业务发展接近“天花板”，留学后市场崛起待整合，产业链的建立与拓展成为“学无国界”及其他留学公司发展的方向。传统企业在新的市场形势之下面临业务创新的挑战，后起之秀迎着风口一边等待资本，一边筹划进行精准产业链。在未来，拥有匠人精神的“学无国界”能否寻求到后发优势的突破口，能否实现战无不胜，让我们拭目以待！

想成为投融资观察报告创作团队的一员吗？微信扫描本书第351页二维码，现在就加入我们吧！

No. 4

小空间大市场，百度助“新潮”挑战分众梯媒王座*

主笔：甘睿

资料收集：周雅、何煦

交易概览：

百度公司宣布战略投资“新潮传媒”，融资共计21亿元人民币，由百度领投。双方建立战略合作伙伴关系后，新潮传媒庞大的社区线下智能终端将与百度线上数据深度融合，为企业和品牌提供更加精准的媒体流量方案。新潮传媒也正式成为百度聚屏的媒体联盟伙伴新成员。

一、广告市场结构性分化，梯媒等生活圈媒体崛起

（一）三足鼎立的广告市场

广告媒介经历了过去几十年四个阶段性的变迁，铸就了如今中国广告市场新生中坚力量三足鼎立之势——传统媒体、互联网媒体和生活媒体（见图1、表1）。

* 本文写于2019年2月。

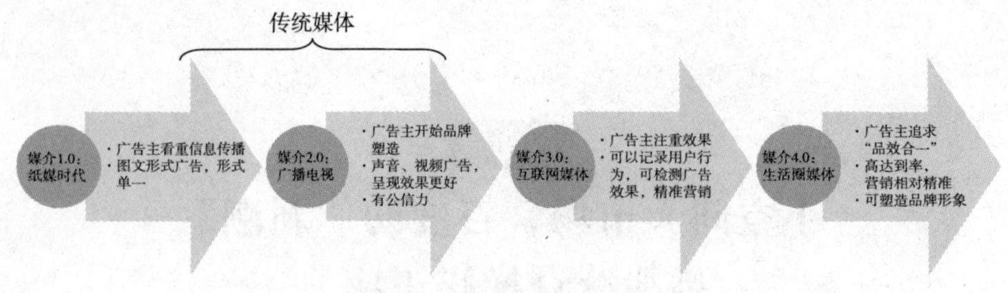

图 1

表 1　三大媒体生态圈流量广度和精度对比分析

价值维度	项目	传统媒体生态圈	互联网媒体生态圈	生活媒体生态圈
流量广度	程度	高	高	高
	特点	全国近 100% 覆盖	8 亿互联网用户	城市化人口覆盖
	可拓展空间	低	高	中
流量精度	程度	低	高	中
	特点	流量“老化”，开机率和时长下降	数据完整	高触达
	可拓展空间	智能终端触达	持续精准化	终端智能化，走向精准化
代表		央视、各大报纸	BAT	分众、新潮

资料来源：国元证券研究中心

传统媒体：电视、报纸、广播等，覆盖面广，公信力强，但由于电视、报纸等传统媒介的目标受众老年化，与大多数品牌广告主的目标消费人群有所偏差，流量精准度不高，而且较难计算投放效果，在广告预算占比逐年下滑。

互联网媒体：覆盖面广的全天候媒体，互动性强，连接度高，即使流量红利消退，在大数据、AI 技术支持下，广告的“千人千面”、精准分发保证了流量的精准度，进一步提升广告价值。

生活媒体：触达率高达 88%，覆盖人群大部分为中产阶级，流量较为精准，而且能更好地匹配和触达消费者的碎片时间。此外，随着 AI 技术的发展和应用，生活媒体的流量精准度会有较大提升空间，更进一步提高其广告价值。

（二）生活媒体的机遇

生活媒体的崛起受益于线上流量见顶和技术融合。

一方面，巨头纷纷布局线下流量渠道，线下流量价值被重估，生活媒体对于基于位置的服务（Location Based Services，LBS）的周边体验性商户引流价值凸显。

另一方面，云平台使得基于电子屏的“线上下单、线下投放”高效模式得以实现，同时打通了线上线下数据交换，大数据、AI 技术进一步赋能线下媒介广告精准性，生活媒体广告价值处于提升期（见图 2）。

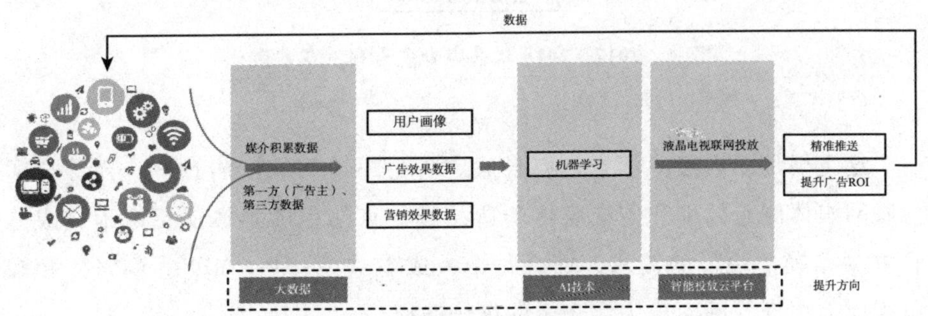

图 2　生活媒体价值提升途径

（三）经济下行，生活媒体增势不减

我国广告行业市场规模自 2013 年整体增势保持平稳（见图 3），但处于低速增长期，其中各个细分媒体的增长分化日益明显。受 2018 年整体经济形势下滑的影响，传统媒体广告刊例花费在 2018 年几乎都出现了负增长，互联网媒介广告等也增速下滑，但以电梯电视及电梯海报为首的生活媒体仍旧保持着 20% 左右的较高增速（见图 4）。

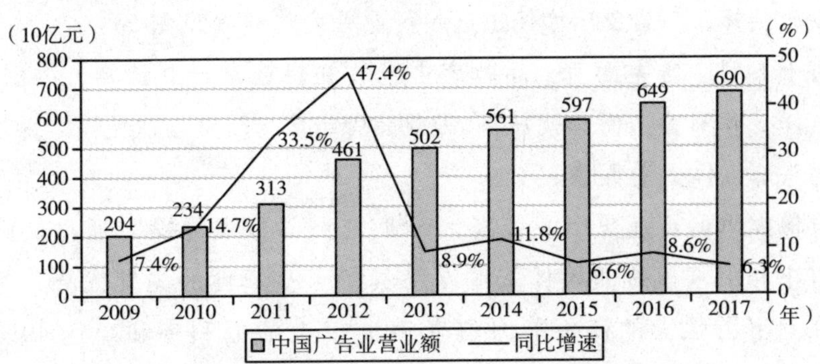

图 3　2009～2017 年中国广告业营业额及同比增速

资料来源：国家工商行政总局，中金公司研究部，海通证券研究所

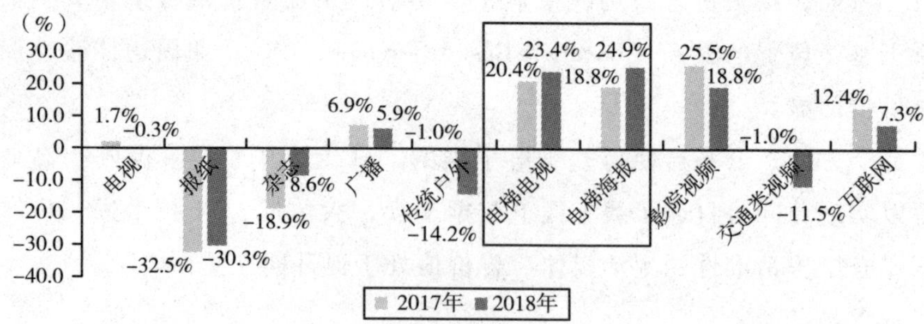

图 4　2017～2018 年各媒介广告刊例花费变化

资料来源：央视市场研究（CTR）

这主要是因为经济不景气，各大广告主纷纷缩减广告预算，而综合了互联网媒体侧重效果和传统媒体塑造品牌优点的生活媒体能更好地完成广告主“品效合一”的需求，而且每千人成本（Cost Per Mille，CPM）相较电视媒体更低，因而成为广告主的更优选择。

（四）电梯媒体行业：上下游分散，中游集中，巨头溢价高

电梯媒体的上游是楼宇物业，而国内物业服务行业竞争格局高度分散，导致单一物业服务企业对大型电梯媒体企业没有太强的议价能力。分散的竞争结构使得物业企业在电梯媒体租金谈判中，很难作为一个整体形成合力议价。

电梯媒体的下游是广告主。由于广告主行业分布广泛、数量繁多，而广告投放市场的“二八效应”较为显著，大型广告主集中了广告市场大部分的投放预算，广告支出增速也远超行业平均水准（见图 5）。

对于大型广告主而言，品牌广告投放的目标是建立认知、占据心智、培养信任，并不是“便宜就好”，因此品牌定位与受众层次更高、触达范围更广的头部媒体更受青睐。

电梯媒体的行业集中度较高，行业龙头“分众传媒”通过极高的市场占有率和大规模优质媒体资源网络具备了垄断性的先发优势，并且凭借其在上下游强大的议价能力独享 70% 以上的毛利率和高达 40% 的净利率。

图 5　电梯媒体上下游

资料来源：中金公司研究部

（五）分众传媒：业务模式不受美国资本市场认可，美股退市后回归 A 股

分众传媒曾于 2005 年于纳斯达克上市，并通过一系列收购或并购奠定了国内楼宇媒体垄断性的行业地位（见图 6）。然而分众传媒的投资价值却一直被低估，即使业务表现优秀、利润率极高也始终难让美国资本市场认可。经历了 2008 年全球金融危机、收购的互联网广告公司整合不成功被剥离以及浑水做空等一系列危机后，2012 年，分众传媒宣布接受私有化收购要约。相关资料见图 7 和图 8。

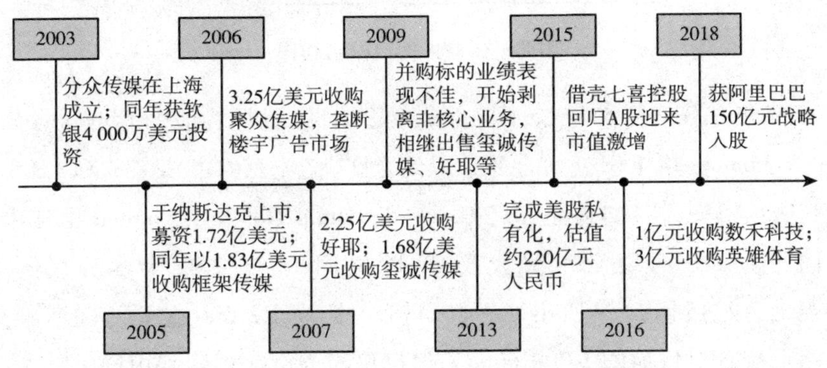

图 6　分众传媒上市情况

资料来源：公司公告、私募通、广证恒生

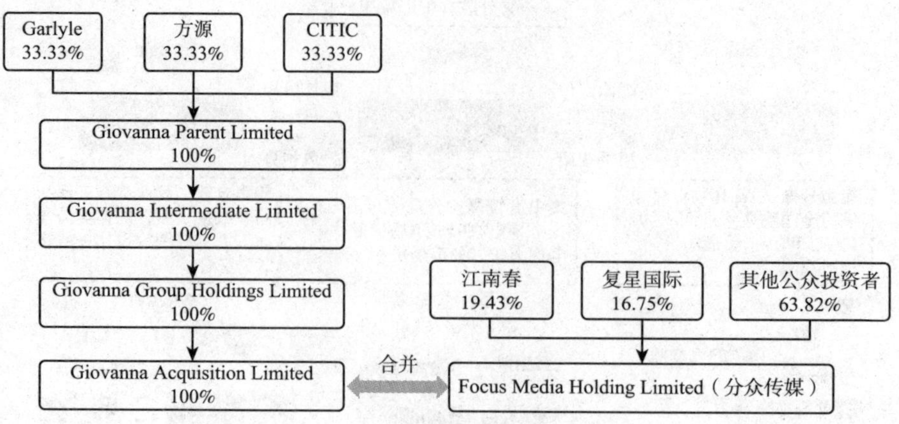

图 7　私有化前股权架构图

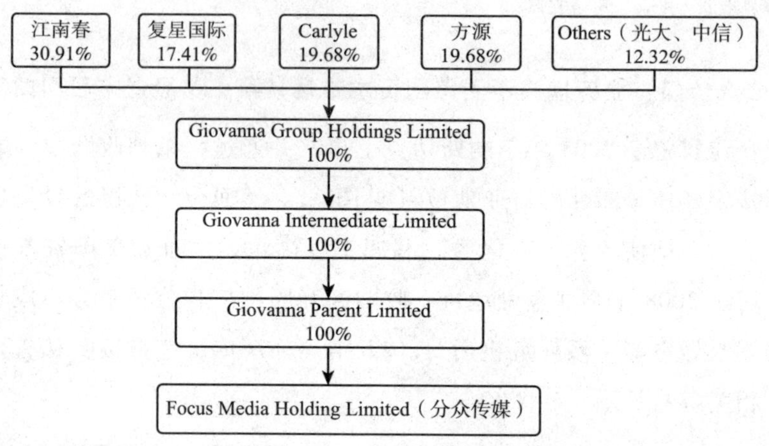

图 8　私有化后股权架构图

2013 年，分众传媒与 Carlyle、方源及 CITIC 共同控股的 Giovanna Group Holdings Limited 旗下子公司合并，以约合 37 亿美元的市值完成私有化。通过股权置换等安排，交易完成后 Giovanna Group Holdings Limited 由江南春、复星国际、Carlyle、方源、光大及 CITIC 共同持有。2015 年，分众传媒通过借壳七喜控股回归 A 股市场，其市值一度超过 2 600 亿元。随后，其股价一路走低直至目前的 1 000 亿元。但仅仅因为由美国回到中国，其估值就上升了 5 ~10 倍。

二、龙头的领先优势可能被打破吗

（一）梯媒行业竞争的核心逻辑：先发优势、规模经济与网络效应

从分众传媒开创电梯媒体广告形式以来，进入者络绎不绝，激烈的行业竞争长期存在。然而分众传媒在2006年收购聚众传媒、框架传媒之后就巩固了行业龙头地位，主要是因为具备了先发、规模和网络效应三大核心优势（见图9）。

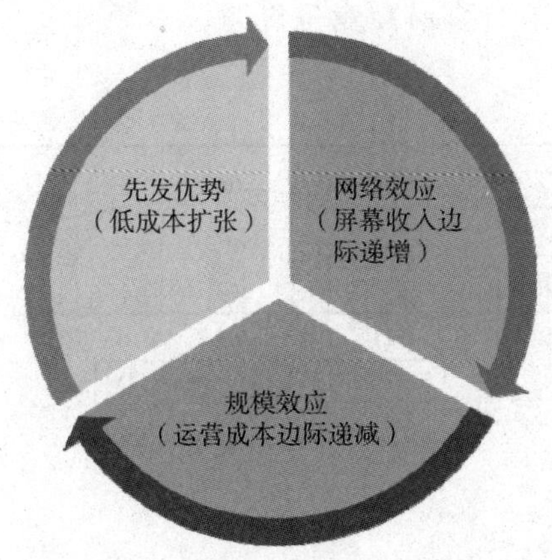

图9　公众传媒核心优势

1. 先发优势：电梯媒体的地理位置决定了其商业价值。作为先行者，分众传媒优先占据了地理位置更好、商业价值更高的空白商业楼宇媒体资源。由于其与物业服务企业签订的往往是长期协议，合作关系较为稳定，竞争者若想替换这些楼宇资源将付出高昂代价。

2. 规模优势：媒体资源的维护和运营具有显著的规模经济效应。首先，随着楼宇媒体资源数量的增加，梯媒公司的单屏运营、维护成本会出现边际递减效应。其次，由于拥有大量优质点位，分众传媒对于租金的议价能力较强，在面对价格过高的楼宇资源时，也可以通过替换个别点位来平滑租金过高带来的成本压力。

3. 网络效应：广告投放的效果会随着终端数量增加而成倍放大，分众传媒拥有电梯媒体网络越大，对于大型广告主的吸引力越强。大型广告主

的广告预算远高于行业平均水平，可以接受更高的广告价格，将为分众传媒带来大量利润。

（二）电梯市场空间广阔增速高，而电梯媒体渗透率仍在低位

先行者一旦在存量电梯媒体市场建立起规模优势，是极难被颠覆的。

根据中金研究部的测算，目前电梯媒体的渗透率仅为27%，且随着城市化的日益推进，电梯保有量每年也以15%左右的速度增长，可开发空间较大（见图10）。新进入者可以通过签约获得新增的电梯媒体资源，突破领先者的封锁，拉近规模差距（见图11）。因此，面对巨大的电梯增量市场，后发的竞争者仍有许多潜在竞争机遇。

图10　全国电梯保有量

新潮传媒，6%
华商智汇，3%
华语传媒，2%
城市纵横，2%
分众传媒，14%
未开发媒体的电梯73%

图11　电梯媒体渗透率情况

资料来源：国家质检总局，中金公司研究部

（三）电梯媒体的后起之秀“新潮传媒”

作为梯媒行业的二把手，新潮传媒具有一定的后发优势。分众传媒珠玉在前，新潮传媒可以复制其成功的商业模式。这两年新潮传媒在各个城

市的社区楼宇快速铺点，进行跑马圈地式的扩张，以构建大规模的媒体网络，并通过给客户提供高额补贴的方式，吸引分众传媒的部分客户。

然而新潮传媒面临的问题在于：

• 新潮的资源点位主要集中在社区楼宇，人流量远低于商务楼宇，广告价值相对较低。

• 大型广告主和分众传媒的合作是基于其媒体资源能够满足广告主大规模、长周期广告投放的需求，新潮传媒的媒体点位数量和位置还不足以和分众传媒争锋，仅通过“烧钱”补贴很难长期获取大型广告主的青睐。

虽然百度的战略投资缓解了新潮传媒在当下的资金压力，并增加了强大股东背书，但考虑到百度投资意图主要是卡位式布局为主，追求线下营销场景的战略价值，寻找与本地业务的契合点，因此新潮传媒很难长期维持激进扩张的策略（见表2）。

表2　　新潮传媒和分众传媒的比较

项目	新潮传媒	分众传媒
媒体点位数量	70万个	200万个
区域	楼宇住宅	商业写字楼 + 楼宇住宅
定价	438元/周	743元/周
主要合作伙伴	京东、苏宁易购、中国联通等	饿了么、天猫、京东、宝洁、奔驰等
市场占有率	23%	70%
2017年营业收入	2亿元	120亿元
2017年毛利率	未透露	73%
2017年净利	亏损约1亿元	62亿元
投资机构	百度、欧普照明、红星美凯龙等	阿里巴巴、复星、凯雷、中信等
拓展策略	低价竞争策略，试图将龙头溢价拉回正常水平	“高举高打”，将大规模优质媒体资源提供给大型广告主

三、竞争者能否弯道超车，让我们拭目以待

互联网红利逐渐消失以及线下流量价值被重新估量，为电梯媒体行业提供了崛起的契机。在AI技术、大数据等技术的进一步赋能下，兼顾

“品”“效”两头效益的电梯媒体广告价值将受到更多广告主的认可。行业龙头分众传媒在梯媒的存量市场上已经建筑起了极强的护城河，但考虑到城市化推进带来的电梯数量高速增长以及电梯媒体较低的渗透率，像新潮传媒这样的竞争者或可通过在增量市场上的布局实现弯道超车。

想成为投融资观察报告创作团队的一员吗？微信扫描本书第351页二维码，现在就加入我们吧！

No. 5

教育行业：四季常青，向阳而生*

主笔：曹冬青

资料收集：程钰茜、郑枫壤

交易概览：

财经人才工厂高顿集团获得8亿元融资，高瓴资本与摩根士丹利联合领投，涌铧投资、嘉御基金跟投。本轮融资将主要用于持续打造终身财经教育生态，并加强在人工智能、大数据、云计算等科技领域的投入，深化其在业务场景的应用。在2018年的资本寒冬，相比其他行业，教育行业“凌寒独自开”，被称为教育企业的“上市大年”，让人不禁感叹，马云果然是“钱景所向”，但其实，教育行业一直四季常青，向阳而生。

一、“碧玉妆成一树高，万条垂下绿丝绦”

（一）教育行业政策导向强，市场广阔

2018年教育行业市场规模超过5万亿元，五大宏观因素刺激我国教育市场快速扩张。其中，政策方面，教育供给侧改革稳步推进，重点行业相关政策密集出台，政策导向出现分化，监管趋于严格（见图1、图2）。

* 本文写于2019年2月。

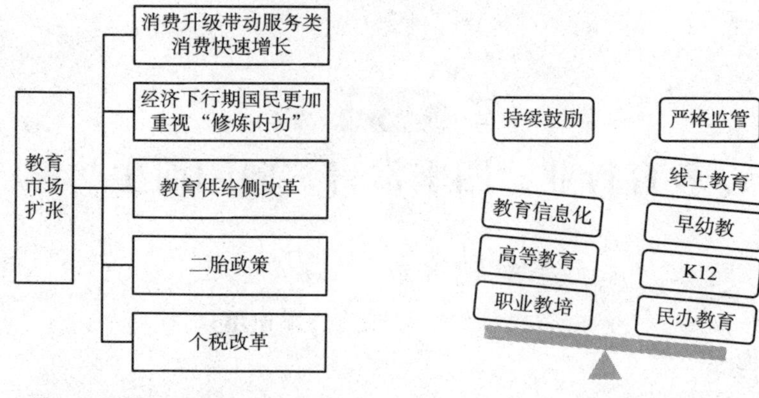

图 1　教育市场扩张催化剂

资料来源：招商银行研究院

图 2　教育行业政策导向图

（二）垂直领域发展趋势凸显，细分赛道竞争明显（见图 3）

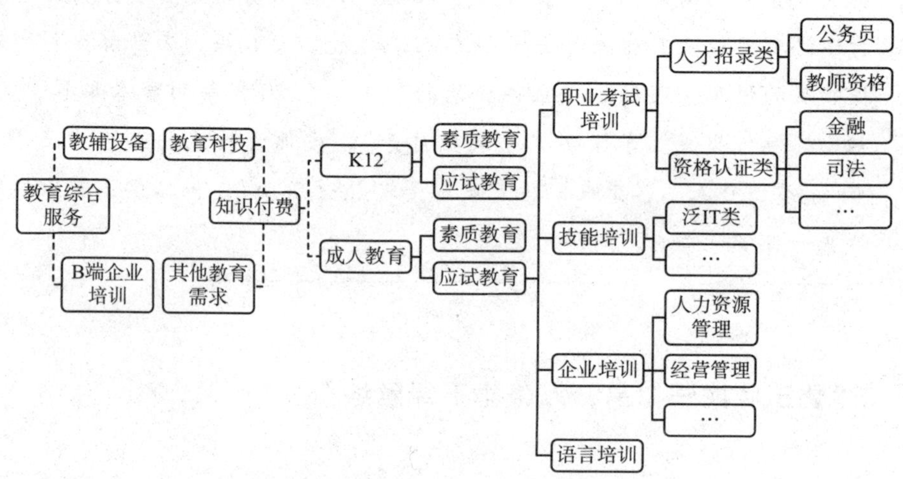

图 3　教育行业细分领域示意图

注：右半部分表示按年龄阶段划分的细分领域，左半部分表示其他教育行业细分领域

教育行业通常按照年龄阶段分类，且每个阶段有多个细分赛道，需求相对集中的赛道发展速度快，市场规模大。其中，优质赛道包括：K12 素质教育、职业考试培训、教育科技（见表 1）。

表 1　　　　教育优质赛道介绍

赛道	K12 素质教育	职业考试培训	教育科技
行业壁垒	师资水平、渠道与机构管理	师资水平、渠道与机构搭建	技术研发实力、地域覆盖、产业和政府资源把控
市场规模（2017A）	3 950 亿元	4 285 亿元	2 089 亿元
市场空间（2020E）	6 825 亿元	7 000 亿元	3 606 亿元
课程标准化程度	低	高	—
结果可衡量性	中	高	—
龙头企业	新东方、好未来、学大教育	高顿教育、中公教育、华图教育、尚德机构	科大讯飞、立思辰、全通教育集团、拓维教育

值得一提的是，职业教育在岗位人才缺口、终身学习教育观念升级以及个人和企业对教育需求提升的催化下成长，细分垂直领域基本形成，非学历职业教育体系中“全国性龙头 + 区域连锁机构”的二阶梯队的竞争格局也基本形成。政策上，国家高度重视职业教育，出台多项相关政策支持企业办学。

二、“忽如一夜春风来，千树万树梨花开”

科技进步为教育行业注入了新的活力，互联网、AI、VR/AR 等科技的发展与运用为教育领域带来了深刻的变革，呈现以下趋势：

（一）线上教育市场不断扩大

受教育资源分布不均衡、租金成本上升、线下渠道竞争激烈等因素影响，加之互联网发展线下向线上迁移的浪潮掀起，线上教育的渗透率在部分细分领域逐步提升（见图 4）。同时，在线教育一级市场融资事件数量占据教育行业整体融资的比例不断提升，2018 年占比达到 47.5%，且复投率逐年上升。在线教育市场规模见图 5。

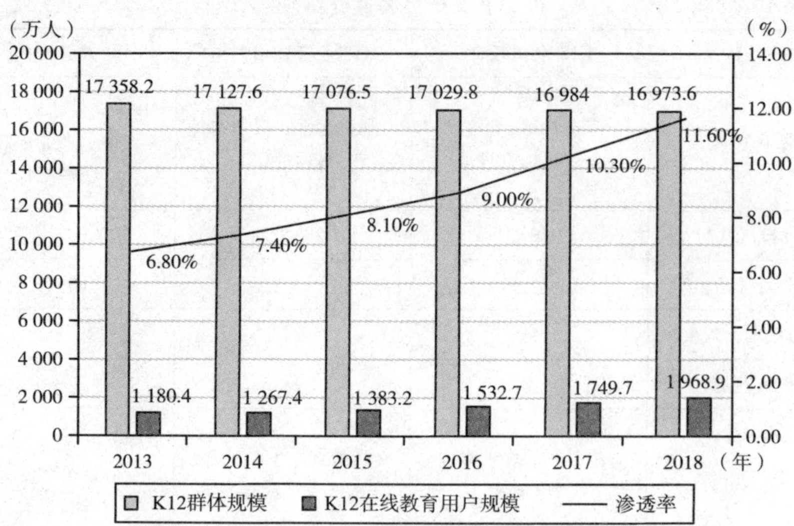

图 4　线上教育渗透率（以 K12 阶段为例）

资料来源：招商银行研究院

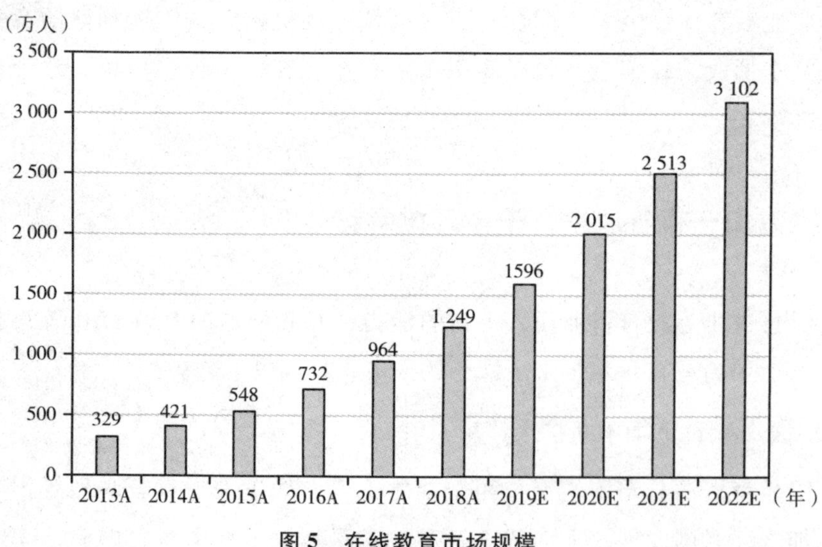

图 5　在线教育市场规模

资料来源：招商银行研究院

（二）“教育 + AI”应用场景广泛，渗透教育多领域

教育是一个对于新技术融合性比较强的行业，多年来很多教育问题，诸如因材施教、教育公平等的解决都是在新技术的发展之下推动进行。其

中，人工智能的出现为教育提供了多种可能性。据 CNNIC 数据预测，到 2020 年“教育 + AI”将带来 3 000 亿元的庞大市场规模，2025 年市场规模将达 1.5 万亿元，而 2030 年将达到 3 万亿元。从资本市场的角度来看，2014 年“教育 + AI”领域进入火热期，且从近年来投融资概况可以看出机构对于这个赛道的高度自信（见表 2）。

表 2　AI 领域投融资情况

	公司数量（家）	投融资事件（个）	融资金额（亿元）
教育 + AI	151	210	351
整个 AI 领域	1 734	1 856	2 123

资料来源：IT 桔子

AI 使得教育从“以教为本”变为“以生为本”，更加精确地实现精准教学，落实因材施教。其应用场景十分广泛，包括自适应学习、辅助教学 + 虚拟学习助手、语言学习测评、在线搜题和答疑、教育决策、校园学情管理等，基本覆盖“教、学、测、评、管”全产业链。在线教育与 AI 结合是最常见的形式（见表 3）。

表 3　在线教育与 AI 的结合

	细分领域	形式	服务对象	平台	特色
沪江教育	内容型教育综合平台	直播 + 录播：2C&2B	K12 大学生 职业人群和机构客户	新东方在线、东方优播	智能教育概念化应用： ①学友：在线个性化助教；基于海量数据建立知识库；感知学习者共同学习目的和兴趣，协助建立学习社群 ②堂果：利用自然语言分析和计算机视觉技术，清晰捕捉学生多种情绪和听课注意力等信息
新东方在线				沪江网校 CCTalk	知心自适应系统
猿题库	智能在线题库	在线做题及解答	K12	小猿搜题、猿题库	基于猿题库后台大数据的自动课件生成系统

续表

	细分领域	形式	服务对象	平台	特色
无忧英语	在线英语培训	一对一 纯外教 2C	主要 K12 小部分成人	51Talk 无忧英语	通过智能语音技术对老师和学生进行语速检测； 通过机器视觉技术对学生进行情绪识别，进而对老师授课节奏和方式进行提示； 通过机器视觉技术判断老师授课的环境、姿势、动作等等，给老师提供建议； 对学生开口总时长进行数据分析，如开口时间短就会鼓励其多开口； 通过语音识别和图像识别技术，为每次授课配置一个“智能督导员”
精锐教育	K12 教育	一对一 一对三	中小学生 K12	线下学习中心	可视化 AI 智能课堂；拥有十三个维度的 PLI 学习力测评系统
尚德机构	职业教育	“双师”直播 + 录播	18 ~ 40 岁 城市用户	尚德机构 APP	AI 督学
正保 远程教育		录播为主： 2C&2B	职场人群 大学生	中华会计网校	—

相比于传统教学，AR/VR 教学与 AI 的结合提高了学习效率，比如更直观地解释科学教育中复杂的物理科学概念，在职业技术培训中为操作型技能的教学节省资金和空间等（见表 4）。

表 4　　VR/AR 对教学的影响

	VR/AR 教学	传统教学
感官教学	寓教于乐，提高学习的兴趣和动力	知识点重复，死记硬背
学习效率	直观生动，沉浸式场景，效率高	无趣死板教辅及教材，效率低
理解能力	抽象知识具象化，加深对知识的理解和认知	受个人想象力差异影响，抽象知识理解运用受阻
学习方式	主动体验和经历知识，深刻理解，长久记忆	被动接受知识，不易理解，容易忘记

资料来源：招商银行研究院

三、“高阁浮香出，顿悟超诸圣”

“高顿教育”致力于高品质终身教育，从2010年就开始积极布局“互联网+教育”，利用互联网把很多优势的教育资源整合后传播。其特色包括：

- 互动式在线课程——“任务制网课”。学生每学到一个知识点可以去做题，但必须要完成这个学习点的题目练习之后，才可以继续往下学，让整个网课有一个循序渐进的过程，也让授课老师更加了解学生的学习情况，随时变动教学方案。
- 完备答疑体系。高顿教育涉足线上财经教育至今，一直在积累所有学员的学习、评测、考试等教育数据。如今高顿教育正逐步将这些数据应用于课程，未来还将对教育大数据做进一步的开发。
- “线上+线下”教育融合。高顿在线教育的营业额已经占高顿总体营业收入的一半以上，其付费学员有60%来自线上平台（见图6）。

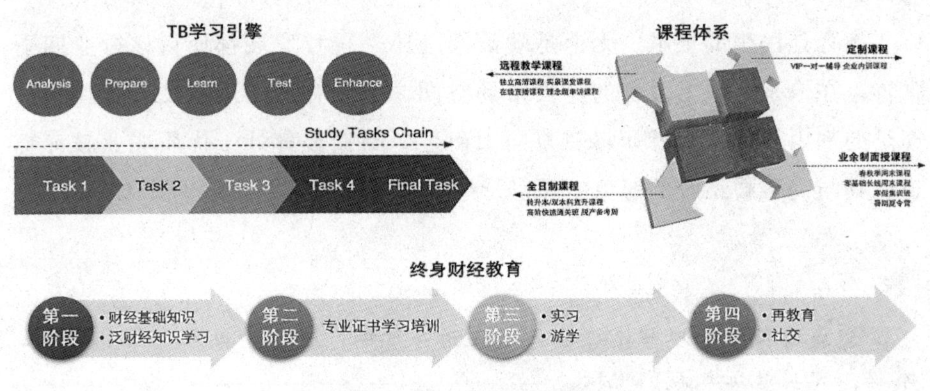

图6 高顿教育生态链

高顿教育本轮融资将用于持续打造终身财经教育生态，并加强在人工智能、大数据、云计算等科技领域的投入，深化其在业务场景的应用，从而为学员群体带来效果更好的学习体验，提供更人性化的服务。尽管在财会金融领域高顿存在不少专业的竞争者，但是其高顿教育生态链的建立独一无二，且性价比在同业之中也是较为突出的（见表5）。

表 5 线上教育竞品分析

品牌	高顿教育	中博教育	金程	金立品教育
成立时间	2006	2004	1998	2014
业务范围	终身财经教育生态：高顿财经、高顿网校、高顿财税学院（金融证书、技能实习、个人发展）	ACCA、CMA、CFA、FRM、CIMA、CPA等高端财会、金融证书课程，考研、英语、公考、职前的解决方案	证书系列（CFA、FRM、RFP 等），培训系列（银行高管研修项目、客户经理梯队培养项目等），咨询系列（厅堂营销咨询项目、社区营销咨询项目等）	ACCA、CMA 等
课程类型	录播网课，直播课堂，面授			录播为主
课程价位	CFA&FRM 双证：36 800 元	CFA 全科 33 800 元，FRM 全科 20 800 元	CFA&FRM 双证：41 800 ~ 46 800 元	ACCA：VIP 套餐 37 890 元；精品班套餐：28 800 元

四、总结

教育是民生的根本，无论是政策鼓励还是科技发展都使得该行业四季常青。在未来，线上教育的庞大市场空间、细分赛道的迅速发展都让我们充足的理由相信教育行业将一直向阳而生。高顿教育处于优质职业教育赛道，其与高科技结合的想象空间以及终身学习的理念更是赋予其无穷潜力。

想成为投融资观察报告创作团队的一员吗？微信扫描本书第351页二维码，现在就加入我们吧！

No. 6

凯京科技：供应链与金融的前世今生 *

主笔：黄羽婷

资料收集：丁嘉睿、阎柏屹

交易概览：

2018 年 12 月，凯京科技宣布完成 10 亿元 C 轮融资。本轮融资由蚂蚁金服和大钲资本领投，红杉资本中国基金、德邦证券、滕澜实业跟投。本轮融资后，凯京科技与蚂蚁金服将深度战略合作，以支付宝平台为载体，共同打造“凯京服务”支付宝生活号；同时，与网商银行合作，在物流费用支付结算、运费分期、货车分期等场景中为物流小微企业提供便捷的金融科技产品。

2015.7 凯京科技成立，千万级天使轮融资

2016.1 A轮 红杉资本领投1亿元人民币

2016.12 B轮 中航信托领投、红杉资本、德邦证券、复朴资本跟投2亿元人民币

2018.12 C轮 蚂蚁金服、大钲资本领投10亿元人民币
蚂蚁金服、大钲资本领投，红杉资本中国、德邦证券、滕澜实业跟投

凯京科技融资历程

凯京集团是一家物流行业信贷服务提供商，深耕物流多年，为中小微企业和个人提供各类场景下的信贷服务，覆盖商业保理业务、车辆融资租赁业务、供应链金融以及大数据征信等（见图 1）。通过物流管理系统为物流行业提供服务的同时获取大量数据信息，并以这些信息为基础，对物流

* 本文写于 2019 年 3 月。

各环节上的企业进行信用风险评估，提供金融服务。

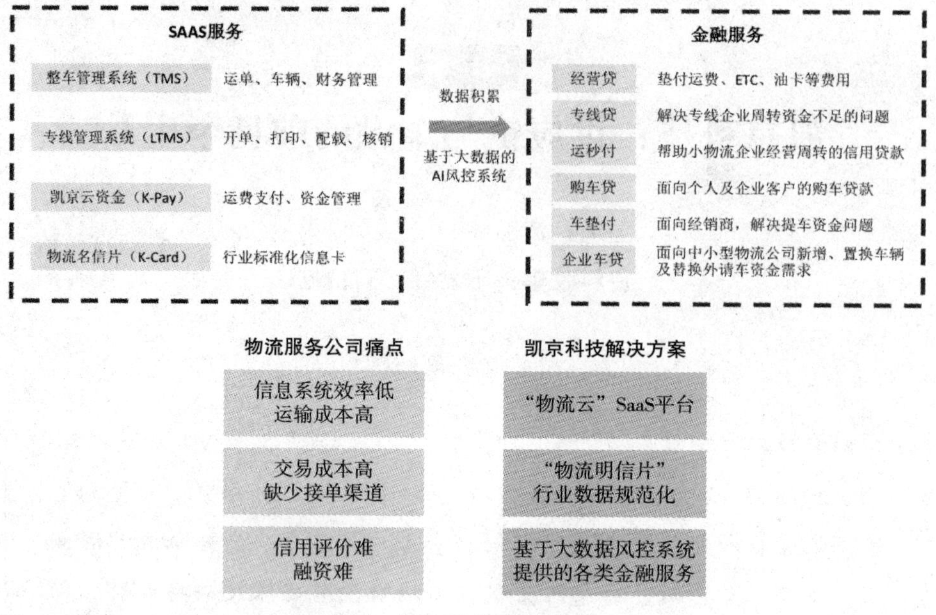

图 1　凯京科技商业模式

“供应链金融”近年来异常火爆，供应链和金融本就千丝万缕，供应链金融的前世今生究竟都发生了什么……

一、供应链金融两大必备条件：“抵押物价值认可”与“单一可识别”

供应链金融想要健康运行，必须满足两个属性：一是抵押物价值容易以低成本量化确认；二是抵押物具有单一可识别性。其中，后者比前者更为重要。

供应链上各环节流通的货物、物流环节中的货车等，都属于标准化可识别资产，价值认定较为容易，较易达到标准。货物的单一可识别性，是保证资金安全的重要抓手。若无此约束，就会引发重复质押等恶性行为，损害市场健康。

供应链上众多的可识别重资产使其长久以来都是金融服务的宠儿，在很早以前就出现了供应链金融的影子（见图 2）。

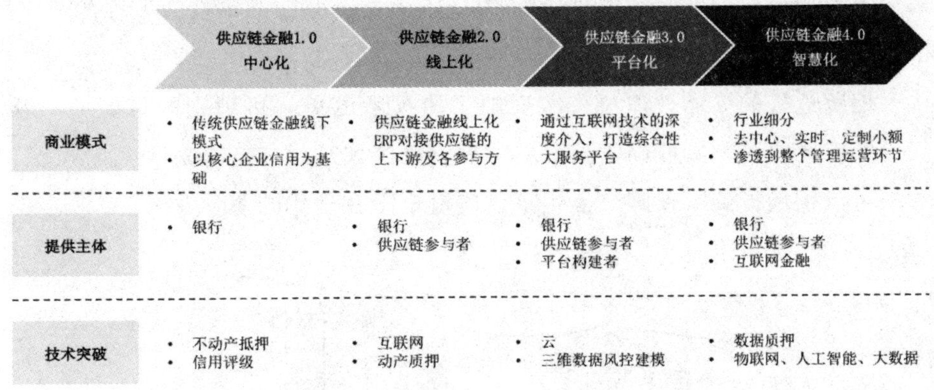

图2　供应链金融的发展阶段和特点

资料来源：思略特分析

二、供应链金融的“前世”：大宗商品贸易信贷与钢贸危机

供应链金融的前身是大宗商品贸易信贷。资金提供主体为银行，以核心企业信用为基础，通过抵押大宗商品货权获取资金。

（一）抵押物价值认可难，仅有大宗商品参与交易

由于技术不发达，互联网普及度低，大部分货物价值难以进行低成本认定，故参与交易的只有钢、铁、汽车等标准化程度高，市场价格公开透明的大宗商品。大宗商品采用公允价值定价，易与变现，有效降低了违约亏损风险。

（二）单一可识别属性差，酿成钢贸危机大祸

20世纪末21世纪初，互联网不发达与信息不透明性，使得供应链的中间环节对于银行、大型国企等出资方来讲完全不可控，只能控制货物出库与到达的供应链最前端和最后端。出资方对供应链中间过程的不可控使资金流动具有极大的潜在风险，重大恶性事件——钢贸危机的爆发就是一个惨痛的教训。

2000年前后，中国钢铁行业高速发展，钢贸商向银行大量贷款，但由于银行对于货物仅拥有名义上的控制权，而无法实际对货品在供应链中的流动进行控制和监管，出现了大量“一货多押”的情况。截至2011年6月

末，上海用于质押的螺纹钢总量为103.45万吨，是螺纹钢社会库存的2.79倍，并最终以供应链金融和钢贸双双受重创而收尾。

钢贸危机的惨痛教训再一次反映了质押物的单一可识别的重要性。今天，随着区块链、物联网等技术的发展，已经实现供应链全过程实时追踪，单一可识别性得到了保障，催生了供应链金融在现代的蓬勃发展。

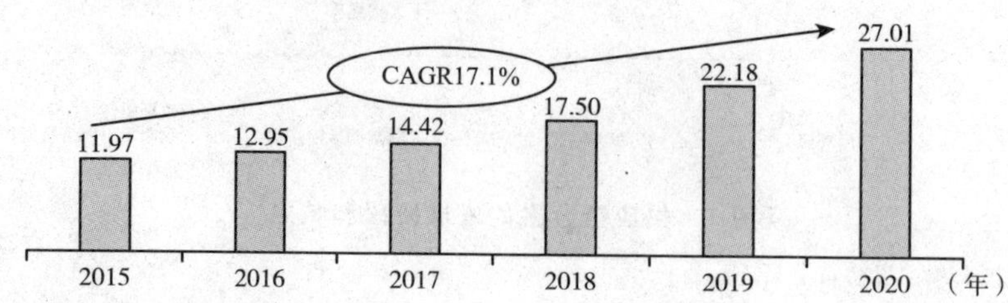

图3 2015～2020年中国供应链金融市场规模及预测（万亿元人民币）

资料来源：易宝、中商产业研究院

三、供应链金融的“今生”：小额商品纳入抵押物范畴，技术发展实现单一可识别

（一）抵押物范畴扩大：低价商品纳入范畴

随着智能资产评估体系及信用体系的不断完善和发展，出现了以互联网技术为基础的综合性大服务平台，对各类货物都可以进行智能化定价，对金额偏小的商品与一般规模的物流团队也可提供供应链金融服务，极大地扩大了供应链金融的服务范围。

（二）货物全流程可控：供应链金融形式多样化

由于供应链全流程可追溯，风险可控，供应链金融更加多种多样。从货物下单订购时便可以进行融资，不同的金融产品在交易进程中可以无缝转化。例如预付款融资在发货后可以直接转为库存融资，极大地提升了供应链金融的交易效率与想象空间（见图4）。

而凯京科技正是构建了一个物流管理平台，获取了大量物流过程中的数据，基于大数据做出信用及货物价值评估，为供应链环节中的各类企业提供金融服务。

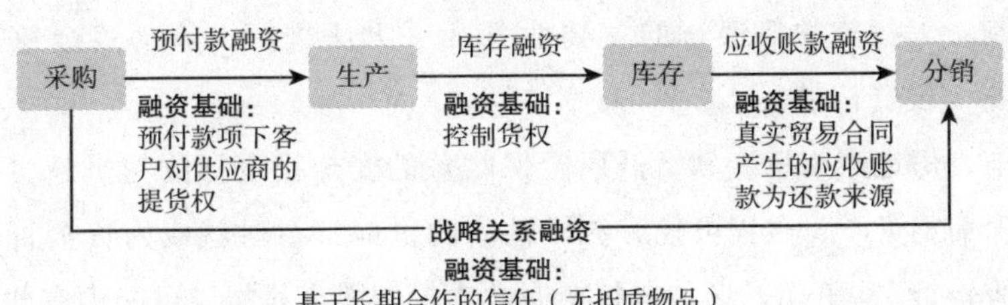

图 4　供应链金融交易形态

资料来源：艾瑞咨询

四、蚂蚁金服投资凯京科技：数据扩充与投资标的寻找

（一）数据流量扩充：完善数据体系

蚂蚁金服致力于构建全产业链信用体系，但由于大量资料来源为电商引流，其在线下物流方面存在一定缺失。而线下物流参与主体众多，数据金融属性强，是构建信用体系的优良基础。

在投资了凯京科技后不久，蚂蚁金服于 2018 年 12 月又投资了综合物流服务商中交兴路，A 轮投资额达 7 亿元人民币。连续两次物流领域的投资彰显了蚂蚁金服进入线下物流领域的决心。

（二）大量流动资金寻找投资标的：供应链金融或为优质选择

作为资金管理量与三大行并肩并达到 2 万亿元人民币的蚂蚁金服，手握的大量流动资金是幸福也是负担（见图 5）。蚂蚁金服作为互联网金融的龙头老大，面临政府多重监管，许多牌照尚未齐全，余额宝、借呗等业务

图 5　银行理财产品管理规模与蚂蚁金服对比图

受到限制，大额贷款等银行的主要业务几乎无法进行。流动资金急需寻找可靠的安全投资标的。

目前，房地产市场疲软，低风险保收益的安全投资标的越来越少，拥有大量可识别重资产、全程可控、流动性高的供应链金融就成为资金管理者眼中的“香饽饽”，争相入场。蚂蚁金服此次投资凯京科技，可能也有此考量。

商业银行因为自身科技实力不够，又急于入场供应链金融行业等这些需要大数据为信用及定价支撑的新兴行业，只能不断寻求与科技公司的合作。四大商业银行已经和最成功的互联网公司阿里、腾讯等展开合作，希望提高互联网金融、大数据等方面实力（见图 6）。

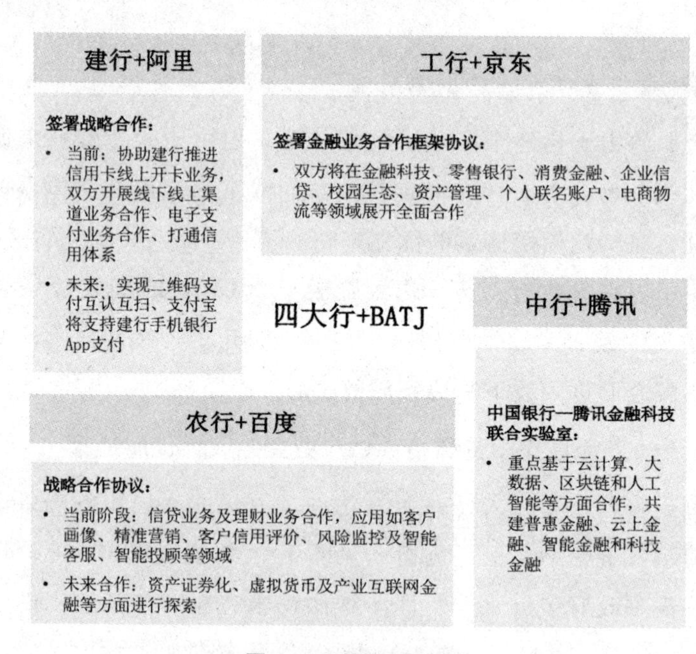

图 6　四大行 + BATJ

资料来源：公司公告，中金公司研究部

凯京科技在物流领域深耕多年，此番又有蚂蚁金服强势加持，未来能否发展为物流与供应链金融行业领军者，可拭目以待。

想成为投融资观察报告创作团队的一员吗？微信扫描本书第351页二维码，现在就加入我们吧！

No. 7

威马汽车：想飞上天和巨头肩并肩*

主笔：曹冬青

资料收集：陈琼娴、刘存芳、石文岳、刘高辰

交易概览：

威马汽车完成30亿元人民币的C轮融资，由百度集团领投，太行产业基金、线性资本等参与投资，融资主要用于用户体验与技术研发。截至目前，威马汽车累计融资金额已近230亿元人民币，投后估值340亿元人民币。威马汽车在新造车企业交付排行榜上目前位于第一梯队，它的辉煌是怎样的天时、地利、人和？未来又将如何打好“智能”与“新能源”两张王牌，与巨头们“并肩齐飞”呢？

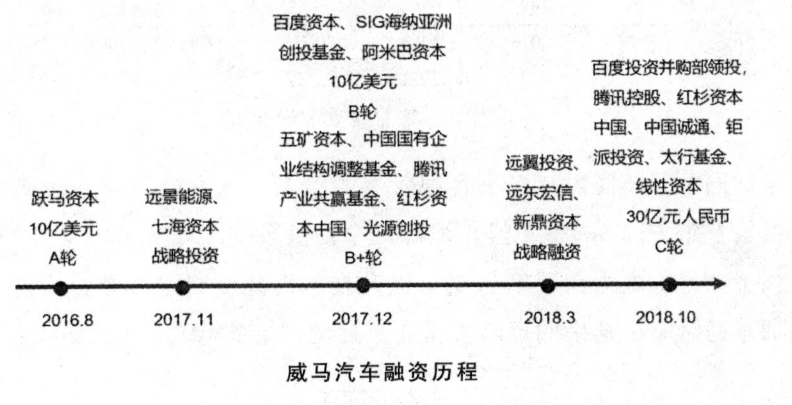

威马汽车融资历程

* 本文写于2019年3月。

“我叫威马·沈（注：威马创始人和 CEO 为曾任吉利集团副总裁、沃尔沃全球高级副总裁兼沃尔沃中国区董事长的沈晖），2016 年出生，‘车生’价值是在花式‘车拉松’中取得胜利，一路上粉丝给我的‘士力架’一直不少。”

一、偶尔想起温暖的昨天，为了梦想不再留恋

所有选手的考核维度包括智能化、网联化、电动化、共享化四个方面。预计到 2027 年，评委中，“00 后”将占 7.2%，“90 后”占 41.8%，“80 后”占 35.4%。基于对互联网技术的高度依赖，选手们的考核一定会逐渐向高级智能移动终端演变。2020 年即将迎来自动驾驶这个技术动作的成绩审核，据说在未来拥有很好的应用场景（见图 1）。

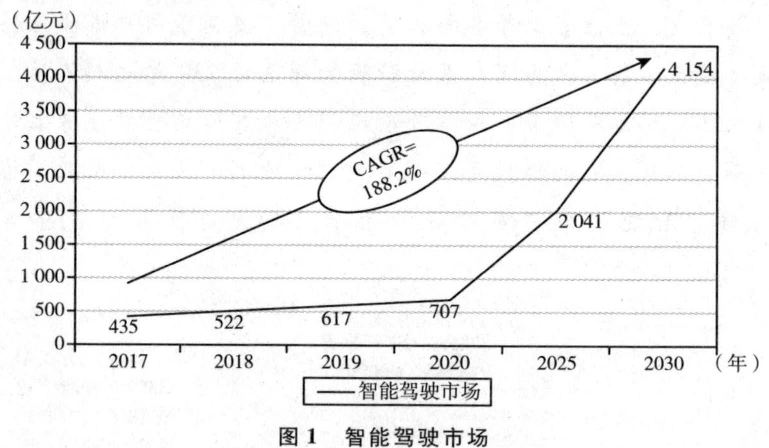

图 1　智能驾驶市场

与此同时，新能源汽车是各国发展的重点。以中国为例，2018 年汽车总销量较上年下降 2.8%，但新能源汽车销量较上年增长 62%。“车拉松”的各国主办方也大力在政策上支持提升技术，甚至制定了禁止生产销售传统燃油车的时间，选手们也随机应变，自废“老式武功”（见图 2 和图 3）。

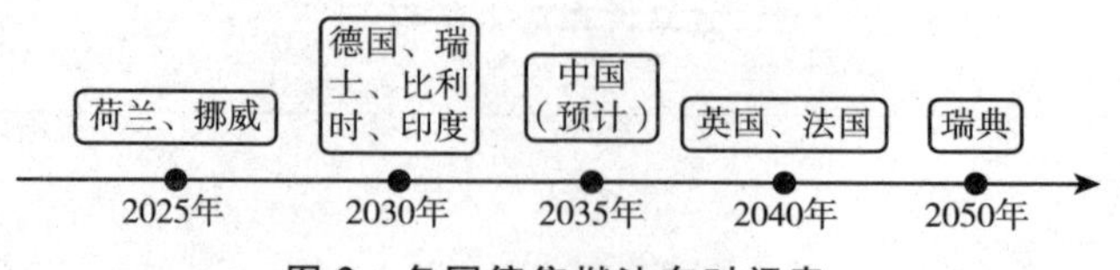

图 2　各国停售燃油车时间表

名称	时　间
大众	最晚 2030 年前彻底停售传统燃油车
戴姆勒	2022 年停产停售旗下全部传统燃油车
宝马	2025 年新能源汽车将达到 25 款
沃尔沃	2019 年起停止生产销售传统内燃机车型
FCA 集团	玛莎拉蒂率先试水停产停售传统燃油车
捷豹路虎	2020 年实现全部产品电气化
丰田	2025 年将旗下传统燃油车型削减为零
长安	2025 年停售传统燃油车
北汽	2025 年全国全面停售燃油车
海马汽车	2025 年淘汰传统燃油车
福特	2022 年全面停售停产林肯燃油车
通用汽车	2025 年旗下产品实现不同程度电气化

图 3　传统车商停售燃油车时间表

由此可见，新能源汽车的发展是必然趋势，这不仅能从近几年新能源汽车产量及销量数据可见一斑，还可以从我国颁布的种类和数量繁多的支持新能源发展的政策中看出端倪，其中以“地补”和“国补”为主要形式的补贴政策最常见，占比达到 1/3。相关资料见图 4、表 1 ~ 表 5。

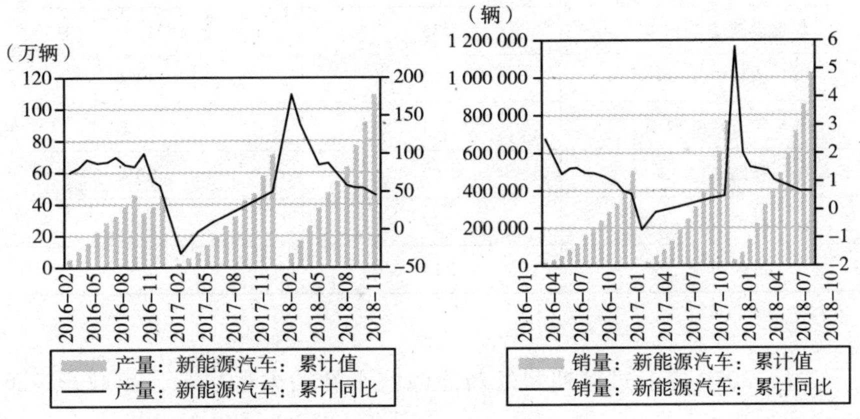

图 4　我国新能源汽车产量及销量情况

资料来源：Wind、开源证券研究所

表 1　　目前主要运用的政策方式

项目	内容
基础设施建设	建设充电桩
	优先在公共交通领域采用新能源汽车
	电力保障措施
	智能管理系统
路权政策	新能源汽车较少禁行区
	利用公交汽车专用道
	燃油车辆的禁行区
汽车地方产业政策	发展新能源汽车或零部件产业的补贴政策
补贴政策	国补和地补
其他相关政策	车船税减免
	减免基本电费
	减免购置税
	过路过桥费
	淘汰老旧车

资料来源：汽车之家

表 2　　中国新能源汽车相关政策

项目	数量	占比（/政策文件份数）
基础设施建设政策	35	17%
路权政策	27	13%
汽车地方产业政策	24	12%
补贴政策	69	33%
其他政策	49	24%
推广政策	14	7%

资料来源：汽车之家

不过，2019 年及过渡期间的新能源汽车补贴方法出台，新政影响低于市场预期。

表 3　　新能源乘用车补贴变化对比

乘用车	考核参数	2018 年方案		2019 年方案		变动幅度
纯电动乘用车	度电补贴（元/kWh）	1 200		550		-54.2%
	续航里程（km、万元）	100≤R<150	0.0	100≤R<150	0	0.0%
		150≤R<200	1.5	150≤R<200	0	-100.0%
		200≤R<250	2.4	200≤R<250	0	-100.0%
		250≤R<300	3.4	250≤R<300	1.8	-47.1%
		300≤R<400	4.5	300≤R<400	1.8	-60.0%
		400≤R	5.0	400≤R	2.5	-50%
	能量密度（wh/kg）	105≤E<120	0.6	E<125	0.0	
		120≤E<140	1.0	125≤E<140	0.8	
		140≤E<160	1.1	140≤E<160	0.9	
		160≤E	1.2	160≤E	1.0	
	百公里电耗优于政策的比例	0%≤Q<5%	0.5	0%≤Q<5%	0.0	
		5%≤Q<25%	1.0	5%≤Q<10%	0.0	
		25%≤Q	1.1	10%≤Q<20%	0.8	
				20%≤Q<35%	1.0	
				35%≤Q	1.1	
插电式混动乘用车	续航里程（km、万元）	50≤R	2.2	50≤R	1	-54.5%

注：1. 对于非私人购买或用于营运的新能源乘用车，按照相应补贴金额的 0.7 倍给予补贴；
　　2. “地补”取消。

资料来源：格隆汇

表 4　　新能源客车补贴变化对比

客车	考核参数	2018 年方案		2019 年方案		变动幅度
非快充类纯电动客车	度电补贴（元/kWh）	1 200		500		-58.3%
	补贴上限车长（m、万元）	6<L≤8	5.5	6<L≤8	2.5	-54.5%
		8<L≤10	12	8<L≤10	5.5	-54.2%
		10<L	18	10<L	9	-50.0%
	能量密度（wh/kg）	115 <E≤135	1	135≤E		
		135<E	1.1			

续表

客车	考核参数	2018 年方案		2019 年方案		变动幅度
非快充类纯电动客车	单位载质量能量消耗量（Wh/km·kg）	0.21 < Ekg	0	0.19 < Ekg	0	
		0.15 < Ekg≤0.21	1	0.17 < Ekg≤0.19	0.8	
		Ekg≤0.15	1.1	0.15 < Ekg≤0.17	0.9	
				Ekg≤0.15	1	
快充类纯电动客车	度电补贴（元/kWh）	2 100		900		-57.1%
	补贴上限车长（m、万元）	6 < L≤8	4	6 < L≤8	2	-50.0%
		8 < L≤10	8	8 < L≤10	4	-50.0%
		10 < L	13	10 < L	6.5	-50.0%
	技术要求-快充倍率	3C~5C（含）	0.8	3C~5C（含）	0.8	
		5C~15C（含）	1	5C~15C（含）	0.9	
		15C 以上	1.1	15C 以上	1	
插电式混合动力（含增程式客车）	度电补贴（元/kWh）	1 500		600		-60.0%
	补贴上限车长（m、万元）	6 < L≤8	2.2	6 < L≤8	1	-54.5%
		8 < L≤10	4.5	8 < L≤10	2	-55.6%
		10 < L	7.5	10 < L	3.8	-49.3%
	节油率水平	60%~65%（含）	0.8	60%~65%（含）	0.8	
		65%~70%（含）	1	65%~70%（含）	0.9	
		70% 以上	1.1	70% 以上	1	

注：1. 地补取消政策不适用于新能源公交车和燃料电池客车；
2. 新能源公交车和燃料电池客车补贴政策另行公布。

资料来源：格隆汇

表 5　新能源货车补贴变化对比

货车	考核参数	2018 年方案		2019 年方案		变动幅度
纯电动货车	度电补贴（元/kWh）	q≤30	850	350		-58.8% ~ -46.1%
		30 < q≤50	750			
		50 < q	650			
	补贴上限（万元）	10		N1	2	-80.0%
				N2	5.5	-45.0%
				N3	5.5	-45.0%

续表

<table>
<tr><th>货车</th><th>考核参数</th><th colspan="2">2018 年方案</th><th colspan="2">2019 年方案</th><th>变动幅度</th></tr>
<tr><td rowspan="5">纯电动货车</td><td>技术要求 - 能量密度（wh/kg）</td><td>E≥115</td><td></td><td colspan="2">E≥125</td><td></td></tr>
<tr><td rowspan="3">单位载质量能量消耗量（Wh/km · kg）</td><td>0. 4 < Ekg</td><td>0</td><td colspan="2" rowspan="3">Ekg≤0. 30</td><td></td></tr>
<tr><td>0. 35 < Ekg ≤0. 4</td><td>0. 2</td><td></td></tr>
<tr><td>Ekg≤0. 35</td><td>1</td><td></td></tr>
<tr><td>续航里程（km）</td><td colspan="2">—</td><td colspan="2">R≥80</td><td></td></tr>
<tr><td rowspan="7">插电式混合动力（含增程式）货车</td><td rowspan="3">度电补贴（元/kWh）</td><td>q≤30</td><td>850</td><td colspan="2" rowspan="3">500</td><td rowspan="3">-41. 1% ~ -23. 0%</td></tr>
<tr><td>30 < q≤50</td><td>750</td></tr>
<tr><td>50 < q</td><td>650</td></tr>
<tr><td>补贴上限（万元）</td><td colspan="2">10</td><td>N3</td><td>3. 5</td><td>-65. 0%</td></tr>
<tr><td>续航里程（km）</td><td colspan="2">—</td><td colspan="2">R≥50</td><td></td></tr>
<tr><td>燃料消耗量与国家标准限值比例</td><td colspan="2">—</td><td colspan="2">小于 60%</td><td></td></tr>
<tr><td>技术要求 - 吨百公里电耗（kWh）</td><td colspan="2">≤8（其他类）</td><td colspan="2">≤8（其他类）</td><td></td></tr>
</table>

注：根据 GB/T 150889 - 2001，N1 类指最大设计总质量不超过 3 500kg 的载货汽车；N2 类指最大设计总质量超过 3 500kg，但不超过 12 000kg 的载货汽车；N3 类指最大设计总质量超过 12 000kg 的载货汽车。

资料来源：格隆汇

新政对于选手们“必杀技”的选择影响颇大，但也有利于新能源汽车行业的长远发展，促使汽车行业逐步从政策驱动向利益驱动转型。此外，由于过渡期较长，期间不同比例补贴有可能会刺激主机厂出现“抢装”潮（见表 6）。

表 6　　新政影响及新能源车应对措施预测

新能源车型	新政影响	应对措施
新能源乘用车	A00 级车型将受巨大冲击（低端车型，消费群体对价格敏感性较高）；高端的 A 级车型（消费群体注重体验及性能，价格敏感性稍低）	主机企业可以通过提升配置加价的方式来平滑影响，并通过和上游零部件及电池企业共同降低成本来对冲压力

续表

新能源车型	新政影响	应对措施
新能源客车	影响较小，有望保持平稳（客户群体多为企业，且整车成本中电池占比较低）	需要电池、电控、零部件共同降低成本
新能源货车	稳步提升（承受价格能力稍强，性能可适当放弃）	采用磷酸铁锂电池则可以更优化性价比

资料来源：新闻整理

二、我要高飞到天空的顶点，我要飞到无人能及的世界

为了成为“智能电动汽车普及者”，威马汽车将技术特点定位为紧凑型SUV，发明独家招式——首款量产 EX5（已实现 2 005 辆的交付）。利用必杀技高性价比，深耕大众市场，C2M 实现定制化需求，采用威马 ID 及即客行 APP 作为应援物（见图 5）。

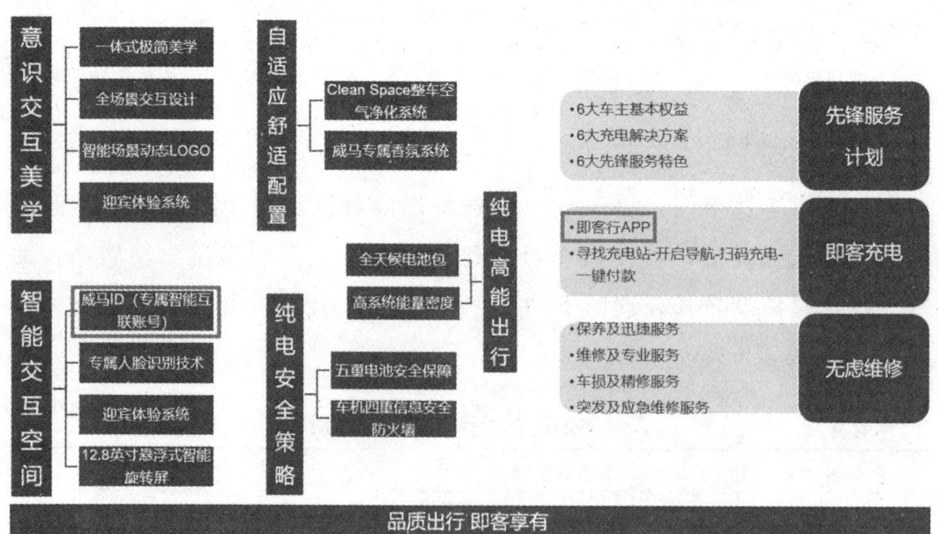

图 5　威马 EX5 特点及服务

资料来源：威马官网

俗话说得好，对手的高度很大程度上决定了自身的高度，威马汽车一

路上确实遇见了很多强劲的对手，为了博得评委和粉丝们的喜爱，做了很多的努力（见图6～图8）。

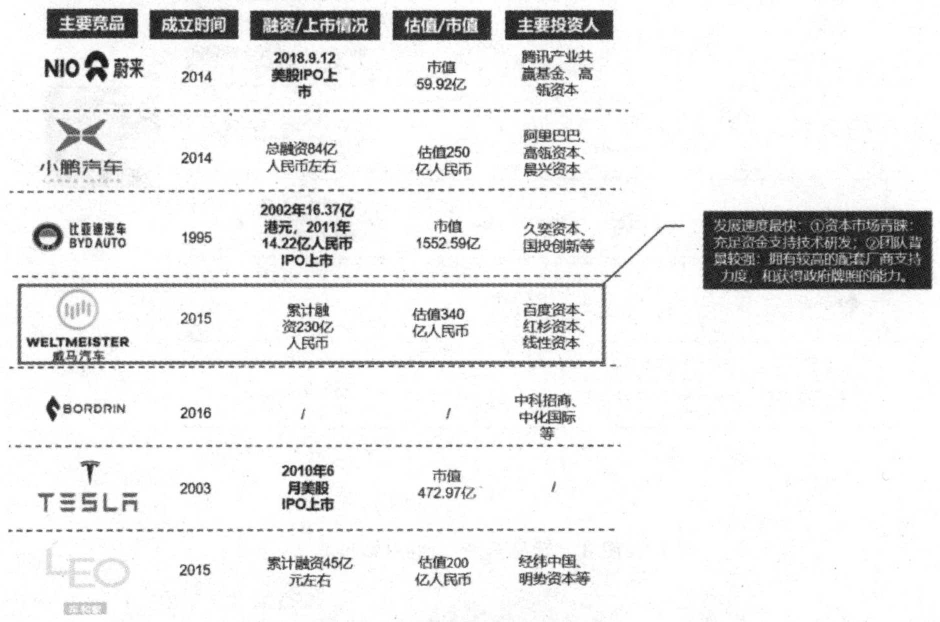

主要竞品	成立时间	融资/上市情况	估值/市值	主要投资人
NIO 蔚来	2014	2018.9.12美股IPO上市	市值59.92亿	腾讯产业共赢基金、高瓴资本
小鹏汽车	2014	总融资84亿人民币左右	估值250亿人民币	阿里巴巴、高瓴资本、晨兴资本
比亚迪汽车 BYD AUTO	1995	2002年16.37亿港元，2011年14.22亿人民币IPO上市	市值1552.59亿	久奕资本、国投创新等
WELTMEISTER 威马汽车	2015	累计融资230亿人民币	估值340亿人民币	百度资本、红杉资本、线性资本
BORDRIN	2016	/	/	中科招商、中化国际等
TESLA	2003	2010年6月美股IPO上市	市值472.97亿	/
LEO	2015	累计融资45亿元左右	估值200亿人民币	经纬中国、明势资本等

发展速度最快：①资本市场青睐：充足资金支持技术研发；②团队背景较强：拥有较高的配套厂商支持力度，和获得政府牌照的能力。

图6　竞品分析（投资方面）

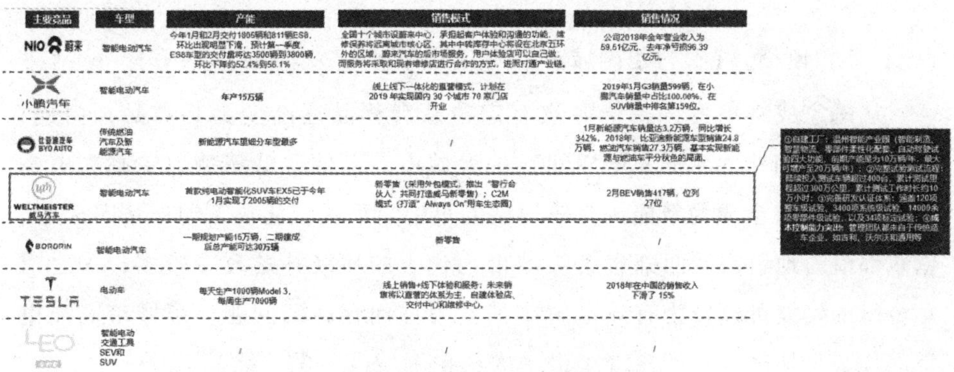

主要竞品	车型	产能	销售模式	销售情况
NIO 蔚来	智能电动汽车	今年1月和2月交付1805辆和811辆ES8，环比出现明显下滑，预计第一季度，ES8车型的交付量将达3500辆到3800辆，环比下降约52.4%到56.1%	全国十个城市设蔚来中心，承担起客户体验和沟通的功能，维修保养将远离城市核心区，其中中转库存中心将设在北京五环外的区域，蔚来汽车的后市场服务，用户体验店可以自己做，而服务将采取和现有维修店进行合作的方式，进而打通产业链。	公司2018年全年营业收入为59.51亿元，去年净亏损96.39亿元。
小鹏汽车	智能电动汽车	年产15万辆	线上线下一体化的直营模式，计划在2019年实现国内30个城市70家门店开业	2019年1月G3销量599辆，在小鹏汽车销量中占比100.00%，在SUV销量中排名第159位。
比亚迪汽车 BYD AUTO	传统燃油汽车及新能源汽车	新能源汽车里细分车型最多	/	1月新能源汽车销量达3.2万辆，同比增长342%，2018年，比亚迪新能源车型销售24.8万辆、燃油汽车销售27.3万辆，基本实现新能源与燃油车平分秋色的局面。
WELTMEISTER 威马汽车	智能电动汽车	首款纯电动智能化SUV车EX5已于今年1月实现了2005辆的交付	新零售（采用外包模式，推出“智行合伙人”共同打造威马新零售）；C2M模式（打造“Always On”用车生态圈）	2月BEV销售417辆，位列27位
BORDRIN	智能电动汽车	一期规划产能15万辆，二期建成后总产能可达30万辆	新零售	/
TESLA	电动车	每天生产1000辆Model 3，每周生产7000辆	线上销售+线下体验和服务：未来销售将以直营的体系为主，自建体验店、交付中心和维修中心。	2018年在中国的销售收入下滑了15%
LEO	智能电动交通工具SEV和SUV	/	/	/

①自建工厂：温州智能产业园（智能制造、智慧物流、零部件柔性化配套、自动驾驶测试验四大功能，初期产能规划为10万辆/年，最大可增产至20万辆/年）；②完整试验测试流程：陆续投入测试车辆超过400台，累计测试里程超过300万公里，累计测试工作时长约10万小时；③完备研发认证体系：涵盖120项整车级试验、3400项系统级试验、14000余项零部件级试验，以及34项标定试验；④成本控制能力突出：管理团队都来自于传统造车企业，如吉利、沃尔沃和通用等

图7　竞品分析（生产销售方面）

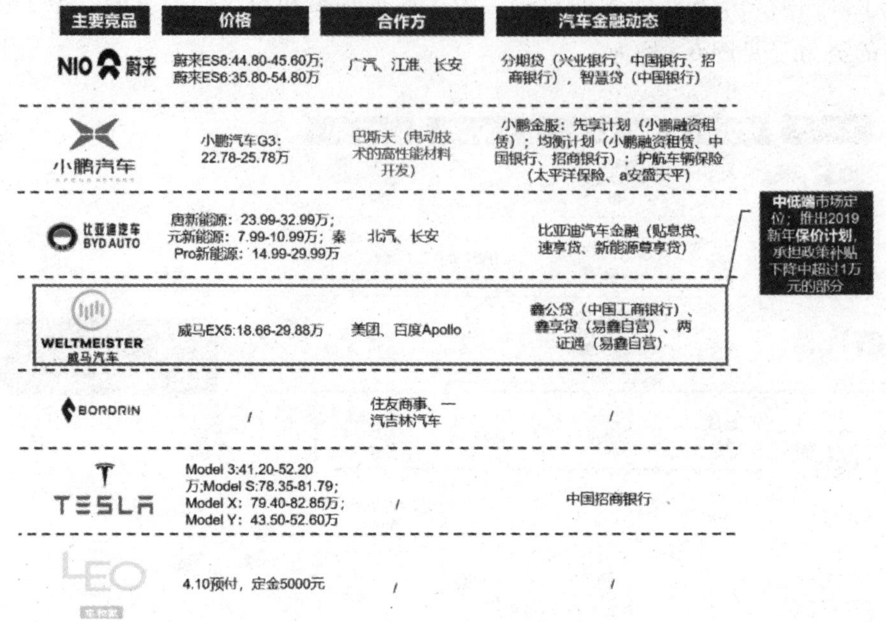

主要竞品	价格	合作方	汽车金融动态
NIO 蔚来	蔚来ES8:44.80-45.60万; 蔚来ES6:35.80-54.80万	广汽、江淮、长安	分期贷（兴业银行、中国银行、招商银行），智慧贷（中国银行）
小鹏汽车	小鹏汽车G3: 22.78-25.78万	巴斯夫（电动技术的高性能材料开发）	小鹏金服：先享计划（小鹏融资租赁）；均衡计划（小鹏融资租赁、中国银行、招商银行）；护航车辆保险（太平洋保险、a安盛天平）
比亚迪汽车 BYD AUTO	唐新能源：23.99-32.99万；元新能源：7.99-10.99万；秦Pro新能源：14.99-29.99万	北汽、长安	比亚迪汽车金融（贴息贷、速享贷、新能源尊享贷）
WELTMEISTER 威马汽车	威马EX5:18.66-29.88万	美团、百度Apollo	鑫公贷（中国工商银行）、鑫享贷（易鑫自营）、两证通（易鑫自营）
BORDRIN	/	住友商事、一汽吉林汽车	/
TESLA	Model 3:41.20-52.20万;Model S:78.35-81.79; Model X: 79.40-82.85万; Model Y: 43.50-52.60万	/	中国招商银行
LEO	4.10预付，定金5000元	/	/

中低端市场定位；推出2019新年保价计划，承担政策补贴下降中超过1万元的部分

图 8　竞品分析（用户角度）

三、新的起点就在眼前，我已做好准备

（一）定位刚需，“农村包围城市”弯道超车

从国家战略出发，新能源汽车定位从奢侈品逐渐变为必需品，由此，究竟是“高消费力＋低充电空间”的大城市，还是“低消费力＋高充电空间”的小城市会成为新能源汽车发展的重中之重呢？从政策颁布情况来看，以东部沿海地级市及西部省会级城市为代表的地级补贴政策较多，加之汽车金融的发展可以较为有效地解决消费力方面存在的问题，小城市高充电空间优势更加坚定了威马汽车走“农村包围城市”的路线。

（二）携手百度，决胜 2020 年自动驾驶测试

在第 52 届 CES 展会上，威马汽车获得了百度 Apollo 3.5 版本的长期战略合作支持。尽管威马汽车 EX5 的上市交付已十分出色，但是百度作为国内人工智能赛道的领军选手，能让 L3 级别自动驾驶解决方案计划在 2021 年投入量产。预计，搭载 L3 级别高速自动驾驶功能将为威马汽车赢得高达

数十万评委的支持（威马汽车销量预计将高达数10万辆）。

对于百度而言，威马汽车专注智能电动汽车制造及走量的普及者定位十分具有吸引力，大规模的自动驾驶汽车量产，自然会带来大规模的驾驶数据，也会反哺自动驾驶技术的研究，让它稳住首位。

(三) 联合美团，同是移动出行“觊觎人”

威马汽车在比赛的前半部分会首先从提升自己的能力出发，考虑如何提高技术、数据、产品的可靠性及舒适性，所以选择先与网约车平台合作。美团从一个城市深耕到另一个城市的战略及移动出行刚起步的发展节奏与威马汽车十分切合。面对吉利旗下“曹操专车”“上汽享道”出行的压力，威马汽车无疑成为美团在选择主机厂伙伴时的首选。

不过，不想成为智能出行服务提供商的新造车企不是好的“车”拉松选手，无论是已经推出的“即客行”业务还是正在布局和推出的公共充电、城市共享、旅游共享等业务，都证明了威马汽车想要成为一个拥有集智能制造、汽车新零售、城市共享租车、旅游共享租车及网约车等于一体的智能出行服务提供商。

四、总结

“车拉松”是一场持久战，“士力架”是获胜的关键，帮跑团更是威马汽车实现自己智能出行服务提供商梦想的重要助力者。“农村包围城市”的策略能否让威马汽车在2020年的自动驾驶赛程成绩审核中与巨头肩并肩高飞，我们拭目以待！

想成为投融资观察报告创作团队的一员吗？微信扫描本书第351页二维码，现在就加入我们吧！

No. 8

数字营销时代：技术为王，数据先行*

主笔：阮丹宁

资料收集：王奕棠、瞿世欣、何佳怡、韩欣恒

交易概览：

2019年3月4日，独立在线营销与技术平台爱点击（NASDAQ：ICLK）（以下简称“爱点击”）宣布战略投资畅移（上海）信息技术有限公司（以下简称“畅移”）。作为实现战略增长的重要举措之一，此次交易将使得“爱点击”获得畅移控制权。

此前，“爱点击”作为业界领先的营销技术平台，以其强大的数据管理分析能力在业内深受好评，其解决方案已在汽车、服装、电子、食品、家电、奢侈品等各类消费领域被广泛应用。“爱点击”希望通过本次对“畅移”的战略投资，进一步增强其提供商业智能解决方案的能力，并与本身核心的数字营销业务形成互补效应，从而完整地为全球客户提供从用户管理到精准营销的闭环解决方案。

广告界的哥德巴赫猜想：“广告上的投资有一半是无用的，但是问题是不知道是哪一半。”

随着全球数字化和供需关系升级，用户与品牌之间沟通和触达的频率开始指数级提高。传统粗放的户外广告、纸媒等投放渠道的弊端日益凸显，信息滞后性、承载有限性和数据不可追踪等，驱使着广告主寻求更精准有效的广告投放方案。

---

* 本文写于2019年4月。

与此同时，数字营销借由自身高效的用户画像→精准投放→效果追踪→实时反馈→投放优化的完整闭环，一改传统营销反馈周期长、营销效果不易追踪、地域受限、展示颗粒度粗放等弱点，强势登上现代营销舞台（见图1、图2）。

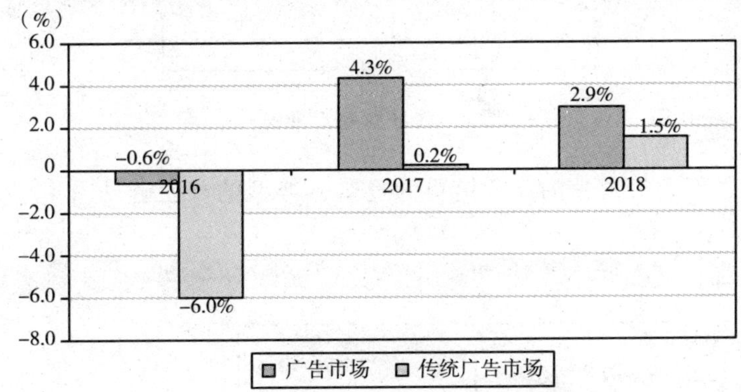

图1　中国广告市场刊例收入增速高于传统广告市场

资料来源：中泰证券研究所

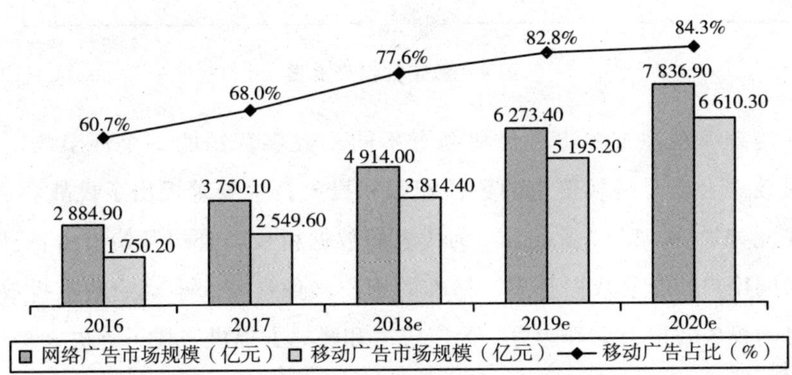

图2　数字营销市场规模持续高速增长

资料来源：艾瑞咨询

一、时势造英雄，技术更替催生新市场机遇

典型的传统营销产业链包括广告主、创意、媒介以及触达平台。广告主依赖创意公司产生广告内容，通过媒介渠道在各大媒体购买广告位进行

投放。由于反馈数据难以获取，监测公司参与周期长，链条往往呈现为广告主到受众的单向输出（见图 3）。

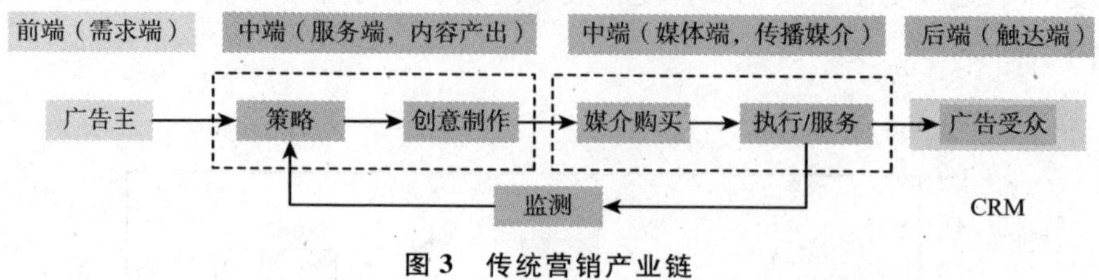

图 3　传统营销产业链

相比之下数字营销的产业链更为复杂，典型的产业链见图 4。

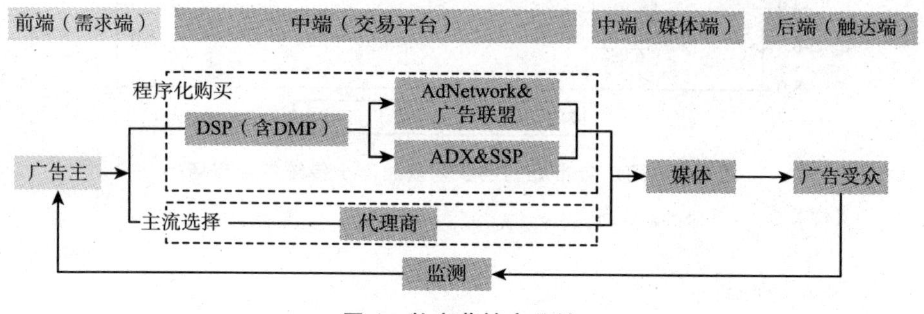

图 4　数字营销产业链

与传统营销注重触达平台和创意不同，数字营销的每个环节均对广告主、投放平台以及终端渠道的数据积累和投放技术要求提出了挑战。

在此背景下，以“爱点击”为代表的数据科技类公司开始借由自己丰富的互联网用户和交易数据积累、精准的用户画像雕刻、丰富的精准投放能力和实时的投放效果追踪等能力，为广告主和触达方提供一揽子解决方案。

以一个典型的案例来解释。Nike 想在网上推广一款新鞋。Nike 通过自己的数据管理平台（DMP）进行用户画像分析并结合产品特色，得到这款鞋的核心客群是 20 岁左右有一定消费能力的男性大学生。Nike 把这个需求提交给了需求方平台（DSP）。当一个符合该条件的用户准备打开网页 A 时，对应的 cookie 就被放在了“菜市场”（供应方平台，SSP）。广告实时竞价交易平台（ADX）作为协调方通过用户画像和 Cookie 的匹配程度以及 Nike 的出价进行实时匹配并完成购买，将匹配用户调性的对应广告内容实时展现在网页 A 上，整个过程大约需要 0.4 秒，对于浏览者是完全透明无感知的。同时，一旦用户点击了对应的广告，甚至进一步在后续进行了购买行为，对应的数据亦会通过监测平台回流至广告主端，实现下一次投放策略的优化（见图5）。

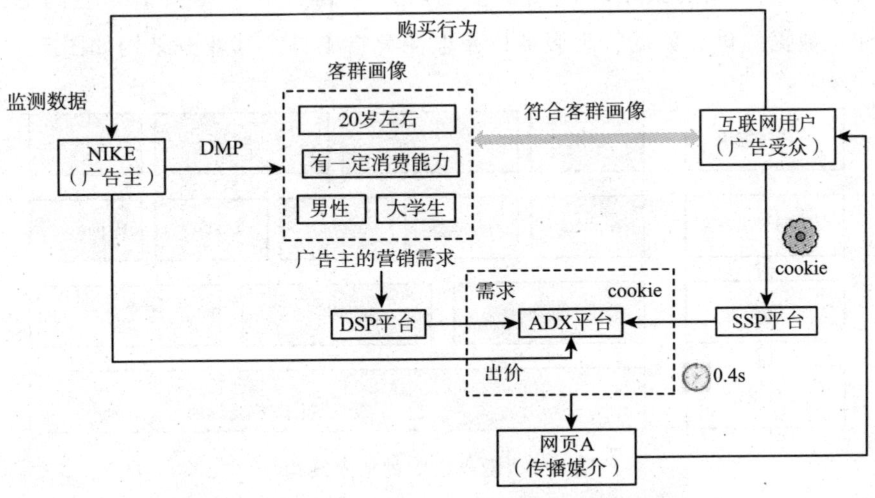

图5　以Nike为例的一个典型数字营销案例

以上的服务闭环形成后，广告主不需要投入大量资源即可实现结果导向的营销活动。这种能够自动化地为广告主提供广告投放服务的产业链中端统称为“程序化购买”。受终端媒介渠道多样且分散以及初期相对较低的技术门槛影响，程序化购买市场较为分散，竞争碎片化。目前，iClick以5%的市场占有率成为目前中国最大的程序化购买平台（见图6）。

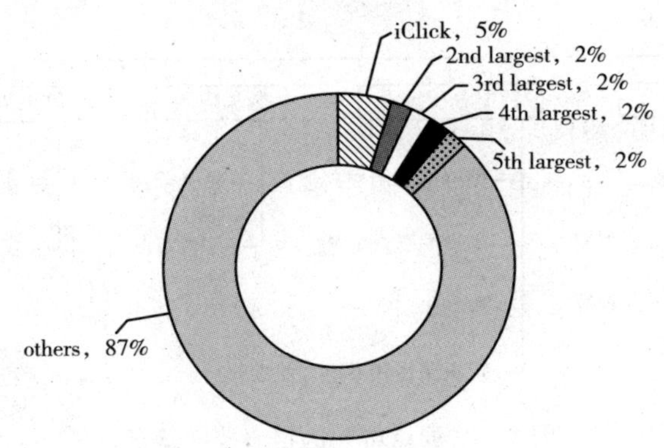

图6　程序化购买市场份额

资料来源：Frost & Sullivan，SWS Research

二、丰富的用户数据和强大的技术能力是“爱点击”的制胜关键

作为程序化购买市场的重要参与者，“爱点击”提供了完整的SSP、DSP、数据提供和数据管理服务以及监测分析工具，其业务结构如图7。

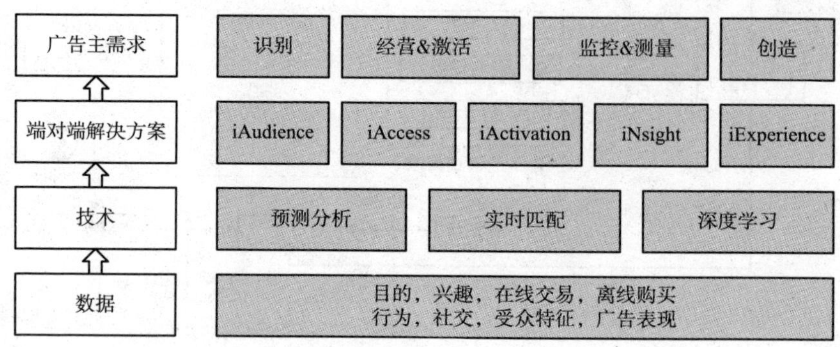

图7　“爱点击”的业务结构

资料来源：“爱点击”2017年报

（一）技术壁垒

程序化购买的技术本质是识别和定位用户的能力。“爱点击”依托深度学习和人工智能建立用户标签，画出用户画像，准确地推测用户的兴趣，实现精准广告投放（见图8）。

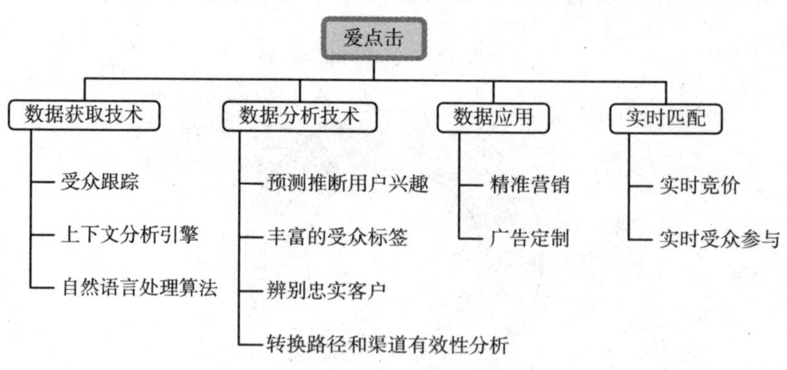

图8　“爱点击”的核心技术壁垒

（二）大量的用户数据

“爱点击”的数据来自两个：一是通过专有的跟踪工具获取的开源网络数据；二是获得由发布商、广告交易所及第三方合作伙伴提供的数据。

“爱点击”目前拥有5.8亿网民的网络行为数据，数据仓库包含搜索、浏览、社交、电商及营销五大数据维度，构建了最大的中国消费者数据集。

（三）丰富的媒体资源

“爱点击”与中国大部分的移动APP、广告联盟和广告交易平台合作，对接了超过74 000个移动APP和260万家网站，供其分发投放各种格式的视频和传统横幅式广告。

（四）忠实的合作客户

2017年，“爱点击”拥有超过“1100 +”直接对接的广告主和“450 +”客户代理。此外，“爱点击”对中国营销市场的知悉也使其受到国际客户的青睐，与150多家跨国公司保持合作，拥有着业内最多的跨国客户。

具备以上四大优势，爱点击在上市后三年里交出了一张非常不错的收入“成绩单”。2015～2018年，“爱点击”3年营收CAGR超过35%（见图9）。

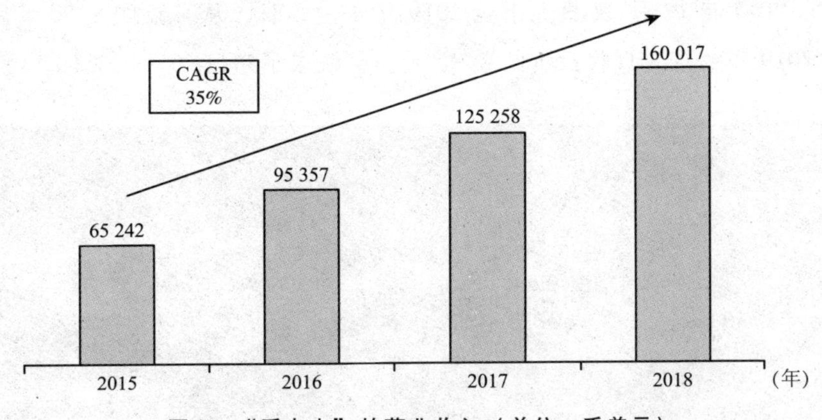

图9　“爱点击”的营业收入（单位：千美元）

资料来源：“爱点击”2018财务数据披露

同时，借由优秀的迭代优化能力和数据能力，单一客户在“爱点击”的广告投放亦高速上涨，2015～2017年年平均客户消费金额都有超过45%以上的增长（见图10）。

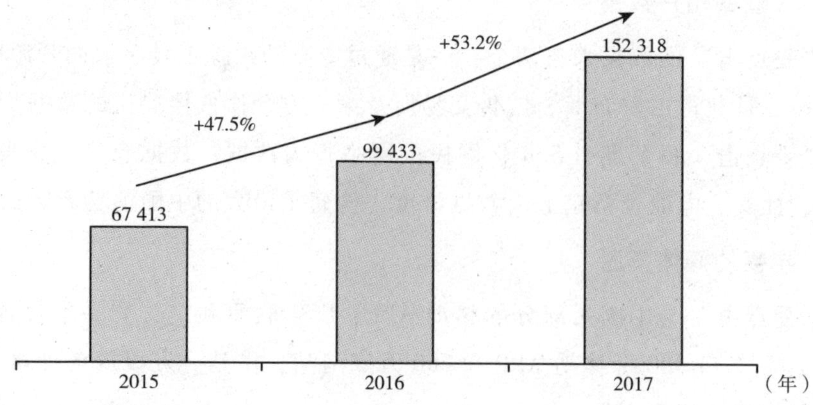

图 10 “爱点击”的平均客户消费金额（单位：美元）

资料来源：“爱点击”2017 年报

三、“爱点击年报分析”——我们不保证增长势头和稳定增长速率的维持

这么亮眼的收入数据，按说股价表现一定不差。但是“爱点击”的股价，自 2017 年 12 月 22 日上市至 2019 年 4 月 3 日，从开盘的 8.50 元跌至截至 2019 年 4 月 3 日收盘价的 3.92 元，已跌去了超过 50%（见图 11）。

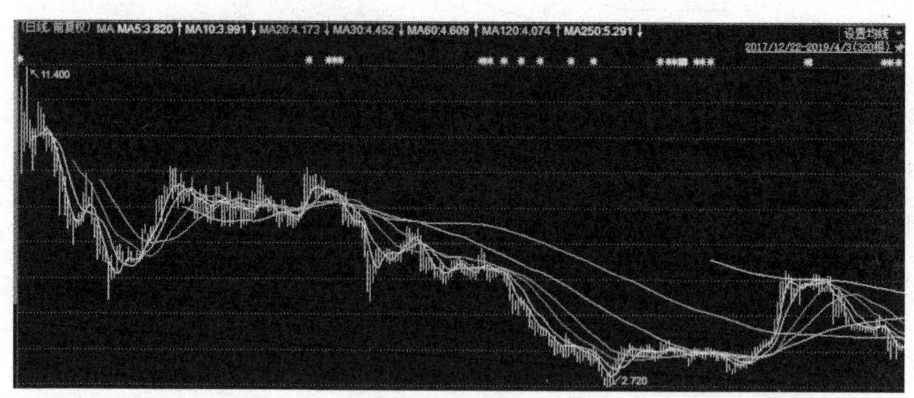

图 11 2017 年 12 月 22 日上市截至 2019 年 4 月 3 日“爱点击”股价走势

资料来源：choice

从财务数字上可以发现，在“爱点击”收入高速增长的同时，毛利和

净利润情况却不容乐观，虽然 2015～2018 年营业收入增长了 1.5 倍，但毛利润却只从 2015 年的 3 100 万元增长到了 3 900 万元。净利润层面，2015～2018 年分别亏损 397 万元、271 万元、241 万元、320 万元，可谓是战战兢兢，如履薄冰（见图 12）。

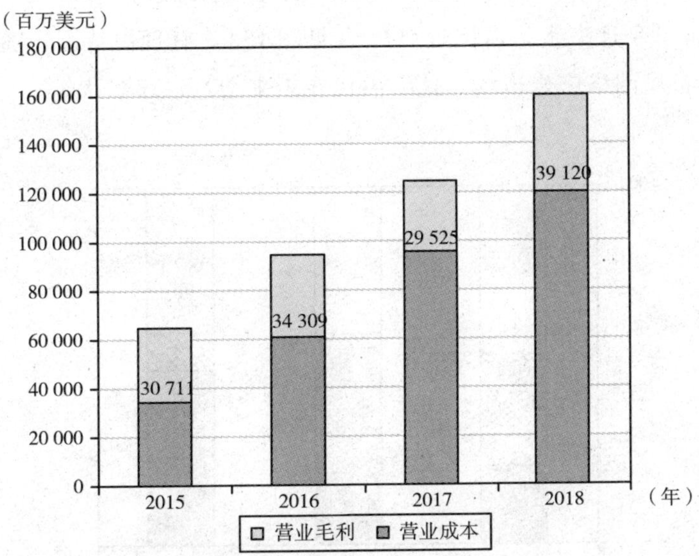

图 12　“爱点击” 2015～2018 年营收结构

资料来源：“爱点击” 2017 年财报

与逐年增长的营业成本不同，“爱点击”的其他费用并未随着收入增长而水涨船高。2015～2018 年三年的财务数据披露，“爱点击”三项主要费用财务费用、销售费用、管理费用都保持稳定，说明具有成长潜力，能够在稳定投入下持续扩大收入。因此，若能在当前基础上实现收入的继续增长乃至翻倍，“爱点击”就可以扭亏为盈。

四、巨头下场，程序化购买市场竞争加剧

到底发生了什么？

我们需要将目光聚焦到广告营销行业的下游——媒介端来看。与传统媒介渠道高度分散化、不透明化相比，中国的数字媒介在过去 10 年里发生

了巨大变化。互联网时代的“赢家通吃”造成数字媒介渠道被“BAT”和“今日头条”瓜分天下的局面。

近三年来“BAT”和“今日头条”在网络市场份额占比持续扩大。据统计，2016 年中国网络广告市场规模约 2 903 亿元人民币，“BAT”和“今日头条”占比约为 50%。2018 年网络广告市场规模约 5 000 亿元人民币，“BAT”和“今日头条”占比近 60%（见图 13）。有理由猜测，随着巨头进一步深入布局网络广告市场，这一占比在未来会进一步扩大。

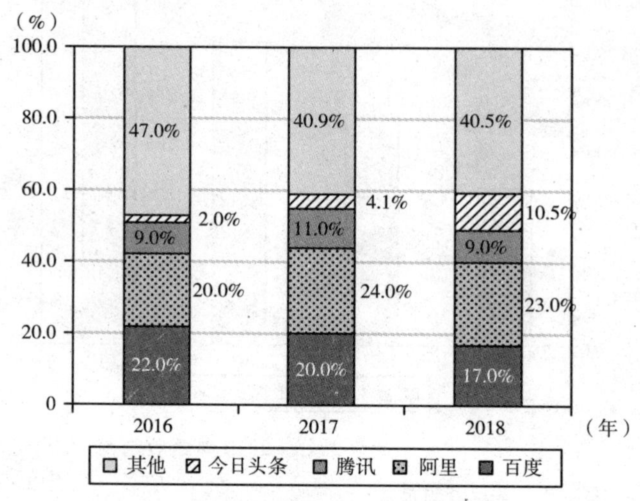

图 13　BAT 和头条占网络广告市场份额

资料来源：艾瑞咨询，各公司公告，光大证券研究所整理

“爱点击”的程序化购买业务依赖“BAT”提供的投放平台。截至 2015 年、2016 年和 2017 年，“BAT”总媒介成本分别占“爱点击”总媒介成本的 84.0%、81.6% 和 89.1%。因此，当“BAT”和“今日头条”的介入垄断了广告投放的下游渠道时，中游代理商的议价能力被快速削弱，“爱点击”的媒体成本骤增，造成成本端的突增（见图 14）。

同时，“BAT”等玩家拥有的闭环数据环境和算法开发经验使它们具备了完成数字营销最核心的两大能力。“BAT”亲自下场参与数字营销成为“理所当然”的事情。数字营销行业的市场空间受到下游的严重侵蚀。

以阿里巴巴为例。2018 年，微博与阿里巴巴携手，实现底层用户数据层面的全面打通，整合微博社交前链路表现及阿里电商后链路表现，直接

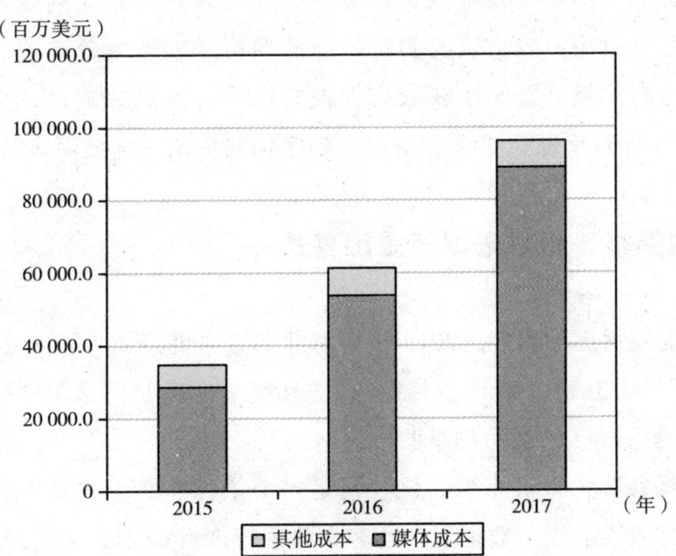

图 14　媒体成本是爱点击的主营业务成本

资料来源：爱点击 2017 年财报

从营销策略、营销传播、传播沉淀三个阶段入手，为品牌提供社交电商的全域营销解决方案。

在营销策略阶段，对接社交属性和消费属性，全方位还原用户画像，精准圈定投放人群；在营销传播阶段，以兴趣和关注驱动为核心，丰富社交曝光场景，触发用户转发、评论等互动行为，占领用户心智，扩大品牌影响；在传播沉淀阶段，将传播过程中的社交数据回流至阿里巴巴全域营销数据银行，将品牌粉丝沉淀至品牌官微并转化为品牌专属数据资产，最后在“淘系”内实现销售转化。

以戴森为例，微博圈选戴森代言人吴尊的粉丝群体、海淘人群等，阿里寻找戴森品牌消费者、家居家装消费者，双方数据互补之后，在微博针对目标人群进行信息流广告投放，扩大新品认知度。同时，戴森官博转发了吴尊爱家视频，借助微博信息流广告出现在目标用户微博首页，实现精准触达。随后，大量用户与品牌发生即时互动。最终，该视频播放量达到 779.7 万次，15.3 万用户在微博被“种草”后，前往天猫购买戴森产品或询问相关购买问题。

另一方面。随着“用户数据即资产”的观念越来越受到重视，各大头部互联网平台对用户数据以及实时追踪的端口开放越来越审慎。部分小型广告投放平台甚至已经无法获取广告投放后的效果追踪端口，必须直接采购 BAT 数据进行反馈，进一步造成原程序化购买闭环的肢解和破裂。

五、收购畅移，积极进取还是困兽犹斗

面对前狼后虎的困境，2019 年 3 月 4 日，“爱点击”正式宣布战略投资“畅移”，并获得“畅移”控制权。“畅移”究竟是一家怎样的公司，能够成为“爱点击”的救命稻草？

从“畅移”的业务来看，该公司是一个依托于腾讯体系、专注于帮助大型企业打通线上线下数据资产的客户关系管理（CRM）系统提供商。

公司核心产品为天鲟 CRS。该解决方案能够将消费者与销售人员打通，并通过分析洞察消费者的消费习惯，判断所需，使专属销售人员能够在适当的时候发去用户想要获取的信息，用“有温度”的主动精准服务代替冰冷的被动推送“激活”，从而让用户“活跃”在自己的销售体系。

具体来看，“畅移”的核心关键词如下：“O2O”“CRM”“留量”。而“爱点击”的关键词则是“线上”“数据”“流量”。双方一旦展开深度合作，将有大量的想象空间。一个拥有“流量”基础，一个具备实现“留量”的能力。可以将“爱点击”看成一辆汽车的“发动机”，把源源不断的燃料（流量）通过燃烧（数据能力和营销能力）产生动能提供给“变速箱”畅移，“畅移”再通过“分配”（精细化运营）将动能分给四个传动轴，从而产生动力（变现），将汽车（零售商）跑起来。这样的商业模式对“爱点击”和“畅移”的客户都瞬间有了截然不同的观感。

当然，“爱点击”与“畅移”的结合也不仅是源自对零售业痛点的把握。面对中国特殊的互联网环境，巨头环伺，如何找到一条发展之路，赢得一席之地，也考量着双方对于未来商业的共同理解与愿景。在“爱点击”已经建立起的“营销 + 商业智能”地基上，“畅移”的加入可以说是其走向全域数字化运营解决方案的最佳辅助。

六、总结

程序化购买的市场前景如何仍然要视巨头们的动向而定。无论如何，对于“爱点击”，投资畅移都是不错的战略布局，带来了对新商业模式的想象空间。“流量”与“留量”结合，“线上”与“线下”打通，数据与技术并重，爱点击的未来发展值得期待。

想成为投融资观察报告创作团队的一员吗？微信扫描本书第351页二维码，现在就加入我们吧！

No. 9

“猫眼”投资“欢喜传媒”：谁能找到下一个票房传奇*

主笔：阮丹宁

资料收集：李艺格、谢廷敬、张杉、张宇洁

交易概览：

猫眼娱乐（简称“猫眼”）与欢喜传媒集团有限公司（简称“欢喜传媒”）宣布达成战略合作，猫眼将投入3.9亿港元（约合3.327亿元人民币），以每股1.65港元的价格认购欢喜传媒2.36亿股股份，占欢喜传媒已发行总股本的8.11%，占经认购事项扩大后已发行股本总数的7.5%。欢喜传媒在公告中表示，拟将所得款净额的1亿港元用于发展在线视频平台，1.9亿港元用于影视内容投资、制作及购买，另外的1亿港元用于一般运营资金。此次交易完成后，猫眼将成为欢喜传媒重要股东并获得欢喜传媒旗下电影、电视剧、网剧项目优先投资权及独家宣发权。

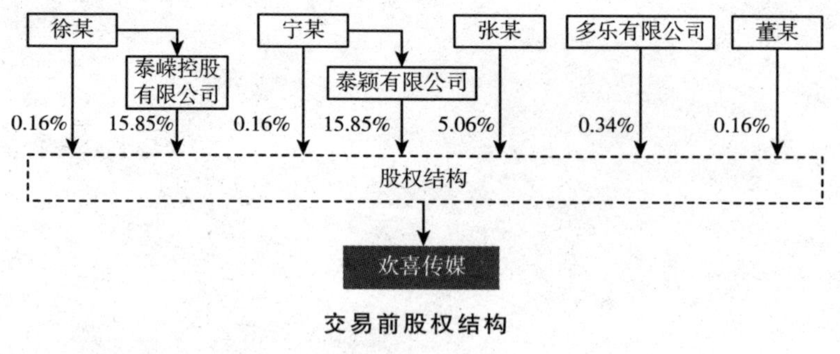

交易前股权结构

* 本文写于2019年4月。

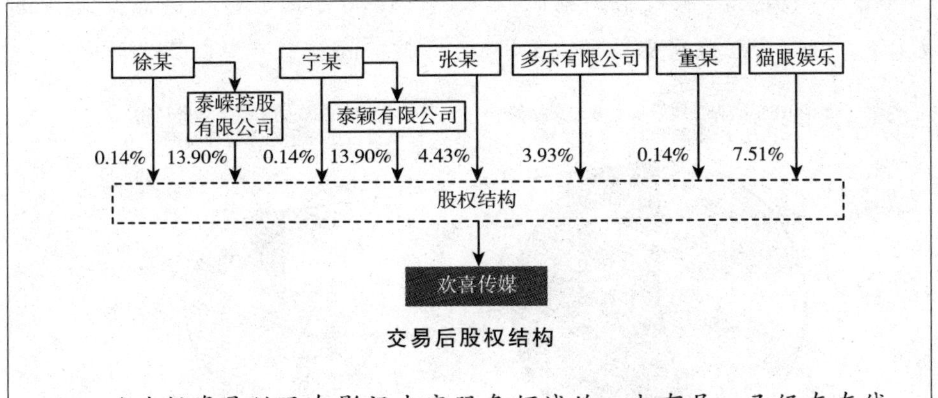

交易后股权结构

此次投资是猫眼在影视内容服务领域的一大布局。已经在在线票务市场占下最大市场份额的猫眼为何进军内容服务，又为何选中了欢喜传媒？首先还要从电影票房的分成比例说起。

一、在线票务平台发展空间狭窄，延伸产业链是当务之急

• 电影行业票房分成中院线占领大头，票务平台分成有限，天花板很低（见图1）。

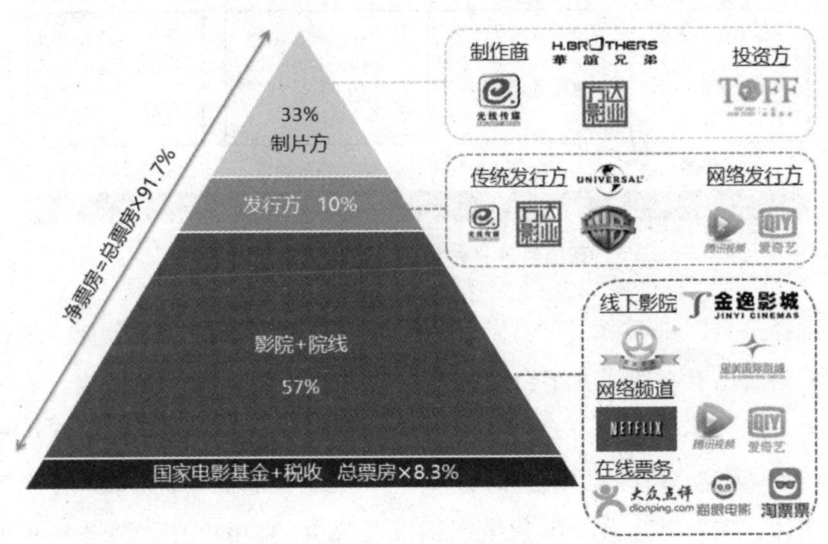

图1 电影行业产业链及分成结构

占总票房交易额过半的猫眼娱乐，仅仅能分到平台票务总交易额的7.0%，合综合总票房交易额的3.8%，收益空间狭窄（见图2）。

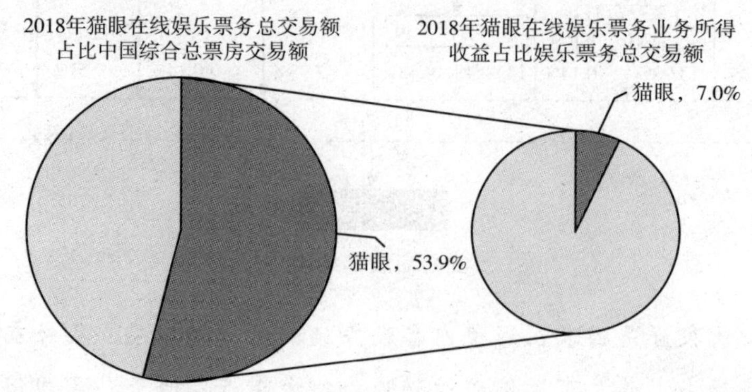

图2　猫眼在线娱乐票务收益占比

资料来源：猫眼娱乐 2018 年财务公告

- 票务平台面临向上游扩展还是深耕下游的选择。票务平台有流量和用户数据的双重优势。已抢占超六成市场份额的猫眼，无论是向上或是向下，都有相当可观的拓展空间（见图3）。

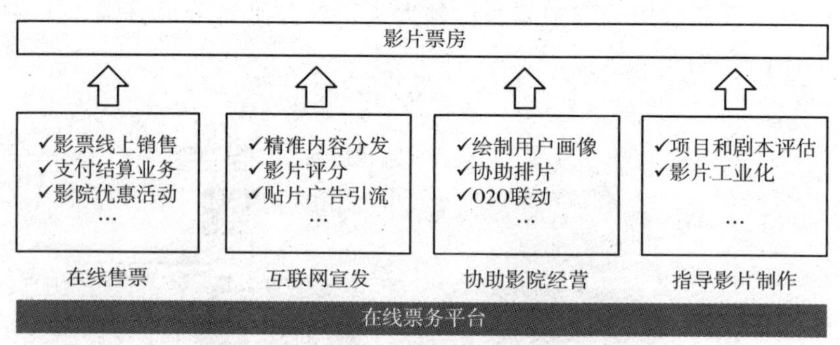

图3　在线票务平台能在多方面协助影片票房

选择一：深耕下游，布局影院和院线。院线端的好处是分成丰厚。猫眼可以通过已有在线票务平台向院线导流，并利用其用户数据优化影院经营。但院线并不会任由在线票务平台抢占市场。以万达为例，万达通过“时光网 + 万达 APP”的线上布局，布局影视衍生品业务，对接线上资源与线下实体，完善万达电影生活生态圈（见图4）。相比在线票务平台的流量，万达凭借影院资源显然有着更强的垄断能力。通过线上特供的影票优惠和小食组合，万达利用影院资源实现了线下到线上的反向导流。

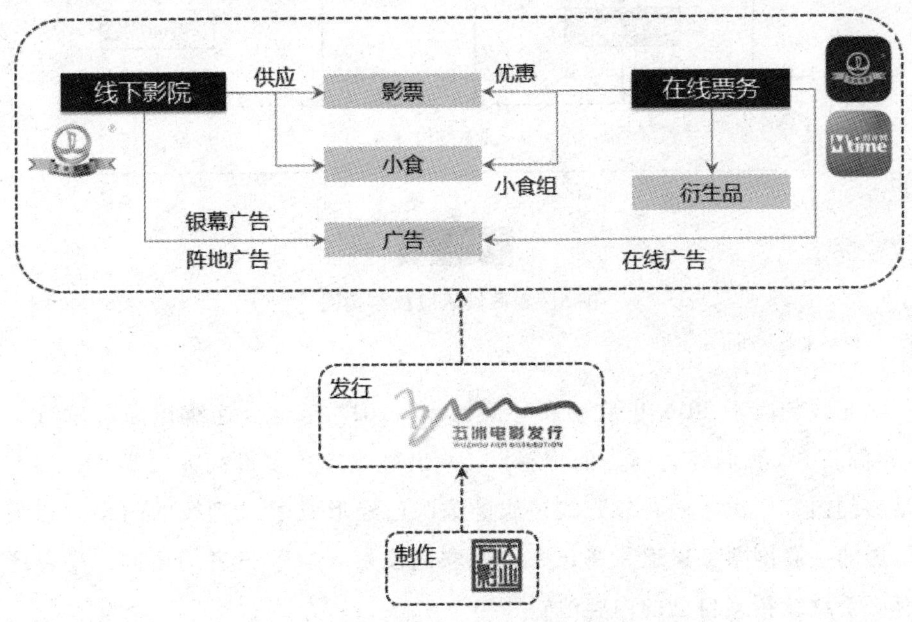

图4　万达的全产业链联动效应

选择二：向上游延伸，向内容制作端布局。猫眼拥有大量C端流量、用户大数据和整合的上下游资源三大优势，非常适合发力电影宣发。对数据的掌握也使得猫眼对观众的喜好有着更敏锐的嗅觉。

当然，电影行业产业链上各位玩家从来不局限于某一环。以万达为代表的下游院线涉足投资业务，导演和演员参与影片投资和票房分成的案例并不鲜见。也许电影投资本身就具有强大的吸引力，而作为互联网公司本质的缺乏地产基因，两相对比，猫眼选择了溯源而上，向影视内容服务领域扩张。

二、猫眼：向上游扩张，把握优质内容

值得注意的是，猫眼的最大股东一直是光线传媒。截至2019年2月4日，光线传媒的实际控制人王某共持有猫眼42.15%的股权，为猫眼第一大股东及实控人（见图5）。

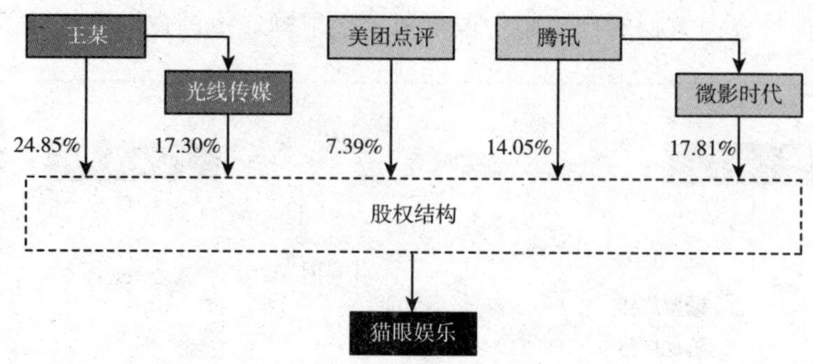

图 5　猫眼娱乐股权结构图

资料来源：choice

光线传媒于 2011 年启动新导演计划，2012 年至今连续出品和发行了《泰囧》《致我们终将逝去的青春》《一出好戏》等多部高人气影片，拥有足够的内容产出。而背靠光线传媒的猫眼已经形成了“光线的内容 + 猫眼微影的互联网票务渠道 + 腾讯移动互联网流量入口”三者的协同，是否还有必要继续拓展自己的内容池？

答案是肯定的。老对手淘票票的再度崛起为此提供了支持。

2014 年前后，由于在线票务平台的流量入口属性，BAT 开始通过自建或并购的方式切入战场，拥有 BAT 背景的微票儿（微影时代）、淘宝电影（后更名为淘票票）、百度糯米以及起步较早的猫眼电影凭借资本优势脱颖而出，形成“BAT + M”竞争格局（见图 6）。

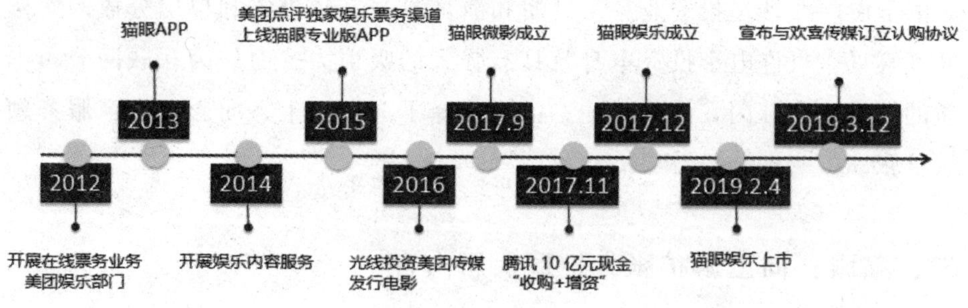

图 6　猫眼大事记

百度糯米逐渐衰落，在线影票市场变成微影、淘票票、猫眼电影三足鼎立，分别占市场份额的 27.0%、26.5%、22.2%。2017 年 9 月，市场占有率第一、第三的猫眼和微影合并，确立了绝对优势地位。

淘票票的转机始于2017年暑期档。《战狼2》横空出世，贡献了54.9亿元票房，其中淘票票出票比达到40%，在线票务正式迈入了属于猫眼与淘票票的双寡头时代。淘票票的成功迫使猫眼产生了危机感——若连续错失爆款，猫眼的当前地位将持续受到冲击。

三、了解大导演动向，拥有优先投资权

欢喜传媒参考梦工厂的"专业合伙人模式"，创立了"导演合伙人"制，联合徐峥、宁浩、张艺谋、王家卫、张一白、文隽等优质导演、制片人、编剧，建立了强大的主创团队。

欢喜传媒通过"薪酬+股份"的模式与导演稳固合作。成为欢喜传媒股东的导演，在合约期间（一般为6年）要独家产出一定数量的电影，产出电影票房收益权归欢喜传媒所有。导演的收益则来自以导演身份取得的导演费和以其股东身份取得的股权收益（见图7）。

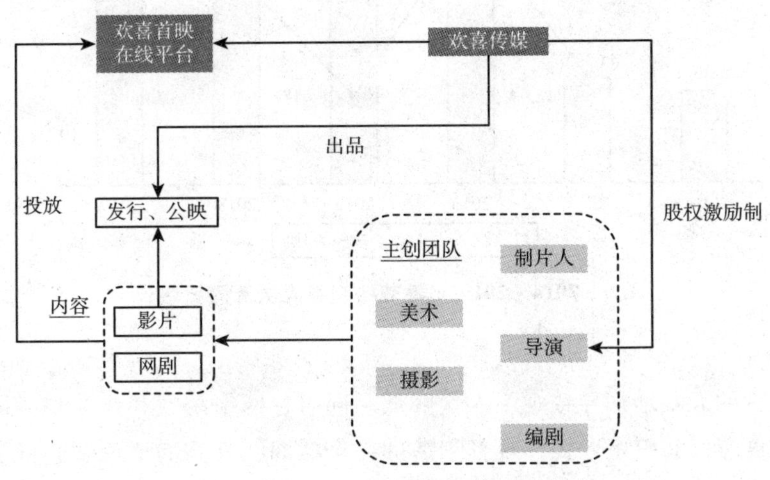

图7　欢喜传媒业务矩阵

（一）正面口碑和良好宣发是未来取得高票房的关键

2019年，总计渗透超90%市场份额的在线票务平台大幅缩减了在票补上的投入。最直观的表现就是刚刚过去的2019春节档票价的大幅增加（见图8和图9）。

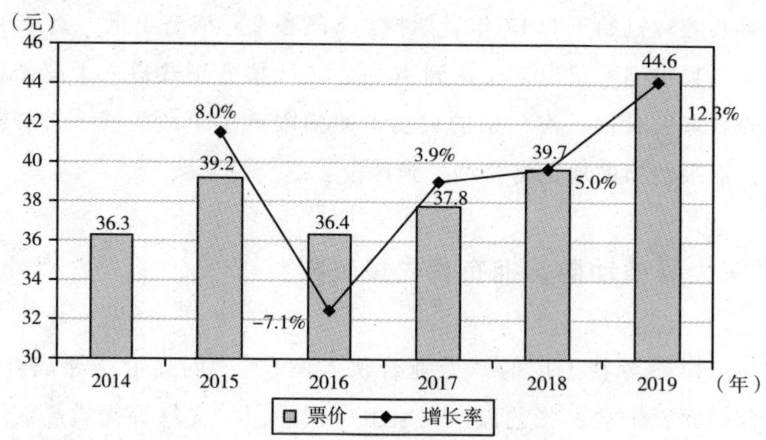

图 8　2014～2019 年春节档平均票价

资料来源：光大证券研究所

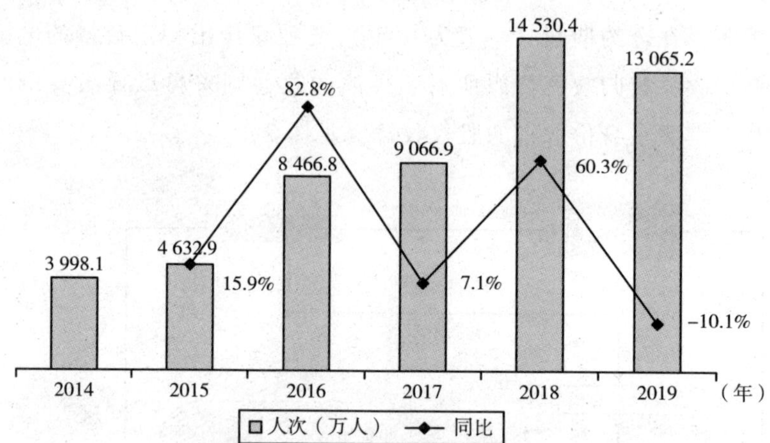

图 9　2014～2019 年春节档观影人次及同比增长

资料来源：光大证券研究所

票价的大幅增加导致观影人次降低。同时，网络游戏和在线视频的崛起提供了更廉价的娱乐方式，观影刚需进一步减弱，升高的票价和趋低的观影欲望导致更谨慎的观影选择。同时，观众审美能力不断提升，对电影质量的要求更高，流量话语权逐渐消失，口碑开始与票房正向挂钩（见图 10）。

2018 年豆瓣评分与票房数据正相关性明显更强，票房年度冠军《红海行动》和第三名《我不是药神》均是 8 分以上的国产佳作。而票房整体数据在 3 年内也有提升，优质影片的上限持续升高。有理由预测，下一个票房传奇能够斩获的票房额度可能还将继续升高。

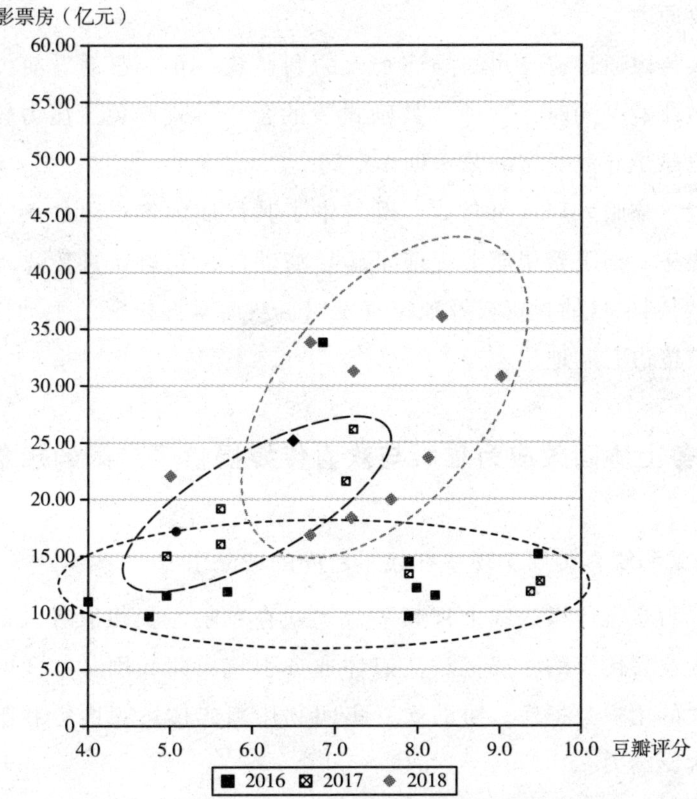

图 10　2016～2018 年度总票房前十名影片豆瓣评分与电影票房散点图

资料来源：豆瓣网、电影票房数据库

酒香也怕巷子深，对于佳作，良好的宣发是一种正相促进。《流浪地球》《战狼 2》等的超高话题度无疑对票房助力良多，而抓错了宣发点和受众群体的《地球最后的夜晚》，纵使入围戛纳，也惨遭票房跳水。

（二）激励机制促使导演在艺术性和商业票房之间平衡

欢喜传媒签约的导演各有领域优势，一定程度上对冲了市场风险。欢喜传媒集结了文艺片、商业电影、社会纪实、青春爱情等多领域的个中翘楚，通过吸引这些顶尖导演，搭建了一个沟通交流的平台，供创作者们实现艺术碰撞。

欢喜传媒以股权代替现金向导演支付签约费用，保证现金流的健康运转，缺点是在初期会造成财务数据上的较大亏损。例如 2016 年公司向四位导演合伙人发行股份记为股份支付费用，共计 11.20 亿元，是当年巨额亏损的主要原因。

欢喜传媒通过将公司与导演个人的利益统一化，驱动导演关注票房来获得更多获益。同时，这种“鼓励式”的合作方式避免了压力较大的业绩对赌，也赋予导演一定的艺术创作空间。

综上，猫眼入局欢喜传媒，既看中了其优质内容产出的潜力，也看中其信息优势。猫眼希望能够提前了解导演动向，获得欢喜传媒优质电影和电视剧/网剧项目的投资权及独家宣发权，从而掌握投资的主动性，在电影投资领域抢占有利地位。

四、业务上协同效应为猫眼与欢喜传媒提供了广阔的想象空间

（一）猫眼和欢喜传媒实现了在线平台间的彼此引流

猫眼为欢喜传媒的线上视频平台“欢喜首映”提供服务入口，利用流量资源为欢喜传媒的在线播放流媒体业务引流；并利用其互联网资源及技术、强大的用户数据库，协助欢喜集团利用新媒体影视内容和服务发展用户、扩大影响力。

相应地，“欢喜首映”的优质内容以猫眼APP平台为官方出口，与猫眼美团实现流量互换（见图11）。

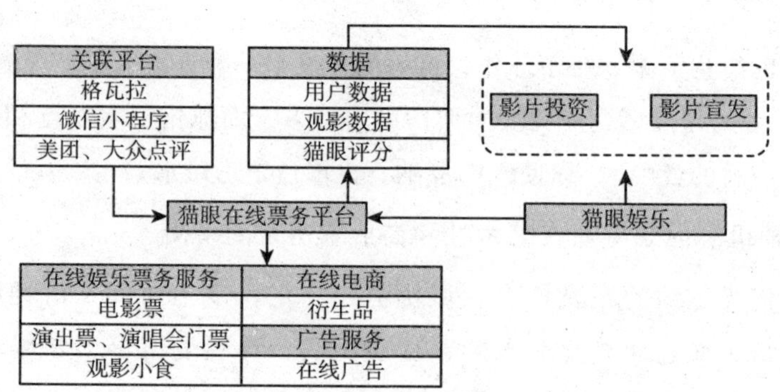

图11　猫眼娱乐业务矩阵

（二）欢喜传媒借鉴Netflix的经营模式，打造精品在线播映平台

背靠头部导演/制片人，立足于优质“原创电影+网剧”的并行模式，依赖订阅付费商业模式取得的收益，欢喜传媒希望能够成为对标Netflix的

优质内容平台。

猫眼将利用其互联网资源、技术及大数据，协助欢喜传媒新媒体影视内容制作，服务发展用户，扩大影响力（见图12）。

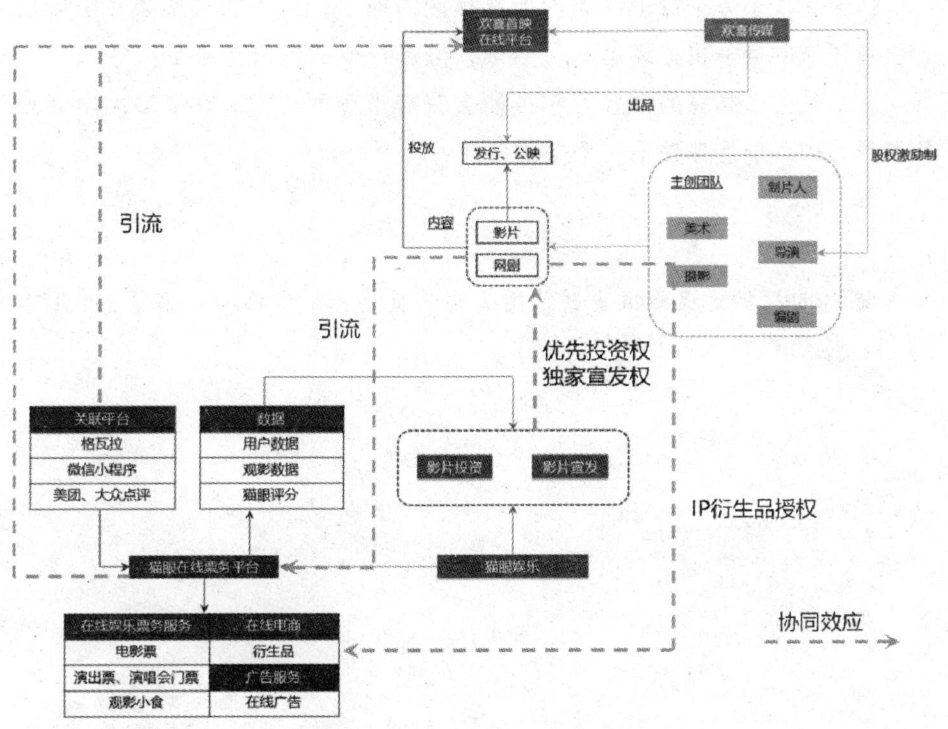

图12　猫眼与欢喜传媒之间协同效应

（三）在线票务平台的边界仍有很大拓展空间

循照欧美的票房分成结构，衍生品和周边产品能够创造广阔的收入空间。在国内，一些成功的电影IP已经试水周边贩售，并取得了良好的成绩。

2019年2月16日《流浪地球》周边众筹一上线，众筹金额便达315万元。目前，该众筹已结束，共获70 496人支持，众筹金额769万元，是10万元众筹目标的7 690%。

欢喜传媒拥有自主创造IP的能力，也有意以系列电影的模式布局“IP宇宙”，与猫眼平台的电商业务同样具有协同效应。

五、总结

两家在线票务平台不约而同地选择溯源而上，猫眼和淘票票在电影内容服务领域的竞争将持续精彩。当然，电影行业的惊喜绝不局限于几位大导演，每位艺术高峰的攀登者都可能会获得市场的奖赏。在诸多的电影投资制作方中，谁能抓住下一个爆款呢？

想成为投融资观察报告创作团队的一员吗？微信扫描本书第351页二维码，现在就加入我们吧！

No. 10

阿里：不想做物流的互联网公司不是好电商*

主笔：曹冬青

资料收集：王奕棠、瞿世欣、何佳怡、韩欣恒

交易概览：

2019 年 3 月 10 日，阿里巴巴宣布战略入股申通快递，投资 46.65 亿元，将“全国 24 小时必达”的使命往前推进了一大步。自此，阿里已经入股了 4 家一线快递公司——百世、圆通、中通及此次的申通。通达系快递中仅韵达未与阿里有股权联系。在顺丰、京东和菜鸟三足鼎立的物流行业，阿里为何执着于智能物流骨干网的建设？原本宣称与菜鸟经营理念不合的申通又为何“屈服”？中国物流企业的雄心未来将如何实现呢？

一、快递行业竞争激烈

2010 年后，快递市场进入年均 57% 的增长率高速发展期。近年来呈现稳定增长态势，市场规模高达百亿元级，2018 年快递业务量达到了 505 亿件（见图 1）。

其中，申通 2010 年以超过 20% 的市场占有率，超过顺丰的 16%、圆通的 15%、不到 10% 的韵达和中通，稳居行业第一。然而，截至 2018 年上半年，其市场占有率下降至为 9.3%，被中通的 16.8%、韵达的 13.6%

---

* 本文写于 2019 年 4 月。

和圆通的 12.7% 超越，业务量也从“拔尖儿”跌落到“通达系”第三的位置（见图 2、图 3）。

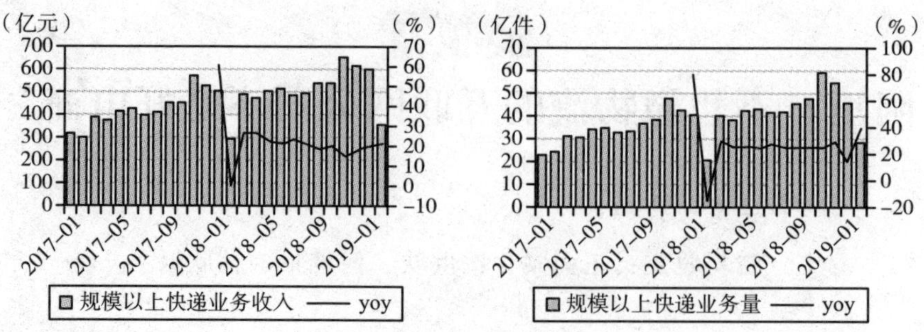

图 1　快递行业发展情况

资料来源：虎博

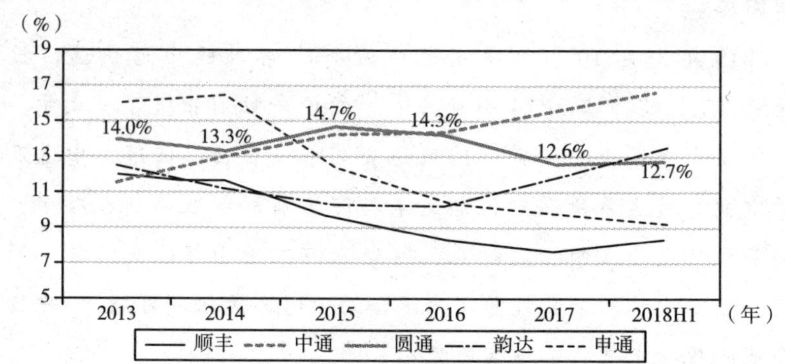

图 2　上市快递公司市场份额对比

资料来源：Wind、国信证券经济研究所整理

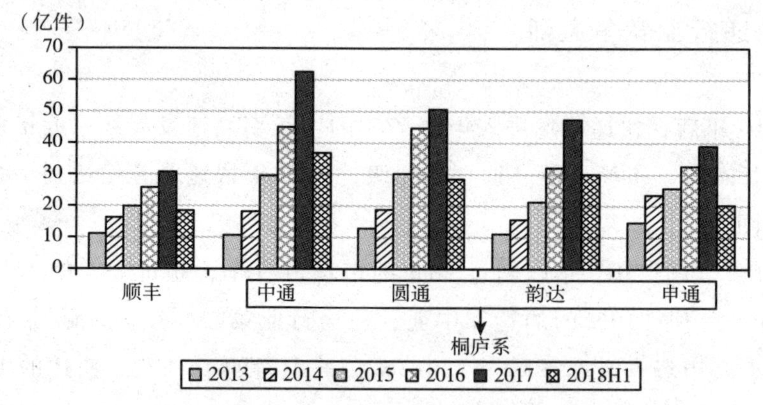

图 3　上市公司快递业务量对比

资料来源：Wind、国信证券经济研究所整理

二、顺丰拟一统到底，京东欲稳操胜券

快递行业包括四个环节，即快件揽收、快件中转、干线运输和快件派送。相比于申通等快递企业将“快件中转”和“干线运输”自行完成、“快件揽收”和“快件派送”交由加盟商的“自营+加盟”的模式，顺丰选择“包圆儿”地完全“自营”。京东虽然也选择了自营模式，但表示“京东物流在全国范围内还没有一个真正意义上的物流竞争对手”，这是因为京东物流本质上是一家贸易公司，为第三方配送时没有“快件揽收”一环，而是让卖家直接将货物运到京东仓储库，从而以储代运，通过前置仓库而不是类似顺丰的“天网”实现配送。

三、菜鸟上线，阿里搭建智能物流骨干网

2013 年 5 月，阿里巴巴搭建了自己的菜鸟物流网络——菜鸟网络科技有限公司。该公司由阿里巴巴、银泰集团联合复星、富春、顺丰、“三通一达”（申通、圆通、中通、韵达）及相关金融机构共同合作组建。

实际上，阿里对于国内外物流快递行业的投资早在 2007 年就已经开始，菜鸟的建立是为了应对京东的供应链革命。虽然阿里曾经不看好京东的重资产模式，但供应链优化以后，京东确实对阿里巴巴的电商模式造成了巨大影响。供应链革命势在必行，但阿里仍然并不愿意自己做供应链。在菜鸟成立时，马云表态，阿里巴巴集团永远不做快递。菜鸟总裁则宣称：“我们不会招一名快递员，不会买一辆物流车。”

此后，阿里不仅在国内投资了快递配送环节的中通、圆通和申通，以及仓配一体化的百世汇通、智能化仓储的心怡科技、线下门店及仓库网络遍布全国的苏宁、干路运输环节的卡行天下、大件配送的海尔日日顺以及快狗速运等多家国内同城货运企业，累计投资超过 259 亿元，还在海外清关渠道上投资新加坡邮政（SinPost）等企业（见表 1、表 2）。

表1　　阿里巴巴“通达系”投资概览

企业	投资时间	投资金额	备注
百世快递	2007～2017年	超6亿美元	第一大股东
圆通快递	2015年	数亿元	第二大股东
中通快递	2018年5月	13.8亿元	第三大股东
申通快递	2019年3月	46.6亿元	/

资料来源：Wind、国信证券经济研究所整理

表2　　阿里巴巴国内外物流行业投资概览

企业	投资时间	投资金额	备注
星辰急使	2010年3月	7 000万元人民币	
万象物流	2012年6月	数千万美元	
晟邦物流	2013年5月	亿元人民币以上	2018年3月被并购
心怡物流	2014年6月	不详	
卡行天下	2014～2018年	亿元人民币及以上	投资3轮
沃天下	2015年6月	550万元人民币	
生活半径	2015年8月	3亿元人民币	
快狗速运	2016年5月	数千万美元	
4PX集团	2016年7月	不详	
快仓机器人	2017年3月	1.25亿元人民币	
日日顺物流	2017年5月	10亿元人民币	
速递易	2017年7月	4.8亿元人民币	
芝麻开门	2018年3月	不详	并购
万象物流	2018年3月	不详	并购
58到家	2018年7月	2.5亿美元	
点我达	2018年7月	2.9亿美元	
速腾聚创	2018年10月	3亿美元	
Singpost新加坡邮政	2014～2015年	3.8亿美元	新加坡投资2轮
冠庭国际物流	2015年7月	6 785美元	新加坡
pickup	2018年12月	不详	中国香港
XPRESSBEES	2018年1月	3 500万美元	印度

资料来源：新浪财经

物流行业对于电商发展的重要性不言而喻，菜鸟物流配送方“地网”的建设能够赋能阿里“电网”，前者在阿里供应链建设中举足轻重。实际

上，与自建物流的顺丰和京东不同，阿里本身并不具备物流供应链所需的大部分基础设施，而是专注于用技术支持和模式创新将它们连接在一起。这种负责物流信息系统整合和数据平台服务的模式是弥补阿里电商发展不足的首要选择（见图4）。

图4　菜鸟智能物流骨干网

资料来源：东兴证券

目前，菜鸟智能物流骨干网已从国内铺到国外。公开资料显示，阿里巴巴、菜鸟智能物流网络已经吸引了全球3 000多家物流企业参与其中，与俄罗斯邮政、西班牙邮政等全球主要国家的邮政网络达成战略合作；与新加坡航空、阿联酋航空、空桥航空等全球主流航空公司建立空运网络深度合作；与中欧班列、东南亚和澳洲海运专线网络形成了常态化运输合作。截至2018年底，菜鸟物流的市场估值达到1 325亿元。

未来五年，阿里将继续投入1 000亿元，加快建设全球领先的物流网络，实现国内24小时到达、全球72小时到达，进一步降低社会物流的成本。国内方面，与“邮政网”联合，借助其覆盖全国各乡镇的快递网络体系，菜鸟可以深入诸多偏远地区，抢占农村物流市场。另外，中国邮政航空有限责任公司的航空优势、政策优势及土地资源优势也让“邮政网”助力“地网”为“电网”服务，实现淘系销量日日“双十一”的梦想。

四、申通寻求互补，物流企业目标供应链和海外市场

申通自从不再“拔尖儿”后“心气儿”就没那么高了，“寻思”了一下，阿里系（阿里云＋钉钉）可以有效地帮助自己解决基于大数据、云计算的云仓平台建设的不完善问题，以及末端配送网点和配送人员在地理位置上分布的不合理和数量上的缺乏问题，从而意图改革现有加盟模式，慢慢建立起更加可控的体系。

中国物流巨头的发展如火如荼，在大数据、云计算、IoT等新兴技术的催促下，传统供应链已无法满足企业发展需求，智慧化、数字化、可视化的供应链成为行业发展主赛道，物流企业供应链建设成为主攻方向。同时，国内成熟物流行业发展已经阻挡不住其走向国际并向国外赋能的脚步（见表3、表4和表5）。

表3　京东、菜鸟及顺丰物流建设对比

	京东	菜鸟	顺丰
单量	12亿单（2016年）	166亿单（FY17） 206亿单（FY18）	25.8亿单（2016年） 30.5亿单（2017年）
仓储面积	1 160万平方米	（协同）3 000万平方米（菜鸟集市连接5 262平方米）	140万平方米
仓库数量	515个	零售通专业仓/前置仓覆盖270个城市；跨境仓231个（菜鸟集市连接3 916个）	136个
配送覆盖范围	1H17覆盖2 691个区县，现基本全国覆盖	2 700个区县	2 672个区县
当日/次日达	1 752个区县	1 500个区县	—
平均时效	—	境内2.5天，跨境10天	各项时效排名第一
快递员	物流员工13.6万人	接入快递员300万人	各种用工合计约21.3万人

续表

	京东	菜鸟	顺丰
供应链建设	• “全球智能供应链基础网络”（将资金流、商流、物流、信息流全面整合） • 3S 理论：短链（short－chain）、智能（smart）、共生（synergic） • 一体化解决方案：京东快递、京东冷链、京东跨境、京东云仓、京东供应链、京东快运	• 新零售供应链重塑：以客户和消费者为核心的供应链转型；优化后端供应链架构；搭建数据驱动的端到端供应链体系	• 时效快递，经济快递和涉及食品医药的特殊冷链运输 • 仓储物流，大数据分析等的一站式服务；综合运输服务（重件运输、医药运输等） • 控股新夏晖冷链；收购 DHL 供应链大中华业务，参股国际化平台 Flexport
海外市场布局	• 设立海外仓、开通跨境专线、智慧化多式联运 • 落地国家：印度尼西亚、泰国、马来西亚、美国等	• 全球干线网络（覆盖 33 个国家的 134 多个港口），通过海陆各种干线运输方式，进口商品在短时间内便可送抵国内 52 个港口 • 跨境关务服务和客服服务的“一站式窗口”	• 自主运营＋轻资产运营相结合

资料来源：公开资料整理

表 4　　菜鸟网络海外市场主要布局

时间	动　向
2014 年 5 月	在新加坡建立“国际电商物流平台”
2015 年 6 月	速卖通开通西班牙物流专线
2015 年 11 月	推出线上发货英国的专线“中外运－英邮经济小包”
2016 年 4 月	阿里投资约 10 亿美元并购东南亚最大的电商平台 Lazada
2017 年 10 月	菜鸟在吉隆坡运行了国家智能物流骨干网的 eHub 项目
2018 年 3 月	与马来西亚合作，打造电子商务平台 eWTP“试验区”
2018 年 9 月	在卢旺达建设非洲首个 eWTP 试点，帮助非洲的中小企业
2018 年 9 月	菜鸟宣布“双十一”进出口服务升级，投入 40 余架次包机打造智能物流骨干网

资料来源：公开资料查询，2018 年 9 月

表 5　京东物流海外市场主要布局

时间	动　向
2017 年 2 月	京东提出了“无界零售”的概念
2017 年 5 月	京东与印度尼西亚电商 Tokopedia 达成合作，扩张东南亚地区海外市场
2018 年 1 月	京东战略投资越南电商平台 Tiki
2018 年 6 月	京东入住南美洲最大电子交易平台 Mercadolivre，搭载京东物流国际供应链提供一站式服务
2018 年 6 月	京东 48 小时全球通战略
2018 年 6 月	Google 将以 5.5 亿美元现金投资京东，双方将结成广泛的战略合作伙伴关系
2018 年 9 月	在泰国建立智能仓储中心
2018 年 9 月	与全球机器人技术和解决方案提供商 ABB 战略合作

资料来源：公开资料查询，2018 年 9 月

表 6　顺丰海外市场主要布局

时间	动　向
2010 年	在新加坡设立营业网点
2014 年	与 Post NL、PostNord、Australia Post DPD 等国际物流公司及万国邮政联盟成员合作
2015 年 9 月	与爱沙尼亚国家邮政公司组建合资快递公司
2017 年 6 月	与 UPS 成立合资公司，开展“跨境贸易”
2018 年 2 月	建立湖北国际物流核心枢纽

资料来源：公开资料查询，2018 年 9 月

五、总结

本次阿里巴巴入股申通的操作从两方来看都挺“带劲儿”，由跨境电商的发展带动物流业务的火暴。未来三大物流巨头在全球供应链中“矛盾并发展着”是必然趋势，让我们拭目以待！

想成为投融资观察报告创作团队的一员吗？微信扫描本书第351页二维码，现在就加入我们吧！

No. 11

前方是蓝海，迎面是争议——小罐茶能否成为“东方立顿”*

主笔：阮丹宁、张正贤

资料收集：饶雨、黄隆堂

交易概览：

2018 年 4 月 3 日，小罐茶完成 C 轮融资。该轮融资由加华资本、健坤投资、新喜控股、伟涛电子投资。此轮交易后，小罐茶最大股东仍为创始人杜国楹。值得一提的是，新增的四名股东中有三家为与“紫光系”存在交集的企业。而由赵伟国执掌的紫光系早在 2016 年 12 月就以健坤投资入股小罐茶。

一、烹罢还知何处去，清风送我到蓬莱——小罐茶，在争议中崛起

自 2014 年成立至今，定位现代派中国茶的小罐茶在行业内的发展就独树一帜：上市后仅 5 个月销售突破 1 亿元；2018 年突破 20 亿元销售额（未经审计），超过了 2 102 家 A 股上市公司，成为市场上的神话；销售网络遍布线上及线下，已在线下布局超过 650 家专卖店，并与 2 000 家烟酒店、3 000 家茶叶店达成了合作。

而小罐茶的创始人，正是创立了背背佳、好记星、E 人 E 本、8848 等，

* 本文写于 2019 年 4 月。

在市场上通过各种营销手段创造了无数销售奇迹的杜国楹。相信每个看过电视广告的中国人对这些品牌都不会太陌生。重包装、重营销、重品牌是其一贯策略，相似的，这些策略也应用于小罐茶。

伴随着急速崛起，小罐茶也受到了质疑和争议，按其宣传中的“小罐茶，大师作”及产品销售额来度量，8 位大师平均每年要炒出 8 万斤茶叶，平均每人每天要炒制 1 466 斤鲜茶叶，一个人就能达到 36 位顶尖茶娘的工作产量。尽管后来官方做出了解释，但仍可以明显地看出小罐茶背后团队以高端营销进入市场的打法。

二、酒困路长惟欲睡，日高人渴漫思茶——来自资本市场的青睐

茶叶属于农产品，而农产品的属性注定着标准化困难，而茶行业又非常特殊，它的产业链长，供应链体系复杂，在产品品控、库存盘点、采购流程等方面均缺乏标准化的基础。要实现对中国茶的真正创新，最终是对整个产业链的升级改造。

因此，资本市场中投资人对以农产品为主打产品企业的态度往往是宁可错过也不愿冒风险，但这次小罐茶却顺利获得融资。同时，我们可以看到在这些交易背后始终有“紫光系”股东的身影。健坤投资、新喜控股、伟涛电子都与一个响当当的名字脱不开关系。这个人就是曾经的紫光集团董事长、现在建坤集团的董事长——赵伟国。

赵伟国曾先后斥资近 60 亿美元并购展讯通信和锐迪科，成为中国龙头芯片企业。他也凭这一系列受人瞩目的并购为人所知。其个人风格快且激进，交易金额巨大。其背后的健坤投资多次注资小罐茶，也给小罐茶的未来发展增添了更多期待。

三、咖啡与酒是必要的，只是它没有茶的温香——市场中的小罐茶

放眼整个市场，很难找到一个和小罐茶直接对标的品牌。但从更宏观的角度来看，小罐茶可以和一些非同类型但又相关的行业或产品进行对比。

（一）茶行业对比咖啡行业

咖啡在全球贸易中占据着重要的地位，更是西方文化的象征之一。2017 年中国咖啡消费市场规模超过了 1 000 亿元。中金公司 2018 年 3 月发布的报告显示，星巴克占据咖啡消费市场约 51% 的市场份额。而中国咖啡饮品市场的 CR5（前五大企业集中率）为 79.6%，这意味着中国咖啡行业集中度非常高（见表 1）。

表 1　中国连锁咖啡饮料品牌市场份额排行榜 TOP5

排名	品牌	市场份额
1	Starbucks	51.0%
2	UBC Coffee	12.8%
3	McCafe	6.2%
4	Costa Coffee	5.7%
5	C Straits Café	3.9%
总计	TOP5	79.6%

资料来源：Euromonitor、中商产业研究院

作为中国文化象征之一的茶，尽管在国内市场基础上比咖啡好，但是在品牌化上却不尽如人意，呈现出市场规模大但品牌分散的特点（见图 1）。

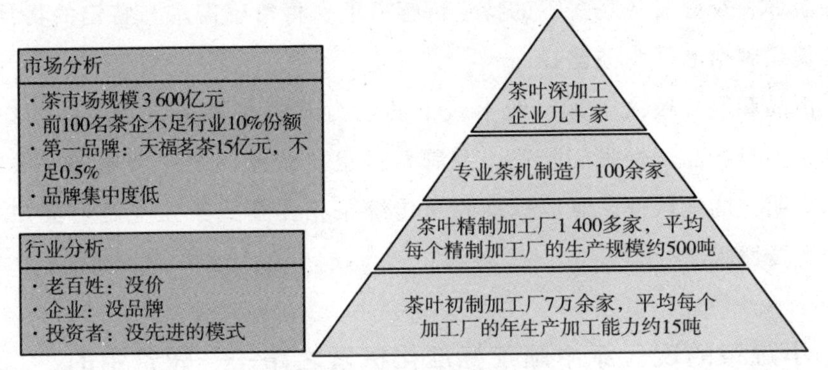

图 1　我国茶行业结构

资料来源：华泰证券研究所

我国茶园面积占世界的 60%，产量占世界的 40% 以上，2017 年中国产业茶业产量占全球茶业总产量的 44.8%。但在国内，前四大茶叶品牌的市场占比均不超过 5%，合计市场份额不超过 20%。而相同文化背景的我国

台湾地区的天仁茶业则占据了约12.5%市场份额，英国几家老牌茶商更是几乎垄断了英国茶叶市场。

在产品外销方面，尽管2017年中国茶业出口量为35.5万吨，居世界第二，但是茶叶几乎被当作与食用油差不多的农产品以毫无文化价值附加值的姿态在销售。

（二）茶和酒

酒业作为与茶叶并肩的另一中国文化重要的组成部分，其发展却与茶业大相径庭。

2017年，茅台在高端白酒市场占据一半以上份额，达到63.5%。而贵州茅台、五粮液和洋河股份三大巨头2018年上半年的净利润占A股白酒上市公司总净利润的79.74%。2018年，茅台酒入选《世界品牌500强》第323位，茅台被誉为“世界名酒、祖国之光”。

（三）传统茶和快消时尚茶饮

传统茶仍处在品牌化的襁褓阶段，但在年轻快时尚茶饮中其实已经诞生了几个颇具竞争力的品牌。2016年8月22日，喜茶完成超过1亿元人民币融资。谈及投资喜茶的背后逻辑，IDG合伙人联盟提出，提供特定的产品和服务、突破具体场景下的特定情感需求、将情感需求与特定的物结合，是实现品牌垄断的三条路径。

产品和服务模式兼顾、线上线下的强力营销是喜茶打响品牌的原因。传统茶本身产品属性强门槛高，品牌营销也比较差，无论市场还是供应体系都有明显的地域性，难以标准化是传统茶相比新式茶饮更难形成知名品牌的主要原因。

四、小罐茶的现代派中国茶标准化探索之路——做茶中的“Nespresso”

当茶想要走品牌化道路的时候，它就兼具了农产品属性和消费品属性。农产品属性导致它标准化困难，而消费品属性又需要它实现标准化。也正是两者之间的矛盾造成茶行业品牌化程度较低。茶行业的产业链长且复杂，上游是农业，中游是工业，下游是商业，要实现茶真正的品牌化，必然要对整个产业链升级和规范（见图2）。

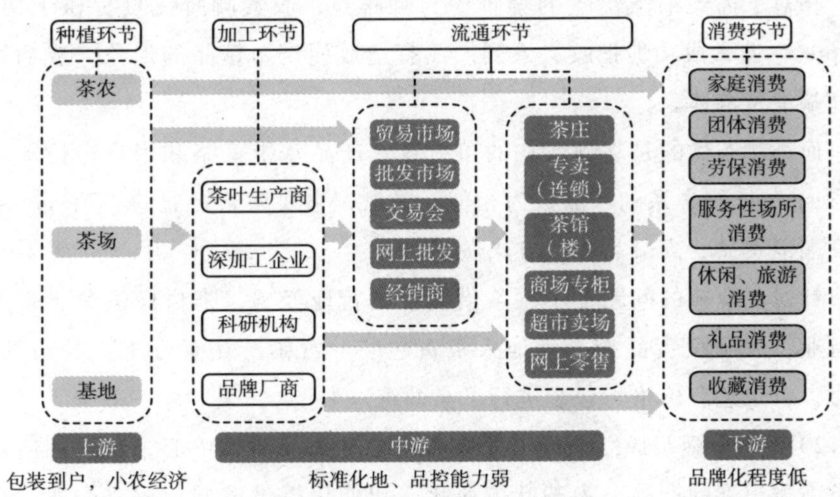

图2　茶叶产业链的上、中、下游

资料来源：Respect Marketing Research Inc，国信证券研究所

在标准化问题上，立顿和雀巢作为茶包和胶囊咖啡的领导者及先行者，各自把茶和咖啡做成了高度标准化的消费品。

从行业角度，立顿和小罐茶同属茶行业。立顿能把茶叶做成全球化的生意，最根本的原因是实现了标准化、规模化、品牌化。茶产品由于种植环境、采摘、制作等原因难以形成口味的标准化，立顿另辟蹊径，实现了产品功能、外观形象和品牌形象的标准化。

- 产品端，立顿通过独创的茶叶拼配技术和袋泡包装，颠覆了传统的饮茶传统，将茶叶作为标准化商品进行大规模生产，同时保持了茶叶的优良品质。

- 营销渠道端，立顿借助联合利华这个全球性跨国消费品公司的营销网络和资金实力，打通了现代渠道的分销体系。就像普通快速消费品一样，立顿可以通过各种、多种渠道销售。

而雀巢虽然主营咖啡，但是其胶囊系列产品与小罐茶无论是在重营销、轻产品，还是主打中高端消费者的客户定位上都极为相似。

胶囊咖啡由雀巢子公司 Nespresso 推出，它把萃取咖啡的磨粉、压粉、冲泡的过程压制在一个成型胶囊里一次性完成冲泡萃取。相对于传统速溶咖啡，胶囊里萃取的是一杯真正纯粹的咖啡，在口味上与前者有着天差地别。相对于需要细熬慢煮的咖啡粉与咖啡豆，胶囊咖啡无疑提供了便利。Nespresso 非常成功地把胶囊系列产品打造成便携、精品的形象，成功切入中高端消费群体。

而小罐茶做的是立顿所在的茶行业，产品营销策略和用户定位却与雀巢 Nespresso 胶囊系列产品极为相似。显然，它要做茶行业的“Nespresso”，用高端消费品、高端品牌的方式做茶。

针对产业链的问题，小罐茶借鉴手机行业经验，把供应链分工带入了茶行业，大师负责品控，其他人负责包装、营销，互有分工，各司其职。同时，对工艺、价格、包装进行了全面统一。

2018 年小罐茶成立茶叶工业装备中心和茶叶研发中心，通过创新研发具有高辨识度的产品，为茶叶工业化、智能化提供定制化解决方案。小罐茶与上游合作建设小罐茶庄园，建立自己的茶叶标准化体系，对中国八大产茶叶基地的上游资源进行整合。小罐茶又和西门子达成战略合作，共同探索茶叶生产智能化等方面的解决方案和路径。

在产品包装和线下门店，小罐茶都以统一标准化的形象亮相。截至 2018 年 6 月 22 日，小罐茶已经申请了共 64 个专利，这其中以封口膜、盒子、铝管为主，涉及茶叶生产装置以及灭菌系统、生产流水线、茶具、旅行杯、铝罐等。

针对传统茶的营销短板，小罐茶也做了一系列卓有成效的措施。在茶作为消费品的定位上，小罐茶为产品建立了礼品属性。其以重包装、重广告的角色杀入中国茶行业蓝海市场，并成功打开了礼茶市场，成为部分客户的送礼之选。小罐茶的受众群体与中国特有的人情社会背景践行者重叠：中端收入、中老年人群、二三线城市，喜爱并拥护传统茶文化等。这部分消费者愿意为小罐茶不菲的礼品属性买单。

目前，小罐茶最便宜的品种已达每市斤 6 000 元。这代表着只要有一少部分人对它产生了认可，就能给小罐茶带来可观的利润。同时，负面舆论的支持者与小罐茶的拥护者本身交叠就很少，所以小罐茶在前进步伐中面对的负面舆论并没有对其造成太大的阻碍。

五、未来谁能代表中国茶文化——小罐茶是昙花一现还是未来可期

在目前的中国茶市场，小罐茶的确是一个特别的存在。与传统中式茶文化中重视氛围不同，小罐茶显然是全力做产品的典型。如果小罐茶的模式能持续、长期走通，它或许就能成为独占庞大中国茶市场的“龙头”企业。但在做大茶品牌这条路上，小罐茶需要打好更扎实的地基。小罐茶缺乏背后品牌积累和文化底蕴，如果仅以营销的角色出现在市场上，未来所要面临的挑战还有很多。

目前，小罐茶已开始销售茶具。未来，它是否会涉足茶饮店、茶饮料、茶包？这条奢侈礼茶路线能走多远？小罐茶能否持续让消费者为其广告买单？其对于产业链的转型升级是否名副其实？未来，谁又能成为“东方立顿”，作为代表中国茶文化的世界级品牌？

给出这些问题的答案尚需时日。无论最终小罐茶是会被收购从而昙花一现式地收尾，还是未来可望成为世界级品牌，小罐茶的出现为中国茶产业诞生世界级品牌增加了可能性，这种希望值得被尊重和期待。

No. 12

云知声：D 轮融资，语音 AI 引声入云端*

主笔：韩欣恒

资料收集：秦淑怡、何佳怡、范子豪

交易概览：

2019 年 4 月 2 日，国内 AI 公司北京云知声信息技术有限公司（以下简称“云知声”）完成 D 轮融资，投资方为中金公司、东方证券及清和泉资本。投后估值 80 亿元人民币。云知声成立于 2012 年 6 月 29 日，专注于物联网人工智能服务，合作伙伴数量已经超过 2 万家，其中语音云平台覆盖城市超过 470 个，覆盖设备超过 9 000 万台。

一、云知声抓住落地方案，立足语音 AI 行业

2017 年，中国智能语音市场规模达到 105.7 亿元，同比增长 70%。随着智能语音应用产业的拓展，市场需求持续增大，2018 年中国智能语音市场规模进一步增长到 159.7 亿元（见图 1）。

中国智能语音市场在研发与应用方面势必得到进一步拓展与深化。一方面，随着不断优化，需求有所增多；另一方面，5G 新时代带来更多先进技术使得相关企业如虎添翼。由此，语音 AI 作为基础交互入口，将随物联网渗透到更多领域。

---

* 本文写于 2019 年 5 月。

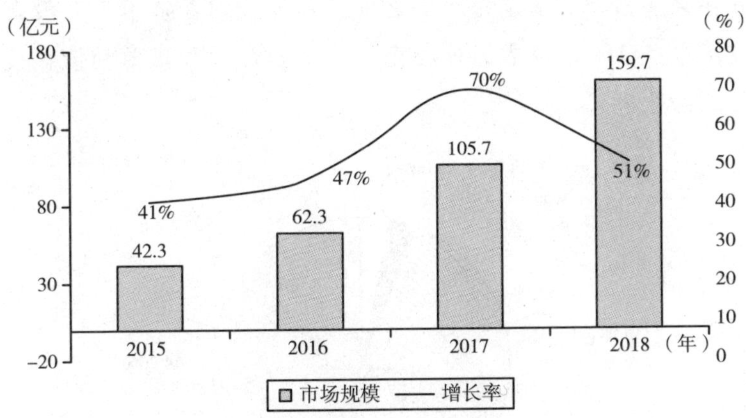

图 1　中国智能语音市场规模及预测

图 2 展示的是中国智能语音市场的生态图谱，云知声主要深耕于行业应用和技术研究及服务中的语音技术/自然语言处理。

图 2　2018 中国智能语音市场生态图谱

中国智能语音市场主要被科大讯飞、百度以及苹果分割（见图 3）。想要跻身于中国智能语音市场并从中分得一杯羹的企业很多，相较而言云知声更显渺小。实际上，在智能语音语义领域，除了个别公司拥有多年的技术积累并在某些领域处于领先水平之外，其他公司在技术上并没有本质的差别，技术本身已不足以成为核心竞争力，公司也很难单纯依赖技术建立成熟可靠的商业模式。

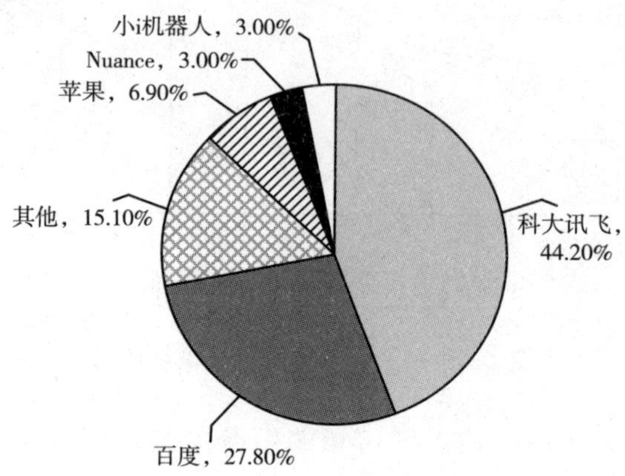

图3　中国智能语音市场占有率

二、云知声的策略性取舍

想要更好地实现商业化，云知声就必须通过往上下游延伸来创造价值。可以看到，云知声有自己的策略性取舍（见表1）。既然很难拓宽占有市场的广度，那便专辟另一条路，着重解决更具专业性的医疗行业垂直性方案落地问题，并和同赛道同类型的“思必驰”有所区分。

表1　竞品对比

企业	成立时间	定位	特点	切入点	融资情况	当前优势	当前劣势
云知声	2012年	物联网人工智能服务商	开发API接口，2B、2B2C	车载、家居、医疗	2019年获未透露金额D轮融资，计划上市	医疗类产品已进入全国多家三甲医院	管理层人员变动频繁
科大讯飞	1999年	全方位人工智能技术服务商	全方位服务，平台嵌入	教育、拓展司法、智慧城市等	2008年上市，2018年营收80.67亿元	庞大的营销及服务渠道	市场竞争激烈，科技技术优势减弱

续表

企业	成立时间	定位	特点	切入点	融资情况	当前优势	当前劣势
思必驰	2007年	智能硬件场景语音交互服务商	开发API接口，2B、2B2C	车载、家居、机器人	2018年获5亿元D轮融资，有明确上市时间表	拥有综合的技术优势	科技、产品研发困难
出门问问	2012年	以AI为中心的软硬结合	软硬一体化，2C	C端可穿戴设备	2017年获1.8亿美元D轮融资，估值9亿美元	完整的智能可穿戴设备产品线	智能可穿戴设备市场饱和度高

思必驰与云知声都是选择开放API接口给第三方、走软硬一体化或纯软件路线的2B或2B2C类型公司（融资与背景对比见图4及表2）。

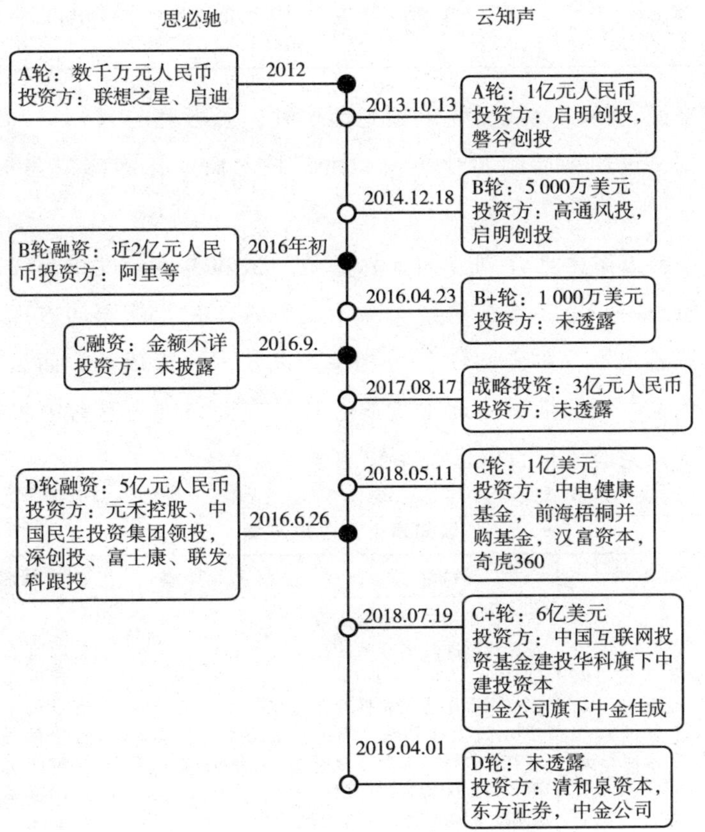

图4　思必驰与云知声融资历程对比

表 2　　思必驰与云知声对比

	思必驰	云知声
创始团队	高始兴、俞凯、周伟达等	黄伟、梁家恩等
估值情况	20 亿元人民币	80 亿元人民币
特点	在产品布局方面，围绕“两端”（前端语音芯片 + 后端升级平台能力及方案落地）“一横”（横向扩展智能终端外的业务，把消费端的自然语言交互能力扩展至企业端）	商业化路径是典型 2B2C 模式，走“云端芯”路线
研发方向	主要是三大场景为车载、智能家居、机器人/故事机，在技术创新上，思必驰核心会围绕人机对话来展开	专注物联网人工智能技术，主要场景为家居、医疗、车载等领域
主要业务	业务主要包括智能车载、智能家居、智能机器人、可穿戴与手机场景	芯片制造是核心，业务主要是方案落地，包括智能家居、智能医疗、智能车载、智能教育等
合作伙伴	富士康、联想、小米、360、海尔、美的、阿里巴巴、腾讯等	中国电信、英特尔、海尔、格力、华为、蜻蜓 FM、平安好医生、北京协和医院等

总体来说，除科大讯飞处于领先地位外，思必驰与云知声都有了明确的上市计划，也在为后续芯片研发和语音技术商业化能够覆盖更多领域，而做进一步努力。

在技术与方案落地计划方面，思必驰与云知声重合度很高，不过偏向的区域有所不同。思必驰在智能车载上更完善，在智能家居方面，智能音响如“天猫精灵”“小爱同学”等相关产品技术更为成熟；而云知声则是国内在白色家电领域唯一落地出货的芯片供应商，国内是首家推出医疗云服务，并率先完成了近百家医院系统测试。

表 3　　云知声主要落地方案

	智能家居	智能医疗	智能车载	智能教育
市场占有情况	于 2015 年成功出货语言模组，是迄今为止行业唯一实现芯片落地的公司	首次提出语音病历解决方案，智慧医疗语音系统性能第一、市场占有率第一，以三甲医院为主要标杆客户切入，已上线超过 50 家具有代表性的大型综合医院，另有 60 余家处于测试阶段，同时与平安好医生等合作切入移动医疗领域	已服务超过 100 家方案商、品牌商，2 周即可集成出货	在教育云社会化口语评测服务市场占有量稳居第一，教育领域的云端数据半年调用量增长 20 倍，覆盖超过 500 万人群

续表

	智能家居	智能医疗	智能车载	智能教育
主要方案	白色家电远距离声音识别（远讲拾音）、智能应答交互等功能	医疗垂直领域语音录入软硬一体的解决方案，包含导医问询机器人、工作站实时语音录入、影像科语音阅片、手术前患者信息搜集、居家健康机器人等，用户可通过同一个账号实现全场景个人电子健康档案同步	一站式智能语音交互方案及云服务，车载降噪方案	智能评测，发音纠正，实现人机交互式教学；提供产品解决方案；提供标准化考试服务和模拟考试服务
运用技术	主要依靠AI芯。通过多种芯片方案，合理组合不同硬件平台，安装不同系统下的AIUI版本，提供语音交互、IO控制、互联内容的能力，满足不同价位不同场景下智能硬件交互需求	独特的医疗大数据分析（不基于CDR），积累大量真实病历数据，在后结构化处理分析后充分挖掘医疗数据的变现价值。已与包括协和在内的领先医院开展联合实验室，进一步探索医疗大数据的商业化应用	为企业提供全体系的语音引擎支持和云端服务，提供语音交互支持、语音识别及语音合成方案，提供灵活及高效率的语音压缩及传输方案，基于Web Service提供服务	利用云计算技术，将自动口语评测服务放在云端，并开放API接口供客户远程使用
优势特点	远讲降噪，定位准确，不联网，更为便捷、省功耗	•储备超30GB医疗文本资料 •覆盖各科室常用病症、药品名称、操作步骤信息，支持多系统融合 •系统深度定制，分场景支持“40+”临床和医技科室 •对“3 000+”医疗特殊符号进行优化，语音识别准确率超过95%，个别科室超98% •医生录入效率提高40%，每天节省1.5~2个小时，支持300多名医生、护士同时使用，跨平台设备可实现互联互通	包括拾音降噪、语音交互、云端计算和内容服务一揽子解决方案，解决车载垂直场景下用户导航、电话、娱乐、咨询、社交五大场景的功能诉求	•实现业界最快的更新迭代 •提供高效、精准、稳定实时反馈测评结果 •开发人员易上手 •骨干成员具有12年以上的语音行业经验并能提供全程项目经理对接服务
合作单位	美的、格力、华帝、长虹等	北京市协和医院、平安好医生等	上汽通用、高德、喜马拉雅FM、荣威汽车、众泰汽车、小蚁智能后视镜等	沪江、外研通等

除了以上几项主要业务之外，云知声还拥有儿童智能早教方案、Samantha 电话机器人等业务。云知声已开发出 UniToy 儿童陪伴机器人，价位在 500 ~ 2 000 元不等。Samantha 电话机器人体系具有智能云呼叫中心、可视化智能后台、智能话术库设计，可外呼高效触达意向客户和接待缓解高峰接待压力，具有智能打断反向、逼真语音定制、数据反哺等特点。

云知声的电话机器人还可以服务于多人会议，应用于法庭庭审记录。另外，云知声可为大型政企提供超算平台。2017 年底与厦门市政府在芯片生产、超算平台等领域开启全方位合作。

总体来说，云知声的产品和方案具有以下特点：

第一，弱手机、弱 APP 化，打破智能硬件以手机 APP 为主的现状。

第二，通过自然语言与硬件设备交互。

第三，多麦克风矩阵系统可以捕捉不同声场不同声音，便于远场语音识别，优于双麦系统。

第四，模块标准化。标准化模块和接口省去智能硬件开发者的大量工作，使用标准的 UART 接口接收语音识别结果。同时还具有在线 flash 离线混合系统，内置了 200 ~ 300 个离线命令。另外，唤醒词、离线命令、反馈语句皆可定制。

目前的 AI 浪潮下，对于传统厂商来说，AI 赋能便显得尤其重要。然而，传统厂商智能化突围在自动化、智能化方面做得相对较弱，市场也未能统一。在进行相关研发时，传统企业必然会产生大量研发成本，却未必能将研发做好，而云知声可以帮传统企业节省这部分支出，同时实现产品更迭与试错。

三、云知声应用背后的核心技术——芯片

整体看来，云知声主要围绕的是云 AIService、端 AIUI、芯 AIChip 三层架构。其中，AIService + AIUI 联合构成云知声的智能 OS（AIOS），实现跨硬件平台、跨应用场景的 AI 基础能力和交互组件。AIOS + AIChip 形成软硬件一体化的“云端 + 本地智能 Turnkey”解决方案，最大限度地发挥云知声的智能服务能力和产品优化体验（见图 5）。

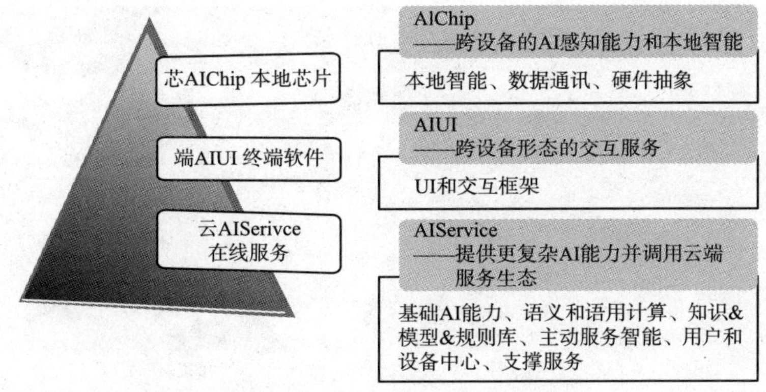

图 5 “云知声”服务体验

云知声的芯片是整个三层架构的核心。云知声的特别之处在于，抛弃了传统芯片企业“先造芯再考虑卖给谁”的套路。云知声认为正确的路径恰恰相反，先用方案解决某一个场景下的问题，验证成立后再考虑如何降低生产成本。所以，先要有成熟的落地场景、清晰的需求和系统的 AI 算法。有了这三个前提之后，可以清楚定义芯片的技术规范，然后再考虑后面的芯片的研发步骤、架构设计等问题。

四、5G、物联网和 AI——云知声们的未来

虽然目前云知声的系统主要是在线与离线结合，但大量资料都是存储在离线包里。就眼下的技术成熟度而言，带离线智能的本地芯片不用联网通过云端调用，可大大节省反应时间，提高速度，降低功耗，更适合短期内技术落地应用。

随着 5G 时代的到来，更高速更精准的算法或将足以支撑强大的云平台，可支撑数量更庞大的设备，同时交互信息与技术升级，实现物联网的跨越。

云知声正努力将自身嵌入物联网新时代，贯穿纵向技术体系的云、端、芯与横向的场景设计交错成矩阵，打开新思路，寻找潜于其中的大量有意义的需求，以其自身的技术支撑实现各种新方案的落地。可能性总是有无数个，不过云知声聪明地选择重点打造专业的行业领域（见图 6）。

图 6　云知声“一纵一横”战略

长远来看，未来医疗行业的智能化将会给新时代新人类的身体健康带来更多改善，语音的嵌入与云、端、芯的配合可以作为跨入新世代的过渡，初步地筑起医疗行业的人工智能物联网（Artifical Intelligence & Internet of Things，AIoT）。

想成为投融资观察报告创作团队的一员吗？微信扫描本书第351页二维码，现在就加入我们吧！

No. 13

瑞幸咖啡：这一杯，你爱得久吗*

主笔：陈琼娴

资料收集：饶雨、黄隆堂

交易概览：

2019年4月18日，瑞幸咖啡宣布完成1.5亿美元B+轮融资，其中贝莱德（BlackRock）所管理的私募基金投资1.25亿美元。瑞幸咖啡投后估值29亿美元。贝莱德是星巴克最大主动投资人、第二大股东。值得注意的是，本轮融资是瑞幸咖啡一年内的第三次融资，业界普遍认为此次融资解了瑞幸咖啡燃眉之急。

一、咖啡行业分析

咖啡行业产业链可以划分为上游咖啡种植、中游深加工和下游流通三个环节（见图1）。上游种植环节的特点是集中度不高，参与者主要包括中小咖农、种植基地以及国外的高品质庄园。上游价值贡献占整个产业链的1%，属于低利润区，互联网改造空间不大。中游与上游情况相似。下游流通环节包括批发和零售，整体集中度较高，价值贡献占整个产业链的93%，属于高利润区。因此，近年来的创业机会多出现在下游流通环节。

---

* 本文写于2019年4月。

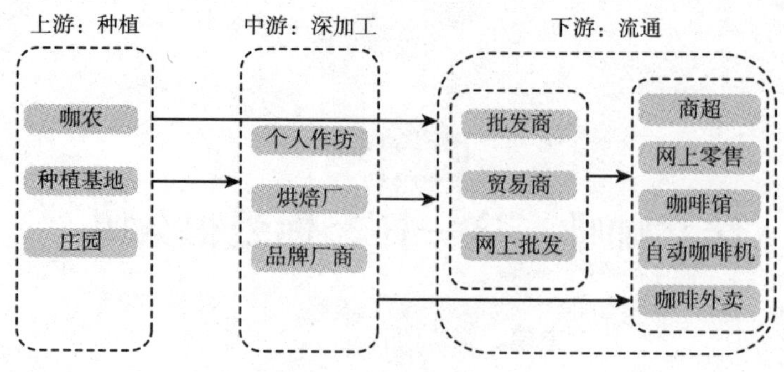

图 1　产业链概览

资料来源：艾媒咨询

（一）中外咖啡市场对比

咖啡在中国市场的渗透率很低，但增长率很高。以美国和日本为代表的咖啡市场，人均年饮用咖啡杯数分别达到 269 杯和 188 杯，但是中国的人均年饮用咖啡杯数仅 4. 5 杯。当海外成熟的咖啡市场年复合增长率停滞不前的时候，中国的咖啡市场正在以 15% 的年复合增长率快速前进（见图 2、表 1）。

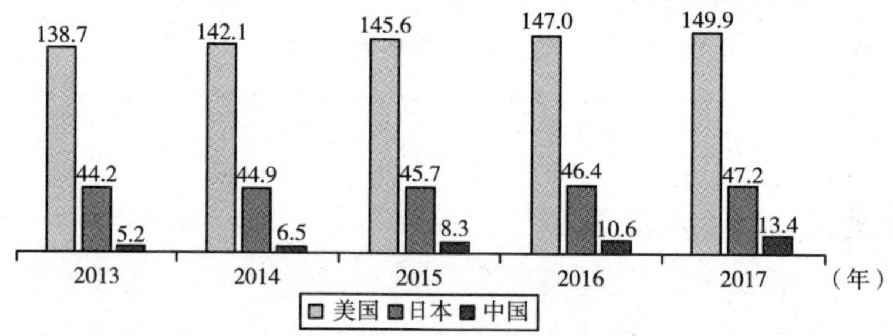

图 2　2013 ~ 2017 年中美日咖啡消耗量对比

资料来源：USDA，国际咖啡组织

表 1

国家	咖啡进口量（万吨）	10 年 CAGR	总人口（百万）	人均年饮用咖啡量（克）	人均年饮用咖啡数量（杯）
美国	173. 03	2%	322	5 374	269
日本	48. 16	1%	128	3 762	188
中国	12. 52	15%	1 390	90	4. 5

咖啡不普及源自中国市场的独特性。作为一个茶文化深厚的国家，中国

人普遍认为咖啡并非健康的饮品，在提神功能和健康属性上，茶一直以来都是更多人的选择。此外，一二线城市的咖啡普及程度远高于三四线城市，大型城市中心商务区林立的咖啡店与小城市少见的咖啡店形成鲜明对比。咖啡更像是年轻白领的标配，其主要消费群体是年轻一代，尚未普及更广的年龄层次。

（二）中国咖啡市场主要参与者

中国咖啡市场的主要参与者包括商场超市便利店、自助咖啡机以及连锁咖啡店（见图 3）。在现磨咖啡方面，商场超市便利店咖啡产品少，往往只能提供最为经典的几款咖啡，包括拿铁、卡布奇诺、美式等。其标准化程度极高，仅需一键，收银员即可生产销售从咖啡机里现磨好的咖啡。便利店咖啡的价格也十分具有竞争力，通常在 5 ~ 10 元不等。

图 3　中国咖啡市场

资料来源：中信证券经济研究发展中心，各公司官网

瑞幸咖啡的价格高于商场超市便利店但是低于星巴克、咖世家等咖啡品牌，价格区间在 24 ~ 27 元不等。瑞幸的 SKU（最小存货单位，Stock Keeping Unit）相较商场超市还是具有一定的竞争力，并且瑞幸正在开发更多种类的菜单供消费者选择，包括茶饮和鲜榨果汁等。

星巴克、咖世家等连锁咖啡品牌，高溢价的商业模式为其锁定了一批消费力有所保障的客户，其店面布置偏向于商务舒适，也能非常好地满足人们的社交需求。

二、瑞幸咖啡运营模式的五大特点

（一）快速扩张，主要集中于一二线城市

从 2018 年 1 月试营业到 2019 年 3 月 31 日，瑞幸咖啡已在全国范围内

设立了 2 370 家门店，且均为自营店。瑞幸咖啡已拥有超过 1 680 万的累计交易用户，客户复购率高于 54%。瑞幸门店集中于一二线城市，已实现一线城市的全面覆盖。

（二）着力发展“快取店”，降低成本，靠近客户

瑞幸具有三种店面模式：

- 悠享店，旨在满足用户线下社交需求；
- 外卖厨房店，满足于有外卖需求的用户；
- 快取店，针对有快速需求的商务人士。目前，快取店占瑞幸店面数量的 91%，是瑞幸主要的门店运营模式（见图 4）。

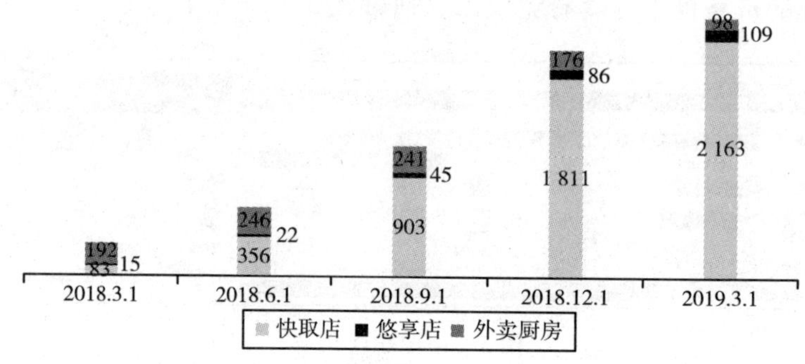

图 4　瑞幸门店数概览

资料来源：瑞幸咖啡 IPO 招股书

快取店通常设置于办公楼，商业中心以及学校等地，靠近目标客户，方便客户近距离购买并提取咖啡。快取店的面积小，通常只提供有限数量的座位，因此其社交属性大大降低。而另一方面，瑞幸正是通过快取店大大降低了其运营成本，削减店租及人力支出，实现了快速扩张。

（三）从标准化产品到丰富 SKU，瑞幸正在成为更加完备的咖啡店

瑞幸开店之初只提供有限的标准化产品，SKU 相比其他以星巴克为代表的连锁咖啡店少得多。但随着瑞幸模式的逐渐成熟，目前瑞幸门店已经可以提供多样化的饮品和轻食等。

瑞幸目前可提供除咖啡外的许多饮品，包括小鹿茶、瑞纳冰、鲜榨果蔬汁等，更加符合中国市场的消费需求（见图 5）。从瑞幸的定价来看，单件饮品定价在 24 ~ 27 元不等，是星巴克定价的 2/3，搭配瑞幸的折扣，客

户实际可以用一半的价格买到同等品质的产品。

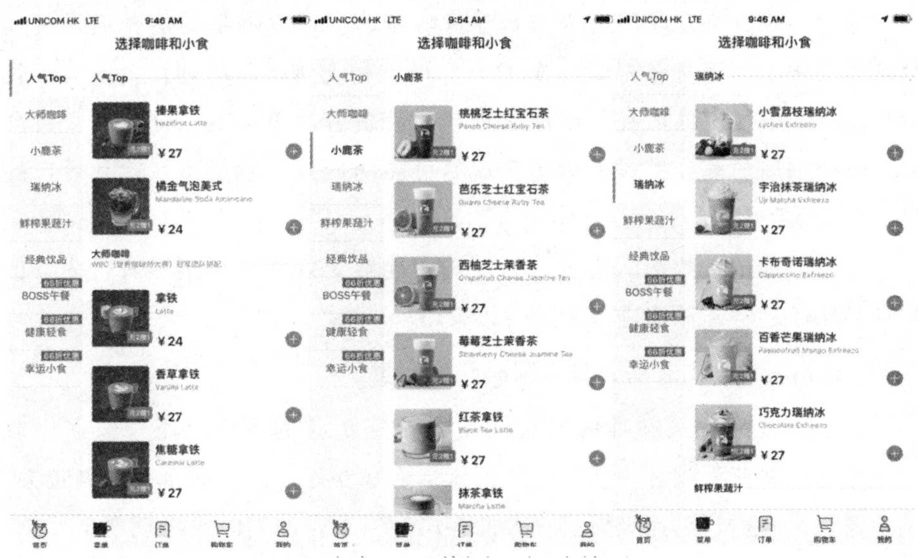

图 5　瑞幸 APP——部分饮品标价

此外，丰富的轻食进场也使得瑞幸有机会获得更高的毛利率。瑞幸目前提供的轻食包括沙拉、拌面、蔬菜卷等符合年轻客户健康需求的食品，其单件定价在 8 ~ 25 元不等（见图 6）。

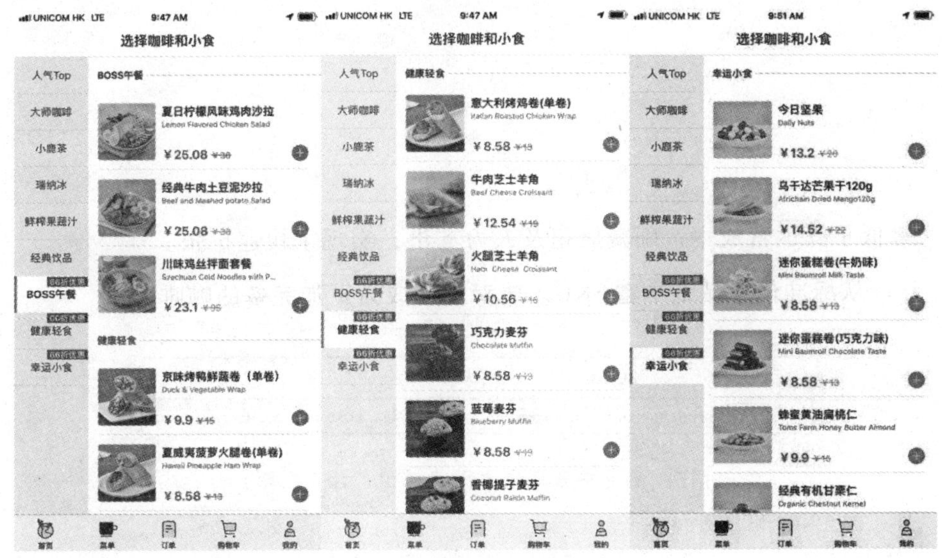

图 6　瑞幸 APP 截图——部分轻食价格

（四）精简门店功能，线上下单线下取

作为一家具备互联网思维的新零售咖啡店，瑞幸咖啡的运营模式极大地依赖于线上，消费者需要用过 APP 下订单和支付，门店则完全取消了收银功能。线下员工的职责是制作咖啡和与消费者简单沟通，打包和交付产品。通过创新的商业模式，瑞幸实现尽可能降低其运营成本、让利客户的目标。

此外，通过大数据的集合分析，瑞幸能够更好地分析消费者行为，把控商品销售趋势，制定进一步的营销策略。

（五）高补贴＋社交裂变，获客同时亏损严重

瑞幸通过免费送咖啡的形式开始其快速扩张的道路。用户只需下载 APP 即可免费获得咖啡一杯。此外，分享给好友还可额外获得免费咖啡券。瑞幸通过高补贴，迅速吸引了一大批客户。但扩张的同时也出现严重亏损。2018 年，瑞幸亏损高达 16.19 亿元人民币，仅 2019 年第一季度亏损已达到 5.51 亿元人民币。

但值得注意的是，瑞幸的新客获取成本已从 2018 年第一季度的 103.5 元降低到 2019 年第一季度的 16.9 元（见图 7）。客户的复购率在 54% 以上。未来能否止损并扭转盈亏，将极大依赖于消费者的忠实度。

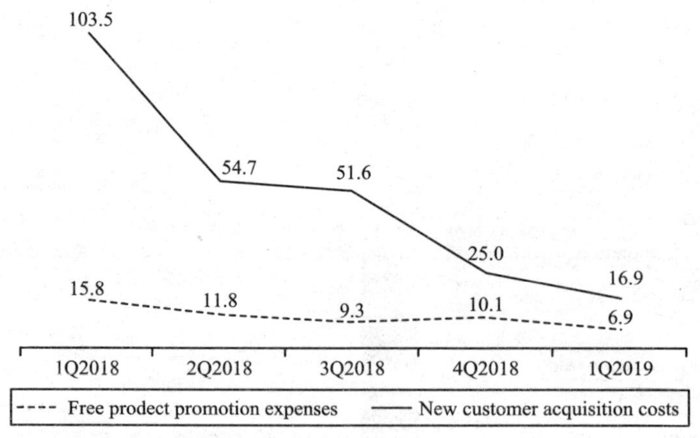

图 7　新客户获取成本图（单位：元人民币）

资料来源：瑞幸招股书

三、未来机遇与挑战并存

（一）瑞幸咖啡发展的机遇

瑞幸咖啡未来的发展依赖中国咖啡市场的崛起和年轻群体对实惠咖啡的需求。首先，未来中国咖啡市场的渗透率将大幅提升。瑞幸咖啡通过快速“跑马圈地”抢占市场，提前做好商业布局，为的是开辟出深厚的护城河以防未来咖啡市场可能面临的残酷竞争。可以预见的是，中国咖啡市场整体提升，后起的竞争者很难重复瑞幸咖啡的“重资本市场”的开辟模式。在咖啡这条赛道中，瑞幸咖啡的实力不容小觑。

其次，年轻群体对中低品质、便捷性咖啡的需求提升。瑞幸咖啡主打中低端咖啡，其品牌形象定位、价格定位及营销定位，均锁定年轻白领甚至蓝领市场。这批消费者在未来将是瑞幸咖啡保持竞争力的重要前提。

（二）挑战重重

瑞幸咖啡未来还将面临多重挑战。

其一，需要警惕便利店咖啡的挤压。便利店咖啡是瑞幸咖啡的直接竞品，均具有价格和便利性上的双重优势，且均将目标客户锁定在消费能力偏低端的人群。而相对瑞幸咖啡，便利店咖啡在布局上更具优势。根据36氪的统计数据，7－11、罗森、全家截至2018年底已在全国主要地区开出近5 600家门店。各大便利店于2014年纷纷推出现磨咖啡响应市场需求。目前便利店咖啡已具备较高的消费者认可度（见表2）。

表2　罗森、全家、7－11便利店中国门店布局

地区	品牌	最新门店家数（截至2018年底）
北京	7－11	254
	罗森	106
	全家	60～70
上海	7－11	141
	罗森	1 220
	全家	2 000＋

续表

地区	品牌	最新门店家数（截至 2018 年底）
川渝地区	7-11	125
	罗森	200+
	全家	74
珠三角地区	7-11	1 000+
	罗森	-
	全家	400+

资料来源：36 氪

其二，瑞幸咖啡面临扩展 SKU 提高毛利的考验。瑞幸咖啡开拓新菜单，增加食品供应的同时，其供应链及门店管理面临更高要求。如何保证食物的新鲜和维持低成本的运营水平，是瑞幸咖啡亟待解决的问题。根据亿欧智库估算，对标星巴克的食品类产品（蛋糕、面包、沙拉等），瑞幸非咖啡产品利润率达到约 20% 才能理想扭亏。这对于刚刚推出食品的瑞幸咖啡来说，还是相当具有挑战性的。

其三，品牌及品质竞争力弱，用户粘性低。瑞幸咖啡通过大量补贴优惠活动吸引消费者（见表 3）。但即便基于这样的补贴政策，瑞幸咖啡目前的客户留存率仅为 54%。一旦补贴消失，用户的留存还有多少，是非常令人存疑的。

表 3

瑞幸补贴政策概览
1. 下载 APP 注册免费获得一杯咖啡
2. 分享好友注册，各得一杯咖啡
3. 每周满 7 件，瓜分 500 万元
4. 饮品充 2 赠 1
5. 轻食、小食 66 折优惠

资料来源：瑞幸 APP

未来，瑞幸咖啡能否经受考验，将取决于消费者的反馈。

瑞幸近况：

瑞幸咖啡发行3300万份ADS，于2019年5月17日在纳斯达克挂牌上市，交易代码为“LK”，市值达42.5亿美元。

根据2020年1月11日消息，瑞幸咖啡已完成增发并发行可转债，募资规模超11亿美元，超过了IPO时的融资。募得资金将用于公司未来一般性投入，包括店面扩张、无人零售计划、资本支出、研发、市场推广、业务开拓、国际业务、日常资本需要和其他一般行政支出等。

想成为投融资观察报告创作团队的一员吗？微信扫描本书第351页二维码，现在就加入我们吧！

No. 14

Keep Looking——KLOOK 目的地旅游 *

主笔： 韩欣恒

资料收集： 秦淑怡、何佳怡、范子豪

交易概览：

2019 年 4 月 9 日，旅行体验预订平台“KLOOK 客路旅行”完成 2.25 亿美元 D + 轮融资。本轮融资由软银愿景基金领投，红杉中国、经纬中国、TCV、OurCrowd 等继续跟投。目前，KLOOK 的 D 轮融资总计达 4.25 亿美元，累积融资金额超过 5.2 亿美元，投后估值 13.5 亿美元。KLOOK 月访问量达 2 500 万，拥有 500 万体验后用户评价。

一、在线旅游市场

艾瑞咨询数据显示，近年来中国旅游市场人数以及支出规模保持稳定增长，而在线旅游行业不断整合线下流量，逐步取代了只依靠传单、电销的传统获客方式，形成了以产品、平台内容和资源整合的产业链，市场渗透率逐步提高。但随着互联网人口红利的逐渐消失，行业增速逐渐放缓，在线旅游市场进入一个相对稳定的阶段（见图 1）。

在线旅游（Online Travel Agency，OTA）具有“低频次、高单价”的特点，能同时满足上下游的需求，优化了顾客使用体验，降低了揽客成本，提升了预定环节的整体效率，完善了旅游产业的价值传递流程，而大多数在线旅游主要占据了产业链中下游的位置（见图 2、图 3）。

---

* 本文写于 2019 年 5 月。

图 1　2013～2022 年中国在线旅游市场交易规模

资料来源：艾瑞咨询数据

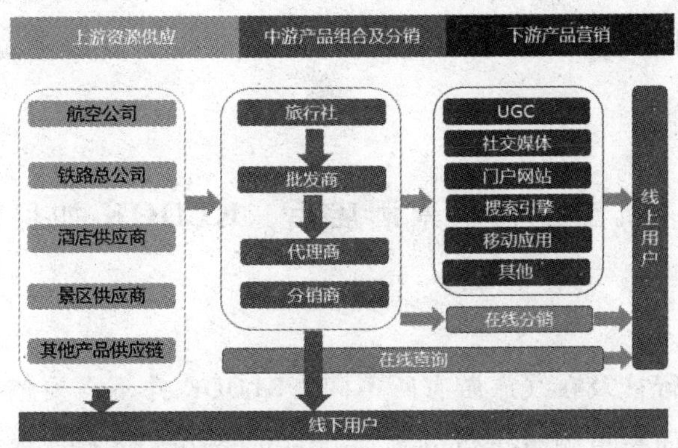

图 2　产业链各环节

图 3　2018 年中国在线旅游产业链条及各环节主要玩家

资料来源：综合公开信息、企业及专家访谈分析整理

从供给法则来看，上游资源的供应规模能够在一定程度上反映出在线旅游市场的需求。然而近年来国内航空公司“提直降代”政策的逐步推进，让在线旅游曾经高利润的机票业务日益规范，其利润空间被进一步压缩，直接影响公司的利润。

以携程为例，2017 年其财报显示当年总营收为 268 亿元，其中交通业务收入为 122 亿元，同比增长 38%，几乎是总营收的一半。而到了 2018 年第 3 季度，交通业务收入仅为 36 亿元，占总营收的 38%，增幅缩减到 6%，相较于酒店预订营业收入（21%）和旅游度假业务营业收入（28%），下滑明显。可见，上游公司的新政策对在线旅游市场造成了冲击。

二、离开上游航空公司机票酒店后，KLOOK 如何引领用户看世界

与一般旅行社及在线旅游有所不同，KLOOK 并不需要依赖上游航空公司机票酒店，而是更侧重于目的地旅行。正是由于具有这样的特点，近年来整个行业的变革，对 KLOOK 并没有产生直接影响。KLOOK 在享受在线旅游渗透率提高的优势同时，也不会和在线旅游主要的机酒业务直接竞争，它主打的是小而美的市场（见表 1）。

表 1　　一般在线旅游和目的地旅行的比较

	一般在线旅游	目的地旅行
运营模式	一般作为针对消费者的入口，通过上下游将用户导入航空公司、铁路、酒店、景点	在目的地用当地团队直接整合目的地资源，联系全包团队负责当地的住、行、玩
盈利模式	以代理抽佣为主，批发广告为辅	和一般在线旅游类似
挖掘重点	紧盯机票酒店	满足用户个性化需求，将商业模式聚焦到非标准、信息化程度低、品类庞杂的目的地碎片化产品

续表

	一般在线旅游	目的地旅行
现状特点	一般在线旅游只做平台，运营更为容易，但同质化问题显著，而且受上游“提直降代”的影响较大	目的地旅游更趋向于地域化的资源整合，更小众也更有针对性，可节省部分与政府的沟通成本。又由于与当地活动及景点供应商直接合作，绕过所有中间环节，从而为旅行者提供较优惠的价格，同时避开隐藏收费。但是在每个目的地整合资源对运营的要求比较高，存在高度非标准化的问题

目前，KLOOK 已覆盖全球 270 个目的地热门景点门票、一日行程、特色体验、当地交通及 WIFI、美食餐饮等，共计超过 10 万种当地行程与旅游服务，遍布全球 120 多个热门城市（见图 4）。平台已经拥有千万级用户，覆盖 100 多个国家和地区，且一半以上都是海外用户，每月平台造访量超过 1 600 万次，每月订单量超过 100 万单。

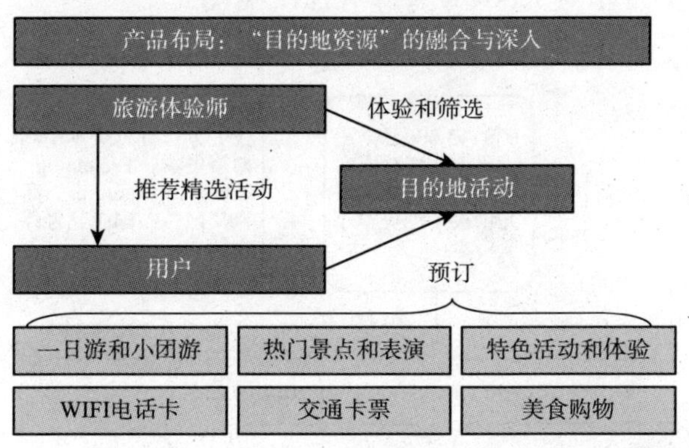

图 4　产品布局

三、KLOOK 的业务模式

KLOOK 的业务模式的核心主要在于“全球 - 本地策略”：

一方面，本地旅行拓展师可充分依靠当地团队，后者往往拥有充足的信息、丰富的业内人脉网络，以及对本地市场的深入洞察；同时，直接接触当地供应商可以发现更多独一无二的产品，发掘各类与众不同的路线与活动。

另一方面，“全球运营”使其客户群体更广泛与多元，一定程度上对 APP 使用率提高有所帮助；而将低频的出境游场景转化为高频的生活场景，可以分散单一区域单一用户群风险，减少淡旺季波动带来的影响。

从数据来看，2018 年 KLOOK 的当日预订率是 2016 年的 9 倍之多，85% 的 KLOOK 产品提供立即确认和即时使用，很大程度上满足了在途旅行者所需要的灵活性和自由度。

而中国新一代的旅行者相比过去的旅游产品用户有了更好的出境旅游条件，同时对个性、小众且灵活的旅游产品的需求也更加强烈，这也构成了 KLOOK 业务和收入增长的主要来源。

基于这样的业务模式，KLOOK 必然需要在考察、事先体验、景区住行玩性价比等比较考量上，付出更多精力与财力。所幸，KLOOK 的融资能力使其拥有充足的“弹药”以保证运营能力。从融资历程可以看到包括红杉资本在内的诸多资本对 KLOOK 青睐有加（见图 5）。

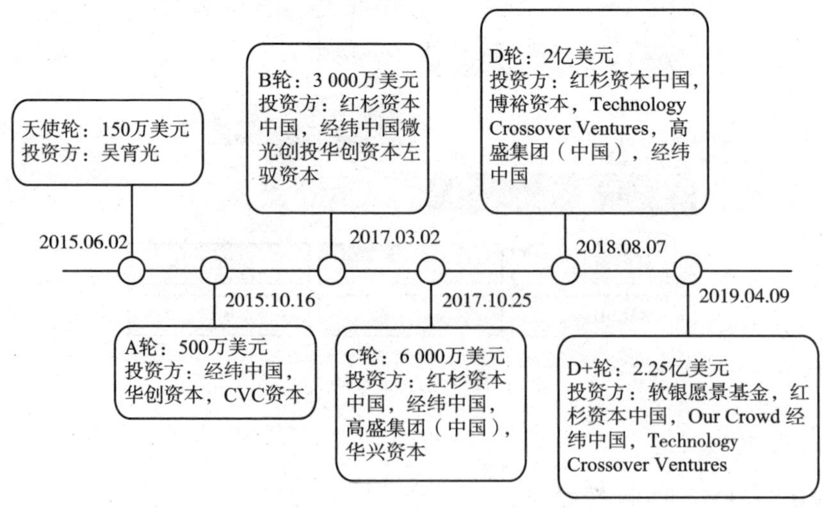

图 5　KLOOK 融资历程

但是 KLOOK 仍然存在许多不确定因素：

- KLOOK 作为目的地旅行，对公司团队的运营水平提出了很高的要求。因为涉及过于分散的当地商户，协调与整合并非易事。

• 存在高度的非标准化问题。特定的路线与活动很有意义，但是能否相对准确地与用户对接，感兴趣并可能付费的用户占比为多少，基于用户的决定而需要和商户签订的协议包含了哪些以及什么程度的优惠……这些问题的思考与衡量远比在线旅游复杂。

• 基于以上问题而引出新的问题，即人员稳定性。团队人员和可合作的商户，其稳定性会受很多因素影响，进而对产品的质量产生根本性的影响。

• 在线旅游本身的跨入门槛并不高，即使是做成目的地旅行，跨入门槛仍然不算高。已有在线旅游倘若愿意下决心投入成本也可以拓展业务，借助原有流量极有可能做得更出色。

KLOOK 并没有在价格上比一般在线旅游如携程的门票业务更划算，但是其售出活动的用户活跃度和销量却有明显优势（见表 2）。

表 2　　面对复制，KLOOK 不可替代的优势

活动		KLOOK		携程	
	价格	点评数	已参加人数	价格	点评数
中国香港迪士尼	493 元起	9.1 万	999k	475 元起	4.6 万
中国台北 101	112 元起	10 762	607k	109 元起	4 485
新加坡环球影城	371 元起	43 354	999k	335 元起	13 760

在目的地旅行板块，不同类型公司布局与运营方式都有所不同（见表 3）。

表 3　　各类型公司的布局和经营

比较	目的地旅行如 KLOOK	一般在线旅游如携程	旅行社如中青旅	机票酒店如东航
活动售出形式	主要是单个活动单个景点	门票和捆绑多景点及机票酒店的旅行团	捆绑多景点及机票酒店的旅行团	自由行机票酒店套票
是否含附加如境外 WIFI 租赁、专车接载等	是	是	是	是
是否有导游	与旅行机构合作	与旅行机构合作	有	无

续表

比较	目的地旅行如 KLOOK	一般在线旅游如携程	旅行社如中青旅	机票酒店如东航
是否有体验师	有，都是自己公司培养的体验师。包含相当一部分旅外华人对境外特定活动进行体验	有，来自线下旅行社，主打国内景点	有，主打国内景点	无
相似目的地的套餐分层	单个活动销售，不适用此项	分层较多，即包含的套餐档次更多更广	分层较少	分层较少

综上可总结出两点。第一点，KLOOK 主要销售单个活动或极少项活动的套票，自由度高，给用户的可选性很强。携程对旅行团或旅行定制的设计分化较多，也能一定程度上提高自由度和可选性。一般来说，强硬捆绑景点虽然省去顾客规划游玩的时间与精力，但这样的设计往往并不适合每个顾客，不易获得好感。第二点，KLOOK 专聘了充满热情的、来自世界各地的旅行体验师，体现了公司对旅行体验的极度重视和对用户的诚意，路线设计更倾向于个人情怀和小众审美。通过分析可见，优秀的团队就是 KLOOK 重要的资本。

四、总结

总体而言，在线旅游市场虽然增速减缓，但是仍然值得看好，愿意出游的人逐渐增多，且出境旅游业务也在增长。目的地旅行在原有在线旅行市场的基础上进行了一个小创新，整合非标资源，每个目的地做出产品差异化但同时保证服务和流程标准化。这也是 KLOOK 的价值所在，同时也巧妙地避开了提直降代的问题。如果运营能力足够强，可以更全面周到地给用户优惠、大幅提升用户体验。

想成为投融资观察报告创作团队的一员吗？微信扫描本书第351页二维码，现在就加入我们吧！

No. 15

晓多科技：AI武装客服*

主笔：刘艺

资料收集：朱邦彦、李玏晨、范子豪

交易概览：

2019年5月9日，智能客服服务商成都晓多科技有限公司（以下简称“晓多科技”）获得B轮数千万美元融资。本轮融资由祥峰资本和元禾原点联合投资，老股东成为资本继续加注跟投，资金将用于人才招聘和技术研发。值得注意的是，此轮融资与之前2015年7月的A轮融资相隔较久。对此，晓多科技创始人兼CEO指出，公司很早以前就实现了自我“造血”，对融资的依赖较小。启动本轮融资是因为公司发展到了新的阶段，需要更新估值并引入新的战略投资方。

一、人工智能强力发展，自然语言处理受资本青睐

前瞻产业研究院的统计数据显示，2012年至2018年，我国人工智能（AI）行业投资热度不减。2018年，我国AI行业实现了跨越式的发展，一级市场AI领域共发生投融资事件602起，同比增长71%；总投融资金额达1 278亿元，同比增长69.5%。由此可见，AI领域具有极强的资本虹吸能力（见图1）。

---

* 本文写于2019年5月。

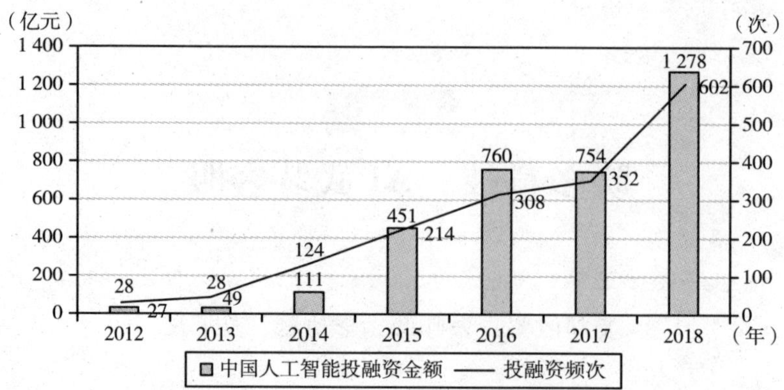

图 1　中国人工智能行业投融资金额及频次情况

"AI"概念最早出现于 1956 年的达特茅斯会议。此后虽技术不断进步，但始终未能进入人们的生活。直到 2006 年深度学习技术的提出，以及 2012 年图像识别领域获得重大突破，开辟了 AI 的商业化道路。当前，AI 技术处于由基础研发向产业化发展的关键时期。2018 年我国应用层变现最火热的三大投资方向分别为：计算机视觉与图像、智能机器人和自然语言处理（NLP），投融资事件数分别为 153 起、143 起和 101 起。

二、语音语义识别技术商业化应用场景广泛

语音识别、语义识别联系紧密，在很多应用场景中常常是相互嵌套、共同作用。在商业化应用场景中，智能客服是重要的变现场景之一。我国客服市场规模巨大，在供应端，互联网、云计算和 5G 的快速发展为智能客服提供了技术保障。在需求端，客户的联络需求呈现出多元化、指数级增长的态势，电子商务时代的到来使得对客服的需求激增。此外，金融、物流、教育、医疗等行业的客服需求也在稳步增加（见图 2）。

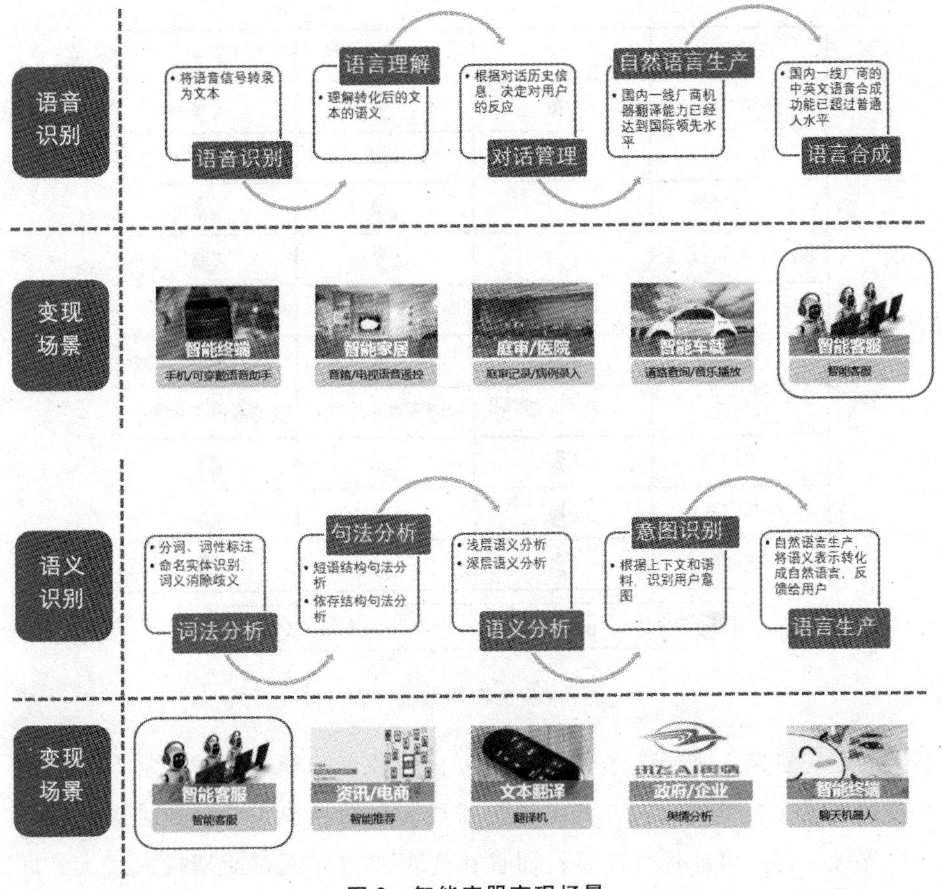

图 2　智能客服变现场景

三、客服机器人取代人工客服势在必行

传统客服行业人工成本高，流动性大，并行处理能力差。此外，人工客服在数据的记录与分析方面，远远不如智能客服。智能客服可以提供 24 小时服务，当用户量达到一定规模时，可以大大降低企业成本，实现降本增效。可以根据不同客户的要求，对大企业提供高度定制化的智能客服解决方案，对佣金较低的中小企业提供标准化解决方案（见图 3）。

被市场追捧的早教机器人、陪护机器人与智能客服相比，在应用上的成熟度依然存在差距。在智能客服市场，消费者的问题有八成以上都是高度重复的，标准化程度较高，其变现能力也已得到市场的印证。而早教机

销售中	人工客服	智能客服（现状）	智能客服（未来）
快速效率	◑	◑	◑
并行处理能力	◔	◕	●
记录客户反映	○	◑	●
分析客户语音数据	○	◑	●
提高销售转化率	◑	○	◕
成本	◔	◑	●
售后类	人工客服	智能客服（现状）	智能客服（未来）
收集问题	◑	◑	●
分析问题	◑	◕	●
解决问题	◑	○	◑

● 非常优秀 ◕ 优秀 ◑ 平均水准 ◔ 较差 ○ NA

图 3　智能客服解决方案

器人和陪护机器人则专注于无标准化可言的教育和养老领域，从产品的源头设计上就充满了挑战。此外，这类需要大量情感投入的行业，无论技术有多先进，都不可能代替情感；而且在变现能力方面，前期投入极大，回报速度慢，很多企业目前还处于亏损状态。早教机器人变现能力优于陪护机器人，主要是因为老人对电子产品的接受度较低，适应能力较弱，且陪护机器人有着更高的技术要求（见图 4）。

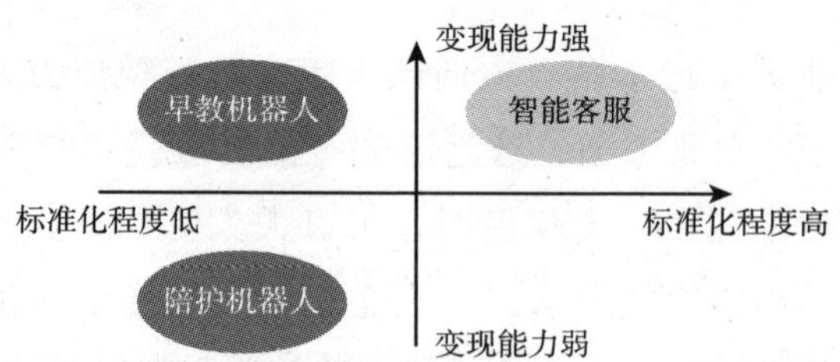

图 4　各类机器人的变现能力、标准化程度示意图

虽然目前智能客服产业还不完善，距离实现开放域聊天的目标还有很长的路要走，但随着技术的发展、语料库的积累和训练、智能客服和大数据的结合，智能客服可以为用户推荐更具价值的产品和更优质的服务。企业有足够的动力用智能客服取代一部分人工客服。目前客服机器人正在以40%～50%的比例替代人工客服工作；预计到2020年，85%的客服工作将依靠人工智能完成。

四、智能客服底层技术进入后人工智能时代

纵观智能客服的发展历程，其底层技术大体经历了四个阶段：第一阶段是基于关键词匹配的“检索式机器人”；第二阶段运用一定模板，支持多个词的匹配，具有模糊查询能力；第三阶段是在关键词匹配的基础上引入了搜索技术，根据文本相关性进行排序；第四阶段是以神经网络为基础，用深度学习理解意图（见图5）。晓多科技正在向第四阶段跨越，其核心技术是自然语言理解和深度学习。

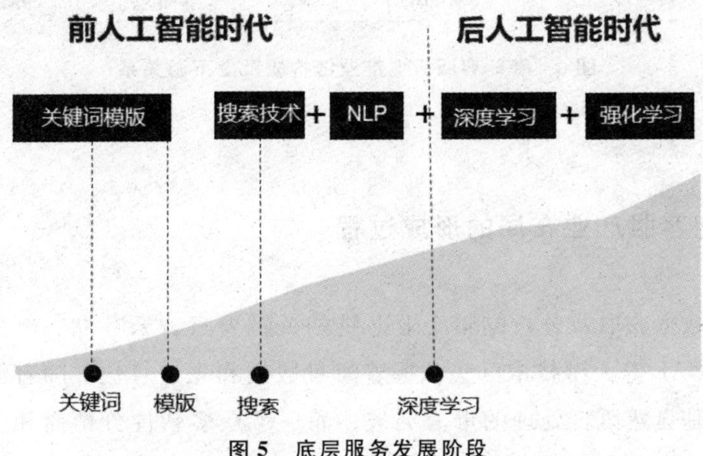

图5　底层服务发展阶段

五、行业布局显现

SaaS和AI技术的出现改变了客服行业产业链的格局（见图6）。晓多科技处于中游的客服机器人环节，四面受敌。云客服厂商为了摆脱对客服机器人厂商的技术依赖，纷纷开始自研AI技术，不断推出客服机器人产品，与原先的客服机器人厂商共同争夺市场份额。如今，客服机器人市场

在客户的争夺上已经白热化。除老牌企业和新兴 AI 企业外，同赛道云客服公司的进入，使市场竞争愈加激烈。企业更好地利用 AI 技术提高客服质量迅速占领市场，并深入垂直行业成为重中之重。

图 6　智能客服行业产业链构成及上下游关系

资料来源：鲸准研究院

六、智能客服产业布局的形成过程

基础数据获取及分析是整个业务链的关键要素，云存储、电信运营商和 BAT - GAF 等大型技术巨头掌握着海量数据和先进算法。随着深度学习算法尤其是自然语言处理的重大突破，涌现了众多软件分销商和少许软件开发商。软件分销商的业务模式十分简单，通过 AI 底层技术公司或者软件开发商的低价授权，直接服务终端用户。而软件开发商则掌握着先进的技术，往往选择与底层技术公司合作授权，大量的数据可以帮助软件开发商实现 AI 工具的升级，同时将数据及分析结果反馈给底层技术公司，实现互惠共赢（见图 7）。软件开发商既可以直接服务终端用户，也可以高价授权给分销商，由分销商负责销售环节。除了智能客服领域外，底层技术还可派生至其他行业，和 G/B/C 端的应用场景深度结合，渗透到人们生活的方方面面。

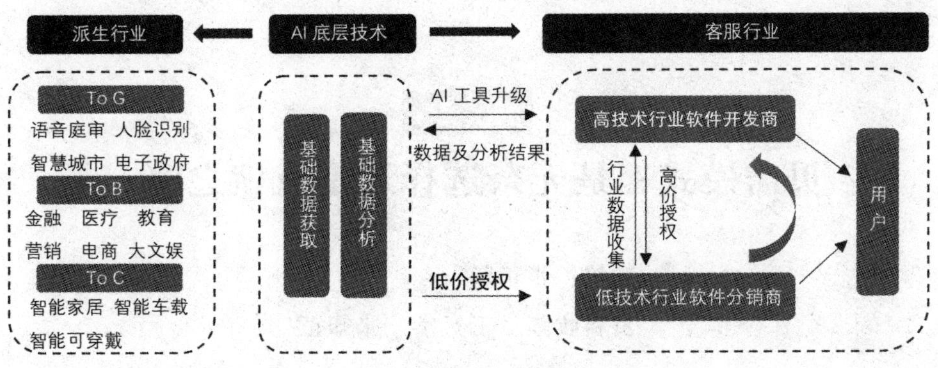

图 7 产业布局的形成

软件分销商面临狭窄的生存空间，如何寻找出路，实现企业的长久发展？进阶为软件开发商是生存的选择之一。晓多科技正处于角色转化阶段，当竞争对手开始研究深度学习时，晓多科技已在尝试迁移学习，并使之成为制胜法宝。

七、晓多科技未来展望

在行业细分中，通过强大的行业细分数据分析能力直接或者间接获取更多的细分行业数据，是在巨头林立的 AI 领域生存的不二法则。

晓多科技有两点值得一提。一方面，客服机器人所切入的产业链环节较小，需要依赖产品、系统等服务载体，因此产业链话语权较弱，未来晓多科技可以通过深入多个服务环节来提升话语权。另一方面，业务聚焦是形成竞争壁垒的重要方式之一。各家都希望在多个领域通过树立标杆客户，从而进行规模化复制。但至今没有在某个垂直领域成长出一家行业壁垒较高的企业。未来，智能客服行业的中下游市场将逐渐垂直化，智能客服公司的业务也将逐渐聚焦到少数几个领域。

想成为投融资观察报告创作团队的一员吗？微信扫描本书第351页二维码，现在就加入我们吧！

No. 16

贝店模式：是无奈选择还是成就之路*

主笔：张正贤

资料收集：王奕棠、张知正

交易概览：

2019 年 5 月 7 日，杭州贝贝集团旗下社交电商平台贝店完成 8.6 亿元融资，投资方包括高瓴资本、红杉资本、IDG 资本、襄禾资本、创新工场、高榕资本、今日资本等。本轮融资将主要用于供应链体验升级，深耕源头供应链，打造社交驱动的柔性供应链基础设施，全面提升关键意见领袖（Key Opinion Leader，KOL）社交零售体验。杭州的另一家社交电商云集微店也成功于纳斯达克公开发行上市。

一、历史——20 年电商生态风雨路

在电商行业过去 20 年的飞速发展中，诞生了淘宝、京东、苏宁易购、拼多多等巨头，与每日生鲜、小红书等垂直细分互联网电商平台。纵观过往 20 年，电商行业历经屡次迭代更新，不断孕育新的生命与商机（见图 1）。互联网巨头与新弄潮儿们争相从品类、营销模式、角色分割与融合、获客方式、价值链重构等角度探索新型电商模式。

* 本文写于 2019 年 5 月。

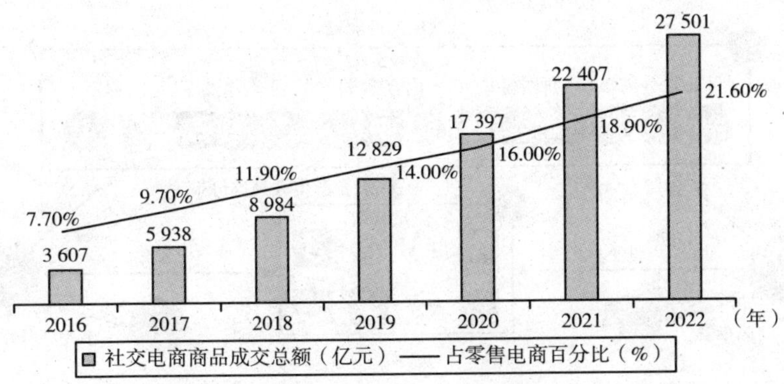

图 1　社交电商行业市场规模

电商发展至今不可避免地会遇到新困境。第一，随着互联网流量红利逐渐消失，电商营销费用越来越高。第二，各类电商整体盈利情况低迷，同时宏观经济环境下利润对企业，尤其是新进入者变得至关重要。电商除了要节省开支、创造新的体验之外，商业效率的提升也变得愈加重要。在这些困境下应运而生的社交电商，基于其特有的营销模式与商业效果属性在市场中开始崭露头角，塑造了全新的角色互动模式和商业生态。

二、当下——冲破营销费用桎梏的社交电商

随着电商生态的发展，传统电商运营模式下的营销费用越来越高，电商运营成本也随之升高，社交电商随之兴起（见图 2）。在对社交电商进行分析前，首先定义电商生态里的四类角色，分别是卖家、平台、第三方导购及买家（见图 3）。这四大角色之间会产生三类主要费用：第一，卖家支付给电商平台的管理费（上货及竞价等）；第二，电商平台本身的广告营销费用；第三，平台在对外宣传时，并非面对特定单一卖家，而卖家仅依靠平台显然是不足的，还需要支付给第三方导购营销费用。

在上述关系中，卖家与平台不断寻找买家的同时，买家也同样在寻找能满足其需求的卖家与平台，因此，买家会为找寻商品而发生一定的内容付费。

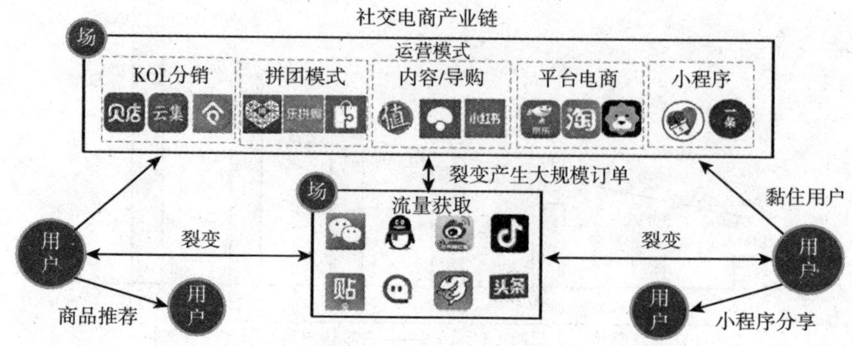

图 2　社交电商产业链

资料来源：指数增长实验室

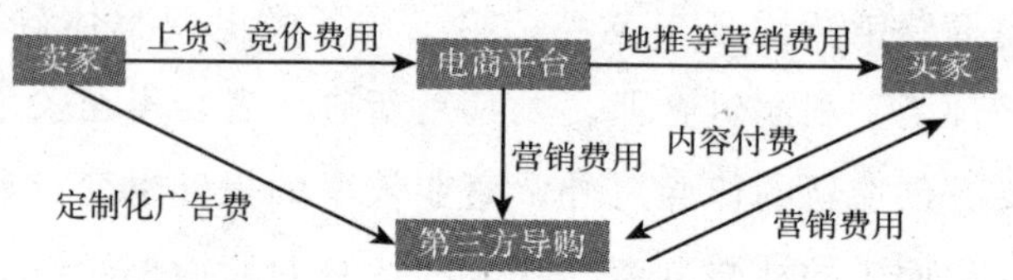

图 3　传统电商模式营销费用链

在传统电商角色架构模式下产生的以上三大费用，随着电商平台及单一平台上卖家的数量增长、人工成本的增加等因素而产生了以下效应：

（1）首先，广告费用增加。由于在某单一平台上卖家数量增加，以及新入驻卖家面临一定程度的市场垄断，卖家所需要支付给平台的费用变得越来越高，从而降低了新入驻卖家的积极性，进而分散了买家对单一平台的注意力。

（2）在电商平台，供给的增加加剧了市场竞争程度，同时人工成本也在上升。在多种因素推动下，电商平台的获客成本水涨船高，于是平台在获客宣传上的效率下降，导致包括卖家与买家在内的活跃用户数下滑。

（3）随着电商平台数及各平台上卖家数的增加，卖家为了脱颖而出支付给第三方导购更高的营销费用，物品价格也将受此影响而上升，进而使买家数量减少（见图 4）。

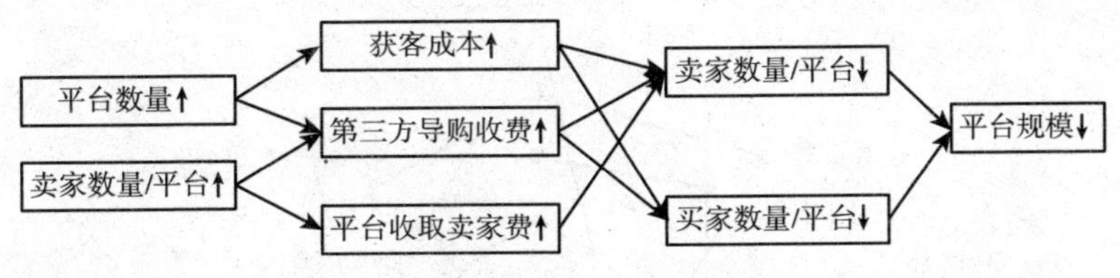

图 4　各方费用变化示意图

在营销费用增加带来的负效应影响下社交电商应运而生，其核心在于降低传统电商模式下的三大块营销费用（见图 5）。在减少营销费用方面，社交电商模式将这部分费用转移到了平台用户上。在利用用户宣传的模式下，也更细分了两种模式：卖家宣传类社交电商与买家宣传类社交电商。前者的典型代表是云集与贝店，后者则是拼多多。

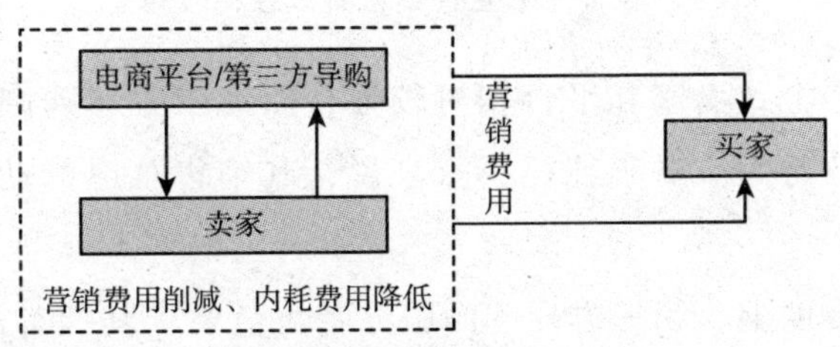

图 5　平台整合后变化图

电商在解决营销费用这个行业痛点的另一措施是，伴随着整个电商生态体系的发展，过往第三方导购平台拥有了一定基础的客户数，其自身也能成为电商平台。在第三方导购成为电商平台的角色融合模式下，传统模式中平台与第三方、卖家与第三方的费用产生了削减效应，典型的代表有“小红书”“什么值得买”等。更进一步，社交电商在很大程度上采用平台自采自营的方式，基于平台与卖家的融合也在一定程度上降低了内耗费用。

三、当下——基于商业效率追求下而生的社交电商

再进一步对电商生态中各角色的商业效率即销售有效性进行分析。首先，显而易见的是，不同立场的人在销售意愿、专业度、客观性、持续性及所能触及的客户数量上是各不相同的（见图 6）。

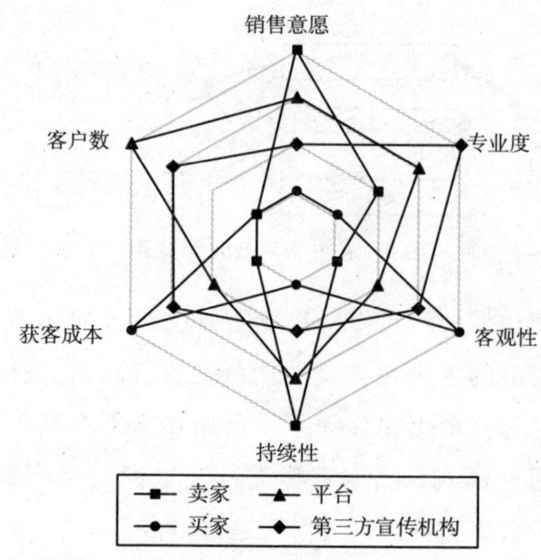

图6　电商平台宣传销售有效性比较模型

在销售意愿上，卖家和平台相对较强，而第三方导购则是客观经济获利下的宣传服务行为。对于纯粹买家来说，其销售意愿的动机是所购产品的高性价比。

在专业性维度上，第三方导购的服务者角色要求其拥有最高的专业度，而平台与卖家次之。

在营销客观性上，卖家由于其是最大的成交获利者而有了最低的宣传客观性，客观性的降低导致买家信任度下降并进而导致成交效率下降。

在持续性维度上，卖家与平台拥有相对较高的持续性，而在可触达客户数上，平台与第三方导购最具优势。

四、当下——社交为电商获客注入充沛血液

我国互联网社交流浪基数巨大，尤以微信为代表，而社交用户同时具有很大的消费需求。微信的巨大社交流量基础，给社交电商的获客与营销提供了至关重要的潜力。根据官方披露，微信总用户数已达10.4亿，而国内电商总用户规模仅有5亿～6亿，因此从社交为电商注入新鲜血液，还有亿级的用户市场有待挖掘。基于社交发展起来的电商更具网络效应，相比传统电商更易触达用户，用户增长呈裂变形式，社交电商风口的风也吹得

愈加猛烈（见表1、图7）。

表1　社交电商的更新迭代

社交电商	模　式
社交1.0	早期以微商为主
社交2.0	以公众号为中心，中心化流量玩法，需用户自身获取流量
社交3.0	草原式生态：以拼多多为外代表，"中心化+去中心化"共存业态，人人平等
	社群电商模式：芙蓉兴盛、食享会
	森林社交式电商：以贝店、云集为代表，人与人有差异，以KOL为核心

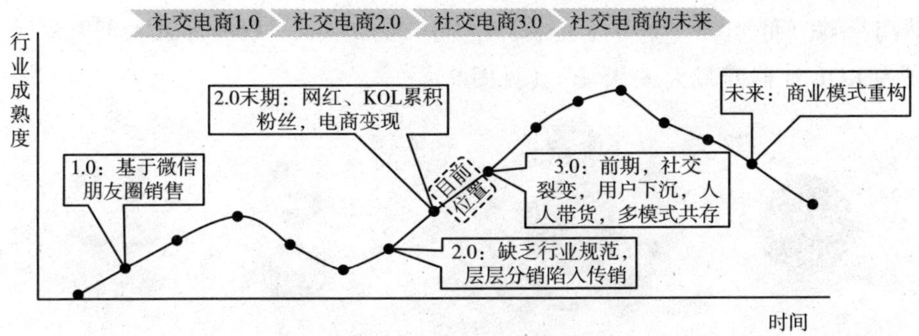

图7　社交电商发展阶段

资料来源：QuestMobile研究院

在获客上，社交电商的KOL社群模式获取流量更快速，成本也更低。目前传统电商的获客成本较两年前增长近10倍，平均获客成本高于300元/人，而社交电商KOL社群模式2018年的获客成本已降至41元/人。

在特性上，社交电商KOL社群模式降低了分销门槛，用户可以是消费者与分享者的结合，也可以是基于各自社交网络而获得的新用户。平台分享返佣的制度，进一步激励了用户的分享行为，这就是社交电商KOL社群模式带来的降低成本的潜力所在。

如果说移动互联网的上半场解放了自媒体，让内容成为这个时代最大的流量放大器，那么移动互联网的下半场，则极有可能会宣告"人人零售"时代的到来，即每个人都有可能成为一个值得信赖的零售渠道，彻底摆脱中心化流量的禁锢。社交电商KOL社群模式拥有巨大商业潜力，很有可能让在这一赛道内的企业比其他赛道的选手得到更快和更长足的发展。

五、社交流量裂变：贝店的到来

贝店创立于 2017 年 8 月，是专注于家庭消费的贝贝集团旗下的社交电商平台，为消费者提供居家、服饰、美食、美妆、母婴等全球好货。贝店的店主无须囤货、发货，由贝店统一采购、发货与服务。贝店通过人与人之间的分享与传播，实现消费者、店主及供应链的三方连接，将细分商品送达消费者的手中（见图 8）。根据《中国移动互联网 2019 年春季大报告》显示，在移动购物领域，贝店以 KOL 为节点进行多社群精细化运营，月活跃用户数（Monthly Active Users，MAU）同比增长 549.6% 至 1 329 万元，成为 KOL 社群商最大“黑马”（见图 9）。

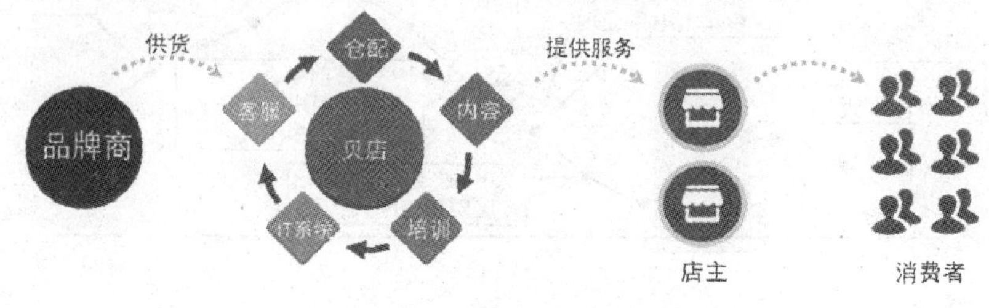

图 8　贝店服务模式

图 9　贝店营销模式

资料来源：艾瑞咨询

（一）贝店模式如何应对行业两大挑战

贝店在商业模式上的第一个创新是为源头供应链赋能，采用“品牌直供 + 工厂优选 + 产地直采”的方式。因为平台自身是大部分货物的采购及所有者，因此平台成为实际意义上的卖家，而不持货的卖家则变身为第三方导购的角色。在这种交易架构设计下，卖家、平台、第三方导购这三大角色从本质上融合成卖家与第三方导购两方，因此原本互相之间存在的费用成本得到了削减。卖家不再需要支付平台费用，也不再有第三方导购费用支出，从而最大化地降低了营销成本。

另一方面，用社交思维来做宣传，通过人与人的社交化分享传播，形成去中心化的获客形式，每一个 KOL 乃至每一个分享的用户都为贝店获客起到支撑，通过社群的裂变式增长和自传播性，降低营销费用而提高了销售效率。

(二) 贝店模式商业效率现状与未来分析

贝店营销费用的大幅减少，源于其用户宣传中社交电商的角色。依靠用户进行宣传也具有两面性，当人际资源关系慢慢被耗尽后，贝店不可避免地会进入一个新阶段。在此阶段中，原来的卖家更加了解市场，发现自身并不是实际货物拥有者同时退出成本极低，于是留在贝店上的卖家更多的会是相对专业的第三方，并具有销售意愿较低与客观性和专业度较高的特点。该阶段角色的转变对于贝店会产生商业效率下降的负面效应，而解决关键是平台专业品类细分及该细分品类下被控制质量的产品（见图 10）。只有在这两个前提下，销售商业效率才能得到提升（见表 2）。

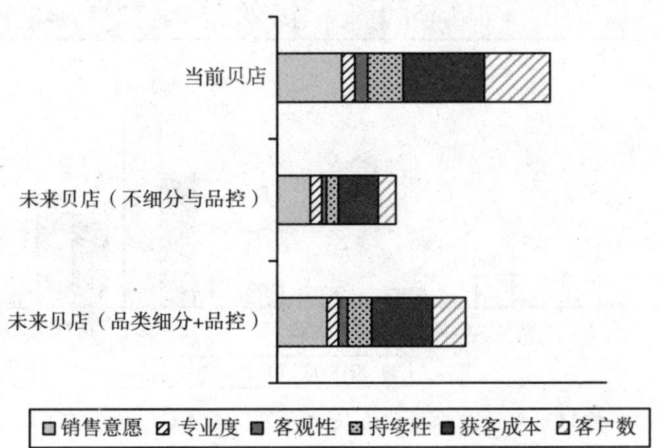

图 10　贝店模式商业效率模型

表 2　　　　社交电商市场格局

社交电商	目标人群	运营模式	策略	优势	劣势
贝店	妈妈客群	消费式 KOL 分销型	用户体验	母平台用户群基础 + 侧重供应链服务	上线晚
云集	社交客群	S2B2C 服务式 KOL 分销型	聚集流量	线上已形成客户链基础 + 侧重用户深度运营，忠诚度较高	分销链条较短
拼多多	非一线城市为主	拼团型	逆消费升级切入 + 重深度 SKU	价低快速吸引消费者 + 拼团模式下的用户宣传行为	商品非自营品控困难 + 用户忠诚度低，缺乏黏性
小红书	内容平台用户	内容型	用户生成内容/专业生产内容 + KOL 带货分享效应	场景化购物引导	前期累积时间较长 + 流量规模要求大

在社交电商的 KOL 社群模式类型中，贝店在 2019 年月活跃用户数同比增幅显著，位列榜首（见图 11）。

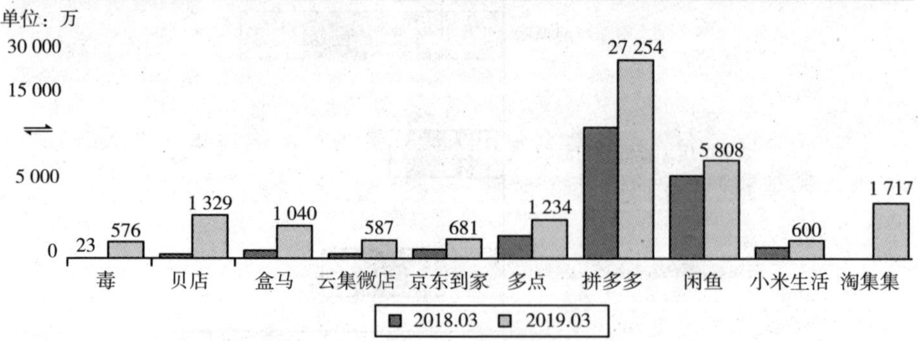

同比增速	2 354.8%	549.6%	241.3%	216.4%	86.5%	73.8%	64.6%	63.8%	56.0%	2018年8月新上线
模式类型	社交电商（内容型）	社交电商（KOL社群）	生鲜	社交电商（KOL社群）	生鲜	生鲜	社交电商（拼团）	二手交易	导购分享	社交电商（拼团）

图 11　移动购物行业增长“黑马”（MAU > 500 万）

备注：MAU 数据四舍五入

资料来源：QuestMobile TRUTH 中国移动互联网数据库 2019 年 3 月

六、贝店驶向何方

贝店要避免因资源消耗而走向第二阶段需要聚焦细分品类及质量把控。在这两个方面，贝店依托其母公司，具有细分领域专业性上的优势。现在贝店已有近 2 000 个品牌，最小存货量为 2 万个 SKU，品类聚焦在服装、饰品等女性用户更刚需、高频的非标品领域。同时，贝店也能通过其业内人的角色及平台对质量进行相对高程度的把控。

但是也应该看到，目前贝店除了通过平台自采外，也在招募外部商家入驻。这同样具有两面性：虽然扩大了平台规模，但也削弱了平台对产品质量的控制程度。同时，贝店作为电商平台具有高度依赖社交的特点，一旦社交平台对其进行限制，将从商业模式上影响其发展。贝店还面临着由于自采模式而带来库存与现金流风险、由于卖家不持货退出成本低带来的卖家数量减少风险、由于其社交营销模式带来的资源竭尽后商业效率下降风险，及法律层面的传销可能性的风险。种种风险都为贝店今后走向何方带来了大大的未知性。

当下，社交电商是在传统电商模式下营销费用不断提高的无奈选择，但这种选择也可能会成为解决行业痛点的创新成就之路。平台今后在专业细分领域上的取舍与质量上的控制，将会对贝店能否成为一个小而美的精致社交电商起到关键性作用。

想成为投融资观察报告创作团队的一员吗？微信扫描本书第351页二维码，现在就加入我们吧！

No. 17

马蜂窝：带你“攻略”全世界*

主笔：刘艺

资料收集：朱邦彦、李玏晨、范子豪

交易概览：

2019年5月24日，旅游分享社交媒体“马蜂窝”获得2.5亿美元E轮融资。本轮融资由腾讯领投，美国泛大西洋资本集团（General Atlantic）、启明资本、元钛长青基金、联创旗下NMStrategic Focus Fund、eGarden Ventures共同跟投。本轮融资后，“马蜂窝”将继续强化“旅游消费决策”的内容壁垒，构建以AI和数据算法为驱动的新型一站式旅游服务平台。

一、中国在线旅游市场稳定增长，但增速明显放缓

2013年至2018年，中国在线旅游市场交易规模稳定增长，2018年市场规模达到9 754.25亿元，2019年有望突破万亿元。但增长率有所放缓，宏观方面系宏观经济和旅游业增速放缓，微观方面系受航空公司“提直降代”和酒店卫生事件的冲击，在线旅游市场增速收窄，2018年同比增长仅为9.3%（见图1）。

---

* 本文写于2019年6月。

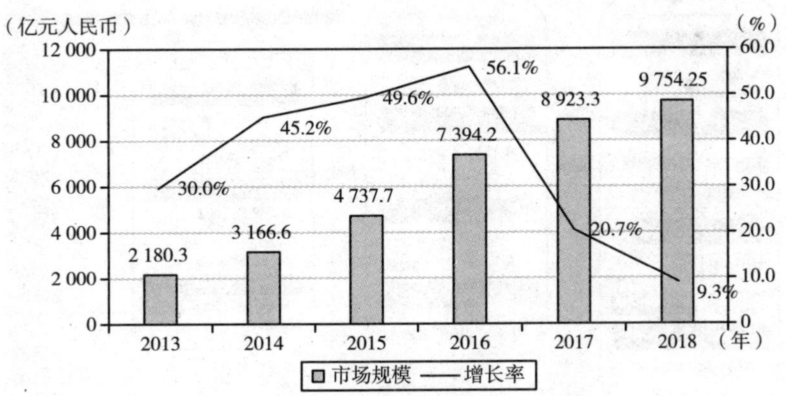

图 1　中国在线旅游市场交易规模

资料来源：易观

二、在线旅游处于产业链中游，新旧模式竞争激烈

经过多年的发展，在线旅游已经形成复杂的产业链。在线旅游隶属于旅游产业链的中游环节，上游对接航司、酒店、景区等旅游资源，下游是广大的消费群体。"马蜂窝"处于中游领域的用户生成内容（User Generated Content，UGC）细分赛道，主要通过真实用户游记、点评帮助用户指定旅行计划（见图 2）。目前，"马蜂窝"主要面临三方面的威胁：其一，同一细分赛道企业的竞争，如 TripAdvisor、穷游等；其二，其他在线旅游企业的竞争，如携程、美团、飞猪等；其三，上游资源的直销模式将直接跳过中游环节，直接对接终端消费者。

传统在线旅游模式主要有三大类（见表 1）。国际主流在线旅游巨头均采用"代理 + 批发"模式，广告模式是对在线旅游主业的补充。马蜂窝即属于该衍生业务，其与国际主流在线旅游巨头最大的不同之处在于马蜂窝是买方市场的代表，而前者是卖方市场的代表。随着消费群体越来越注重旅游品质、个性化和体验型消费，马蜂窝也能在激烈的在线旅游竞争中分得一杯羹。除传统在线旅游之间的竞争外，新模式涌现，在线旅游生态（Online Travel Marketplace，OTM）和 O2O 模式对当前在线旅游市场也带来了较大冲击。

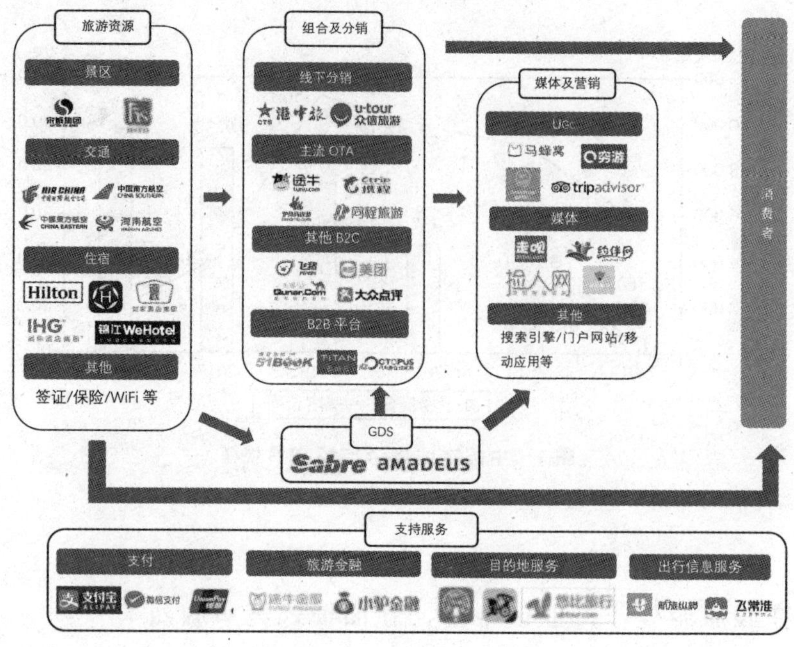

图 2　在线旅游产业链

资料来源：艾瑞咨询、中信建投证券研究发展部

表 1　在线旅游模式

商业模式	特点	主要盈利来源	代表企业
传统模式			
代理商模式	在线旅游充当中介，为消费者和旅游产品供应商提供交易服务，无定价权	佣金	Booking、携程、同程艺龙
批发商模式	在线旅游以批发价从供应商处购入旅游产品，再以更高的价格出售给消费者，拥有定价权	买卖差价	Expedia
广告模式	通过旅游点评和游记攻略等信息产生流量，并利用聚众效应进行内容展销和广告植入，无定价权	广告收入	TripAdvisor、马蜂窝、穷游
新模式			
OTM	平台模式，旅游产品供应商（B 端）可以直接接触顾客（C 端），并基于庞大的数据库和强大的大数据应用能力进行精准营销	向 B 端收取租金、交易服务费、大数据分析服务费；向 C 端免费	飞猪
O2O	消费者在线上购买产品并支付费用，再凭各种形式的凭据去线下的服务供应商处完成消费	佣金	美团

资料来源：中信建投证券研究发展部，根据公开资料整理

三、用户生成内容（UGC）领域先行者，“内容+交易”打造旅游闭环

经过十多年的发展，马蜂窝从一个网上游记平台到在线旅游行业的用户生成内容（UGC）玩家，积累了大量的用户。5 轮融资合计超 4 亿美元，为马蜂窝的发展保驾护航，其中也不乏老股东的多轮注资，而新一轮的融资更是为马蜂窝的品牌更新和业务升级提供了资金保障（见图 3）。

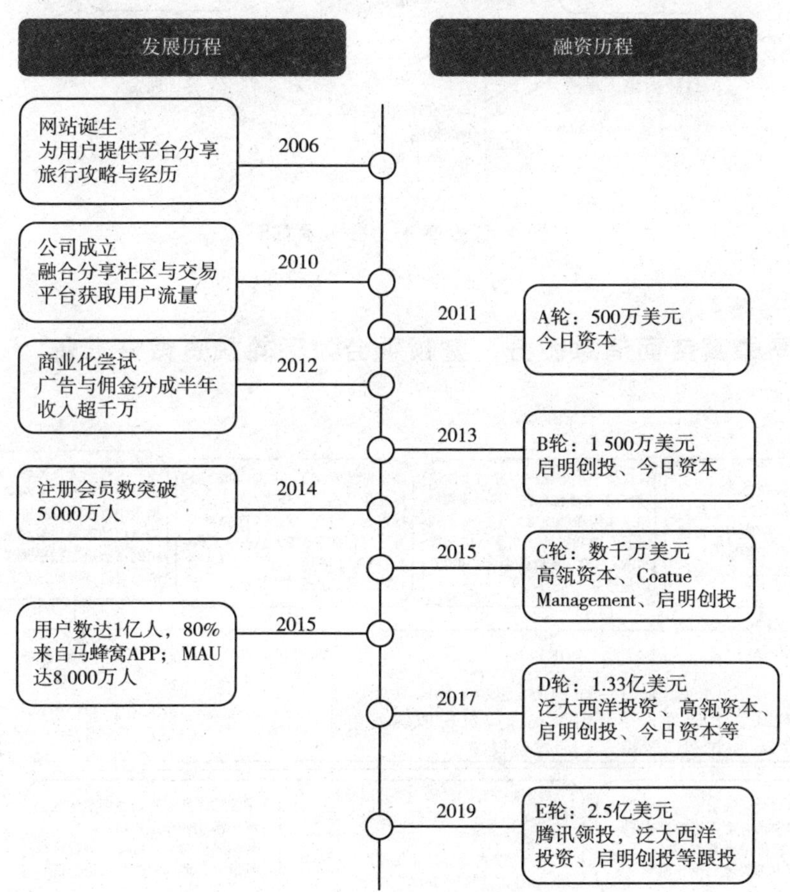

图 3　马蜂窝发展历程和融资历程

马蜂窝的核心优势在于“内容+交易”（见图 4）。内容搭建也是社区的搭建，注重情怀和个性化，通过优质的攻略、游记、点评和短视频帮助

用户在旅行前制定好旅行计划，维持平台的活力。此外，UGC模式为马蜂窝带来了丰富的数据资源，使其可以洞悉旅游行业未来的发展动向，精准用户画像，判断用户的需求，并利用数据库资源与多方进行合作，生产出符合大众需求的产品，提供配套服务，从而达成交易，马蜂窝则可以获得广告收入和佣金。

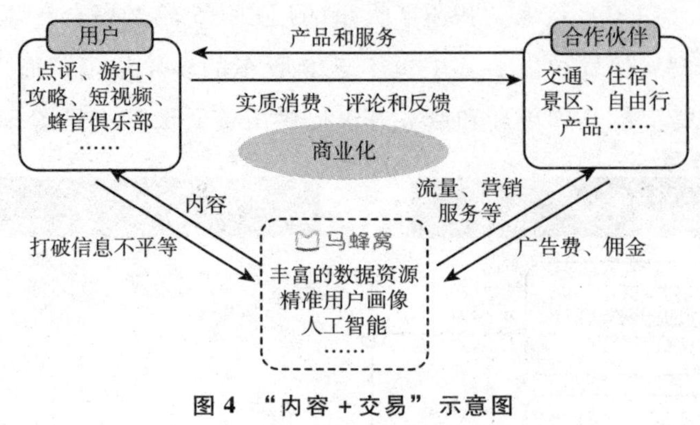

图4 “内容+交易”示意图

四、马蜂窝负面消息缠身，整顿平台为下轮融资做好准备

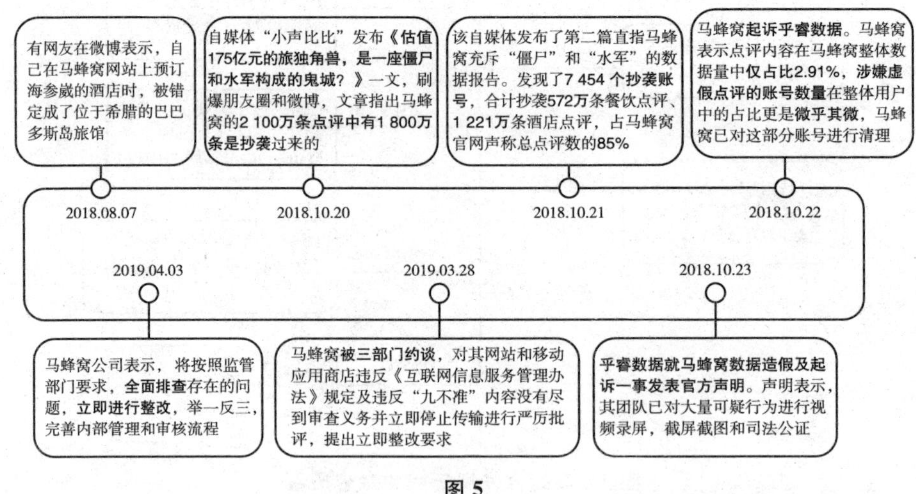

图5

自2018年起，马蜂窝负面信息缠身，“乌龙事件”“数据造假”“约谈整改”等使公司不断受挫。马蜂窝拥有庞大的用户群体，其核心价值就是

为用户提供真实有效信息，而真实信息的分享是马蜂窝赖以生存的根基。无论造假程度如何，都无法掩盖马蜂窝平台数据造假的事实。该抄袭事件的发酵，使得马蜂窝的公信力大打折扣，暂停融资一年之久。此外，马蜂窝的公关能力亟待提升，第一时间承认错误或许更能让大众接受，极力弱化事态严重程度，只会让舆论倒向不利于自己的一边。

但是回归马蜂窝的业务实质，其 UGC 本身并不是做假可以得到的，平台因自身原创能力有限，在创业过程中走“擦边球”，以营造社区热烈气氛，从而吸引真实用户参与其中。作为 UGC 头部公司，其价值还是受到资本认可的。马蜂窝经过半年多的修整，不断完善平台自身体系，已形成以数据驱动、以 UGC 为核心的“内容 + 交易”旅游社交平台。

五、腾讯流量赋能马蜂窝，社交旅游再创佳话

众所周知，微信九宫格是巨大的流量入口，若有机会拿下一个接口，任何一个应用都可能站在想象力的巅峰。如果马蜂窝成功“入宫”，便可以获得腾讯长期的流量支持。

另外，腾讯之前已投资过同程艺龙。此轮融资成功推动马蜂窝与同城艺龙的战略合作。在线旅游市场营销费用占经营支出的很大比重，而腾讯的微信端和马蜂窝可以相互引流，实现低成本获客。马蜂窝提供优质的“POI + UGC + 结构化”标签，帮助用户进行消费决策。同程艺龙基于智能出行管家（Intelligent Travel Assistant，ITA），为用户推荐契合出行场景的服务。三方可以结合各自优势打造以买方市场为导向的社交旅行闭环模式，形成业务增长新动能。

同程艺龙 2019 年第一季度财报显示，87% 的月活跃用户来自腾讯渠道，微信超强的导流能力得到印证。若将这一模式复制到马蜂窝身上，也会推动马蜂窝新一轮的增长。

六、BAT 对峙格局逐渐形成，在线旅游市场的未来将是平台之争

不妨梳理一下 BAT 在在线旅游领域的布局（见表 2）。

表 2　　BAT 在在线旅游的布局

	百度	阿里	腾讯
传统机票酒店	携程、去哪儿	ASLAN 阿斯兰（全球机票 B2B 平台）	同程艺龙、带我飞
新型机票酒店及增值服务分发	途牛、途家	飞猪、小猪短租、海鸟窝（海岛旅游设备租赁平台）、八爪鱼在线旅游（S2B）	美团、赞那度（高端 OTA）
旅游攻略及消费辅助	携程	穷游、飞猪	马蜂窝、美团点评
导航及出行	百度地图	高德地图、哈罗单车、永安行、神州优车集团	腾讯地图、滴滴、美团
海（境）外市场		AsiaYo（中国台湾）、KKday（中国台湾）	Ibibo Group（印度 OTA）

资料来源：根据公开资料整理

BAT 在在线旅游行业的竞争十分激烈，无论是流量赋能还是技术支持，都体现了行业大佬寸土必争的决心。阿里将平台思维延伸至在线旅游领域。最具代表性的飞猪便是平台赋能的创新者，直接叫板在线旅游。腾讯将社交思维融入在线旅行市场，为投资公司带来低成本的流量。同程艺龙借助腾讯的“社交”属性开始发展“社交 + 旅游”的 ITA 模式，实现用户粘性提升。而 UGC 出生的马蜂窝天生自带的社交基因更是与腾讯相契合。百度通过去哪儿网股权置换，摇身一变成为携程大股东，其实力也不容小觑。

BAT 对在线旅游市场这盘棋布局良久，心思缜密。在每个细分市场里都部署好自己的棋子，在竞争中合作，在合作中竞争，形成全方位的对抗。而细分产品则可以获得整个体系的赋能，实现协同效应，帮助 BAT 在在线旅游市场上争夺更多话语权。可以大胆地想象一下，未来借助互联网流量去做服务、产品、社区等，不再是公司之间的局部竞争，而是平台之间的全面竞争！

No. 18

“比宝·严选”：K12 食品安全的先行者能够领跑多久*

主笔：阮丹宁

资料收集：王奕棠、张知正

交易概览：

2019 年 5 月 24 日，幼儿园供应链严选平台“比宝·严选”（以下简称比宝）完成了由北塔资本领投、蓝象资本跟投的 Pre – A 轮数百万元融资。本轮融资主要用于产品的进一步打磨及市场拓展。

此前，比宝还曾获得来自北塔资本、蓝象资本（以下简称北塔、蓝象）的天使轮投资。

一、“比宝·严选”：幼儿园团餐订购平台

比宝·严选是一家为幼儿园供应链产品提供集采、集配服务的线上平台，已经深耕幼儿餐食领域 3 年。比宝瞄准幼儿客户，主营业务是为幼儿园团餐配送成品营养餐和接受来自个人的幼儿餐食订单（见图 1）。

比宝提供的餐食是基于比宝“云人工智能一键配餐系统”而开发的精准营养健康儿童餐，具备超过 150 人的营养师和全国超过 1 200 家的战略合作伙伴，使用小用户营养数据为其标准化、营养精细化的儿童餐配餐服务提供数据支持（见图 2）。

---

* 本文写于 2019 年 6 月。

比宝·严选	儿童餐	主要为幼儿园团餐配送成品营养餐
	妈妈订餐	通过小程序订购宝宝第二天的餐食，并配送到家
	派对用餐	宝宝举行生日派对，可以统一订购派对餐食
	营养咨询	线上小程序查看宝宝营养情况，也提供额外营养咨询服务
	速热快餐	外出郊游等可订购自热快餐，或在家用微波炉加热
	餐具销售	电商平台出售宝宝吃饭用的周边食品

图 1　比宝业务范畴

今日已摄取		今日还需补充	
能量	0KCal	能量	604KCal
蛋白质	0 g	蛋白质	18 g
碳水化合物	0 g	碳水化合物	2 g
脂肪	0 g	脂肪	120 g

首页　比宝　商城　我的

图 2　家长端可使用小程序查看宝宝营养

二、叠加热点的风口创业

聚焦食品安全、K12 教育行业和供应链软件即服务（Software - as - a - service，SAAS）是现今三大热点板块，比宝·严选是典型的热点创业（见图 3）。

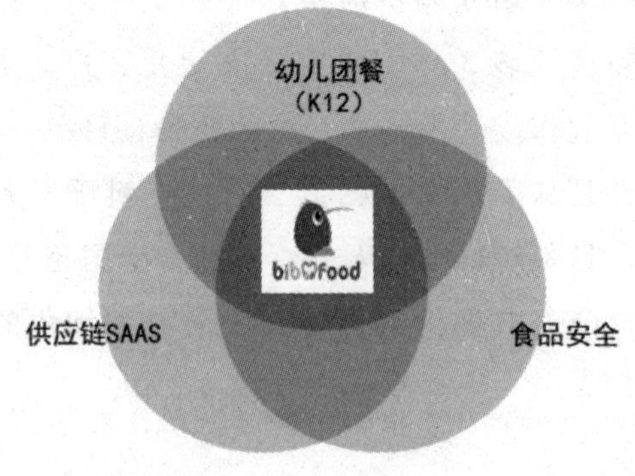

图 3　比宝热点创业

近年来，食品安全问题频发，引发社会热议。作为刚需，生鲜食品行业也愈发受到投资人关注。2015～2018 年，国内生鲜食品投资数量虽逐年下降，但总融资金额增势依旧强劲，可以看出资本对行业的青睐有加（见图 4）。

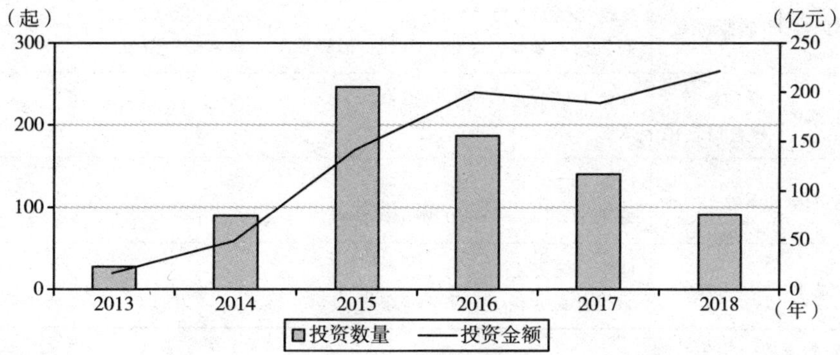

图 4　2013～2018 年生鲜食品投资数量及金额

K12 同样是吸金热门。截止到 2018 年 12 月 27 日，2018 年国内教育行业共计披露 645 起融资事件，总融资额达 505 亿元，其中超过 1/4 的融资数量为 K12 教育，而融资金额前十的交易里，K12 教育更是占了半数以上（见表 1）。

表 1　2018 年教育行业融资 Top10

项目	领域	融　资
VIPKID	K12 教育	D 轮 5 亿美元 Coatue、腾讯、红杉中国、云峰基金领投
作业帮	K12 教育	D 轮 3.5 亿美元 Coatue 领投，高盛集团、春华资本、红杉中国、纪源资本 GGV、襄禾资本、天图投资、NEA、泰合资本等跟投
猿辅导	K12 教育	F 轮 3 亿美元 腾讯领投，华平投资、经纬中国、IDG 资本跟投
一起作业	K12 教育	E 轮 2.5 亿美元 淡马锡领投，中信产业基金、顺为资本等跟投
乂学教育	K12 教育	A 轮 10 亿元人民币 投资方未披露

续表

项目	领域	融资
VIP 陪练	素质教育	C 轮 1.5 亿美元 老虎环球基金领投，腾讯、兰馨亚洲、金沙江创投、蓝驰创投、长石资本、华联长山兴跟投
高顿网校	职业教育	C 轮 8 亿元人民币 高瓴资本领投，摩根士丹利、涌铧资本、嘉御基金跟投
掌通家园	学前教育/教育信息化	D 轮 1 亿美元 大钲资本
哒哒英语	K12 教育	C 轮 1 亿美元 好未来，Tiger Global Management
作业盒子	K12 教育	C 轮 1 亿美元 云锋基金领投，好未来等跟投

资料来源：蜗牛数据

过去几年 SAAS 的投资热度也持续高涨，即使在资本寒冬期间投资数量虽有所下滑，但总投资金额依旧高企。可见，资本在变得谨慎之后仍对 SAAS 十分看好（见图 5）。在可预见的未来，这三大热点行业也将保持较高的热度。

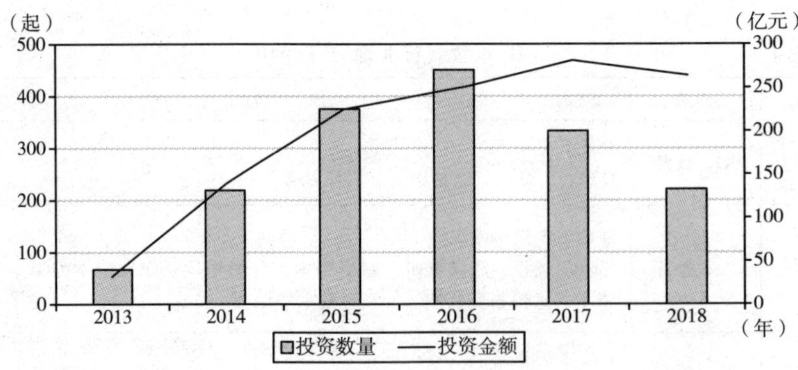

图 5　2013～2018 年 SAAS 行业投资数量及金额

三、供应链升级解决食品安全问题

比宝采用供应链升级的方式解决幼儿食品安全问题。

生鲜保质时间短，对存储场地等硬性条件要求高，上游供应商管理库存及备货品类难度大，都会威胁食品安全。因此，从食材选购到食品加工，从冷链配送到终端餐饮制作，团餐行业漫长的产业链条要求企业必须能够对产业链实现全程监管。比宝采取的解决方案是将整个幼儿园供应链体系打通，提升供应链效率，实现对餐食的全过程把控（见图 6）。

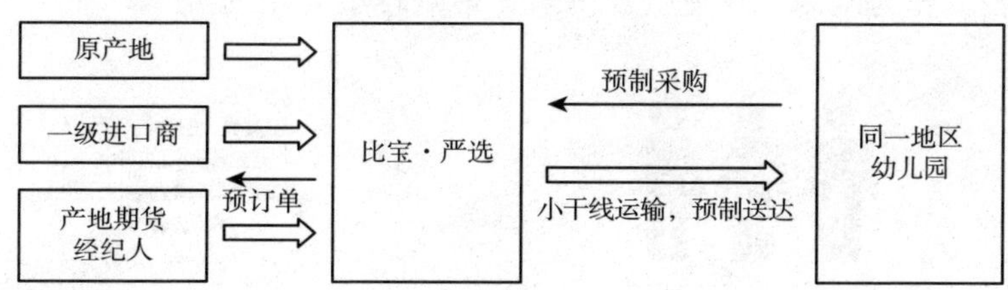

比宝幼儿园供应链，平台规划采购，无中间环节

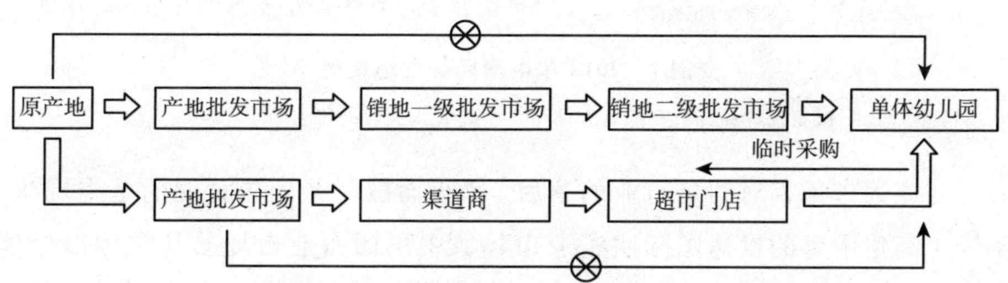

图 6　传统幼儿园供应链，临时采购规模小，中间环节多

在供应链下游，比宝通过与大量幼儿园客户合作形成规模效应和渠道优势。比宝“线上一键配餐”已开通了超过 1 200 家幼儿园；“儿童餐热餐直供”超过 100 家幼儿园客户；“供应链集采集配”业务试运营 2 个月，已服务 12 家幼儿园客户。

在中间环节，比宝利用互联网、AI 等技术赋能一键配餐、一键集采、物流仓储、生产加工、索证索票、食安监管等环节，搭建智能化、高效率、标准化的幼儿园儿童餐产业链服务体系。

比宝的根本目标是深挖上游厂商，通过订单的规模化、标准化获取价格优势，选取上游分散的优质工厂，以合作、代工生产及委托制造（OEM）等方式盘活其过剩产能，保障餐食品质及性价比。

四、国内团餐蓝海市场，比宝前景可观

中国团餐市场规模庞大。2018 年前 10 个月，团餐行业收入达 12 003 亿元，占全国餐饮收入约 30.28%。团餐行业的客户群体中，80%左右是企业和学校。作为刚需，行业受经济寒冬影响较小（见图 7）。

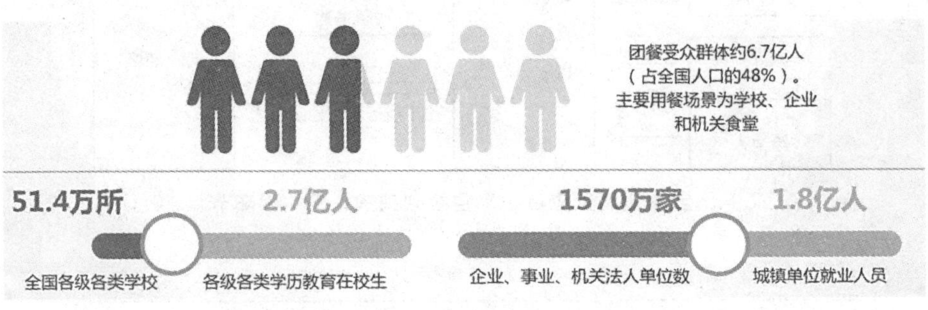

图 7　2018 年中国团餐市场规模

数据来源：国家统计局、教育部官方网站、中国餐饮大数据研究中心

与庞大市场相对的是行业的落后。“小而散”是团餐行业的基本现状。不同于高集中度的发达国际团餐业市场，中国团餐业市场参与主体以个体经营者和中小企业为主，且多数局限在特定区域内经营。目前，中国团餐企业数量超过 10 万家，但其中 99.9% 的企业年营收不足 1 亿元（见图 8）。

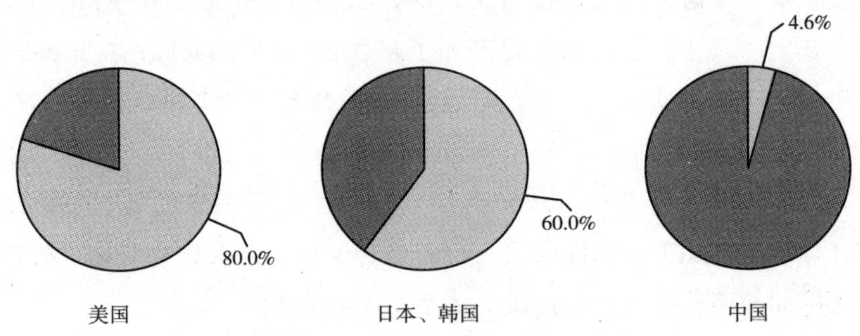

图 8　2018 年团餐行业十强企业市场份额占比

资料来源：中国饭店协会统计数据

未来随着行业市场化程度持续提高，团餐行业的市场集中度提升是必然趋势。而通过精准把控热点成为较早进入市场的玩家，比宝有着较大的

先发优势。目前看来，比宝的竞争者仍然是落后的本地化团餐公司，市场仍是蓝海前景（见图 9）。

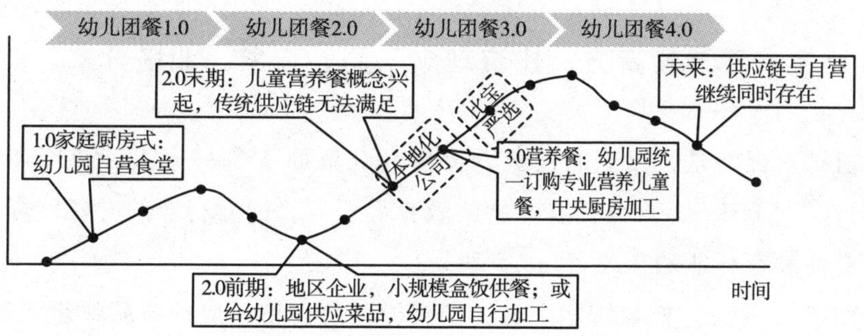

图 9　从团餐发展历程来看，比宝已经"快人一步"

五、比宝·严选的未来展望

截至目前比宝·严选已经完成了两轮融资，运营模式已跑通（见表 2）。对于已经占领幼儿园供应链行业有利地位的比宝来说，即将开启模式复制。

表 2　　SWOT 分析

S：Strength	W：Weakness
• 进入赛道较早，玩家较少，杠杆下游难度较小 • 已经在下游形成一定规模 • 专精教育行业的投资方辅助投后管理	• 幼儿园与本地配餐公司已形成长期稳定合作，对新型供餐方式需要一定接受时间 • 依赖模式创新，可复制程度高 • 高度依赖口碑传播，对可能出现的负面舆论承受能力差
O：Opportunity	**T：Threat**
• 营养儿童餐需求增长，且逐步转向市场化、专业化、营养化 • 政府加强监管力度，营养信息透明化的需求增加 • 切中K12风口，未来长线增长稳定可预期	• 食品安全事件的爆发 • 餐饮供应链行业竞争加剧 • 上游供货商人工成本与食材成本增加

而根据比宝透露的未来发展方向，公司已经针对中大型幼儿园客户提供了新的供应链解决方案，将在未来与更多的中大型幼儿园客户建立合作关系。

此外，未来通过聚合的供应链计划性订单，比宝·严选将快速在目标城市并购或自建前置仓和冷链物流基础设施，保证餐品配送。

六、比宝·严选投资方：投资理念不同，蓝象、北塔分家

值得一提的是，比宝的投资方蓝象与北塔原本是一家人。两位合伙人均来自“好未来”，自身拥有丰富的教育界资源，因对行业的看好，合作创办了专注教育行业的蓝象。

2018 年夏天，蓝象资本一分为二，原品牌保留，启动新品牌北塔资本，继续专注教育投资。

七、YC 的像素级借鉴者——蓝象资本

YC，全称“Y Combinator”，是坐标美国的著名孵化器，以其标准化的投资金额和投后服务而区别于众多天使投资机构。

简要来说，YC 模式不看估值，而是在项目的初期，用一笔固定金额收购初创公司一定比例股份，并以投资人的身份介入初创公司的后续经营。在投资前，YC 会对项目进行严格的自主筛选。被选中的创业者可以参与 YC 训练营，获得体系成熟的系统性培训，并与其他 YC“校友”交流形成人脉资源。

相比投资人，YC 模式的投资者更类似于“共同创业者”。这种“all in 投后”的模式也使得经由 YC 孵化的项目存续比例高，后续经营情况较好（见表 3）。

表 3　　蓝象是 YC 的忠实信徒

项目	Y Combinator	蓝象资本
股份占比	2% ~10%，通常 6%	3% ~8%
投资金额	采用一种“5 000 +5 000n”美元的算法，其中 n 等于愿意参与此项目投资的 YC 合伙人数量	1 000 万美元
投资时点	项目的非常前期	天使轮
投资领域	早期多关注科技软硬件领域，2011 年开始进军医疗产业，逐步涉及医疗设备、生物科技以及人工智能公司	专注教育行业

续表

项目	Y Combinator	蓝象资本
培训机构	YC 训练营	"蓝象营"
合伙人	YC 的合伙人都有十分成功的创业经历 著名合伙人例如 MichaelSeibel（Twitch 联合创始人），Buchheit（Gmail 和 FriendFeed）等	教育行业成功创业者和投资人
投资成绩	YC 成立于 2005 年，截至目前已加速超过 19 000 家初创公司，这些公司的总估值已经超过 1 000 亿美元，总融资规模超过 180 亿美元 著名孵化案例包括 Dropbox、Airb&b 和 Reddit	蓝象资本过去 3 年投资的 64 的项目中，60% 获得再融资，30% 估值翻了 10 倍，10% 的项目预计在年底估值过 1 亿美元

八、不稳定的"双头模式"

投资机构作为智力型组织，高度依赖人的决策，其自身团队和谐就格外重要。目前稳定的投资机构多采用两种结构。

"三驾马车"被认为是最好也最稳定的合伙人结构。多位合伙人在认知、资源、精力方面可以实现互补。高榕资本、愉悦资本，都是这种模式的成功实践者。需要注意的是，"三驾马车"结构的成功有两个关键点：一是合伙人应有深度合作经历，彼此了解且信任；二是合伙人应该分工明确，管辖范围分明，没有太大交集。

"一超多强"结构也比较稳定，且适用于更多合伙人的情况。成功案例包括 IDG 资本和红杉资本。

可以看出，无论是"三驾马车"还是"一超多强"，都必须有能够在关键时刻解决分歧的决策人。

九、总结

在很长一段时间内，国内创业热衷于针对大热点进行模式创新。而随着"新点"逐渐枯竭，模式创新被质疑已经走到了瓶颈。

作为典型的针对热点进行模式创新的企业，比宝依赖准确踩中多项热点，通过较早进入赛道形成了一定先发优势。但大热的赛道往往竞争也更激烈，比宝如今积累的渠道资源和模式优势不足以使其形成壁垒，是否会被后来者赶超仍然是未知数。K12 团餐市场目前仍然是一片蓝海，相信短时间内后来者也将迅速涌现，未来大有一番竞争。

想成为投融资观察报告创作团队的一员吗？微信扫描本书第351页二维码，现在就加入我们吧！

No. 19

“拍拍”转嫁“爱回收”：二手交易的边界在哪*

主笔：张知正

资料收集：陈可欣、张天宇

交易概览：

2019年6月3日，京东旗下二手商品交易平台“拍拍”将与中国最大的电子产品回收平台“爱回收”战略合并。与此同时，京东集团也将领投爱回收新一轮超过5亿美元的融资，晨兴资本、老虎基金、天图资本、启承资本、清新资本参与跟投。

本轮融资后，爱回收估值将超过25亿美元。合并后，京东集团将成为爱回收最大的战略股东，京东拍拍二手总经理出任爱回收合伙人兼联席总裁职位。双方将借助此次合并优势互补，打通用户线上线下二手交易的完整服务链条，实现无界零售创新场景合作，构建共生共赢的二手平台生态。

一、异军突起，硝烟未散——二手交易的战争

近年来，随着居民生活质量逐渐提高，日常用品的更新换代速度也逐渐加快，闲置物品的增加催生出二手交易的市场蓝海。同时，随着移动互联网的普及，二手回收与二手交易的渠道也逐渐增强，便捷性大大增加。

* 本文写于2019年6月。

现在，从二手手机到搁置桌椅，从家电冰箱到铺排物件，大多数不用的物件都可以拿来做二次生意。

数据显示，2019 年第一季度中国二手闲置物品交易市场交易规模为 2 025.4 亿元，环比增长 5.5%（见图 1）。随着国际国内经济形式发生变化，越来越多的人选择将闲置物品出售，增加收入，实现资源优化利用。

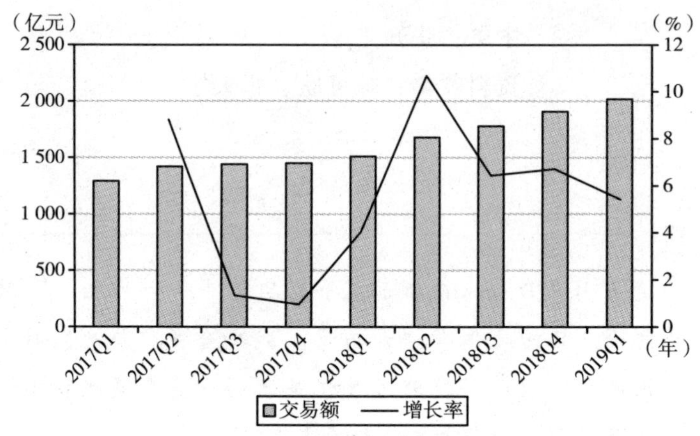

图 1　闲置物品交易规模

虽然近年来二手交易发展迅速，但与新商品电商相比，二手闲置物品交易平台的发展在品类与市场上都具有明显的滞后性（见图 2）。更有意思的是，与新商品电商相同，二手闲置物品交易最初也是从书籍和电子产品开始的。由于书籍与电子产品较易标准化，线上与线下购买的产品几乎无差异。

二、难以标准化——二手市场的“成长”烦恼

- 交易前，信息不对称，无法精准评估商品残值。
- 交易中，“一锤子买卖频发”，很难建立可信赖的交易场景。
- 交易后，售后保障机制缺失。

值得注意的是，与新商品不同，二手产品的质量很难标准化界定，卖家的刻意隐瞒也导致物品质量的真实情况很难被买家所知。

新商品电商发展
二手电商发展
1998
京东公司
1999
当当网
2000
亚马逊中国
2002
孔夫子旧书网
2003
淘宝
2004
京东多媒体
红孩子
2005
易果生鲜
2005
58同城二手频道
赶集网二手频道
百姓网二手频道
2006
易迅网
2007
京东商城
2007
有路网
2008
唯品会
1号店
土巴兔
2009
苏宁易购
聚美优品
天天果园
2010
家装e站
2011
国美电商
蜜芽
洋码头
蘑菇街
2011
爱回收
优信拍
2012
天猫
2012
淘宝二手
2013
小红书
2014
贝贝网
每日优鲜
2014
闲鱼
回收宝
人人车
瓜子二手车
2015
网易考拉
云集
2015
找靓机
衣二三
2016
转转
只二
2017
贝店
2017
贝贝网闲置
拍拍二手
3C数码
综合
图书
服饰
食品
化妆品
二手车
母婴
生鲜
跨境电商
家装
社交电商

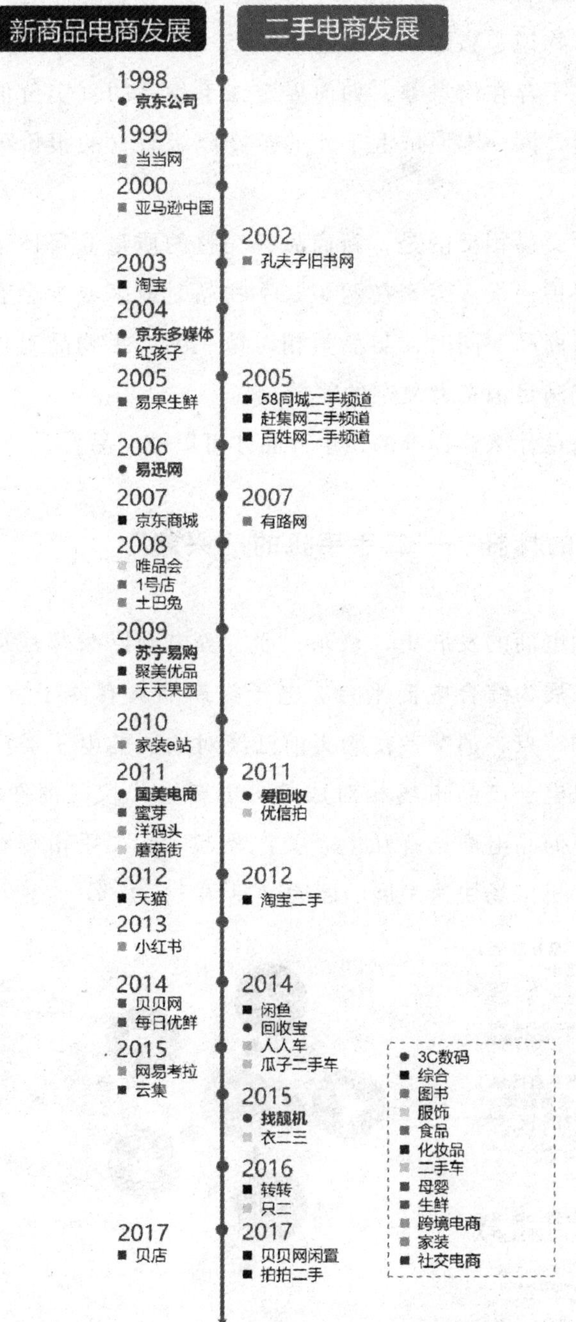

图2 发展历程

据悉，2019 年 1～3 月合计约 108 起对二手电商渠道的用户投诉，闲鱼、转转、享物说、猎趣四家渠道总占 95.3%。

即使双方不存在信息差，如何界定二手物品的真实价值也是一个大问题。在闲鱼上，同一本原价上千元的英文原版教材的报价可能从几十元到几百元不等。

而与二手交易相反的是，新商品有完整的质量监督体系，买家的权益得到了合法保护，很多买家在购买二手物品时或多或少会有相应顾虑，因此转而购买新商品。同时，与品类相对单一的二手物品对比，新商品的品类齐全，更能满足消费者复杂的需求。

那究竟满足什么样标准的二手产品才可以被交易？

三、标准化的标杆——二手手机的“兴起”

纵观中国电商的发展史，京东、苏宁等电商巨头都是从做电子类电商起家，逐渐发展为综合电商平台。电子类产品具有便于宣传、适合标配、相对标准化的特点，消费者在购买前已经对购买的电子类产品有一个清晰的认知，并且电子产品市场相对成熟，更新换代快，消费者会重复消费。因此，很多新商品电商选择从电子类产品起家。二手市场存在滞后性，也是近年二手手机市场快速发展的原因（见图 3）。

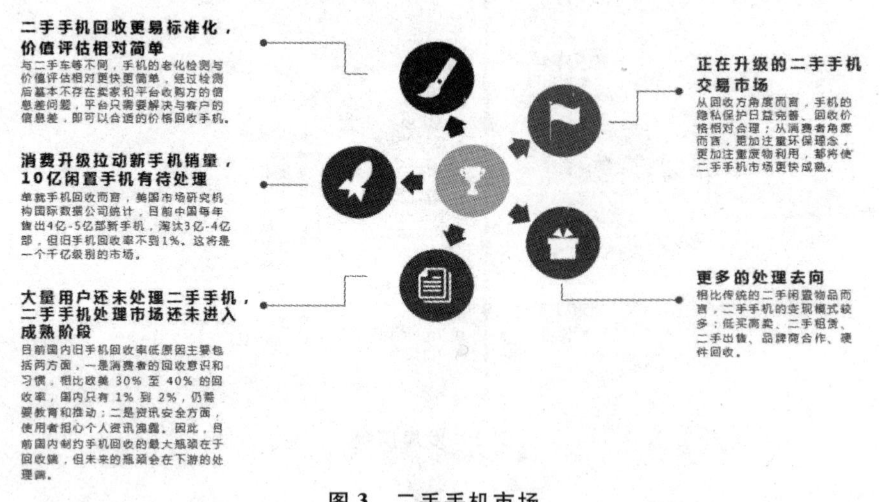

图 3　二手手机市场

四、旧手机做成大生意——爱回收

爱回收网采用当下最热的 O2O 商业模式，“线上下单 + 线下交易”，努力构建 O2O 立体竞争力。线上与京东、三星等优质合作商合作，作为流量来源；线下设立“北上广深”近百个热门商圈服务点，与免费上门相结合，为用户提供全面且便捷的服务（见图 4）。

图 4　爱回收 O2O 商业模式

截至目前，爱回收已成为全国最大的 O2O 电子产品回收及以旧换新服务互联网平台，占全网回收量的 80%，月订单量超 100 万单，注册用户 3 000 万人，覆盖 9 种产品类型 8 000 多个型号。

用户只需要登录爱回收官网即可对自己的闲置手机进行线上估价。通过填写线上问卷，选择目前手机的型号、成色、是否进水等，爱回收的线上价格引擎便会给出一个合理的回收报价。

回收方式上，爱回收致力于为用户提供便捷的回收体验。用户可以选择免费上门（“北上广深”）、门店交易（“北上广深”）、快递邮寄（全国）三种方式完成回收。

与此同时，爱回收旗下还拥有“拍机堂”供商家或消费者拍卖手机，增强了回收手机的处置能力（见图5）。

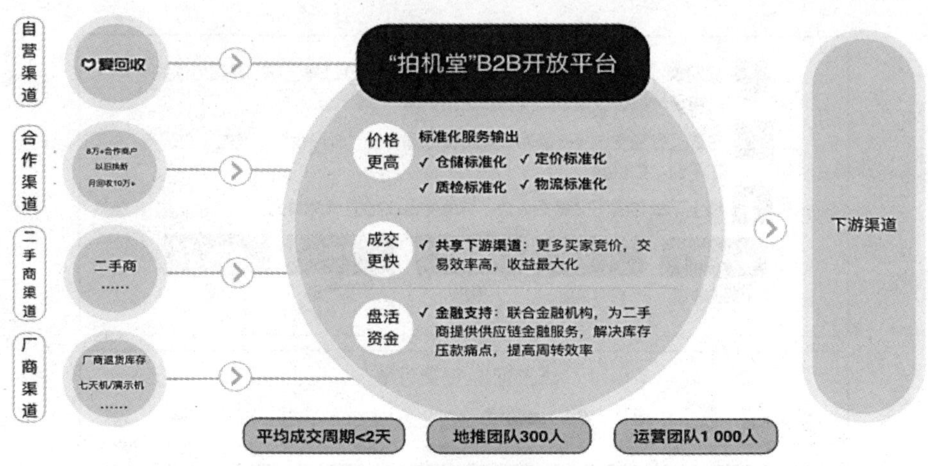

图5 与其他品牌合作

此外，爱回收也与多家品牌商达成了以旧换新的合作，促进旧机回收。同时，由于爱回收本身的环保属性，政府也会给予一定的补贴。

在回收方面，“高价、便捷、安全”一直是爱回收竞争力的来源。

- 通过多商家竞价回收，给售机者争取全网最高的价格，与传统价格随意定的无竞价回收相比，具有更强的回收价格优势。
- 用户可以根据自己喜好选择线上或线下回收方式。线下回收模式，售机者拿着手机，线下直接问价检测，减少邮寄后的不信任感。
- 完善的隐私处理保障了售机者的个人隐私，专业的质检手段保障了收购方的利益。

五、结硬寨，打呆仗——爱回收的重资产线下之路

爱回收重资产的线下运营模式，导致爱回收需要不断融资以支撑自己

线下回收点的扩张（见图6）。

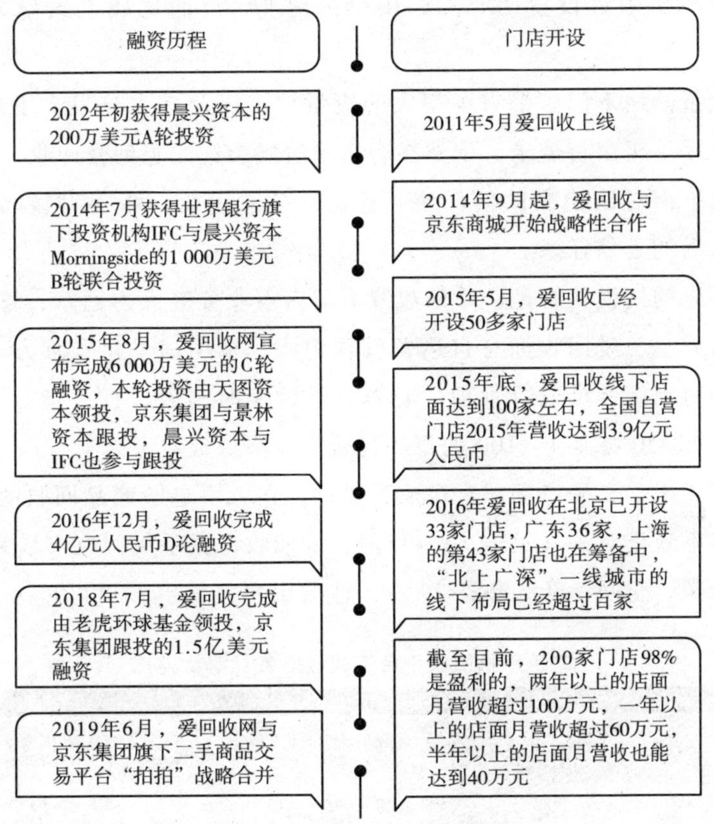

图6　爱回收融资和开店时间线

2015年，爱回收线下店面达到100家左右；2016年以后门店达到200家。全国自营门店2015年营收达到3.9亿元人民币；2016年翻了两番以上，达到9亿元人民币；2017年更是创造了18亿元人民币的高速成长记录，复合增长率超过110%。

更重要的是，爱回收线下店实现了高营收，而且有盈利。200家门店98%是盈利的。两年以上的店面月营收超过100万元，一年以上的店面月营收超过60万元，半年以上的店面月营收也能达到40万元。

与一般的线上二手交易平台，如瓜子二手车、人人车将大量的营销成本放在线上不同，爱回收十分注重线下回收点或门店的铺设。

爱回收在线下拥有200多家门店，基本所有门店都是盈利的。线下综合性商场基本都有手机体验店，如小米之家、华为体验店、苹果等，在手机体验店附近设置回收点，用户很精准，反而比线上大量分发广告划算。

• 大量的线下门店带来了很大的流量效应以及广告分发。用户即使现在没有二手手机出售需求，依然在有需求时候会优先想到爱回收。

• 线下面对面检测的信任感。售机者拿着手机，线下直接问价检测，减少邮寄后的不信任感。

• 领先的规模化管理。爱回收线下门店重业务轻人力运营，增强管理，减少人员成本。爱回收拥有自运营管理中心，采用扁平化管理方式，通过实时监测对当店店员进行管理中心和店员的实时沟通，直接指导，达到管理模式上 1∶50 甚至 1∶100 的集约化效果，降低成本。

近三年来，二手市场才真正成为风口。在二手电子产品回收的赛道中，爱回收并不缺乏对手（见表 1）。目前，爱回收占据手机回收市场 80% 以上的市场份额，全网活跃人数达 27 万，注册用户数量超 3 000 万。

表 1　二手手机回收平台下载量排名（购物类）

项目	融资总额	阶段	业务介绍	回收方法	运营特点
爱回收	7.79亿美元	战略融资	二手闲置物品交易平台	到店回收、上门回收、邮寄回收	重线下门店运营 二手出售、拍卖、租赁平台为其子品牌
回收宝	5.96亿元人民币	C轮	二手手机回收平台	邮寄回收、部分城市支持上门回收	基本无线下门店 二手出售、租赁平台为其子品牌
找靓机	1.05亿元人民币	A+轮	二手手机交易平台	线上回收、只回收九成新以上的手机	纯自营 主营九成新及以上的原装正品电子产品
爱换机	1.23亿元人民币	Pre-A轮	闲置手机回收交易服务商	门店加盟、线上派单、线下完成回收	主要依靠加盟门店，线上为门店派单，主要有以旧换新和旧机回收
易机网	300万元人民币	天使轮	二手手机回收平台	线上回收	线上回收与旧机租赁同平台

六、京东看好的爱回收——合并拍拍，进军全品类

爱回收与拍拍合并后，一方面，爱回收将充分借鉴京东系在仓储物流平台上的成功经验，进一步提升二手产品的标准化和流转效率；另一方面，京东交给爱回收的拍拍平台，其本身就是京东为消费者提供的一站式二手商品交易平台。

被京东看好的爱回收具有先天的优势，主要可以概括为以下几点：

• 线下渠道能力。爱回收拥有大量线下门店，在线下流量还是宣传上均具有较强优势。

• 品牌合作商。爱回收拥有大量品牌合作商，增强了自己的收机能力。

• 平台合作力。无论是爱回收入驻的微信小程序，还是支付宝绿色回收体系，都可以降低获客成本，踩中小程序的流量红利。

七、拍拍和爱回收的合并优势

从二手手机垂直领域向更多品类发展，或许是爱回收未来的发展趋势（见图7）。

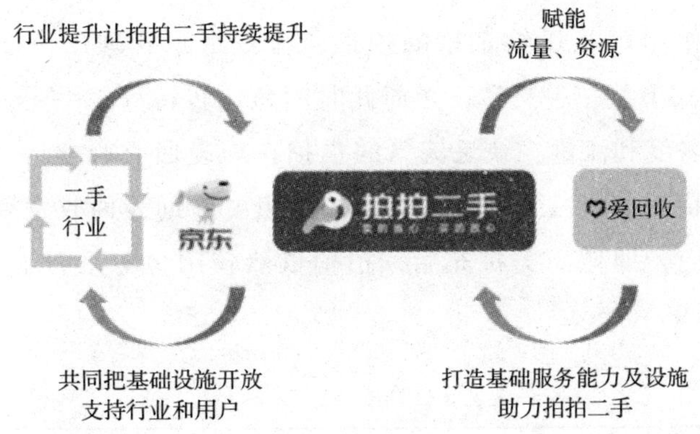

图7　发展趋势

• 爱回收在二手电子产品回收具有的专业能力，拥有京东赋能后，有希望发展更多品类。

• 拍拍作为二手交易平台具有全品类二手交易平台有极大的带货能力。

• 京东可以继续提供流量入口和物流、金融能力赋能爱回收。

• 爱回收还可以借助京东在零售、技术、物流、保险等领域坚实的零售基础设施能力有更多发展。

八、战略合并的未来与挑战

京东在爱回收此前多轮融资中均持续加码，早已是爱回收的最大战略股东。

二手手机市场本身较易标准化，但当爱回收在继续扩张品类时，到底又还有多少类似二手手机这种的易标准化的二手物品呢？二手市场的边界又在哪里呢？

合并后的爱回收，相较原来旗下的“小鸡严选”二手手机交易平台，将拥有更多的流量优势，或许拍拍真的能为爱回收承接更多的二手手机销售渠道；同时，爱回收也真的可以借助拍拍的综合品类优势继续扩展自身想扩展的二手物品。

被腾讯作为聘礼送给京东的拍拍，却被京东管理层一度搁置，直到 2017 年才正式上线二手交易，然而此时闲鱼、转转等二手交易平台早已拥有一定的知名度和流量。缺乏流量的拍拍在与爱回收合并后，并不能帮助爱回收处理特别多的二手手机，但是拍拍想要借助爱回收发展自身的综合二手交易电商，即使品类扩充后，拍拍依然较闲鱼等平台劣势依旧明显。（见图 8、图 9）。

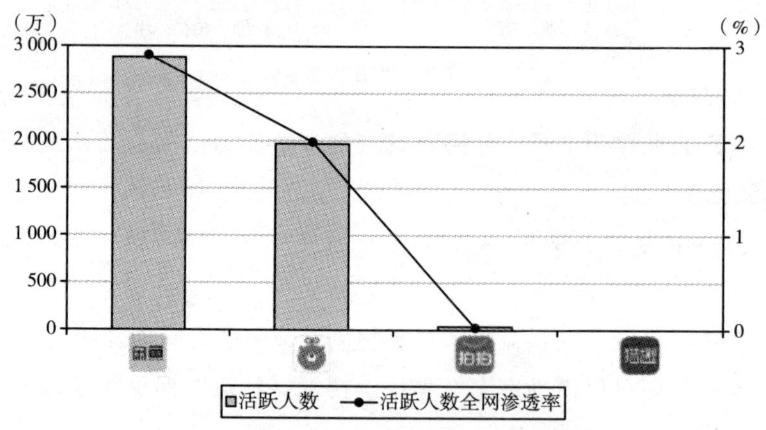

图 8　二手商品综合交易平台用户活跃度排名

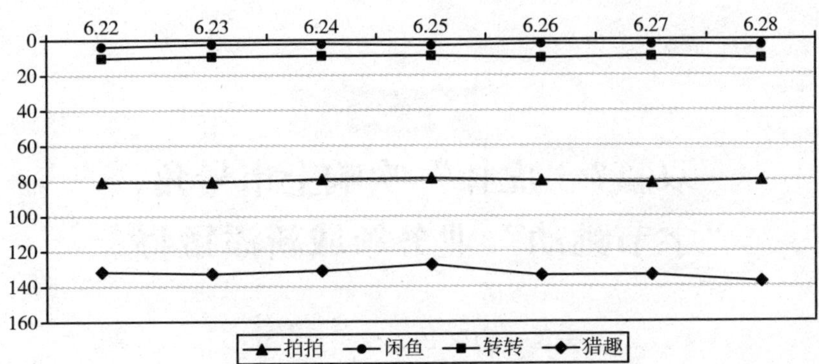

图 9　二手商品综合交易平台下载量排名（购物类）

与此同时，爱回收与拍拍战略合并后面临的团队整合问题又该如何解决？爱回收的业务注重线下的"重"，而拍拍的业务注重线上的"轻"，如何充分利用二者的团队优势，在盘活流量不足的拍拍同时增强爱回收的旧机处置能力？这也是爱回收与拍拍合并的一大挑战。

因此，如果此轮合并仅仅是为增强爱回收自身的资源，从而相较其他竞争对手有更大的优势，那爱回收和拍拍能走多远，又或者是能得到京东多少帮助，还需拭目以待。

No. 20

双赢？"虎扑"吹响上市号角，"字节跳动"业务领域新添猛将*

主笔：石文岳

资料收集：石文岳、赖慧茹

交易概览：

2019年6月6日，"字节跳动"宣布已向虎扑（上海）文化传播有限公司投资12.6亿元人民币，持有其30%的股权。而30%的持股比例也让字节跳动超过其创始人兼CEO直接持有的25%股权，成为虎扑第一大股东。虎扑在本轮后投资估值达到42亿元。据悉，本次融资也是虎扑迄今为止取得的最大一笔融资。字节跳动称双方未来将围绕内容互通和内容创作者协同服务展开全面合作。

一、体育服务行业发展三大助力：政策+消费升级+互联网

体育服务产业包括以赛事场馆、赛事IP、体育产品设备等为代表的资源层，以场馆服务、赛事运营、体育中介等为代表的运营层，依托的是APP、论坛等为载体的传播营销层和以电商、游戏娱乐等为代表的衍生服务层（见图1）。

---

* 本文写于2019年7月。

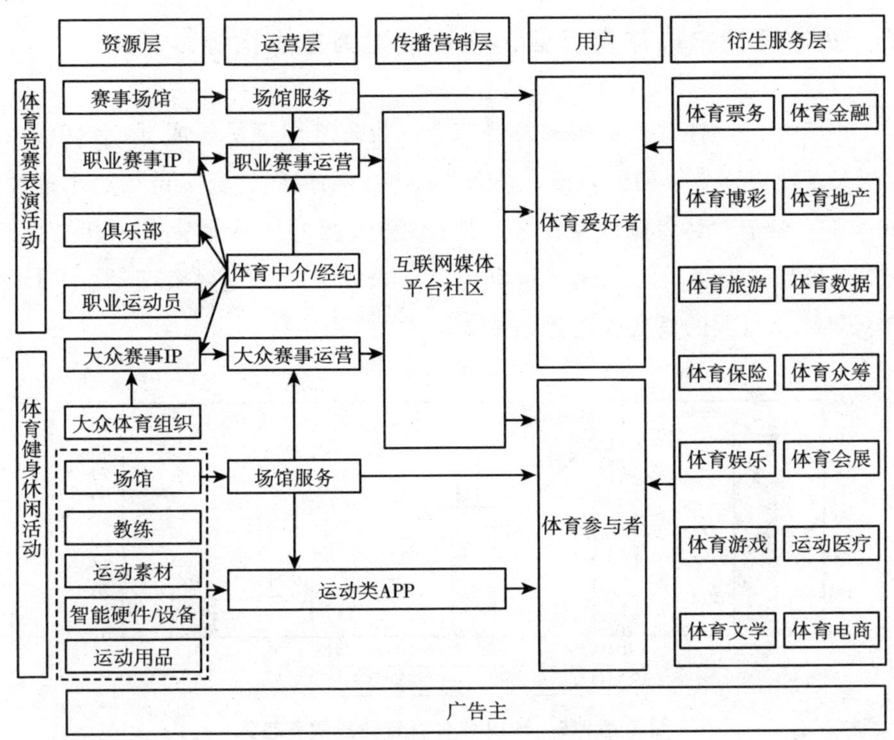

图 1　体育服务产业图谱概览

资料来源：艾瑞咨询研究院自主研究及绘制

我国正步入“体育强国”，政策“去监管化”，体育赛事走向“市场化”。体育产业在我国产值每年约为 500 亿美元，占 GDP 比重仅为 0.56%，相较发达国家而言仍有 5～10 倍的增长空间。随着居民消费升级的延续，第三产业内的文体娱乐行业将获得长足发展。新常态下，互联网将助推体育产业发力，长期来看 5 万亿元的产业规模可期，有较大的发展潜力。

我国是“全球体育国度指数”排名前五的国家，消费结构升级为体育产业的发展提供基础。目前我国体育相关产业消费以实物为主。据统计，当前体育用品制造占比超过 60%，体育服务类消费将迎来爆发式发展。

人们对于互联网的依赖加速了生活互联网化的进程，互联网的发展也在颠覆体育产业传统的运营模式，赛事 IP 与互联网的结合目前已经取得了较好的发展，稀缺赛事 IP 商业价值迎来爆发式增长。

二、资本理性布局体育行业，变现能力为重点指标

2015 年起，体育产业相关发展基金、投资基金等纷纷成立；然而体育类相关企业大多处于初创阶段，体育生态链尚未成熟，资本市场趋于理性。2016 年，对于“体育媒体及社区”的投融资达到了一个较高的水平，此后资本市场趋于冷静。此次虎扑融资为近年来较大的一笔融资活动。2015 ~ 2019 年体育行业的投融资趋势如图 2 所示。

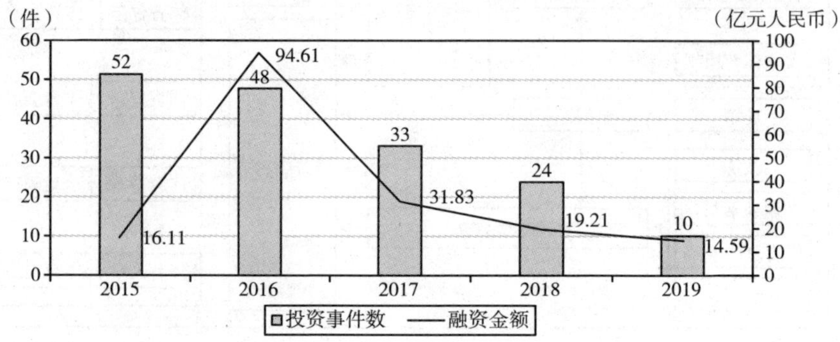

图 2　2015 ~ 2019 年体育行业投融资趋势

事实上，整个大文娱领域都面对着更清醒的资本与更严苛的审视，大文娱领域投融资情况如图 3 所示。

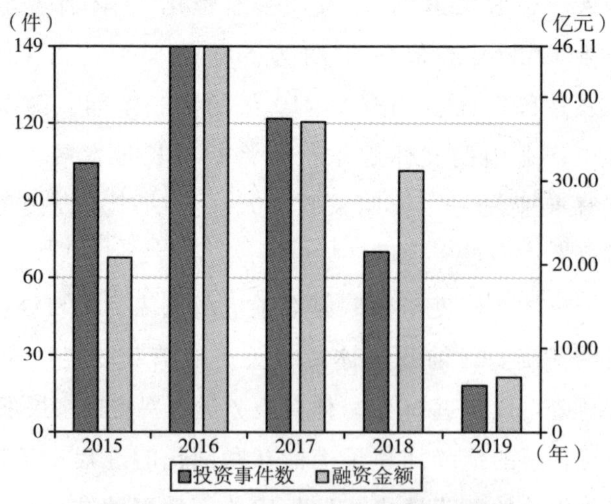

图 3　2015 ~ 2019 年大文娱领域投融资

资料来源：IT 桔子

凭借流量红利获取大量用户关注的时代已经一去不复返。2017 年以来，文娱市场存在由竞争带来的投资价格居高不下、二级市场退出面临挑战等问题。行业整体上都在以更加认真甚至是严苛的态度，审视领域内企业的综合实力——优质内容，整合与协同能力，全产业开发能力与多元变现能力，流量商业化变现已经成为共识。

大文娱行业天生就存在变现难题。2016 年起短视频兴起，腾讯大力推广微视，头条、快手、微博等平台也进驻这一领域。但是短视频在 2017 年就暴露出核心问题——用户粘性较差，变现效率低，变现渠道少。腾讯微视一度“下线”，对于这一领域一直存在“热钱并不能砸出好的 IP”的质疑，甚至一些被囤积的好 IP 也被消耗，而新的 IP 却没有诞生。

而对于体育产业来说，其自带强 IP 和强内容。以 2017 年体育服务产业为例，俱乐部、场馆服务、赛事运营、运动产品、电商、票务等领域都有清晰的变现途径，变现能力强于大文娱产业的平均水平。纵览美国发达的体育市场，橄榄球、棒球、NBA、冰球等采用联赛赛制的比赛都带来了极高的关注度和大量的收入。以被称为美国春晚的“超级碗”为例，其实就是美国橄榄球的年度冠军赛，单单一晚比赛，广告收入就是 3 亿美元。

三、深耕社区论坛，布局体育垂直生态圈

从中国体育服务业的产业图谱不难发现，主打互联网平台社区，被称为“男性用户线上狂欢之地”“宅男聚集地”的虎扑在中国体育服务业产业图谱中主要占据传播营销层。虎扑的业务及功能如图 4 所示。

其实虎扑并不仅仅是“论坛”。相较于其他竞品，虎扑是一个集体育营销策划、赛事营销与管理、活动管理、公关传播、体育市场调研、新媒体运营、体育公益为一体的体育整合营销机构，为各大企业、品牌与机构提供全方位体育营销服务。虎扑几乎已经渗透到体育产业的全产业链（见表 1）。

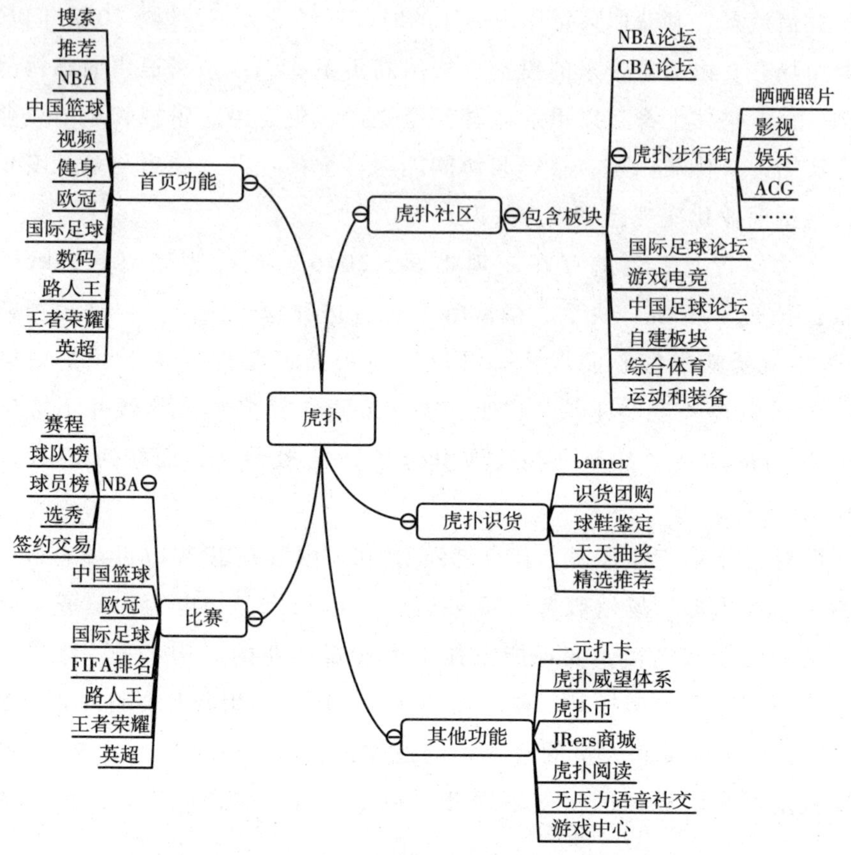

图 4　虎扑业务图

表 1　　体育行业主要营销机构对比

品牌/机构	slogan	活跃用户数（万）	产品定位	产品优势	盈利模式
虎扑	世界是一个竞技场	565.99	提供体育直播、新闻和社区的专业体育平台	专业的新闻资讯、活跃度社区、高质量的内容，独特的社区文化	广告、增值服务、电商、赛事营销
腾讯体育	为热爱加冕	2 366.81	强媒体定位、视频直播为特色	依托腾讯的平台优势，巨大的资金收入、独有的赛事转播权、成熟的社交链	广告、增值服务

续表

品牌/机构	slogan	活跃用户数（万）	产品定位	产品优势	盈利模式
PP体育	上PP体育，过足球瘾	577.11	足球产业为核心的内容矩阵，致力打造互联网第一体育平台	拥有多家重量级体育赛事直播权，PPTV生态引流	广告、增值服务、商城
直播吧	全球精彩赛事尽在直播吧	1 004.28	提供专业的足球篮球赛事直播、视频、论坛交流的体育平台	拥有几乎所有足球、篮球等赛事的第三方流媒体链接，便于球迷观看比赛录像。同时含有专业的体育资讯报道、短视频和丰富的赛事数据	赛事直播、广告、增值服务
懂球帝	懂不懂球都用懂球帝	283.21	为全世界球迷提供最专业和贴心的足球相关产品	海量足球相关资讯、相对专业的互联网足球商城、丰富的赛事数据、全国最大的足球移动社区	广告、增值服务、电商、赛事营销

四、虎扑的“两把刷子”：先发优势和高社区粘性

对于虎扑这个以“社区”为主打的公司来说，用户即是核心资源。虎扑最早以篮球论坛起家。2004年，当时正在留学的程杭在美国芝加哥创立hoopCHINA.com，吸引了一批资深球迷关注。2007年，虎扑足球、F1和网球频道先后上线，虎扑体育宣布迈入全体育领域。经过15年的发展，虎扑已经拥有了以年轻男性为主力的大量用户资源；同时，也借助体育营销业务积累了大量的客户资源。

不仅是虎扑，2000年左右诞生的网络社区都乘着早期互联网发展的红利收割了极大的流量。如：天涯社区成立于1999年，目前已经积累了庞大、活跃、忠诚的用户群；人大经济论坛（现经管之家）成立于2003年，

目前已经发展成为国内最大最权威经管信息平台；应届生 bbs 成立于 2005 年，是最早最专业的大学生招聘网站之一；超级大本营成立于 2002 年，目前是最大的中文军事论坛；猫扑网成立于 1997 年，是中国知名的中文网络社区之一。

据 mUserTracker 数据统计显示，虎扑用户中，男性用户占 74.16%，远多于女性用户，年龄分层以 35 岁以下为主，占比达 78%，用户粘性也极高。相较女性用户，男性用户更热衷于购买各种运动装备，且在虎扑具有相同兴趣爱好的用户群体，更容易形成共同的价值观以及较为封闭的社区文化。这些都是虎扑流量变现的资本。

五、虎扑与“字节跳动”联姻，实现短板互补

虎扑最大的软肋莫过于视频，除了其最新打造的“路人王”板块采用直播的模式以外，其他比赛直播虎扑均通过文字来描述。在“快时代”，文字的用户体验相较于视频差了很多，而今日头条有极为丰富的视频运营经验。以其旗下“抖音”平台为例，国内日活已经破亿，巨大的流量和视频运营经验将为虎扑补足“视频”的短板（见图 5）。

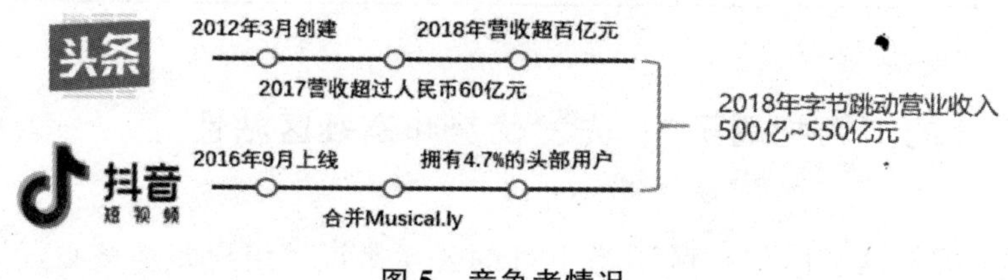

图 5　竞争者情况

此外，腾讯体育凭借独家版权，拿下了大量超级赛事 IP，获得海量用户。但年收入只有数亿元的虎扑很难负担日渐高企的体育赛事版权费，因此虎扑并没有属于自己的超级 IP。字节跳动此次布局虎扑，可以帮助虎扑获取国际一线的版权资源。

虎扑曾在 2017 年被终止审核公开发行上市，盈利能力欠佳、缺乏内容变现渠道是重要原因。今日头条在移动端崛起的时代通过信息聚合获得了巨大流量，因此具有极强的变现能力，而头条的快速分发渠道也能为虎扑

的“故事”加入更多素材，挖掘社群营销价值（见图6）。

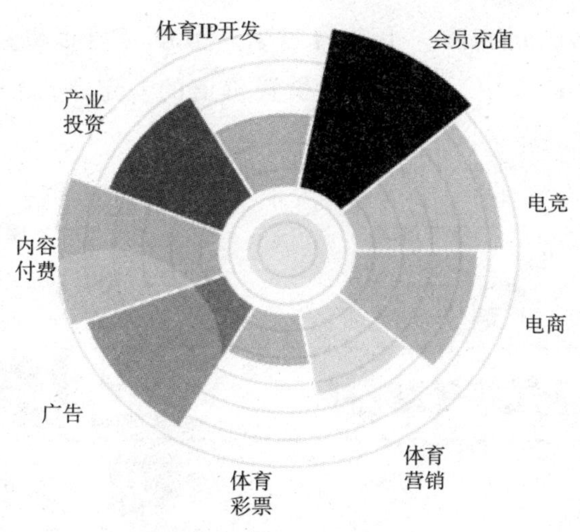

图6　社群营销价值

此轮虎扑可以借助头条系之力，布局平台化战略：有了字节跳动充当基石投资者，不仅可以提高商业上的想象空间，更重要的是加强投资者的信心，有助于他们再度发起IPO。

六、补体育板块短板，虎扑助力“头腾大战”

字节跳动拥有庞大的业务矩阵，业务版图覆盖多个国家和地区，在经历了爆发式增长和流量剧变后，字节跳动近两年也开始尝试多个领域的业务。

但是对于字节跳动来说，在与腾讯的竞争中，游戏、体育是其缺失的一环，头条可能未来不会布局游戏，但是体育板块的缺失一直是它的一块心病。

腾讯很早就布局了体育板块，腾讯体育拥有很多超级赛事的独家版权，并借助腾讯的力量希望将线上业务扩展到线下，打造完整的闭环营销。

反观字节跳动一直缺乏优质垂直内容。此次投资虎扑这样一个上游内容和IP的来源，可以直接将虎扑的用户和内容变现。

从下游的商业模式来看，未来 5 年国内垂直媒体还将继续展开投入和竞争，且随着用户付费习惯的养成，平台对优质内容的采购需求将会持续存在；那么反过来看，上游内容生产方就是可以继续投资的标的，而在上游内容生产方中，真正具有投资价值的一定是虎扑这类头部内容（见图 7）。

	字节跳动	腾讯
资讯类	头条	腾讯新闻 NEWS.QQ.COM
体育类	HUPU虎扑	腾讯体育 K 懒熊体育
游戏	/	腾讯游戏 Tencent Games
音乐	计划针对海外市场 推出音乐流媒体应用	QQ音乐 酷我音乐 www.kuwo.cn
视频直播	抖音短视频 西瓜影视 www.ixigua.com BuzzVideo	快手 bilibili 腾讯视频 V.QQ.COM 梨视频
教育	学习 gogokid	腾讯课堂 腾讯精品课
社交类	多闪 半次元 bcy.net	QQ空间
图片	图虫	

图 7　业务板块分布

七、总结

腾讯体育凭借自己争夺来的超级赛事独家版权获得了很多用户，然而在比赛结束后，虎扑的威力就凸显了出来。虎扑论坛的活跃度几乎碾压同类型其他产品。用户在观赛结束后，通常乐意选择氛围好的社区进行互动，而虎扑论坛深耕体育社区多年，拥有极佳的体育运动社区氛围。

此轮虎扑与字节跳动“联姻”，将帮助虎扑在 IP 获取和变现渠道上更进一步，真正成为体育行业的头部玩家。字节跳动获得虎扑的加入，也补足了在体育方面的空缺，为日益激烈的“头腾大战”增加了筹码。

想成为投融资观察报告创作团队的一员吗？微信扫描本书第351页二维码，现在就加入我们吧！

No. 21

微脉：引领互联网医疗的冰山模式*

主笔：韩欣恒

资料收集：邱宇廷、刘畅

交易概览：

2019 年 6 月 20 日，“互联网 + 医疗健康”服务平台“微脉”宣布完成新一轮系列融资。融资金额 1 亿美元，由 IDG 资本领投，源码资本、经纬中国、千骥资本、元璟资本等老股东跟投。微脉成立于 2015 年，专注于互联网医疗健康领域，构建中国本地化一站式医疗健康服务平台。

一、“互联网 +”赋能医疗信息化

随着医疗信息化近年来的迅速发展，医疗技术与就医服务水平不断提升。越来越多的大型现代化医院开始利用信息来提升医院的服务能力，优化就医流程，增强管理效率，从而使医务人员在单位时间能够提供更多的服务，让病人轻松就医。

“互联网 + 医疗信息化”既是传统医疗信息化的纵向深化，也是传统医疗信息化的横向拓宽。纵向方面，医疗信息化开始从单个医院管理和临床信息化向区域医疗信息化甚至面向全国范围的个人健康管理信息化

---

* 本文写于 2019 年 7 月。

过渡；横向方面，出现了更多的医疗服务形态，如移动医疗、互联网医院等。

推动医疗信息化快速发展的主要动力来自两个方面。一方面，就医疗管理理念而言，随着多项医疗卫生信息化政策的出台，以及医改的不断深入，老龄化问题得到关注，促使医疗管理的理念从“以治疗为中心”到“以病人为中心”过渡，因而对医疗信息化建设提出了更高的要求。另一方面，云计算、大数据、移动互联网等新信息技术的不断发展也在客观上为其深化应用提供了更丰富的可能性。

目前来看，互联网+医疗市场还在逐步扩大。根据中投顾问产业研究中心预测，从2018年至2022年，其市场规模有可能上升至400%以上（见图1）。因此，该行业也获得了大量的资本关注。

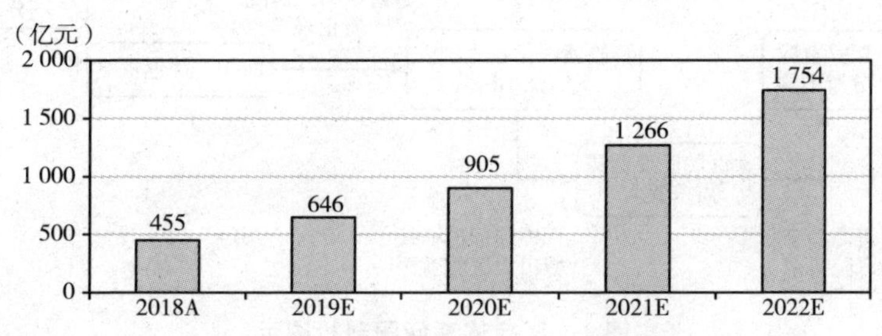

图1　中国“互联网+医疗”市场规模

资料来源：中投顾问产业研究中心

二、“互联网+医疗”实现弯道超车的可能性

将眼光置于中国医疗全行业，会发现在高速运转的医疗体系下，难免有力不从心之处。比如说医资错配导致医疗资源分布不均，小医院资源较少，一线城市大医院资源较多，使得大医院对资源的需求越来越大，进一步导致医资分布不均。而医、检、药不分离导致公信力降低，也会使人们降低对医院的信任（见图2）。

而相比之下，西方则采取了以家庭医生为中心的医疗体系。一方面，相对和谐地建立了良性医患关系；另一方面，大大节约了患者挂号排队、

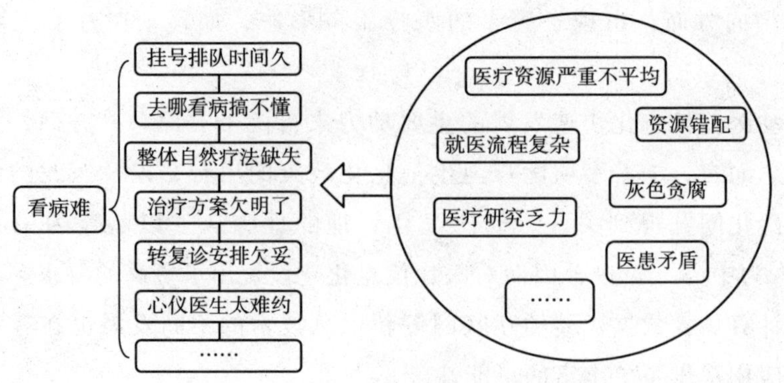

看病难的主要影响因素

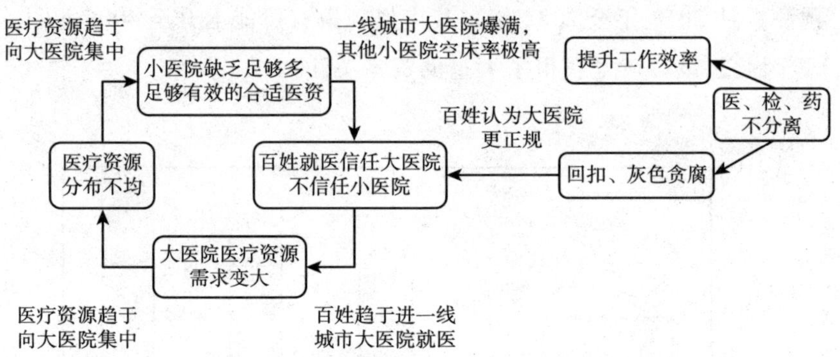

图 2　医疗体系问题剖析图示

医生诊断等流程的时间。同时，千万个这样的纽带无形中将全国的医疗资源相对平均合理地分配给了不同地区，防止出现大量患者前往一线城市大医院就医而带来的不便与资源浪费（见图 3）。

互联网医疗可绕过西方模式，通过其他方式满足患者的需求。互联网医疗可完成“除了非去医院不可才能做的事情”之外的大部分工作，像预诊、挂号、缴费、取报告等，其本身不会对原有医院的业务造成威胁，而是达到辅助协助的目的，大大缩减看病原本烦琐的流程。基于此，医院环境得以优化，医务人员提升了工作效率（见图 4）。

同时，通过大数据进行个人信息采集，可针对个体形成电子病历，提高预防与治疗的效率。这是极典型的实现“以病人为中心”的转化，与西方原有体系有异曲同工之处。此外，通过线上医疗资源的整理汇总，患者可以被导向资源富余、空床率高的地方医院，一定程度上缓解医资错配的问题。

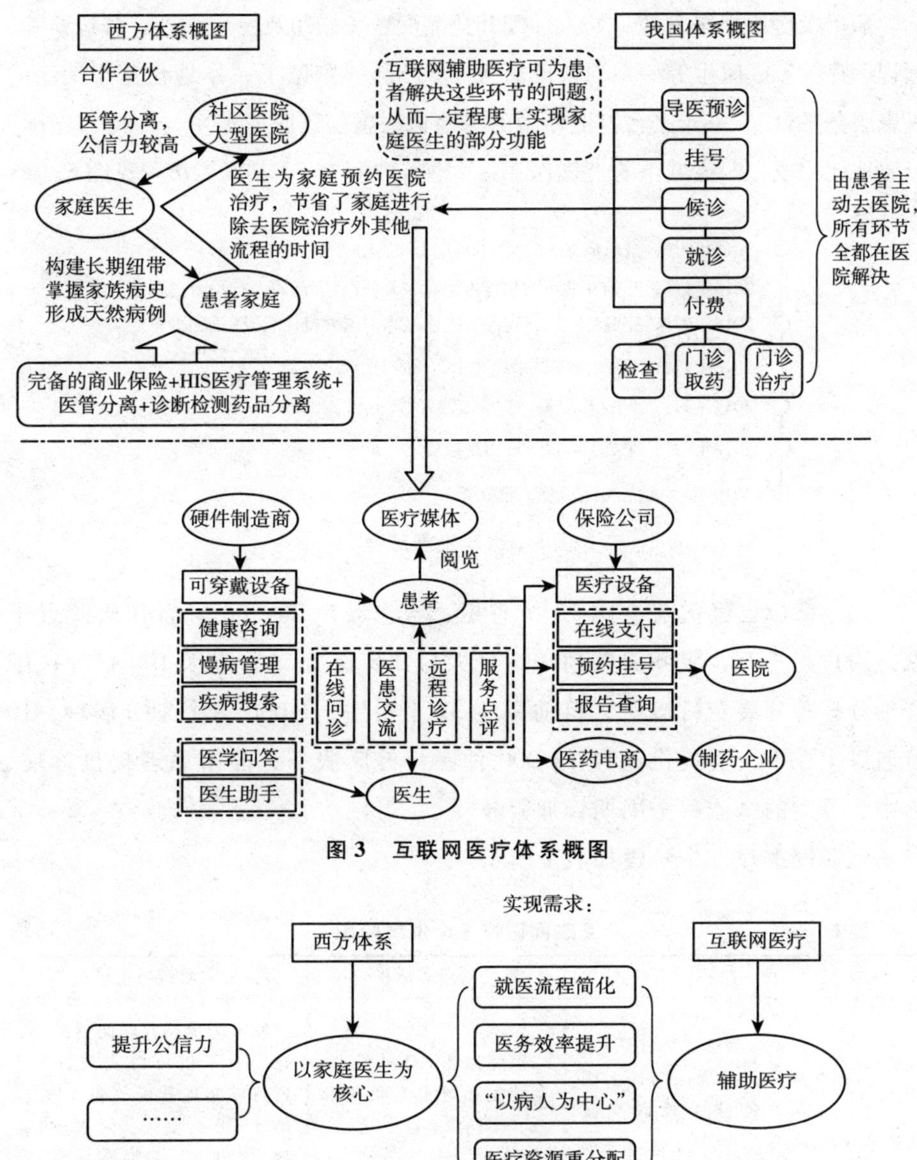

图3　互联网医疗体系概图

图4　互联网医疗为辅助功能

三、互医可行性的实现——微脉所选择的冰山模式道路

一站式健康医疗服务平台“微脉”，深耕互联网+医疗健康领域，向用户提供基于互联网的预约挂号、报告查询、全流程支付、医生在线咨询和问

诊、病历及健康档案管理、处方外配和药品配送、妇幼及慢病管理、分级诊疗、远程诊疗、家庭医生等一系列精准服务。"微脉"定位于"本地化基于信任的医患服务平台"，基于平台打造新型的本地化医患信任服务关系，并将"微脉"形象地比喻成三四线城市的"微医＋好大夫＋支付宝"。其发展历程见图 5。

2015年9月，微脉成立，完成4 000万元天使轮融资
2016年1月，开始在地级市搭建本地化"互联网+"健康医疗平台过程
2016年9月，完成1.2亿元A轮融资，由经纬中国领投、老股东跟投
2016年12月，签约合作城市超70个，覆盖1亿以上人口
2017年2月，获A+轮融资，投资方为光源创投、经纬中国
2018年9月，完成3 000万美元B轮融资
2019年6月，完成1亿美元C轮融资

图 5　微脉发展历程

如今微脉已经覆盖全国 17 个省份，合作城市 70 余个，合作医院近千家，用户超千万，服务覆盖超 1.5 亿人口，年医疗交易流水 100 亿元；围绕细分病种开展专科运营，目前围绕 32 个科室、1 000 多个细分病种，10 万名医生在平台上提供超过 12 000 种医疗健康服务，能给患者提供诊前、诊中、诊后的全流程全周期管理服务。

互联网医疗三个阶段如表 1 所示。

表 1　　互联网医疗三个发展阶段

	第一阶段浮云模式	第二阶段浮冰模式	第三阶段冰山模式
含义	以论坛为形式的轻问诊、查询。实现医与医、医与患的线上社区交流沟通	以医院为单位挂号预约。医院主动寻求互联网服务，实现线上挂号	以城市为单位互联网＋医疗。在线上不仅可以实现挂号，还可以实现就医支付、医保结算、报告查询、处方查询、接诊医生线上咨询等
解决问题	线上就医	为医院服务，提供挂号平台	连接本城市区域内大部分的医疗资源；只做辅助医疗，而不是替代
特点	与医院无关 与数据无关	与医院有关 与数据无关	与医院有关 与数据有关
典型案例	好大夫、春雨医生	（前）微医	微脉

互联网医疗的概念早已不新鲜，数年前曾有过大量参与者，但大多因技术不够成熟以及获客低效而消亡。根本原因在于，人们误以为可以利用互联网实现一切线下能做的事情，但实际上，线上诊断无论如何也不可能取代线下诊断，其原因包括：患者对自身症状感知不准确，患者错误地使用测量仪器，治疗后反应反馈不及时，少数医生消极怠工等。这些因素的存在导致使用互联网问诊几乎成为一个伪需求。

处于第三阶段的微脉并不像传统的互联网医疗那样，希望把医生从线下抽离到线上进行服务，而是由医院牵头，由微脉进行建设和深度运营。其基本思路是通过和政府合作或联合当地医联体、医疗集团和主要公立医院，扮演后者“帮手”提供医疗健康服务。作为辅助医疗，微脉更像是联络患者与医院的桥梁，也在做患者信息的集成。

微脉的模式除了可以带来简化看病流程、提升医务人员工作效率等优势之外，一定程度上还会缓和医患矛盾、从微观局部重配医资。

一方面，医疗服务的核心是信任。理想状态下的互联网医疗，是以家庭为单位，所有家庭成员都能找到和连接到自己熟悉的、信任的医生，从而持续提供咨询和健康管理服务。互联网的作用，就是通过连接和赋能增强医患间的基于信任的服务关系。因此，微脉商业逻辑的核心就是从如何提升医患双方信任度着手，提供“信任医疗”。

另一方面，微脉着眼于三四线城市，避开白热化的一线城市战场。这些三四线城市加起来超过150个，覆盖5亿人，市场潜力不容小觑。三四线城市也将成为互联网+医疗健康争夺的新战场，优质的医疗资源将借助“互联网+”进一步下沉，医疗资源均衡布局成为可能。

同时，民众看病是属地化的，所以微脉以城市为单位来构建医疗健康服务，立足本地化；通过与公立医院的深度合作，把一个城市里主要医院的“3+1”功能在线化：“3”代表服务、支付、数据，“1”代表医生。微脉将这些医患交互的“信任连接”沉淀到线上。本轮融资跟投方之一的千骥资本也表示：千骥看好微脉模式在国内基层医疗生态中的长期表现。

当然，微脉也存面临着一些问题。

随着优势模式得以验证，微脉可能面对来自同行竞争以及获客成本增高的压力。城市化的高门槛来自于获得的医院资源，而区域式团队的多方面执行力也会直接影响实践的可行性。

通常医院已经有了自己的挂号平台，但政府的需求通常是平台要能够挂到本地所有的医院号，统一就医模式实现准确导医。微脉联合政府建立统一挂号平台，就无法从基本医疗中获利。还有一些城市是集团化医院的形式，进入其中一家医院，便可打通其他医院，但很多地方已经有了统一的挂号平台，微脉接手以后，后期维护、升级和运营的成本，还需要微脉每年投入大量资金和人力。这些都需要区域团队与政府、集团医院建立足够的信任并通力合作，也需要研发、运维团队拥有足够强大的实力。

不过总体而言，微脉的前景值得期待，倘若其模式得以扩大强化和统一，它就像冰山一样，通过露出水面的部分，链接覆盖了广大中小城市的医院和患者，这背后所蕴含的数据联系则是沉于水下更为庞大的暗山，所承载的信息有望协同当前医疗体系、技术乃至智慧医疗，实现医疗保障体系效率的提升，医患信任的飞跃。

想成为投融资观察报告创作团队的一员吗？微信扫描本书第351页二维码，现在就加入我们吧！

No. 22

AI风控行业机遇无限，“同盾科技”能否广开数据源*

主笔：陈璐

资料收集：喻岚、綦振浚、李怡郡

交易概览：

2019年6月30日，国内专业的智能风控和分析决策服务提供商——同盾科技获得数千万美元D+轮融资，由中航信托、广发全球投资基金、浙商创投及一家全球顶级金融机构追投。本轮融资将继续用于产品创新。截至目前，同盾科技已累计获得7轮融资。多位新的战略投资者入局，体现资本市场对于同盾科技在过去一年强劲业务增长的认可以及对于未来发展的信心，有助于同盾科技成为一家立足于中国、未来在全球范围发挥影响力的卓越科技创新企业。

一、不良资产规模不断攀升，亟须智能化风控落地

（一）看不清的信用，看得到的不良资产规模

近年来，我国商业银行信贷规模日益上升，各种非银行金融机构也积极建立各自的信贷体系希望能分一杯羹。然而随着信贷规模一起增长的还

* 本文写于2019年6月。

有不良贷款规模和不良贷款率（见图 1）。其主要原因是审核过程中申请人材料存在着真实性问题和完整性问题：一方面，金融系统互相信息不通畅，申请方刻意作假等，导致贷款评估过程中个人或企业提供的资料数据不真实；另一方面，贷款申请方会选择性地递交材料，隐瞒高消费、赌博等对自己征信不利的信息。

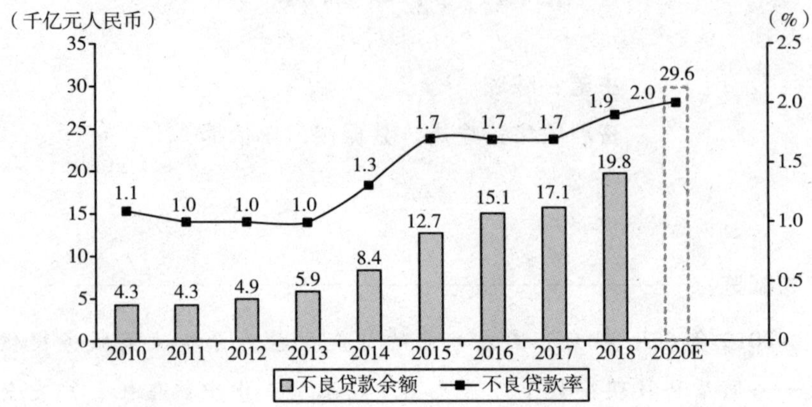

图 1　2010～2018 年商业银行不良贷款规模和不良贷款率

资料来源：《2018 年中国大数据风控调研报告》

（二）大数据加持，传统风控向智能风控进化

一般而言，传统的风控以定性为主体，如主观规则、客户评级等，这样获取的数据维度窄且数据量有限，容易导致分析的结果无法准确描述用户的特点。传统风控运用的模型大多基于客户历史行为、数据进行判断，而未来潜在风险无法提前预估，风险管理存在极大缺口。特别是在数字化转型背景下，传统的风险管控模式已无法满足全面风险管控的需求。

智能风控是一个基于人工智能技术的综合性系统工程，应充分利用各种数据，借助如机器学习和大数据等技术，与风控业务逻辑、流程等的有机结合，解决银行信贷业务中的各种问题，最终形成一套完整的风控系统。

智能风控的优势在于通过大量数据和算法，不仅可以对各方数据进行全面的客户评估，提高精确度，促使传统模式下难以度量的风险显性化、提升风控能力；同时，计算机强大的学习能力和智能的模型算法，提高了数据、信息的整合、分析及预测判断的速度，使得风控效率大大提高。随着对反欺诈和信贷风控的需求上升，智能风控逐渐成为金融领域，尤其是银行业的应用热点，它提供一种贯穿事前预警与反欺诈、事中监控和事后分析全业务流程的风控手段（见图 2）。

图 2　智能信贷风控：“端到端”的智能信贷风控解决方案

资料来源：《人工智能在银行领域应用报告》

二、行业马太效应初现，资本理性布局成熟企业

（一）优质客群集中于大型金融机构，企业数量增长趋缓

智能风控已经成为众多互联网金融科技公司的重点发展领域和核心竞争力，整个行业呈现高速增长态势。同盾科技副总裁表示，在过去 5 年多的时间里，整个中国互联网的浪潮，从行业应用的成熟度、基础设施的成熟度这两个维度来看，人工智能 × 大数据分析的市场规模巨大，从 2014 年的 85 亿元增长到 2016 年的 170 亿元，预测 2022 年该市场规模可以突破 1 000 亿元。

虽然市场规模和发展前景一片大好，普惠金融市场集中度也较分散，但是第一梯队和第二梯队的大型金融机构由于占据客户资源优势、资金成本优势，逐渐在普惠金融领域处于绝对主导地位，成为智能风控公司的最佳客群（见图 3）。

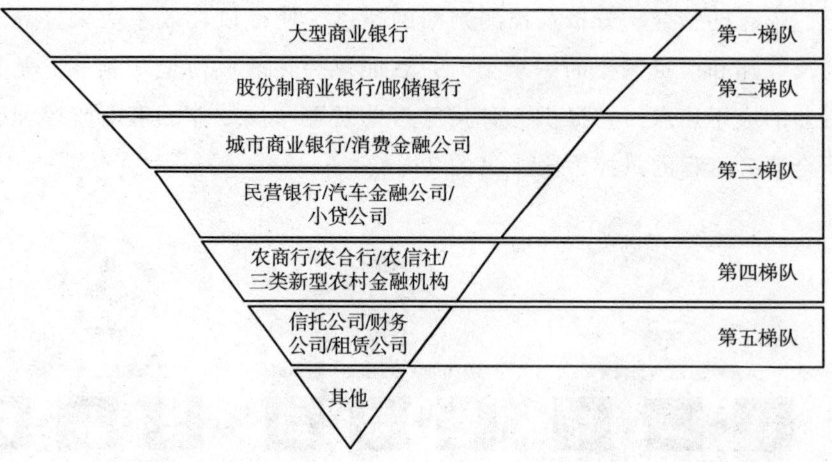

图 3　大数据风控客群梯队

资料来源：《2018 年中国大数据风控调研报告》

由于行业门槛提高、服务的客户集中度上升等原因，行业的新进入者数量于 2015 年达到高峰后断崖式下降，从 2015 年的 148 家下降到 2018 年的 10 家（见图 4），整个行业已经显现出马太效应，对于现有存量市场的资源争夺已经成为智能风控企业能否进一步发展的关键。

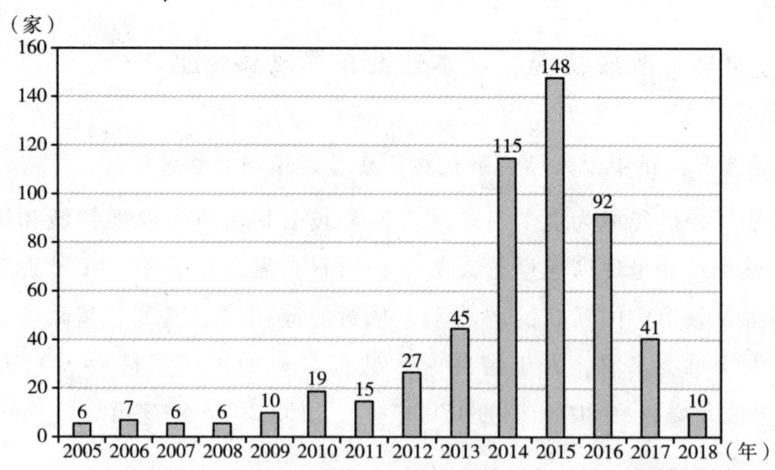

图 4　2005～2018 年中国金融智能风控新增企业数量

资料来源：《2018 年中国智能风控研究报告》

关注智能风控赛道的资本市场也逐渐从早期阶段的种子/天使轮投资转向 C 轮/D 轮及后期（见图 5），整体上更看好具有先发优势的成熟企业。

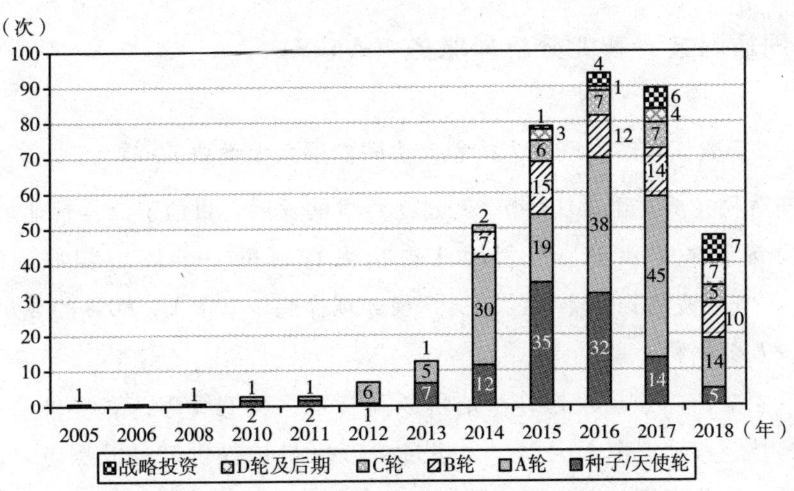

图5　2005～2018年中国金融智能风控私募股权投资市场

资料来源：《2018年中国智能风控研究报告》

（二）政府加强金融监管，头部客户更为抢手

政府从2015年开始发布一系列金融监管相关的文件，是整个行业成熟和整合的主要推动力（见图6）。在更严格的强监管时代，非持牌金融机构市场规模逐步萎缩，甚至金融大数据客户总量会减少。同时，头部客户的市场份额进一步提升，因此争夺第一梯队和第二梯队的客户成为金融大数据公司重中之重。

图6

三、同盾科技：智能分析即服务（AaaS）

（一）以反欺诈和信贷风控为核心，协同发展六大类业务

同盾科技成立于 2013 年，经过 5 年多的发展，目前定位是智能风控和分析决策服务提供商。公司团队包括来自阿里、PayPal、银联、FICO、SAS、平安、麦肯锡等企业的成员，现今规模超 1 200 人，80% 的成员为产品研发及数据科学家。

其主要产品包括反欺诈、信贷风险管理、逾期管理、客户价值挖掘、保险科技、移动安全六大类，为超过 1 万家机构提供产品及服务。其中，反欺诈、信贷风控和用户增长服务是其主要的三大业务线（见图 7）。在中国反欺诈领域，同盾科技正监测超过 100 万个网络欺诈团伙并可以实时提醒各个机构。每日欺诈情报监测预警超过 15 万次，日均拦截 IP 代理行为超过 150 万次，帮助合作客户保护账户安全超过 15 亿次。在信贷风险管理领域，同盾科技提供的贷前审核、贷中及贷后监控等产品、服务，帮助金融机构降低风险并提升自动审批效率。

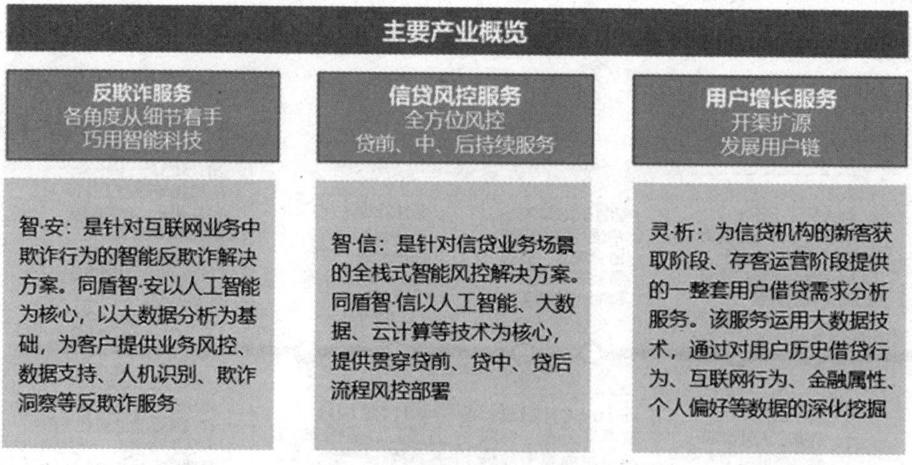

图 7　同盾科技三大业务线

资料来源：官网、网络资料整理

同盾科技的主要客户包括招商银行、兴业银行、宜人贷、微贷网、易

方达基金等12个相关领域的众多下游企业（见图8）。

图8　部分服务领域及客户案例

资料来源：各企业官网

（二）产品开发兼顾技术创新，业务积极“出海”

同盾科技的业务主要布局在于大金融科技领域，此外也在加快互联网、政府及公共事务、大企业等领域的布局。2018年6月，同盾科技提出了“AaaS——智能分析即服务”理念。AaaS平台分为四层：最底层是存储端，包括实时的和离线的数据存储；上面一层是机器学习平台，包括监督型和非监督型深度学习的平台；再往上一层是基础应用平台，包括决策引擎、自动化建模和训练平台；最上面一层是应用层，主要是针对智能营销、智能反欺诈和智能信贷等场景需求。同盾科技提供了一整套解决方案，既整合了一些标准化产品，也可以提供定制化服务（见图9）。

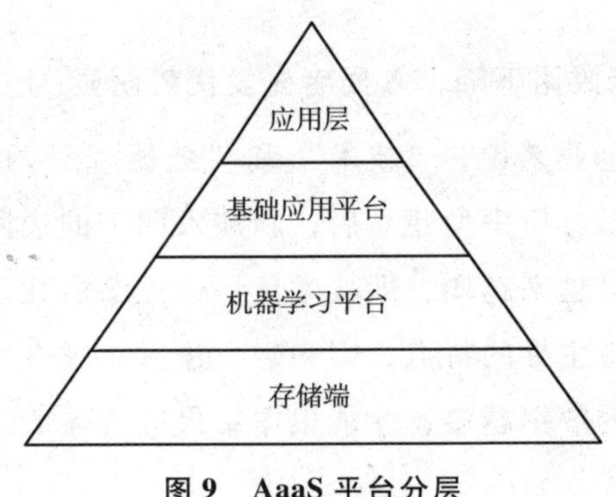

图9　AaaS平台分层

在技术创新方面，同盾科技与浙江大学、西北工业大学达成合作，组建了人工智能实验室及智能语音技术联合实验室，并深入开展区块链、云计算等技术研发，入局供应链金融和中小企业融资。

同时，搭乘企业出海浪潮，同盾科技也在进军国际市场，目前已在东南亚市场布局，从印度尼西亚、菲律宾到新加坡，为当地及国内出海的金融机构提供智能分析及决策的产品和服务。

（三）各业务领域能者辈出，同盾压力倍增

同盾科技的竞争对手有蚂蚁金服、Feedzai、翰迪数据、Maxent、富数科技等，其中蚂蚁金服与同盾科技业务重合度最高（见表1）。蚂蚁金服作为BAT互联网金融业务的代表，作为市场上的领导者，与同盾科技相比掌握着更多数据，拥有更多资金。但在未来的竞争中，不能排除存在行业进一步整合、赢者通吃的情况。

四、数据和技术，智能风控未来道路几何

（一）AI+金融领域竞争，绕不过的BAT

在中国的智能风控市场，主要参与者有产业类公司、互联网公司、创新型公司、IT类公司。通过数据、技术和客户三个方面切入该领域，其中互联网巨头更是同时拥有数据和技术优势（见图10）。

从整个行业的数据源及数据分析集中度来看，以BAT为代表的互联网巨头分别牵手不同的大型商业银行及股份制商业银行，占据了主要的客户资源（见图11）。

（二）模型因子边际效用下降，入局者先发优势明显

对于智能风控企业来说，“技术”和“数据”是两个核心竞争力。从技术角度来说，数据分析模型建立后，新加入因子的边际效应会越来越少，模型本身的区别优势越来越弱，即技术优势会逐渐弱化。从数据角度来说，整个行业体现出声誉主导的特点，因为越早进入，越有机会争取更多资源，可以依赖进行分析的数据越多，才能根据结果进行评估。

表 1　业务竞争对手情况

公司名称	估值/市值	反欺诈	用户增长	信贷风控	个性化服务	反洗钱	开户控制	大数据金融	智能营销	银联技术	优势	劣势
同盾科技	20 亿美元	√	√	√	√						专业安全防护、SSL 加密通道数据传输等核心技术，业务领域涉及多行业，并且向海外扩张	头部客户资源较少，因此所获得的数据相对较少
蚂蚁金服	1 500 亿美元	√		√	√	√		√	√		形成一系列金融产业链，发展火热，在中国占有巨大的金融市场。获得百亿级融资，资金充沛。与浙江大学联手成立金融科技研究中心，创新科技	暂无
Fee dzai	—	√				√	√				总部位于加利福尼亚，接触最新科学技术，能够预先判断出潜在的账户异常，而且可以识别出六成以上的欺诈误报	集中于反欺诈反洗钱，在群众日常生活中普及度低，客户多为公司企业
翰迪数据	1.15 亿元人民币	√		√				√			致力于线上信贷相关的服务，利用其母公司在支付行业业务合作中积累的数千家互联网平台，成功向上海著名银行输出风控和反欺诈能力、复杂信贷产品系统	近年来未能盈利，最近一次在 2017 年获得投资的来源恺英网络失联诉讼缠身
Max ent	—	√						√			猛犸自主研发，掌握核心技术，猛犸反欺诈 SaaS 服务结合被动式设备指纹和行为分析，能接近 99.9% 的准确识别潜在欺诈者	定位方向较为狭隘，致力于反欺诈行业，不涉及风控方面服务
富数科技	—			√	√				√	√	获过亿元融资，资金充沛。在中国已经拥有超过 200 家头部企业客户，在所拥有的细分领域致力深耕，服务细化精准。富数科技与银行有多方面合作交流	传统金融机构正在下沉，富数科技集中于金融服务，而多元化服务、用户信用评估、精准营销等方面成为痛点难点

资料来源：《2018 年中国大数据风控调研报告》

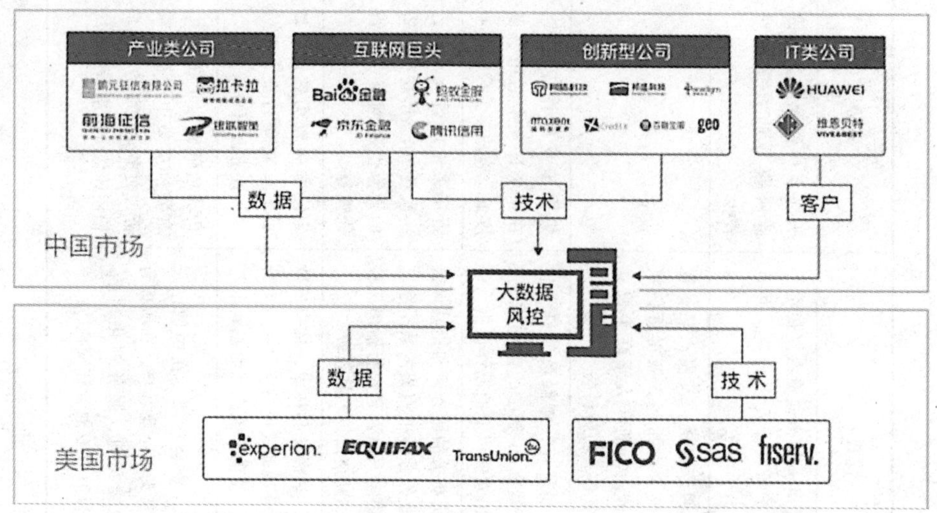

图 10　智能风控市场

资料来源：《2018 年中国大数据风控调研报告》

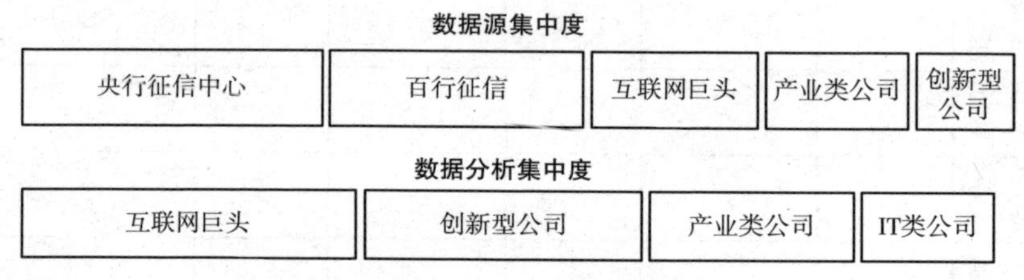

图 11　数据分布情况

资料来源：《2018 年中国大数据风控调研报告》

（三）缺乏数据获取渠道，扩大服务领域或带来新的生机

从长远的眼光来看，智能风控企业“得数据者得天下”，其数据优势是核心竞争力。因为在经过多年发展后，技术角度将很难实现降维打击，但是数据维度可以，所以能否拿到更多数据源是各个智能风控行业玩家最大的风险点，而相较之下，同盾获取数据的能力是比较弱的。

大数据在各领域的成熟度与市场规模、基础设施和应用范围直接相关。目前来说金融行业的大数据相比其他行业渗透最深，但是电子商务、电信、医疗、教育等其他领域也都存在着众多机会（见图 12）。对于同盾科技来说，未来关键点在于服务领域是否能扩大。因为在用户量急剧扩大的情况下，存量市场的先导地位优势可能会下降，后来者也有更多机会。

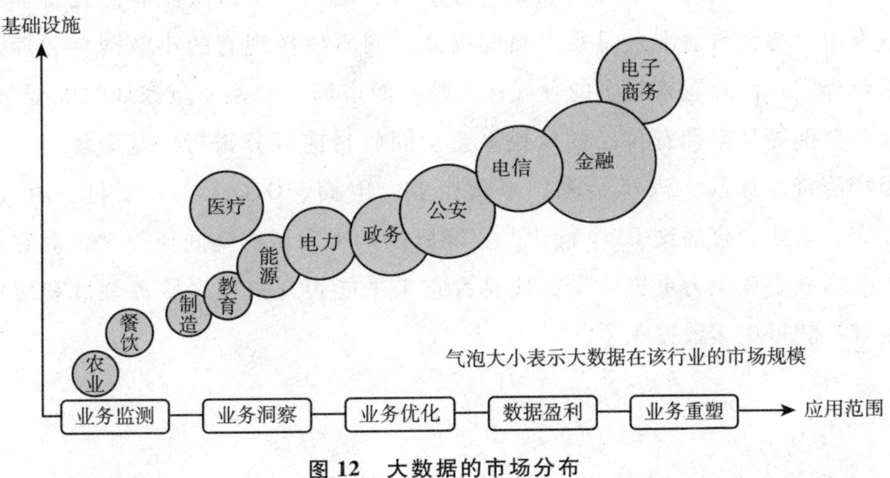

图 12　大数据的市场分布

资料来源：爱分析

包括同盾在内的众多智能风控企业目前的主要业务领域仍是金融，但也逐步开始拓展大数据分析和人工智能在其他行业领域的应用，其中电子商务极有可能成为下一个主战场（见表 2）。

表 2　　主要业务领域

智能风控企业	除金融外其他行业领域	代表客户
同盾科技	电商、O2O、旅游、游戏等	唯品会、美团点评、昆明航空、盛大游戏等
集奥聚合	电商、制造、地产等	海尔、联合利华、JMC、奔驰、华润置地等
量化派	电商、旅游、租房等	携程、去哪儿、58 同城等
白骑士	电商、旅游、租赁等	趣店、途牛、雪球等
富数科技	教育	未公开
Maxent	电商、游戏、社交等	未公开
Feedzai	电商	First Data 等

资料来源：各公司官网、新闻

五、总结

随着资管新规等文件的颁布，金融监管趋严，小微金融牌照化管理将成为新常态，行业准入门槛大幅度提高，同盾科技现有的小额网贷和理财平台等客户面临越来越多的合规性风险。而市场上的主要玩家如蚂蚁金服，京东金融等又都拥有自己的风控平台。同盾目前服务银行、基金理财、非银行信贷、保险、汽车金融、小微企业、电商、O2O、三方支付、游戏、社交、航旅、直播这12个行业。智能风控未来发展的空间还很大，而它能否提高核心竞争力更进一步，就要看它未来能否开拓更多服务领域和应用场景，获得更多数据源了。

想成为投融资观察报告创作团队的一员吗？微信扫描本书第351页二维码，现在就加入我们吧！

No. 23

长租公寓问题频发，“自如”是否仍然自如*

主笔：阮丹宁

资料收集：陈可欣、张天宇

交易概览：

6 月 15 日，长租公寓品牌“自如”正在进行的 B 轮融资接近尾声，已募集约 5 亿美元。本轮由泛大西洋资本领投，腾讯、红杉资本、天图资本等跟投。“自如”本轮投前估值约 45 亿美元，此次融资将于近期交割完毕。

在 2018 年 1 月 16 日，投融资观察曾分析了“自如”A 轮的 40 亿元融资，华平投资、红杉资本、腾讯三家机构入局长租公寓。转眼一年半过去，在这期间，“自如”做了哪些事情，长租公寓市场又发生了哪些变化，参见表 1。

表 1　　2018 年“自如”长租公寓大事记

	宏观（政策）	中观（市场）	微观（自如）
事件	“租售平权”政策推行； 政府推进租赁住房建设与入市； 政府鼓励房地产金融创新	长租公寓市场洗牌，围绕头部房源的竞争愈发激烈； 房地产证券化为企业注资； 其他公司的跨界加入	与链家切分； 新产品线； 房地产金融领域的新尝试； 舆论危机
融资	政府公积金政策 + 银行贷款支持长租公寓企业融资	类 REITS 与 ABS 发行； 资本雄厚的知名企业资本投入/跨界加入长租公寓市场	从链家分拆出去后，开始了一系列的金融化产品，嵌入了包括信用评分、贷款分期、ABS 融资等诸多金融产品和元素

* 本文写于 2019 年 7 月。

续表

	宏观（政策）	中观（市场）	微观（自如）
规模扩张	政府推进利用集体建设用地建设租赁住房入市，源头上增加房源供给	企业之间高价竞争存量房源，根本目的是为了垄断未来市场定价权，造成房租推高	布局与主城区距离适中、交通相对便捷的板块，价格持中，涉及豪宅或低价住宅较少； 散租品牌与集中式产品线“自如寓”并行
风险	“租售平权”政策不能顺利落实	企业间恶性竞争； 市场垄断； 市场行为推高租金，租房市场向恶性投机市场演变	舆论风险； 金融产品“爆仓”风险

一、政府期望长租公寓缓解“购房难”问题，稳定房价

（一）立法推行“租售同权”，鼓励以租代售

2017 年 7 月 26 日，住建部有关负责人透露：将通过立法，明确租赁当事人的权利义务，保障当事人的合法权益，建立稳定租期和租金等方面的制度，逐步使租房居民在基本公共服务方面与买房居民享有同等待遇。

“租售同权”与公共服务平权密切相关，想要规范和发展住房租赁市场，关键是赋予租房者和购房者在公共服务上享受同等权利。

但从短期看，新政对住房市场的影响微乎其微。一方面由于政策落实的时滞性和不确定性；另一方面则是因为租购入学的竞争优势差异。在热门学校的入学竞争中，购房者在优先级上高于租房者，在很大程度上抑制了以租代售的需求。

（二）政府主导资金投入市场，释放个人租房需求

各地政府通过调整公积金政策（如提高公积金提取额度、支持公积金支付房租等）鼓励租赁消费。

银行响应号召积极跟进出台金融支持措施，为租房者开发贷款产品以便利租房者融资，从而稀释租房需求。2017 年 11 月 3 日，中国建设银行深圳分行推出国内首款个人住房租赁贷款“按居贷”，最高可贷额度为 100 万元，期限最长为 10 年，单笔支用最长为 5 年。2017 年 11 月 28 日，

中国工商银行北京分行为住房租赁市场企业端与个人端推出专属金融产品，其中，为个人提供的租赁住房贷款融资金额可达100万元，期限可达10年。

银行也与房企开展合作，为住房租赁市场发展提供金融支持。例如2017年10月30日，中信银行与碧桂园签署300亿元长租住宅保障性基金战略合作协议。

此外，政府也鼓励房地产企业开展金融创新。

（三）推进集体建设用地建设租赁住房，增加租房房源

政府推进利用集体建设用地建设租赁住房入市，从源头上增加房源供给。其中，最早一批推进建设的租赁用房即将投入市场（见表2）。

表2　　支持长租公寓市场供应的相关政策梳理

日期	发文部门	政策以及会议	内容
2018/1	原国土部	全国国土资源工作会议	深化利用农村集体经营性建设用地建设租赁住房试点，推动建立多主体供应、多渠道保障、租购并举的购房制度，让全体人民住有所居
2018/3	国务院	政府工作报告	培育住房租赁市场，发展共有产权住房，加快建立多主体供给、多渠道保障、租购并举的住房制度，让广大人民群众早日实现安居宜居
2018/4	证监会、住建部	《关于推进住房租赁资产证券化相关工作的通知》	明确开展住房租赁资产证券化的基本条件，优先支持大中城市、雄安新区等国家政策重点支持区域和利用集体建设用地建设租赁住房试点城市的住房租赁项目开展资产证券化
2018/5	住建部	《关于进一步做好房地产市场调控工作有关问题的通知》	力争用3～5年时间，公租房、租赁用房、共有产权住房用地在新增住房用地供应中的比例达到50%以上
2018/6	农业农村部	/	在符合规划的前提下，利用闲置的各类房产设施、集体建设用地等，以自主开发、合资合作等方式来发展租赁物业
2019/5	国务院办公厅	《国务院2019年立法工作计划》	将住房租赁条例加入立法计划

资料来源：亿翰智库

二、长租公寓市场转为红海，资本纷纷助力铸就龙头

（一）长租公寓市场大洗牌，龙头企业初步显现

2017~2018年，借政策东风，长租公寓成为风口热门，各类参与者纷纷加入（见表3）。大量资金涌入，多家长租公寓品牌快速扩张。依靠政府支持，市场对长租公寓一度非常看好。

表3　2017~2018年部分长租公寓品牌融资数据

长租公寓运营商	融资额度	融资轮次	融资时间	投资机构
微舍	数千万元	Pre-A	2018年1月17日	弘帆投资
自如	40亿元	A轮	2018年1月16日	华平、红杉、腾讯领投
DUDO公寓	1 000万元	天使轮	2017年11月30日	个人
招商公寓	不超过40亿元	未披露	2017年11月28日	建设银行
众寓资产	千万级	天使轮	2017年11月20日	嘉宸集团
贝客公寓	1.5亿元	A轮	2017年11月15日	三六五网
爱上租	3亿元	B轮	2017年9月	顾家集团、远致富
湾流国际	4亿元	A轮	2017年9月16日	基汇资本、挚信资本
窝趣	5 000万元	Pre-A	2017年8月10日	58同城领投
城家公寓	5 000万美元	Pre-A	2017年7月	华住集团、IDG
蛋壳公寓	亿级	A+轮	2017年6月28日	愉悦资本领投
未来域	2亿元	B轮	2017年6月7日	新光集团
青客公寓	1.8亿元	B轮	2017年5月29日	赛富亚洲
安心公寓（安歆·YU）	3亿元	B、B+轮	2017年5月6日	启明创投领投
麦家公寓	数千万元	A轮	2017年3月16日	保利资本

然而长租公寓企业的发展并不如预期。2018年16家长租公寓倒闭，更有杭州长租公寓品牌“鼎家”因过度放债使得资金链短链而爆仓。其背后原因是长租公寓资金回报率低，为抢夺房源前期投入大。因此，挪用租金建立资金池的现象难以避免，带来了“爆仓”风险。克而瑞的监测数据显示，目前国内20个重点城市公寓租金回报率为1%~3%，低于办公租金4%~6%的回报率，且远低于国际公寓水平（见图1）。

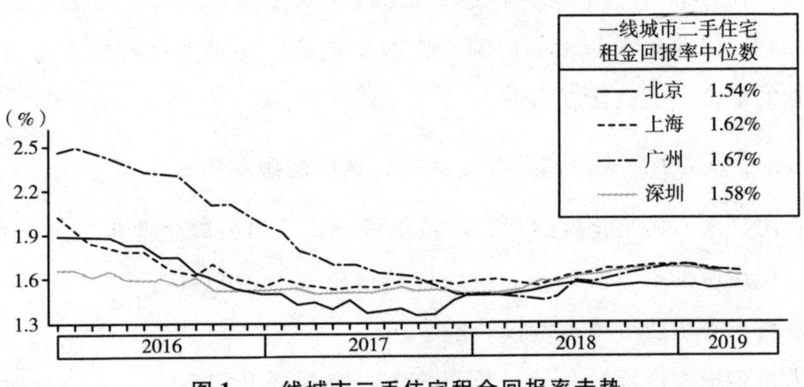

图 1　一线城市二手住宅租金回报率走势

2016 年至今，“北上广深”四大一线城市二手住宅租金回报率波动区间为 1.5% ~2.5%，按租售比看，平均需要 50 年才能回本（见图 2）。

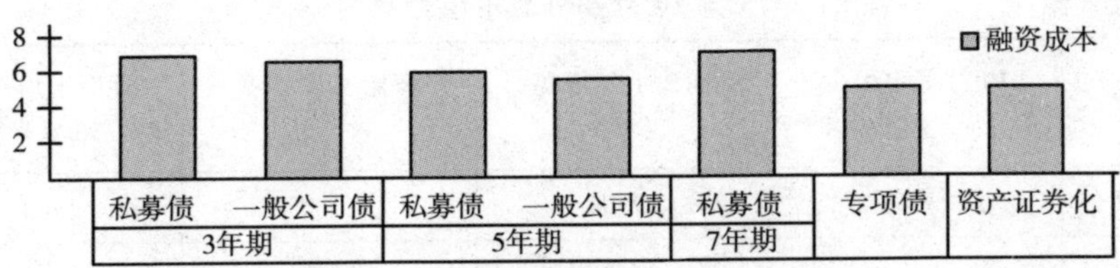

图 2　房企融资成本平均在 5%以上

随着陆续有品牌退出竞争或失去竞争力，长租公寓市场集中度显著提升，龙头企业初现。2018 年 8 月的统计数据显示：在 166 万套左右的长租公寓中，“自如”和“相寓”分别以 50 万套和 40 万套房间处于领先地位（见图 3）。

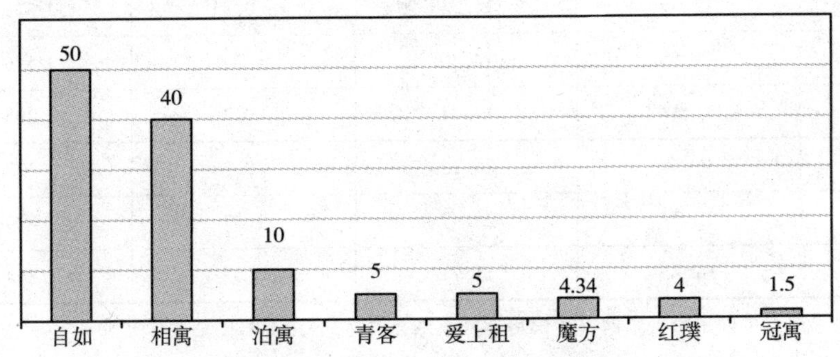

图 3　长租公寓获取或在管房屋规模（单位：万套）

资料来源：各公司官网、公告（统计口径和时间略有差异）

当然，与不动产相关的行业都有迭代更新慢的特点。长租公寓的发展如火如荼，目前90%以上的房源仍由散户把控。各家企业若想要对房源有绝对性的把持，仍然任重道远。

（二）长租公寓企业竞争白热化，为抢占优质房源房价被推高

新房进入市场是长期过程，增量不可观，长租公寓企业集中瓜分存量。优质区位房源供不应求，企业纷纷以高房价争夺市场占有率。究其深层原因，是对未来租赁市场定价权的争夺。

为覆盖抢占房源的高价，长租公寓一方面提升租金，一方面收取较高的服务费。统一租赁平台通过统一管理，降低成本取得溢价，并取得能够与高房价相符的竞争力（见表4）。

表4　　2018 年 10 月部分城市租金数据

城市	10 月平均租金（元/平方米）	同比上年增幅（%）	环比上月增幅（%）	月度人均房租（元/36.6 平方米）
北京	93.67	19.04	-0.03	3 428
深圳	79.38	25.32	0.00	2 905
上海	76.39	19.21	-0.43	2 796
杭州	55.52	15.23	-1.51	2 032
广州	52.22	17.67	0.27	1 911
三亚	49.74	-1.54	2.20	1 820
南京	45.65	16.31	-0.11	1 671
厦门	44.16	14.49	1.54	1 616
大连	35.38	17.31	-0.76	1 295
天津	36.25	26.22	-0.38	1 327
温州	35.22	25.97	1.47	1 289
福州	36.73	11.71	0.05	1 344

资料来源：中国房价行情网（中国房地产业协会主办），国泰君安证券研究

租售平权政策推行以来，各地房价走高趋势明显，资本在其中起了很大的助推作用（见图4）。长租公寓企业通过房地产金融手段取得前期扩张

所需资金，主要的手段是通过类 REITS 与 ABS 的发行。

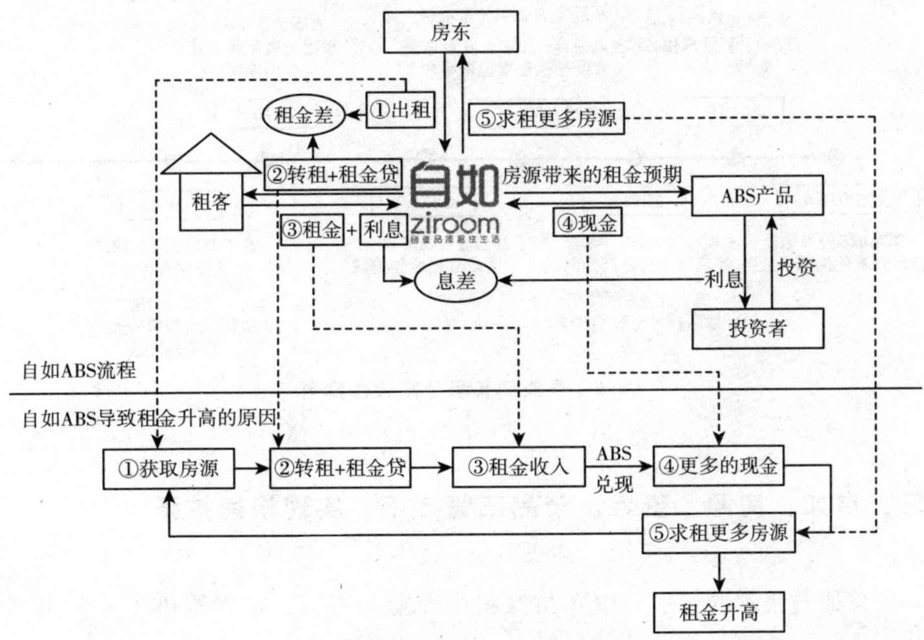

图4　资本助推租金“水涨船高”

以自如为例，在这个过程中只要风控能够避免爆仓风险，即可用基础资产通过循环成倍放大营运资本，也给予以自如为代表的优势平台有充足“弹药”抢占优质房源。一方面，虚增房源需求，改变供求关系；另一方面，平台有了更高的出价能力，从而推高租金。

（三）资本巨头入局，强强联合助力长租公寓蓬勃发展

以支付宝蚂蚁金服与蛋壳公寓的合作为例。目前在支付宝“第三方服务”中的“租房”选项中，可以看到蛋壳公寓已经入驻。蚂蚁金服在金融、支付、流量方面向长租公寓倾斜，更使用“信用免押”将租房市场推向高潮。

公司的跨界加入有三重意义。首先，引入多元主体，提供闲置房源，可以将其盘活。一些资金雄厚的企业在资金上为长租公寓提供保障，助力长租公寓企业扩张。此外，其他企业丰富的战略运作、运营经验与地产商形成优势互补，强强联合（见图5）。

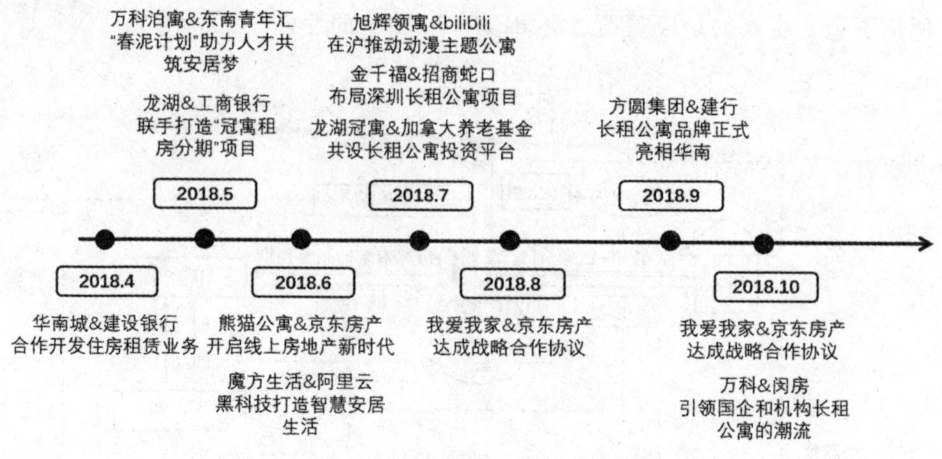

图 5　企业间长租公寓合作案例

三、自如：房源、资金、产品三管齐下，实现快速扩张

自如与链家的二手房中介与散租中介业务不同，前者提供了一种全新的、标准化的房屋租赁模式。2016 年 5 月，自如从链家拆分。自此之后，自如开始了一系列的金融化产品尝试，嵌入包括信用评分、贷款分期、ABS 融资等诸多金融产品和元素。

（一）瞄准中端租房人群，主攻高性价比房源

目前自如挂牌房源主要分布在于主城区距离适中、交通相对便捷的板块（见图 6）。对于豪宅与低价板块自如进驻较少，主要原因可能由于在房租低的区域自如难以获得盈利空间；在豪宅区域，业主不愿意将住房交由自如重新装修，房源难以筹集；而且高性价比房源相对抢手，挂牌后被迅速出租。

（二）多条产品线并行，优质服务提高自如产品价值

在产品线上，散租品牌与集中式产品线“自如寓”并行。单位面积租金来看，租金高低的排序为：自如房源 > 自如寓单人间 > 散租房源 > 自如寓多人间。自如租金普遍高于散租房源，原因是自如的面积只计入卧室面积，造成每平方米均摊价偏高，而且自如也会收取比较高的服务费。

从产品角度来看，自如注重以服务提升产品附加值，引入了场景化社交元素。

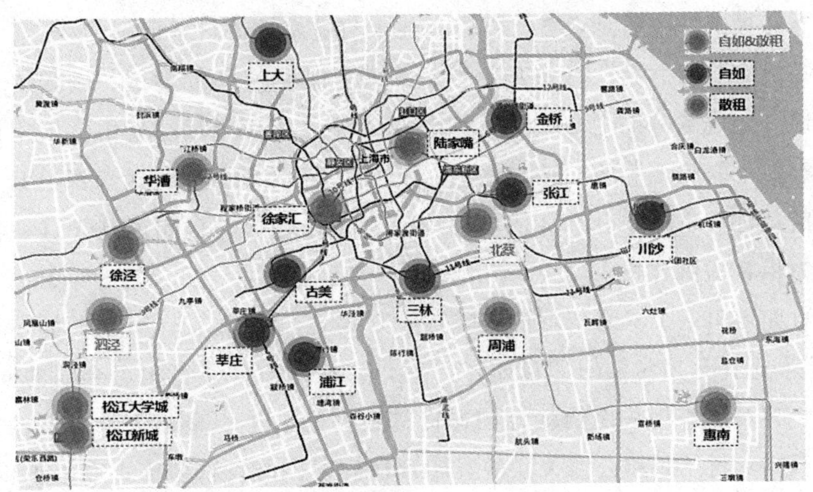

图 6　自如、散租房源挂牌量 TOP10 板块分布示意图

资料来源：CRIC 整理

自如友家升级到了 6.0，还有自如友家 6.0 ZHOME 版本，实现了全场景智能合租。此外，自如首创了音乐 live 空间 Z－Lovi、全智能自如寓和无界生活空间 Z－SPACE，升级了自如整租、自如豪宅、自如寓、自如驿等一系列产品，以满足不同人群在不同场景下的租住需求（见图 7）。

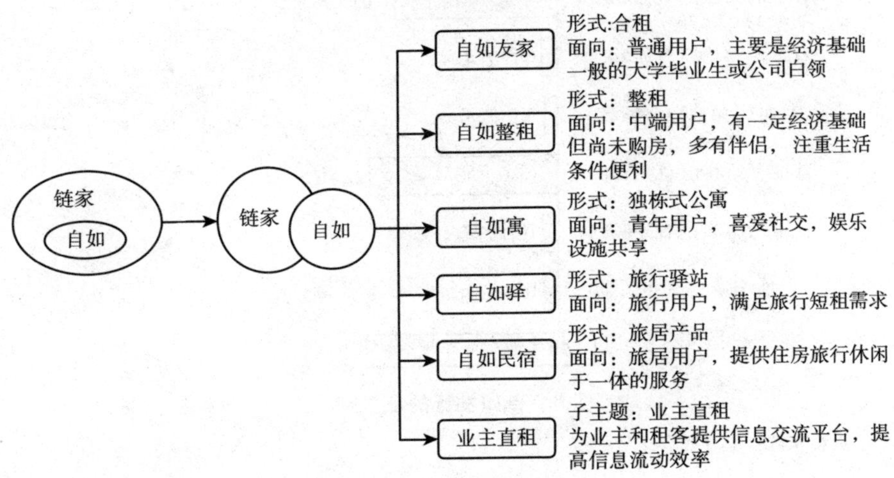

图 7　自如的当前主要产品线

（三）多维度利用金融化产品，建立巨大资金池

独立出链家的自如是链家资产管理一线中的佼佼者。从链家剥离后，

自如有心做大资产管理业务，在资金池上与链家也进行了切割。

与链家分析之后，自如开始了一系列金融化产品的尝试，嵌入了包括信用评分、贷款分期、ABS 融资等诸多金融产品和元素。其中，信用评分体系类似于蚂蚁金服的“蚂蚁信用”，在预订、签约、续约阶段都会对租客身份信息进行审核，有不良记录的用户将无法签约。自如也基于这一信用体系为租客提供合租人。

自如还引入了具有贷款性质的支付方式“自如白条”和“自如客专享分期”。选择分期付款的“自如客”用户，在和自如签订租房合同的同时，还需要和自如签订一份贷款合同，贷款金额为一年租金，按月还款。贷款款项直接支付给长租公寓关联的资产管理公司，即长租公寓提取未来租金，为自己建立了巨大的资金池。

在资产证券化上自如也走在了前列（见图 8）。2019 年自如陆续发行自如 2 号第 1、2 期。据悉，按照计划，自如 1 号、自如 2 号 ABS 共发行 25 亿元。

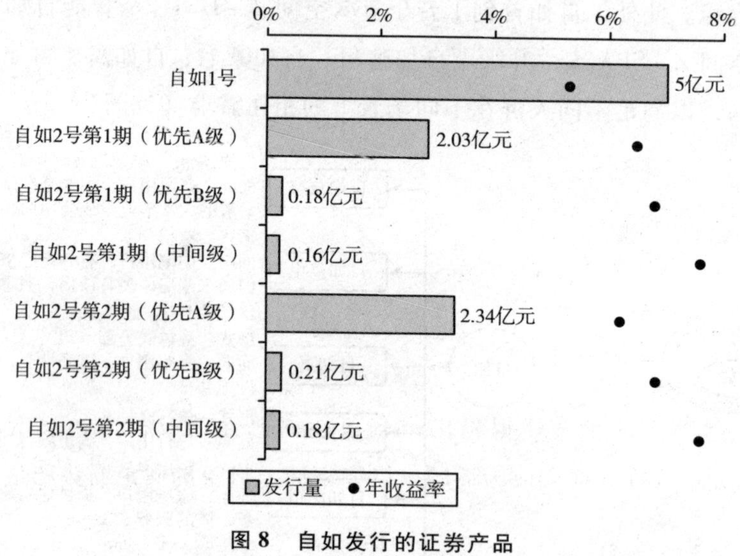

图 8　自如发行的证券产品

资料来源：上海证券交易所

（四）从舆论到自身金融产品风险，自如过快扩张背后的潜在危机

快速扩张为自如带来了风险质疑。长租公寓从拿房、统一装修到投入市场周期较长，为了快速扩张而强行缩短周期，导致自如面临着甲醛房、

管理不力等负面舆论压力。

2018 年 8 月 31 日，一篇名为《阿里 P7 员工得白血病身故，生前租了自如甲醛房》的文章引发了舆论风暴。此后 26 名北京租户以甲醛浓度超标对自如提出起诉，而自如则提出签封口协议的解决方案。这种缺少赔偿与道歉的不良回应，无异于火上浇油。一时间对自如的负面舆论甚嚣尘上。

此外，高昂的服务费（租金的 10%）和不稳定的服务质量，也激怒了一部分顾客。一些用户表示，目前出于“缺乏更好用的租房平台”而不得已使用自如。这代表着若有一家企业能获得更高的客户满意度，便很有可能在短期内抢走部分自如用户，客观增大了自如的竞争压力。

自如较高的融资成本也增加了其金融产品的风险。据搜狐报道，目前行业内 ABS 平均利率在 5% ~6% 之间，但自如付出的最终利率估计接近 10%。同时，多数的长租公寓作为二房东，没有物业产权，用租金收益发行 ABS，相较物业资产型 ABS，不确定性更高。

但据自如方的说法，自如收益能够覆盖 ABS 发行成本和承诺的本息收益，因此“爆仓”风险较小。

四、总结

广阔的租房市场、政策的支持、已经建立的龙头地位，都是自如长期发展的助推剂。而未来将有一批政府出资的租房房源投入市场，对市场也会有比较好的稳定作用。资产证券化和各类金融产品的创新，则保障了长租公寓企业前期的资金投入，有利于企业扩张。

但持续推高的租金使得租房市场可能向恶性的投机市场演变，未来“租不起房”或许同样会成为话题。自如方面，自身的舆论弱势和金融风险则是未来主要的不稳定因素。

想成为投融资观察报告创作团队的一员吗？微信扫描本书第351页二维码，现在就加入我们吧！

No. 24

新兴风口：风口上的电子烟*

主笔：沈雨晴、谢廷敬

资料收集：王润、陈彦伶、张鹏宵

交易概览：

2018 年 6 月至今，电子烟行业已有 30 余笔投资，总融资额超过 20 亿元，许多新企业如雨后春笋般出现。如今资本这般狂热的景象，俨然给人一种 2019 年是“电子烟元年”的错觉。其实最早的电子烟“如烟”早在 2003 年就已面世，产品问世一年销量就超过了 30 万支，甚至远销欧美市场，还被认定为具有戒烟功能的控烟产品。2008 年在港交所上市后，如烟市值一度高达 1 200 亿港元，但因为多方质疑其功效及宣传失实，以及食品药品监督管理局（Food and Drug Administration，FDA）的禁令，最后黯然离场。

2018 年，国际烟草巨头奥驰亚集团（Altria Group，旗下包括万宝路等多款知名香烟品牌）以 128 亿美元收购美国最大的电子烟公司 JUUL 35% 的股份。这时 JUUL 估值已达 370 亿美元，远超 Lyft 和 Airbnb。这令人咋舌的增长潜力点燃了资本的热情，谁都不愿意错过这样一个令人“上瘾”的风口。

---

* 本文写于 2019 年 8 月。

一、资本倾注，资本市场的新宠

根据《2018 年世界烟草发展报告》，电子烟行业的市场规模已达 145.2 亿美元，同比增速 27%，而中国仅 7.4 亿美元，占比仅 5.1%（见图 1）。市场规模最大的美国渗透率达 13%，而中国不足 1%。中国烟民的人数为 3.5 亿人，如果能够达到英美发达国家市场的渗透率，这就是一个千亿元规模的市场，加上烟草本身的“易成瘾”属性，电子烟背后的故事很容易打动市场上的投资人。

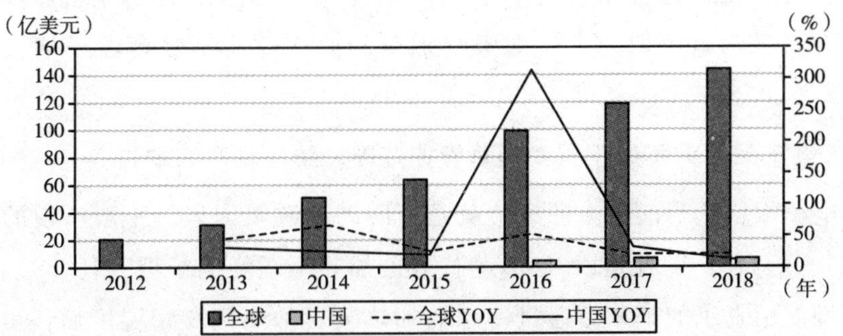

图 1　2012～2018 年全球与中国电子烟市场规模

资料来源：前瞻产业研究院

二、电子烟与监管的赛跑

（一）电子烟是否更健康

电子烟其实从“如烟”诞生的那一刻起，就为自己打上“健康”的标签。传统香烟的燃烧会释放焦油、苯并芘、重金属、一氧化碳以及 PM2.5 等有毒有害物质，而电子烟烟油的成分是甘油、丙二醇、香精、尼古丁盐，雾化仅是物理变化，因此电子烟的烟气安全许多。尼古丁是卷烟中的主要成瘾物质，电子烟中添加的尼古丁盐对口腔的刺激要小很多，其进入人体后分解为尼古丁和柠檬酸、酒石酸，而这两种酸可从柠檬和葡萄中提取。因此总的来说，与卷烟相比，电子烟对人体的危害大大降低。

然而，电子烟也并非如商家所宣传的“不含任何有害物质”。越来越多的研究表明，电子烟其实会释放有害物质。“3·15”晚会曝光部分电子烟有尼古丁标注不清的问题，易导致尼古丁吸入过量。此外，电子烟烟雾含有甲醛，在测试的烟液中，每 100 次抽吸，甲醛检出量在2.3mg～14.9mg之间，是我国居室内空气中甲醛最高容许浓度的数十倍。

电子烟存在的另一个没有被探明的伤害，就是甘油对人体的伤害。目前电子烟中的成分都是食用级，但是高温使甘油蒸发之后会被吸入肺中，而目前没有数据证明甘油不会对肺产生影响。更为重要的是，电子烟提供了一种不受监管的尼古丁获取途径，并且由于电子水烟（VAPE）亚文化的存在，青少年吸食电子烟的概率大大增加，最终可能导致其转向卷烟，吸食电子烟的人转向吸食烟草的概率要比不吸食电子烟的人大两倍。

（二）电子烟目前不属于国家烟草管控范围，统一性政策缺位

电子烟行业目前最大的风险就是不明朗的政策因素。一般所说的“电子烟”分两种：一种是以 IQOS 为代表的加热不燃烧电子烟（HNB）。这种电子烟使用真正的烟草，通过特殊的加热装置加热到一定温度后，可在不燃烧的情况下释放含有尼古丁的烟气。由于含有烟草，HNB 制品在国内明确禁售。另一种是蒸汽型，或称烟油型雾化电子烟。这种电子烟以 JUUL 为代表，与 HNB 制品不同，因为雾化电子烟不含烟草，采用的是有机尼古丁盐，不在《烟草专卖法》规定之中，导致长期以来中国关于电子烟监管基本处于空白状态，仅有指导性文件（见图 2）。目前，国家卫健委正同有关部门展开对电子烟监管的专项研究，计划对电子烟行业进行立法监管。电子烟国家标准有望于年内出台。

但其实许多城市已经出台了地方法规对电子烟的销售、使用进行限制（见表 1）。大部分城市都将电子烟与传统卷烟置于平等地位，使用电子烟同样被视为吸烟行为。雾化电子烟虽不含烟草，但同样含有尼古丁。考虑到对青少年的影响，电子烟有大概率将被纳入国家标准监管范围。预计国标的出台将加快淘汰劣质企业，推动行业整合的步伐，头部效应会凸显。

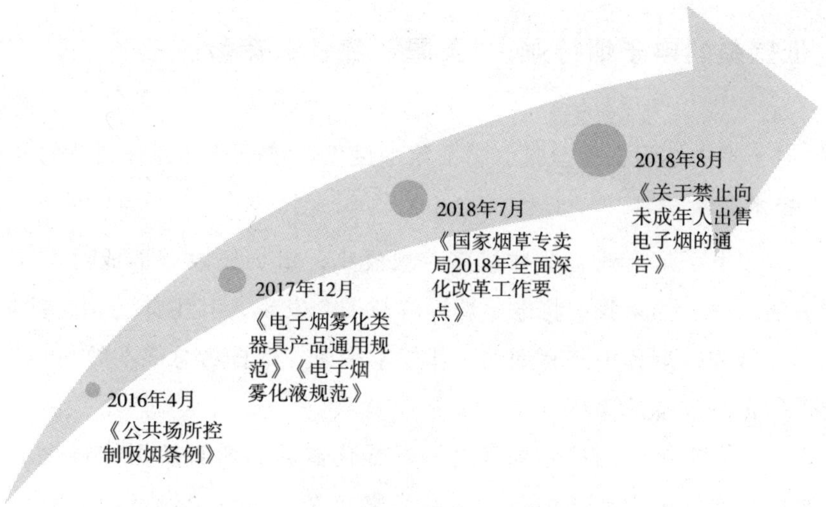

图 2　中国电子烟政策法规逐步规范

表 1　相关地方性法规

城市及地区	时间	针对电子烟的控烟政策
深圳	2019. 01. 28	《深圳经济特区控制吸烟条例（修订征求意见稿）》将电子烟纳入禁烟范围，2019 年 6 月新控烟条例获通过，于 10 月 1 日实施
杭州	2019. 01. 01	《杭州市公共场所》明确将吸食电子烟纳入吸烟行为，禁烟场所禁止使用电子烟
张家口	2018. 08	《张家口市控制吸烟条例（征求意见稿）》明确电子烟纳入禁烟监管范围
秦皇岛	—	《秦皇岛市控烟管理办法》明确将使用电子烟纳入吸烟行为，禁止吸烟场所禁止使用电子烟
成都	2019. 05	成都司法局发布新烟禁令，明确将使用电子烟纳入吸烟行为，公共场所使用电子烟将受到约束
香港	2019. 02	《2019 年吸烟（公共卫生）（修订）条例草案》建议禁止进口、销售、制造、宣传电子烟产品，违者或罚款 5 万元港币及 6 个月监禁

三、低壁垒的电子烟行业，“灵犀”靠什么竞争

（一）电子烟主体设备壁垒低，行业集中度低，核心部件面临国外的技术垄断

目前，电子烟行业企业数量多、规模小，市场还没有形成对产业链有控制力的品牌。如果我们将电子烟拆解开来会发现，其主体结构包括烟杆、雾化器和烟弹，烟弹中装有烟油。从成本来说，烟杆占总成本的60%左右，雾化器约占总成本的30%。

雾化器是电子烟的核心部件之一，雾化器的品质直接影响雾化出的烟液口感。目前，国内电子烟多采用陶瓷雾化芯，上游生产商中麦克韦尔的陶瓷雾化芯技术影响力较大。2007～2017 年我国电子烟专利申请数量呈增长趋势。但根据蓝洞新消费调查，多数国内初创型电子烟品牌在专利申请方面都属于白板阶段，已获专利的品牌多为外观设计专利，大多数企业其实并不具备核心竞争力（见图 3、表 2）。

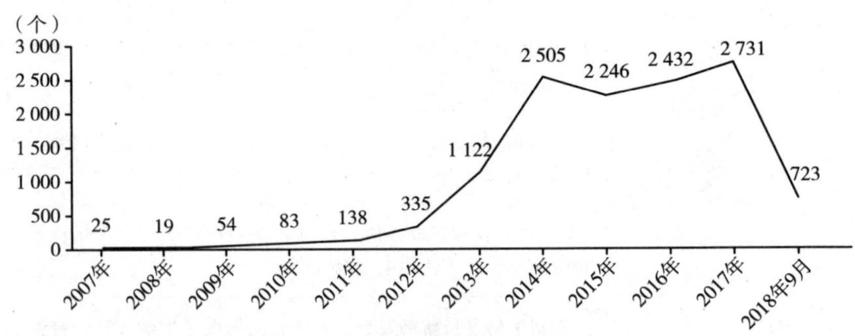

图 3　2007～2018 年 9 月中国电子烟行业专利申请数量

资料来源：SooPAT，前瞻产业研究院

表 2　国内电子烟创业品牌知识产权调查情况

电子烟品牌	融资金额	商标申请数（个）	是否获得品牌商标	专利申请数（个）	已获专利数（个）
悦刻 RELX	3 800 万元	61	RELX、悦刻	8	7
VPO 微珀	3 000 万元	19	VPO、微珀	3	3

续表

电子烟品牌	融资金额	商标申请数（个）	是否获得品牌商标	专利申请数（个）	已获专利数（个）
灵犀 LINX	千万元	22	/	0	0
EVOVE 亿雾	2 000 万元	18	EVOVE、亿雾	0	0
Gippro 龙舞	数千万元	29	GIPPRO、龙舞	2	2
蓝兽	3 500 万元	41	蓝兽	19	18
蓝白电子烟	5 000 万元	1	/	2	0
MOTI 魔笛	1 000 万美元	16	/	0	0
BTM 贝爷	5 000 万元	13	贝爷、BTM	0	0
云吞 WONTON	数千万元	1	/	0	0
益爽 ESUN	千万元	8	益爽	0	0
iv 艾威	数千万元	54	/	0	0
Wel 鲸鱼轻烟	千万元	0	0	0	0
吉尔电子烟	1 200 万元	4	吉尔	0	0
山岚 Laan	800 万元	16	山岚、Laan	1	1
唯他 vitavp	千万元	117	/	0	0
爱卓 IJOY	3 亿元	108	爱卓、IJOY	19	19
冰壳 bink	2 000 万美元	6	/	0	0
FLOW 福禄		40	/	1	0
YOOZ 柚子		132	/	0	0
小野 vvild		15	/	0	0

资料来源：蓝洞新消费

电子烟行业真正的利润来源是烟弹的复购。国内烟弹生产技术并不成熟，目前并没有可以完全解决漏油问题的国产烟弹。此外，虽然全球90%以上的电子烟都在深圳生产，但国内厂家几乎无法自主生产烟油与尼古丁盐，严重依赖进口。在这方面，全球电子烟龙头 JUUL 正在积极布局，于中国申请 111 个包括烟弹、烟油等多项专利，国内企业将面临技术垄断的压力。

（二）低价烟杆，高价烟弹，锁定模式构建商业逻辑

灵犀目前共有三款产品：两款换弹式电子烟，一款一次性电子烟。最先推出的金属品鉴套装换弹电子烟主打高端市场；第二款是一次性小烟，使用场景更灵活；第三款换弹式雾化器套装是目前品牌主打产品。

目前电子烟厂商多以“烟杆 + 烟弹”套装的方式捆绑售卖，而不单独售卖烟杆，因此购买套装一般是新用户首次接触该品牌电子烟的主要方式。灵犀的换弹式雾化器套装价格较其他品牌主打产品价格明显更低，仅为 99 元，换算后，裸烟杆的价格甚至仅有其他厂商的 1/4。烟杆的低价为其在同质化的行业格局中带来巨大优势，给电子烟新用户提供了诸多类似产品中最为实惠的选项。

而烟弹方面，灵犀的单包烟（即抽吸 240 口）对应价格为 26.5 元，是其他产品的近两倍。可见，灵犀是通过低烟杆价格拉高烟弹价格盈利的方式，以锁定模式完成商业闭环。值得一提的是，灵犀通过把烟弹容量做小（其 0.7ml 的烟弹容量只有其他厂商的约一半），实际上仍然做到了单烟弹价格与其他产品基本一致（见表 3）。

表 3　　各品牌指标比较

品牌	烟杆 + 烟弹套装		烟弹补充包		烟弹容量（ml）	换算后		
	套装	价格（元）	补充包	价格（元）		单烟杆价格（元）	单烟弹价格（元）	单包烟对应价格（元）
LINX 灵犀	1 烟杆 +2 烟弹	99	4 烟弹	99	0.7	49.5	24.8	26.52
RELX 悦刻	1 烟杆 +2 烟弹	299	3 烟弹	99	2	233.0	33.0	12.38
FLOW 福禄	1 烟杆 +3 烟弹	299	3 烟弹	99	1.5	200.0	33.0	16.50
MOTI 魔笛	1 烟杆 +1 烟弹	199	4 烟弹	129	1.8	166.8	32.3	13.44
EVOVE 亿雾	1 烟杆 +2 烟弹	199	3 烟弹	79	1.2	146.3	26.3	16.46
Wel 鲸鱼轻烟	1 烟杆 +2 烟弹	399	3 烟弹	109	2.2	326.3	36.3	12.39
ammo 火器	1 烟杆 +2 烟弹	329	4 烟弹	129	1.6	264.5	32.3	15.12
微珀 VPO	1 烟杆 +1 烟弹	198	2 烟弹	69	1.7	163.5	34.5	15.22
IJOY 艾卓	1 烟杆 +3 烟弹	199	1 烟弹	28	2	115.0	28.0	10.50
行业平均					1.63	185.0	31.2	15.4

假设：1 包烟 20 根，每根 12 口，共 240 口；1ml 烟液可抽约 320 口。
资料来源：各品牌官网、旗舰店

（三）供应、渠道、研发——多管齐下，构筑壁垒

灵犀在供应管理、营销渠道以及烟油研发等多个方面具有独特优势，能为灵犀构建其独有的竞争壁垒。

- 能够在上游强势的背景下获得更为平等的对话权。电子烟是一个上游工

厂话语权较强的行业。由于上游掌握产能与技术，加之下游品牌端玩家众多，供应端更为强势。灵犀的创始团队中，负责供应链的合伙人出身小米生态，有丰富的经验与资源，能够迅速搭建起供应链关系，通过换股等方式达成战略合作，因而能够在供应链强势的情况下与之平等对话，获得更优的定价。

• 具有天然的自媒体属性。灵犀的团队成员旗下拥有大量媒体平台，其中仅微盟就有超过 800 个公众号。快消品的“低价多量”可以很好地与公众号推广相契合，灵犀在这些媒体平台上可以获得巨大的曝光和辐射。

• 在技术层面有大动作。即便电子烟的技术实力目前并不是决定性因素，但在 JUUL 等国外厂商尝试垄断烟油时，灵犀也在布局研发。2019 年 4 月 17 日，灵犀与汉麻投资集团旗下公司合作，建立合资公司“犀健”研制 PD（生物基丙二醇）基液。目前市面上电子烟多以 VG（甘油）与 PG（丙二醇）配合制成烟弹，而犀健所研制的 PD 基液以玉米糖浆发酵合成，摒弃了工业裂解的方式（见表 4）。

表 4　　PG 与 PD 的对比

	化学物质简介	在电子烟烟油中的作用	优点	缺点
PG	1－2 丙二醇	1. 增加烟油的流动性，减淡油口味； 2. 作为香料、添加物的载体； 3. 稀释尼古丁的浓度	1. 击喉感较强； 2. 能与水、乙醇、乙醚、氯仿、丙酮等多种有机溶剂混溶。溶解能力较强	少部分使用者在使用含有 PG 的烟油后出现了过敏等不良反应，轻者喉咙不舒服，重者全身瘙痒，并伴有头晕，恶心的症状
PD	1－3 丙二醇（使用玉米糖浆发酵玉米淀粉后合成而来）	作为 PG 在基液中的替代品	1. 溶解度自调节、冗余、不会溢出，添加香精进去就可以做到零基础使用； 2. 对 PG 过敏的人群也可以使用。相比化工裂解制造的 PG 从生产工艺上更环保、高效，从健康上更无害、无刺激	击喉感较低

资料来源：蒸汽管家，天风证券研究所

四、结语：行业不确定性极高，灵犀面临诸多挑战

电子烟相对传统卷烟有较多优势，虽有诸多不利因素，但在戒烟减烟

的大趋势下，电子烟行业的发展是大势所趋。

监管存在不明确因素，电子烟企业加速布局，以期在整合开始之时占领高位。2019 下半年电子烟监管政策出台前，各家厂商都在积极布局，争取在政策出台前抢先身位。电子烟是一个集中度较低、利润率却不低的行业，政策若未将电子烟全面禁止，就必将掀起一股淘汰和整合的潮流。谁能获得最好的口感，谁能铺开最广的渠道，谁就能在政策出台、门槛提高、行业整合之时获得不可比拟的优势。

电子烟产业链下游需求将激发上游企业研发创新能力，下游企业产品品牌化、细分化、研发、设计将不断提升。从互联网行业实践来看，知识产权可以说是护城河的作用，对攻城略地作用并不大。市场份额的获取需要营销、品牌、产品多轮驱动，以及时间窗口和快速执行力。从短期看，电子烟行业目前在中国处于发展初期，诸多国产品牌能够在短时间内声名鹊起，已经证明了国内创业公司的潜质。从长期看，即便专利会成为掣肘，但也不会是短期要素。先发展，再治理，先圈地，再规范，是创业公司们比较靠谱的选择。

附注：电子烟行业新政

本文发布后不久，国家烟草专卖局和国家市场监督管理总局于 2019 年 10 月 30 日联合发布《关于进一步保护未成年人免受电子烟侵害的通告》，主要限制了电子烟在线上渠道的售卖和营销。

获得电子烟主要的途径是互联网（45.4%），但 2019 年行业头部玩家整体在向线下渗透，线上比例有所减少，所以限制线上渠道或将对新兴品牌影响更大。

考虑到电子烟作为新兴行业，线上是其推广普及的重要渠道，此次新政限制线上渠道的营销和出货，对于电子烟的线下销售也将有一定影响。

想成为投融资观察报告创作团队的一员吗？微信扫描本书第351页二维码，现在就加入我们吧！

No. 25

乳业将步入新一轮上行周期，弱营销的“现代牧业”如何抓住机遇*

主笔：陈璐

资料收集：江思帆、贾咏琪、宋紫珺

交易概览：

2019 年 7 月 18 日，新乳业（002946. SZ）发布公告称，公司拟以自有资金 7. 09 亿元收购现代牧业（01117，HK）5. 9 亿股股权。交易完成后，新乳业将持有现代牧业总股份 9. 28%，成为蒙牛乳业之外的第二大股东。现代牧业是中国最大的专业从事奶牛养殖、原料奶生产和销售的企业，拥有丰富的奶牛饲养经验。交易完成后，双方将加强在上游原奶业务的合作。对于在 2019 年初刚刚完成 A 股上市的新乳业来说，对优质原奶的需求是公司实施“鲜”战略提速的关键，与现代牧业的合作也被认为是奶业上下游整合协同的范例。

一、乳业开启新周期，市场增长点在何方

（一）行业周期性明显，产业链收益集中于下游

乳业属于典型周期性行业，主要受供需关系影响，其周期性往往体现

* 本文写于 2019 年 8 月。

为“奶源紧张→国外抬价→国内养牛→国内牛多→国外压价→国内杀牛”。国际原奶价格周期一般为 3 年，10 年来国际奶价已经历了三个完整的周期，且周期呈现逐渐拉长的趋势（见图 1）。因此，对于乳业企业而言，长期的周期性管理能力非常重要。在行业下行期的时候着力控制成本，为上升期做准备；在行业上升期的时候加强营销和渠道，取得更多利润，这样才能够实现良好的长久发展。

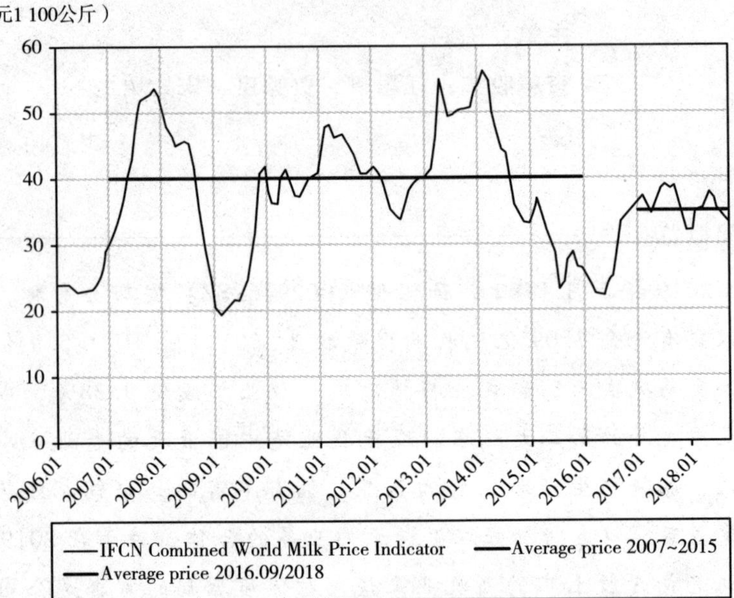

图 1　IFCN 国际牛奶价格指数走势

资料来源：IFCN

从整个行业来看，乳业具有从第一产业向第二产业、第三产业延伸的超长产业链（见图 2）。产业上游是奶牛养殖，分为散户的小型牧场和集中养殖的大型牧场；中游负责加工制作生产液体乳、乳粉及其他乳制品等；下游则是面向消费者的销售渠道，由线上电商平台、大型卖场、便利店等组成。在整条产业链中，各个环节的收益存在不均衡性，中下游的乳品行业加工企业获利更高，而上游的养殖行业由于接近源头受周期影响更直接、议价能力低等因素影响，更易亏损。

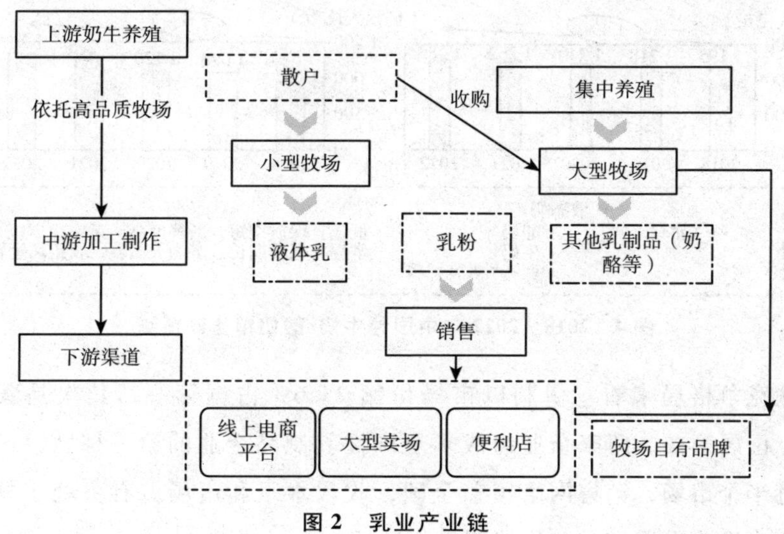

图 2　乳业产业链

（二）市场增长缓慢，伊利和蒙牛占据半壁江山

乳制品作为传统行业，市场饱和度较高，消费整体增长缓慢（见图 3）。但是在乳制品龙头企业不断推出新产品的影响下，产品结构和消费者偏好也在不断发生变化，导致传统产品纯牛奶增长更缓慢，而酸奶、低温鲜奶等增长相对较快（酸奶的复合增长率达到了 7.2%，低温鲜奶的复合增长率达到了 8.9%）（见图 4）。

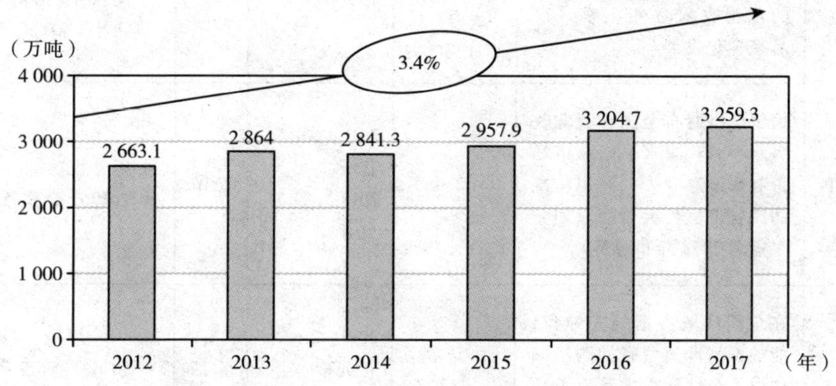

图 3　2012 ~ 2017 年中国乳制品消费量走势

资料来源：中商产业研究院

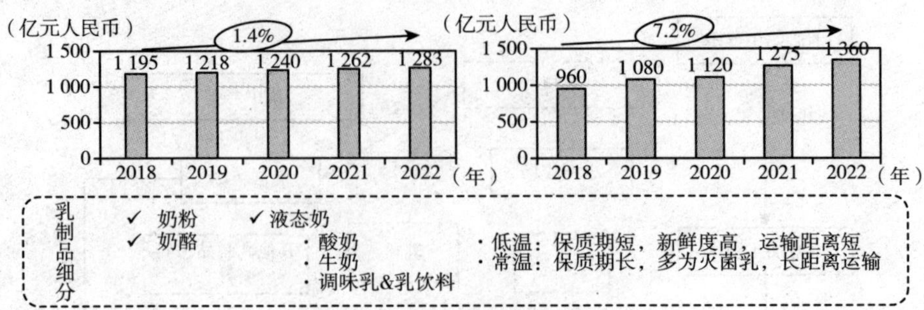

图 4　2018～2022 年中国纯牛奶/酸奶销售额预测

从竞争格局来看，伊利以市场份额 23.6% 占据第一，其次是蒙牛以 22.4% 位居第二。两家企业组成了全国性乳制品企业的第一梯队，占据乳制品近半个市场，销售网络覆盖全国，收入水平和市场占有率处于领先地位，两大巨头渠道和品牌优势明显，遥遥领先（见表 1）。

表 1　乳制品竞品分析

公司名称	竞争优势	市场份额（%）	营业收入	主要市场	奶源
伊利	销售网络遍布全国，营业收入水平、利润水平以及市场占有率遥遥领先，在液态奶上占据最大的市场份额；在奶制品和冷饮上的营业收入逐年上涨，产品多样化发展	23.60	2017：680.58 亿元 2018：796 亿元	全国	• 自建牧场； • 合作牧场； • 奶源来源的牧场实现全部的规模化集约化养殖，共计 2 400 座
蒙牛	销售网络遍布全国，营业收入水平、利润水平以及市场占有率遥遥领先，利用精准的广告定位扩大传播：如蒙牛冠名 2018 年世界杯	22.4	2017：601.56 亿元 2018：689.77 亿元	全国	• 海外牧场； • 自建 & 合作牧场
光明	在东部区域占据领先地位，能捕捉当地消费者的购买倾向以及个性化需求具有灵活经营、保鲜以及产品多样化的优势	4.2	2017：216.7 亿元 2018：209.86 亿元	东部地区	• 30 座自营现代化牧场

续表

公司名称	竞争优势	市场份额（%）	营业收入	主要市场	奶源
新希望	采取“鲜战略”，优先发展毛利率高的低温奶，利用区域知名度和区位优势发展新鲜的乳产品，实现了与全国化品牌的差异化经营	1.7	2017：44亿元 2018：49.74亿元	西南地区	• 11家自有牧场； • 合作大型奶源基地； • 规模化养殖合作社
现代牧业	利用自身牧场产出的优质奶源来生产产品，以鲜牛奶为主，新鲜优质	仅余个别牛奶产品在销售	2017：亏损9.75亿元 2018：亏损50亿元	—	• 自有牧场

二、原奶供应不足，奶源争夺战正当时

（一）国内外产能均受限

原料奶行业从全球市场上看，在供给上继续受限。2018年，原奶主要贸易国产能无扩张迹象，USDA预测主要出口国新西兰、欧盟、美国、澳大利亚，奶牛存栏同比变化为－0.03%、0.43%、0.51%、0.6%，主要进口国俄罗斯、中国、墨西哥、巴西奶牛存栏同比变化分别为－2.86%、0、0.77%、1.7%（见图5）。考虑到奶牛形成产能至少需要2年左右时间，而短期内的奶牛单产是趋于稳定的，所以全球原奶产能或难以扩张。

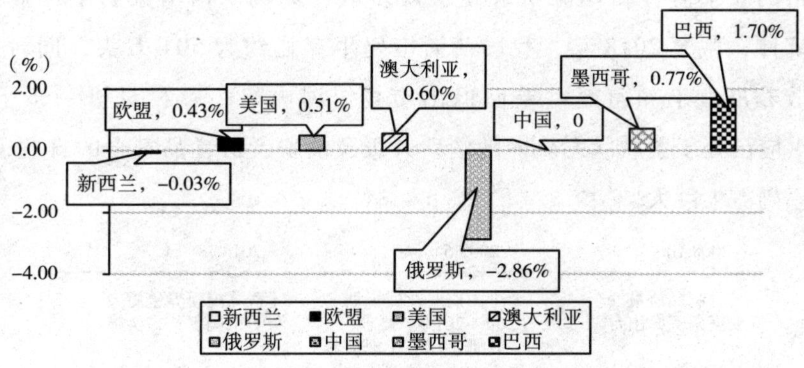

图5　2018年主要出口国奶牛存栏同比增幅

资料来源：《2018年中国原奶行业供给情况分析》

从国内市场上看，由于挂钩奶牛生长周期和国际市场，当奶源紧张时，国外厂商会抬升价格，推动国内养牛积极性升高，但自2008年“三聚氰胺事件”以来，中国乳业进入寒冬，不仅有市场开放带来的国外竞争加剧的外患，更面临消费者丧失信心的内忧。2011年起，中小散户陆续退出市场，市场出现乳制品企业限收、拒收，散户倒奶杀牛的情况。之后，各地推出扶持标准化、规模化养殖政策，直至2018年奶牛数量才开始回升（见图6）。

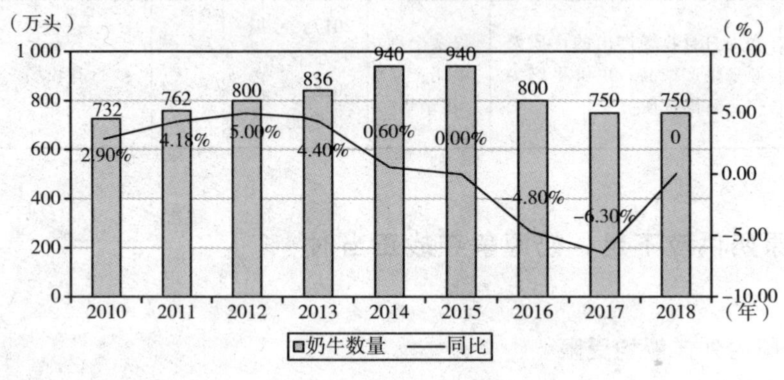

图6　中国奶牛数量

资料来源：《2018年中国原奶行业供给情况分析》

（二）安全监管后政策扶持，大型牧场挑战机遇并存

“三聚氰胺事件”后，政府发布了一系列文件以加强对乳制品安全监管和环保要求（见图7）。随着自2008年起多项条例的实施和发布，越来越严格的安全监管和环保要求使得众多散户离场。据国家奶牛产业技术体系统计，截至2018年，我国荷斯坦奶牛存栏约为504万头，同时还有许多散养户由于养殖效益差而退出市场，国内奶牛存栏量进一步下降，原奶供应已处于紧缺状态。伴随消费升级及消费者对食品安全的日益重视，国内原奶需求巨大。

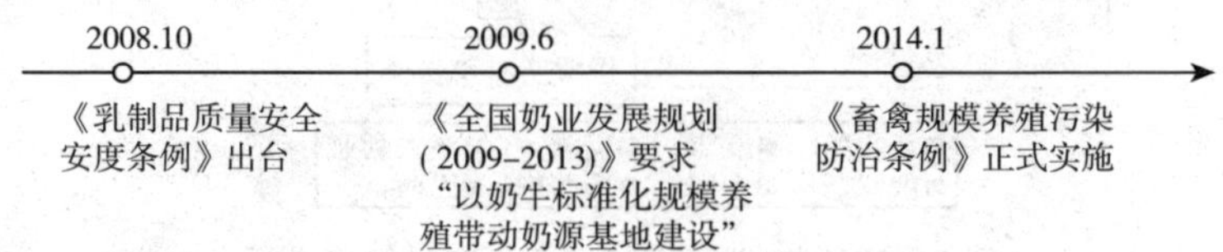

图7　政府安全监管系列文件

经过几年的行业低谷，国家又出台了多项政策支持奶业发展。2018 年 2 月，生乳、巴氏杀菌乳、灭菌乳和复原乳鉴定四个新国标第一次讨论稿发布，同年 6 月国务院发布《关于推进奶业振兴保障乳品质量安全的意见》。2019 年 2 月，中央一号文件发布，奶业振兴行动被列入十大重点目标之一。4 月，农业农村部、财政部发布 2019 年重点强农惠农政策，重点支持制约奶业发展的优质饲草种植、家庭牧场和奶业合作社发展，支持建设优质奶源基地，实施奶业振兴行动。

（三）未来发展趋势：横向规模化经营，纵向上下游整合

虽然过去几年的行业寒冬致使众多散户离场，原奶供应下降，但是也促进了行业的规模化经营和发展。据统计，2008 年规模牧场占比仅为 19.5%，2018 年已达 62.0%。2017 年国家奶牛产业技术体系调研数据显示，规模牛场大约 6 400 个；500 头以上的牛场占 37%，存栏占到 77%，规模牧场集中度越来越高。

与此同时，一系列标准和政策也使得国内原料奶品质有所提升，以蒙牛和伊利为代表的两大乳业巨头开启了奶源争夺战，直接推动了行业上下游整合（见图 8）。

大型乳企开启奶源争夺

蒙牛

自有牧场供给

- 拥有2000多家合作牧场
- 2012年初，专门成立**富源牧业公司**，全面加强自有牧场的建设和实施，规模化牧场占比已达到95%
- 2013年5月，增持**现代牧业**，掌控优质奶源，成为现代牧业单一大股东
- 2013年9月，蒙牛旗下雅士利投资2.2亿纽元新西兰**建厂**，布局海外奶源
- **原生态牧业**的基石投资者，进一步强化奶源优势。2018年原生态牧业上市之时，完成对原生态价值6000万美元股份的认购
- 2018年，以3.03亿元人民币接盘**圣牧**，获得了圣牧公司51%的股权，成为实际控股人

合同锁定奶源

- 长期的独家供奶合同，其中包括：**澳亚乳业**、**赛科星**和**中地乳业**
- 2013年，伊利在新西兰投资**大洋洲生产基地**，并于2014年11月第一期投产
- 2015年，伊利推出奶牛学校牛二代训练营，挖掘潜在牧场管理接班人
- 2016年1月，伊利发布公告转让**优然牧业**40%的股权给合作方Yogurt Holding I （HK） Limited ，转让完成后优然牧业将变更为外商独资企业
- 2019.7.15.优然牧业收购**赛科星**
- 2019.7.17消息，新西兰百年合作社**威士兰乳业**（Westland）将正式出售给中国乳业巨头伊利

图 8　蒙牛和伊利的发展

三、现代牧业的前世今生与未来

（一）指标优于欧盟标准，中国最大原奶供应商

现代牧业是中国最大的乳牛畜牧公司及最大的原料奶生产商（按畜群规模计算），在全国 7 个省份拥有 26 个万头牧场，奶牛存栏数为 23 万头，140 万吨年产鲜奶，采用高标准运营和“牧草种植、奶牛养殖、牛奶加工一体化”全产业链模式，牧场分布于全国各地。

（二）与蒙牛、Kohlberg Kravis Roberts & Co. L. P.（简称 KKR）和鼎晖的分分合合

现代牧业的前身“领先牧业”是由蒙牛原副董事长邓某某等一批蒙牛前高管和蒙牛马鞍山公司于 2005 年 9 月创办。3 年后，现代牧业便与蒙牛乳业签订了长达 10 年战略合作协议。同年，KKR 和鼎晖投资以投资者的身份共同投资现代牧业，分别持有其 24% 和 8% 的股权。KKR 和鼎晖强大的农业大工业周期性管理能力给现代牧业带来极大的帮助，帮助现代牧业从 3 个牧场 2.4 万头奶牛的规模，逐渐发展成目前 22 个牧场近 18 万头奶牛的大规模牧业集团。创立 5 年后，现代牧业在香港联交所上市，成为全球第一家以奶牛养殖资源上市的企业。

蒙牛系与伊利系原奶竞品比较见表 2。

• 2013 年 5 月，蒙牛买下了 KKR 和鼎晖手中现代牧业的股权，从原有的 1% 增持至 28%，并成为现代牧业的最大单一股东。当时正值“奶荒”阶段，现代牧业、KKR 及鼎晖决定一起在山东投资 1.4 亿美元，再建两个高规格牧场，其中现代牧业持股 18%，余下的 82% 股权由 KKR 和鼎晖共同持有。两年后，现代牧业将两个牧场的剩余股权以 19.1 亿港币收购，交易完成后，现代牧业全资拥有上述两牧场，KKR 和鼎晖共同持股现代牧业 9% 股权，二次进场并且签订了对赌协议。

• 2017 年 1 月，因为当时中国牧业市场下行，现代牧业原本签订的对赌协议难以完成，现代牧业最大股东蒙牛再次耗资 18.73 亿港元，从私募基金鼎晖和 KKR 手中收购了现代牧业 16.7% 的股份，股份增持至 39.9%。

表 2　蒙牛系/伊利系原奶竞品比较

公司名称	公司简介	2018 年市场表现（万元）	2018 年主营构成	派系
现代牧业 [1117. HK] (蒙牛)	公司是中国最大的乳牛畜牧公司及最大的原料奶生产商，是中国首家采用大规模工业化散栏式乳牛畜牧业务模式的公司之一。公司的畜牧场根据先进科学的规划设计和兴建，以确保高产奶量及其成本效益	总市值：737 891.99 总收入：496 823.50 净利润：－49 608.80	• 奶牛养殖 97.5% • 所产牛奶销售 4.86% （分部间抵消 2.36%）	• 蒙牛为最大股东
原生态牧业 [1431. HK] (蒙牛)	公司是一家领先的中国乳牛畜牧公司，致力于生产超优质原料奶。公司的四个牧场位于中国黑龙江省和吉林省。凭借公司的专业管理知识，公司有能力将繁殖、饲料管理及设计舒适奶牛生活环境等营运程序标准化	总市值：109 188.47 总收入：110 193.8000 净利润：－55 631.30	• 原料奶生产及销售 100% （合同收入）	• 蒙牛为基石投资者
中国圣牧 [1432. HK] (蒙牛)	公司是中国最大的有机乳品公司以及中国唯一符合欧盟有机标准的垂直整合有机乳品公司。连同公司的联营公司圣牧草业，公司独特的垂直整合的“全程有机”生产模式涵盖整个乳品行业价值链，乳品生产过程的所有主要阶段均符合欧盟有机标准：牧草种植、奶牛养殖到生产原料奶以及加工生产液态奶产品。公司的有机牧场位于乌兰布和沙漠，是公司有机乳品生产模式的核心	总市值：178 622.69 总收入：216 444.90 净利润：－222 520.00	• 奶牛养殖 100%	• 蒙牛实际控股
赛科星 [834179. OC] (伊利)	公司是一家以奶牛育种、性控繁育、奶牛养殖和草业种植为一体的规模化、集约化、现代化的集团公司，种业、牧业和草业三大业务单元相辅相成	总市值：310 486.80 总收入：216 891.82 净利润：10 780.84	• 生鲜乳 93.7% • 牛只 3.25% • 冻精 2.9% • 技术服务 0.12% • 胚胎 0.03%	• 原为蒙牛前总裁元老杨俊文控股 • 被伊利旗下全资子公司优然牧业收购
中地乳业 [1492. HK] (伊利)	集团是一家中国领先的生产优质原料奶的奶牛养殖企业。主要从事奶牛饲养、奶牛繁育、原料奶生产及销售以及优质奶牛种畜的进口和销售等业务，覆盖奶牛养殖行业价值链的多个环节。集团已在中国适合奶牛养殖的优势区域建立奶牛牧场网络。集团分别在中国华北地区的北京及内蒙古自治区、中国东北地区的辽宁省和中国西北地区的宁夏回族自治区拥有及营运四个现代化奶牛牧场	总市值：82 121.27 总收入：142 626.60 净利润：6 319.00	• 奶牛牧场经营业务 93.76% • 进口商品 6.26%	• 伊利独家长期供应商

之后蒙牛继续“花式输血”收购现代牧业股权，最终持股 60.76% 成为第一大股东，而现代牧业也成为蒙牛系原料奶供应的主力军。

（三）转型失败，未来继续深耕上游

现代牧业主要有两项业务，分别是奶牛养殖业务（主要生产和销售原料奶给客户用于加工成乳制品）与自有品牌液态奶业务（主要生产和销售液态奶产品）。但由于营销经验缺乏以及品牌影响力小，现代牧业的自有品牌液态奶销售业绩自上市以来表现不尽如人意，加之传统乳业行业整体不景气，现代牧业连续三年遭遇亏损（见图 9）。

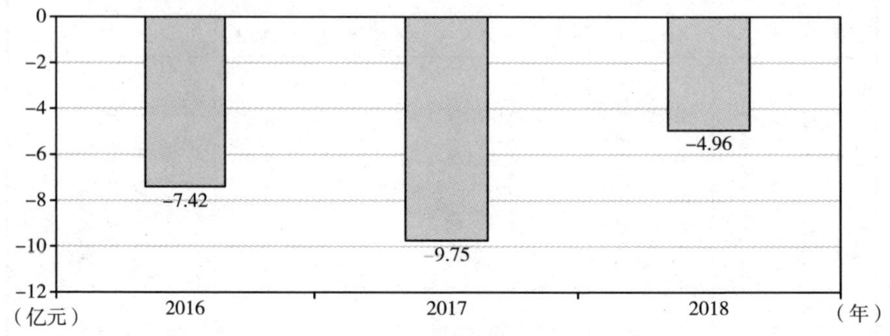

图 9　2016 ~ 2018 年现代牧业归母净利润

据现代牧业 2018 年财务报告，现代牧业的财务及运营指标向好趋势明显。2018 年公司的现金流状况大幅好转，经营活动的现金净流入为 14.06 亿元，同比大幅增加。核心指标自由现金流转正趋势维持，为 3.44 亿元。全年原奶总产量达 127.9 万吨，同比增长 8.21%；原奶总销量 125.1 万吨，同比增长 8.88%。受益于产销稳步提升，原奶销售收入达到 48.33 亿元，同比增长 9.87%；息税前利润为 15.28 亿元，同比增长 41.30%。

撇开一次性历史因素，现代牧业的正常经营利润终于开始扭亏为盈，但这归根结底还是受益于蒙牛的大力支持。从原料奶业务来说，蒙牛依然是现代牧业原料奶销售的核心客户，82.3% 的原料奶销售予蒙牛；从液态奶业务来说，自 2017 年 5 月开始，现代牧业液态奶交给蒙牛负责整体销售及市场推广。2018 年二季度，现代牧业下游与蒙牛合营的工厂正式成立，有望为其带来新的利润增长。

未来现代牧业的发展策略希望在收入端建立核心牛群，提高成乳牛占比增加运营收入。在成本端提升牛只健康及单产、提高青贮（一种饲料贮存技术）使用量，控制每公斤奶成本。向蒙牛出售集团下游生产的闲置资产，继续深耕上游业务，整合资源，增强财务能力及流动性。

四、总结

引入新希望为现代牧业的战略股东，也是奶业上下游整合协同的又一范例。从财务角度，通过股权融资，现代牧业可进一步财务杠杆，减少财务费用，提高运营效率。从运营角度，新希望成为现代牧业原奶销售的又一大客户，有助于为公司的原奶销售提供更可靠的客户保障。站在战略角度，本次合作有利于现代牧业整合资源，未来根据下游客户需求灵活扩大牛群规模，增群扩产，满足国内不断增长的高端原奶需求，实现市场竞争力的又一次飞跃。

从另一个角度来看，现代牧业或许也意识到过于依赖蒙牛，在目前蒙牛被伊利远远甩在身后的情况下，不知还能为现代牧业保驾护航多久，也许这也是引入新的战略股东新希望的重要原因之一。

想成为投融资观察报告创作团队的一员吗？微信扫描本书第351页二维码，现在就加入我们吧！

No. 26

建立电商帝国，物流先行*

主笔：谢廷敬
资料收集：闫宇、孙仁昊

交易概览：

2019年7月31日晚，申通快递控股股东德殷投资及2位实控人与阿里巴巴签署购股权协议，赋予阿里巴巴或其指定第三方自2019年12月28日起三年内向德殷投资发出通知要求购买上海德殷德润实业发展有限公司51%股权以及上海恭之润实业发展有限公司100%的股权或恭之润届时持有的16.1%的上市公司股份的权利。在投资人或其指定第三方行使全部购股权的情况下，购股权的总行权价格为99.82亿元。若本次购股权于未来由阿里巴巴完成，申通将成为阿里巴巴实际控股的第一家快递公司。

一、顺丰和通达——快递业的“BBA”和大众

快递是一个古老的行业。从唐朝起，邮驿业就已遍及全国。“长安回望绣成堆，山顶千门次第开”，说的便是驿马飞驰千里而上华清宫的场景。现代快递业源起于美国，发展于中国。自1993年中通和顺丰成立，快递业经历了蓬勃发展的20年。至2014年，中国的快递业务量已超越美国，成为全球第一。2018年，中国快递业务量突破500亿件，超过美国、日本、欧

* 本文写于2019年8月。

盟的总和。

当前，快递业已形成明显的顺丰与通达分庭抗礼的局面。申通、中通、圆通、韵达并称“三通一达”，即通达系（也有人将百世汇通并入，称“四通一达”）。与平常的认知一致，顺丰以高品质、高标准的服务占据单票收入榜首，网点直营、高端小件、航空运输，是顺丰自成一派的三大支柱。而通达系走的是“以价换量”的路，依托2013年电商的崛起而腾飞，目前仍主要集中于电商小件快递市场，盈利驱动主要来自于面单数量（见图1）。据估计，电商件占通达系快递收入近80%。历史数据也证明，电商与快递的增长步调有着显著的一致性。

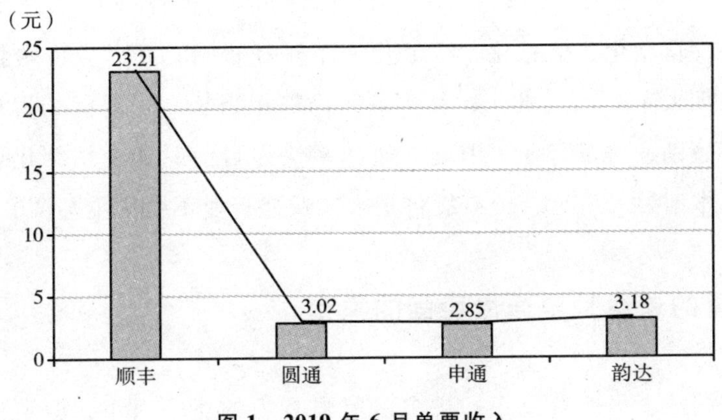

图1　2019年6月单票收入

注：（1）各公司收入计算口径不同，图示数据为公告披露数据，仅供参考；

（2）中通未披露

二、通达系同质化的竞争格局注定了一场凶恶的价格战

近年来，“三通一达”在资产结构、运输模式以及技术研发等方面有一定的差异化竞争，但总体上趋于平均，网络布局、网点覆盖、战略方向、业务扩张等均较为相似，并未拉开实质性的差距。一方面，通达系管理层联系密切，变动频繁，一家的管理经验、先进探索，都随着人员流动传遍整个行业，全行业均因此受益；另一方面，随着电商渗透率的提高，电商的增长已经接近瓶颈，增速明显放缓（见图2）。

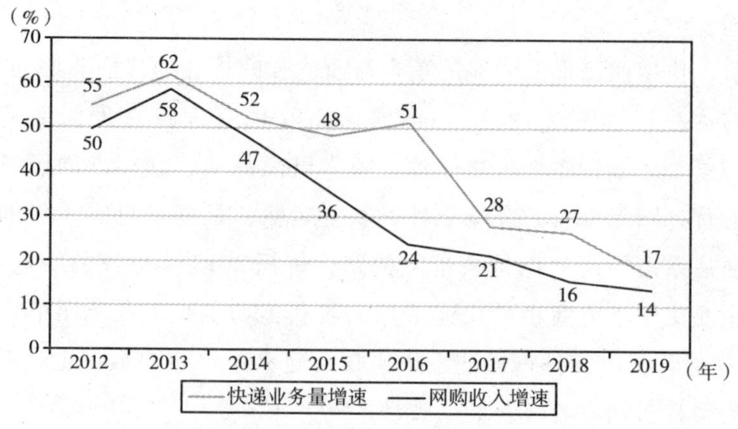

图2 快递业务发展情况

此外，自动化、信息化、智能化变革正在进行，新一轮颠覆性的技术突破，如无人车、无人机、外骨骼等，仍需相当长一段时间的发展，才能达到商用级别，普及行业。因此，通达系快递目前只能在精细化运营上下功夫，降本增效。可见，价格战将是未来快递行业不变的主基调。

三、阿里的单量是申通最稳固的靠山

在利润端，虽然有京东、拼多多等强有力的竞争对手，但阿里仍然是当之无愧的电商一把手（见图3）。B2C电商中，阿里仍然牢牢占据一半以上的份额。淘系电商能为申通带来稳定而丰厚的单量，申通便会自然而然地倚仗阿里的龙头地位，以保证自己在激烈的厮杀中站稳脚跟，而这对于规模效应占据首要位置的快递行业来说，是极为关键的。

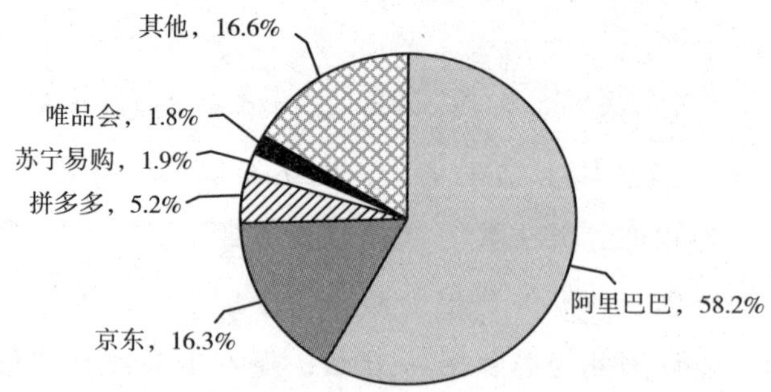

图3 2018年B2C电商市场份额

四、自动化和大数据助力快递企业效益最优化

在成本端，不得不提的是快递行业高昂的人工成本。以顺丰为例，2018年的营业成本中，员工薪酬为120亿元，占比16.1%；外包成本为396亿元，占比53.0%。尤其是在人力成本上涨最快、幅度最高的东部地区，快递行业收入占比高达80%。除此之外，外卖的兴起，美团、饿了么为外卖配送员开出的丰厚条件也吸引了大批快递员转行成为“外卖小哥”。因此，快递公司被迫支出更多人工成本（见图4）。

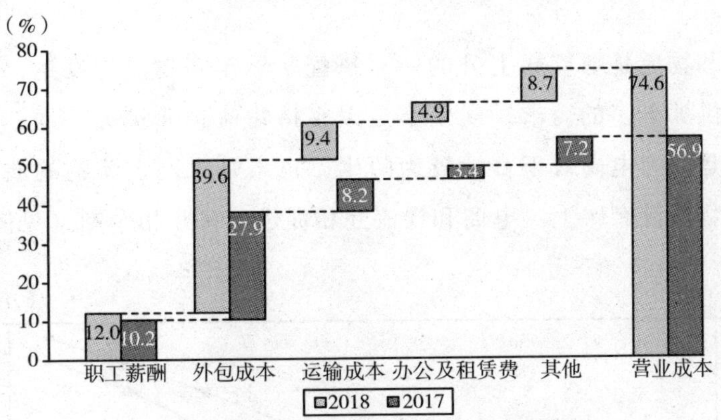

图4　以顺丰为例的快递行业成本结构

降成本，绕不开的就是技术积累。当前阶段，技术可以帮助快递行业做两件事：一是自动化，减少人工使用；二是数据化，增强网络效应。快递行业已经意识到了自动化的重要性，纷纷在电子面单、自动化分拣、智能仓储等方面增加研发投入（见表1）。

表1　快递企业自动化战略选择

项目	顺丰	申通	圆通	韵达
电子面单	√	√	√	√
自动化分拣	√	√	√	√
智能收派终端	√	√		√
智能客服	√			
物流无人机	√			√
无人仓储		√		√

而阿里先进的云计算与大数据技术为物流提供了无可比拟的效益“扩音器”。网点布局催化规模效应，而数据就是这种催化剂的原材料。对数据的分析能够为运筹规划资源调配提供数学指导，为成本进一步下探提供了可能性。依托电商与快递的一手数据，在直营率进一步提升的基础上，申通将具备更优的配置转运中心资产的能力，推进“全网一盘棋”的战略，进而为申通往更多战略方向（如快运、冷链、国际件等）发展探索铺平道路。

五、阿里正稳健搭建自己的物流帝国

电商和物流是螺旋式上升的一对搭配。早年间物流不发达，是因为没有电商提供那么多的需求，规模不足以支持物流企业扩大布局；而电商不发达，不是因为电商对于百姓较为陌生，也不是对网上购物的质量不够信任，而是物流没有跟上。电商和物流互相促进，又互相牵制（见图 5）。

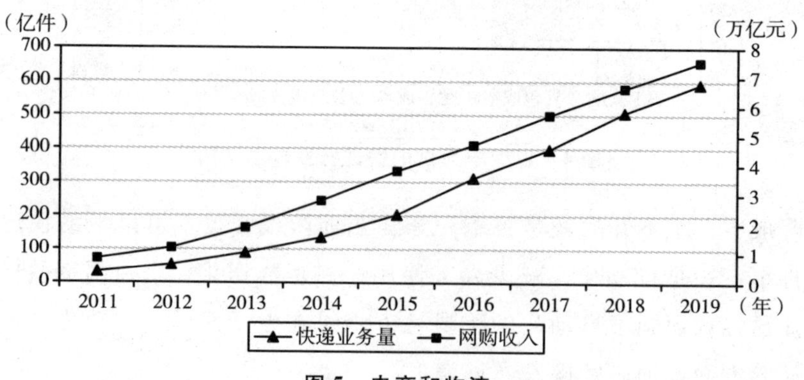

图 5　电商和物流

阿里作为电商龙头，已在物流领域布局深厚。2013 年，阿里创立菜鸟网络，用一个大数据联动中心承载、整理、运用各大快递公司的数据。2015 年，阿里战略投资圆通，2018 年投资中通，2019 年投资申通，如今“三通一达”中仅韵达未被阿里招至麾下。除此之外，阿里还参与了如凯京科技、中交兴路、千方科技等大量物流领域初创企业的融资（见图 6）。

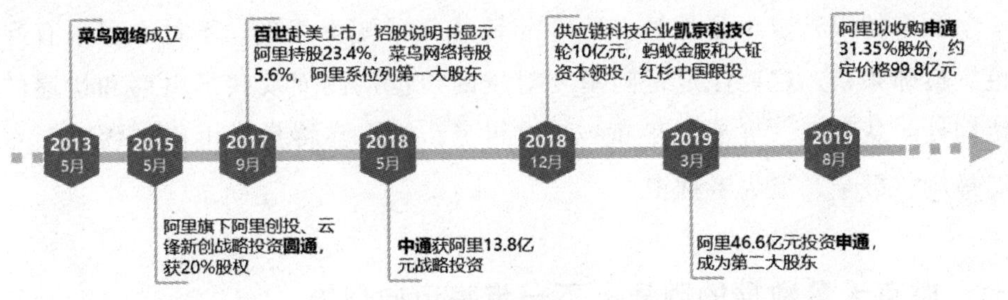

图 6　阿里战略投资

六、物流乃商家必争之地，“电商 + 物流”格局最大者称王

实际上，不只是阿里，其他众多企业也有跨界物流的运作（见图 7）。作为电商大家，京东和亚马逊的自建物流自不用说。而流量为王的腾讯也有进军物流的布局，甚至顺丰，作为物流企业，也有跨界电商的尝试。腾讯在电商界布局广泛，有名的投资案例包括拼多多、京东和海澜之家。并先后投资了华南城、京东物流、美团、满帮、每日优鲜、货车帮等物流企业。据统计，腾讯产业共赢基金成立之后，共投资 14 家物流企业，总量虽不多，但其中独角兽有 6 家，比例惊人。

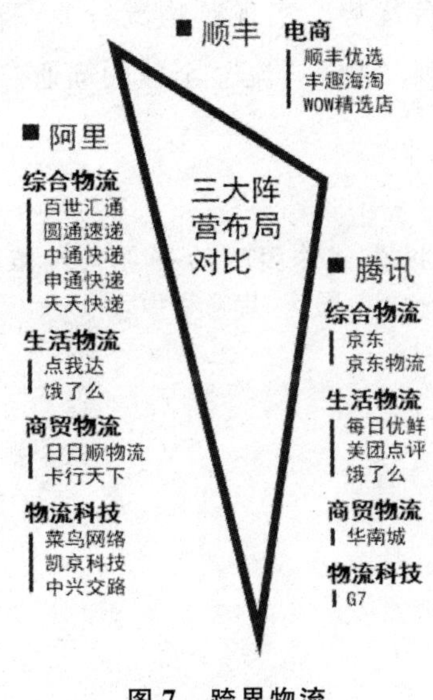

图 7　跨界物流

顺丰的眼光也十分敏锐，2012 年便成立了顺丰优选，不过一直未有起色，换帅频繁。这些注定是阿里要对抗的，也从侧面反映了电商和快递的协同性。从各大“龙头”的重视程度可见，未来必将是“电商 + 物流”布局最广、最全、最大者称王。

七、握有天量数据的阿里，下一步将迈向何方

阿里手中的资源是无与伦比的。在电商和物流一手数据的双重加持下，在阿里云稳坐国内云计算“头把交椅”之时，构建菜鸟网络，参股“三通一达”等一系列运作是阿里建立物流帝国必不可少的步骤。数据是调配干线资源、区域分布、运输装载的最优指导方针，可以说，阿里手中已经握有物流的“半边天”。拥有了一统物流的能力之后，阿里或将打造一个航母级物流企业。阿里的野心是将电商扩张并渗透到世界的每一个角落，那么物流将作为开拓者，引领电商的步伐，并作为电商的基石，引领阿里巴巴全球化。

总而言之，入股申通毫不意外存在于阿里的物流版图之上，而阿里也应该会持续在物流领域进行投资布局，逐渐打通所有数据，并利用自己独一无二的技术能力、平台优势，实现对物流行业一次新的颠覆，形成物流与电商的贯通，最终实现“物”“流”全球的霸业。

想成为投融资观察报告创作团队的一员吗？微信扫描本书第351页二维码，现在就加入我们吧！

No. 27

供应链金融风口到来，P2P 平台如何破局捕捉*

主笔：刘海洋

资料收集：綦振浚、李怡郡、喻岚

交易概览：

2019 年 7 月 11 日，金融科技平台“宜人金科”（NYSE：YRD）宣布与北京道口贷科技有限公司（以下简称“道口贷”）达成收购意向。收购完成后，道口贷将成为宜人金科全资子公司，宜人金科是宜人贷与宜信业务重组升级之后成立的新品牌。在经历了 2018 年的“暴雷潮”之后，P2P 行业整体陷入一片沉寂，而本次收购也成为行业内为数不多整合案例，被称为“国内 P2P 收购的第一单”。

一、供应链金融市场：规模增速放缓但仍可观，中小企业融资需求亟待满足

在 2017 年消费金融井喷之后，供应链金融的发展迎来爆发。2018 年，商业银行、第三方支付机构、电商巨头、物流企业、P2P 公司都纷纷由 C 端金融转向 B 端。2018 年供应链融资市场规模高达 17.5 万亿元，且每年以 20% 以上的速度增长，预计到 2020 年将达 27 万亿元（见图 1）。

* 本文写于 2019 年 9 月。

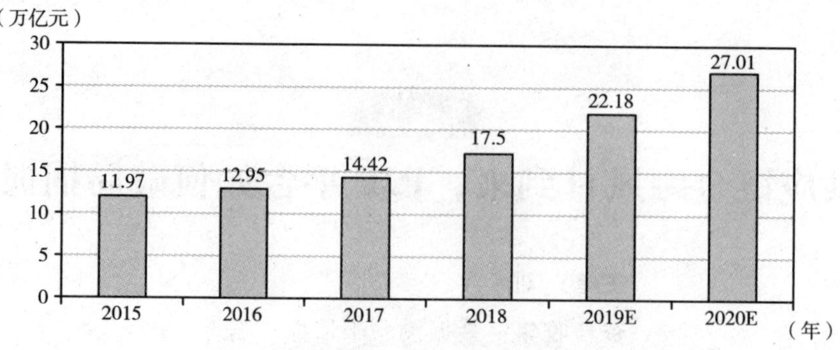

图 1 供应链金融市场规模预测

资料来源：易宝研究院

在当今互联网金融领域，针对 C 端的消费金融玩家众多，B 端虽有大量玩家入场，但在中国依然有大量的企业，尤其是小微企业的融资需求还远远未得到满足。根据清华大学经管学院中国金融研究中心在 2018 年初发布的数据，我国中小企业融资难、融资贵的问题依旧严峻。

小微企业的数量占全国的 90% 以上，而针对 B 端的供应链金融瞄准的正是中小企业的融资需求。通过与中小企业存在一定商流或物流往来的大型企业为中小企业提供背书，可以实现信用共享，从而引入外部金融机构，满足中小企业融资需求。

二、供应链金融：经历模式调整，入场玩家日渐丰富

供应链金融始于 1999 年深发展银行在金融服务方面的探索，由银行提供货押授信和货权质押等金融服务。

2005 ~ 2017 年，以核心企业为中心的“N + 1 + N”模式逐渐发展，表现为核心企业为其上下游的中小企业提供金融产品和服务（见图 2）。在这种模式下，各企业之间缺乏信息共享，且实际还款来源是同一家核心企业，造成风险集中。

2018 年后，供应链金融的参与者与主体日渐多样化，入场资本背景趋于多元。仓储物流企业、保理公司、个人投资者、ERP 厂商等均成为资金和服务提供者，“N + N”模式逐渐普遍（见图 3）。

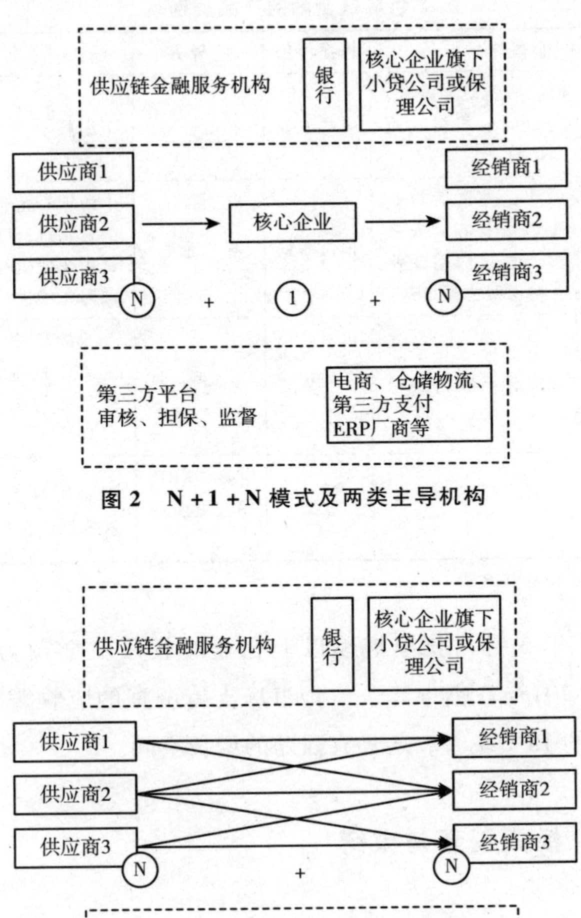

图 2　N + 1 + N 模式及两类主导机构

图 3　N + N 模式及主导机构

三、应收账款融资：潜在增长空间大

目前，供应链金融产品分为应收、预付、存货、信用四大类（见表 1）。其中，应收账款融资占比最高，主要因为应收账款融资以核心企业为主要切入口，开展较为容易。

表 1　　供应链金融的产品类别

资产类别	金融产品	抵质押物	主导方	风控重点
应收类	保理，应收账款质押融资，订单融资，应收租赁款质押融资，票据类融资	应收账款	核心企业	下游核心企业的反担保作用
预付类	保兑仓融资，先票后货业务，担保提货业务，未来货权质押，开立信用证业务，卖方担保买方融资等	预付账款	核心企业	上游核心企业承诺对未被提取的货物进行回购，并将提货权交由金融机构控制。第三方仓储对货物进行评估和监管
存货类	融通仓融资，标准仓单融资，现货质押融资，浮动融资等	存货	物流公司	企业的历史交易情况和供应链运作情况调查。第三方物流对质押物验收、价值评估与监管
信用类	信用贷	数据	电商、ERP、第三方服务平台	长期的真实交易数据跟踪，大数据征信

资料来源：中泰证券研究所

截至 2018 年 5 月，我国规模以上企业应收账款金额为 13.7 万亿元（国家统计局，2018）。据推算，信贷市场支持融资的应收账款仅占全社会应收账款存量的 18% 左右，还具有强劲的增长空间。

四、道口贷：模式创新与束缚

道口贷是国内首家高校系的 P2P 平台，由清华控股旗下公司发起，是依托清华大学五道口金融学院互联网金融实验室研究成果建立的 P2P 平台。与其他平台不同的是，道口贷的主要模式为将供应链上的核心企业应收账款作为投资标的，而该类核心企业实控人均来自各大高校，而这又构成了其风控手段中独有的特点。校友圈层的“熟人网”提高了还款意愿。其独有的校友资源和商业模式创新，使得道口贷在众多 P2P 平台中拥有一定差异化优势。

道口贷作为网络借贷信息中介，其最主要的应收账款融资业务，是基于借款人与供应链下游核心企业的基础交易背景产生的应收账款而设计。这相比于传统针对 C 端的 P2P 平台所采用分标模式，道口贷的风控措施建立在真实贸易合同基础上，风险相对更加可控。此外，相比物流仓储玩家等，道口贷不涉及货物的发出及分销，因此从流程和时间上风险较为确定（见图 4）。

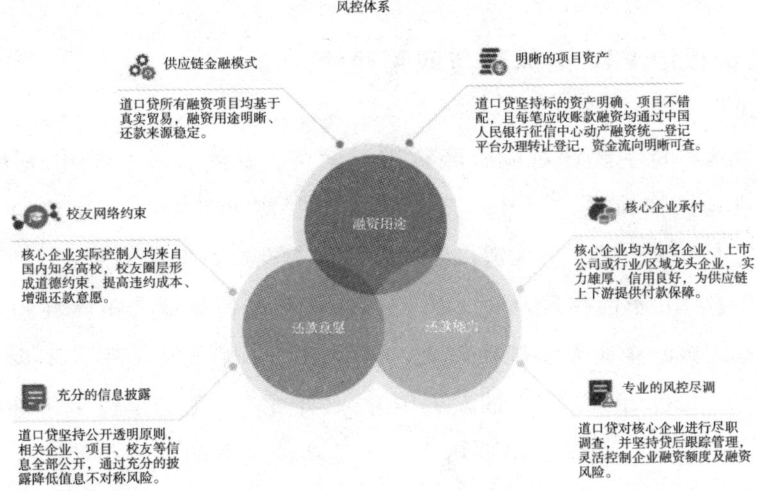

图 4　道口贷的风控体系

资料来源：道口贷官网

五、突出的国资背景

同时，道口贷在同类型的公司中又展示出了丰富而又强大的国资背景和金融行业资源。道口贷成立之初所依托的清华大学五道口金融学院的前身即是中国人民银行研究生部，道口贷的战略定位即为服务中小企业并成为其服务标杆。从当前道口贷的股权结构可以看到，清华控股通过全资子公司累计持有道口贷科技 24% 的股权（见图 5）。

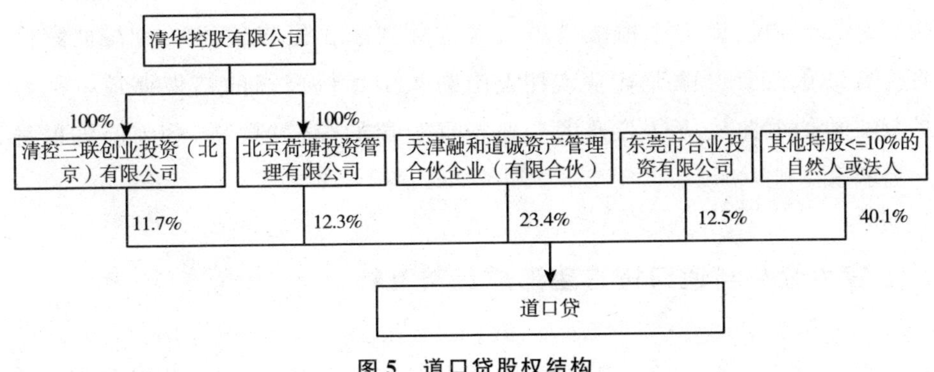

图 5　道口贷股权结构

六、无法根治 P2P 高风险与政策隐忧

尽管道口贷主要针对应收账款进行融资，又结合校友信用作为背书，共同构成其风控体系，但其本质上仍难以脱离 P2P 桎梏、政策的束缚与 P2P 平台本身的痼疾，构成道口贷未来或许存在难以突破的瓶颈。

P2P 本身并不能实现刚兑，风控依赖外部增信企业。虽然在道口贷模式下运作的核心企业大多规模较大，但在市场不景气环境下，不少大型集团、上市公司也出现了较大的发展压力，“爆雷”“债券违约”事件频频发生。2018 年 7 月，道口贷出现爆雷，该笔违约债务的核心企业即为新三板上市公司北京童创童欣网络科技股份有限公司。此外，相比其他融资模式，P2P 受到严格的政策监管，同一法人借款上限不超过 100 万元，可放款规模有限，可放款期限也受到一定的限制。

七、非刚兑模式下，投资人的不理性期待

当前，政策严格要求 P2P 平台仅能作为信息提供商，致力于最小化信息不对称问题，通过最大化披露项目收益与风险信息来保障投资人利益。但当前在金融投资市场仍不成熟的环境下，大部分投资人尚不具备完善的投资风险意识，甚至很大一部分仍然抱有刚性兑付观念。

倘若道口贷选择满足这部分投资人的不理性期待，则其需要与大型担保公司合作担保。这种举措虽符合监管要求，但将使得平台在披露信息方面的价值变得微乎其微，甚至沦为大型担保公司的销售渠道。平台的核心价值就此从信息传递者变为担保公司的渠道商，其平台价值也将大打折扣。

八、宜人金科与道口贷有望形成优势互补

宜人金科原名“宜人贷”，为宜信旗下 P2P 平台，于 2015 年在美股上市。此次宜人金科收购道口贷增加应收账款金融业务，对于宜人金科原有

业务模式是良好的补充。应收账款融资项目期限较短、金额较小，更有助于分散风险。同时，这一细分业务当前正处于上升期。另一方面，道口贷拥有名校校友资源和特有的风控环节，也被宜人金科所看重。道口贷还具备一定的金融科技能力，通过其独有的应收账款管理系统验证贸易真实性，能够降低产品的坏账率。

对于道口贷来说，宜人贷的背景能为其赢得更多口碑和品牌优势。宜信作为普惠金融的先行者，资产端资源和综合实力均处行业前列。同时，原中国银监会等四部委《网络借贷信息中介机构业务活动管理暂行办法》发布后，备案被看作网贷平台从业的隐性牌照。宜人贷在业内一直拥有良好的声誉，相较道口贷，宜信显然更具备获得备案的可能性。

公司市场情况基本概况见表 2。

表 2

公司名称	估值/市值	市场定位	产品服务	出借资金来源	风控方式	优势	劣势
道口贷	10 亿元人民币	应收账款 P2P 融资平台	应收账款融资	个人投资者	社交网络（校友担保）、应收账款抵押	项目小而分散，供应链核心企业实控人均来自各大高校，校友圈层的“熟人网”有助于防范恶意欺诈风险、提高还款意愿，以应收账款为直接还款来源，不涉及货物的发出及分销，从流程和时间上风险更容易确定	P2P 平台政策限制：同一法人借款上限不超过 1 000 万元，可放款规模有限
阿里小贷（蚂蚁金服）	1 500 亿美元	小额贷款	大数据分析授信	股份制银行	数据分析（历史经营、信贷情况）	作为风险测评者可获取主要利润，金融机构直接放款，无资金压力	历史数据并不能完全预期未来
京保贝（京东金融）	460.75 亿美元	应收账款、库存融资	应收账款保理融资	自有资金	产品标准化、自建仓储	自有仓储及物流，便于确权	各个小微企业的实际还款来源是同一家核心企业，造成风险集中

续表

公司名称	估值/市值	市场定位	产品服务	出借资金来源	风控方式	优势	劣势
平安银行（原深发展）	1.63 万亿元人民币	贸易融资	动产融资、核心企业担保信贷	自有资金	第三方平台确权、核心企业担保、安装节点采集数据	资金成本低	小微企业实际还款来源是同一家核心企业，造成风险集中
怡亚通	95.1 亿元人民币	第三方供应链增值服务平台	供应链管理，存货融资解决方案（代付货款）	自有资金	自有物流、仓储	自有仓储及物流，便于确权	自身资金压力大，需要自己承担坏账风险

九、收购或将成为网贷行业风向标

2017 年以来，P2P 网贷行业迎来上市潮，信而富、和信贷、拍拍贷等多家平台成功登陆资本市场。而截至 2019 年 7 月底，P2P 网贷行业累计停业及问题平台数量总计达到 5 830 家，其中问题平台 2 827 家，停业及转型 3 003 家。两极分化形势逐渐明晰。

2019 年 7 月，互联网金融整治领导小组和网贷整治领导小组联合召开了网络借贷风险专项整治工作座谈会，要求专项整治工作按照“成熟一家、纳入一家”的原则，将整改基本合格机构纳入监管试点。而企业想进入监管试点，除了资金实力外，对于网贷平台的“股东资质”也提出了较高的要求。因此，有资质的大型产业集团在进入网贷行业的过程中将体现出相对优势。这种以资质为重要竞争力的新趋势，将进一步加剧网贷行业的洗牌浪潮，市场进一步集中，而这对于宜信和道口贷来说，一定程度上也是利好消息。

从长远来看，行业的洗牌和合规化不仅对资本的健康流通和实体经济的发展带来利好，也为停留在业内的玩家创造了良好的环境。

想成为投融资观察报告创作团队的一员吗？微信扫描本书第351页二维码，现在就加入我们吧！

No. 28

工业大麻合法化浪潮席卷全球，“尚高”能否种好工业大麻界的“褚橙”*

主笔：陈璐

资料收集：陶欣、梁思远、赵诗琛

交易概览：

2019 年 8 月 1 日消息，Shineco，Inc.（以下简称“尚高”；纳斯达克 TYHT）宣布与山西宏田嘉利农业科技有限公司签订战略合作协议。公司计划收购宏田嘉利 51% 的股权，合力建设山西工业大麻产业园，预计 2020 年完成 10 万亩（约 16 474 英亩）工业大麻种植目标，打造工业大麻综合产品体系，实现工业大麻食物产品升级换代。

一、工业大麻站上新风口

（一）资本新宠

2018 年下半年以来，国内外的资本市场掀起了工业大麻相关股票的炒作热潮。在国外，2018 年 6 月 15 日至 10 月 19 日（即加拿大法案通过，生效落地）期间，加拿大相关的公司最先迎来股价上涨，其中 Tilray Znc. 涨幅高达 388%。2018 年 12 月，美国农业法案签署后的 1 个多月内，美股相关公司也有较好的股价表现（见图 1）。

* 本文写于 2019 年 9 月。

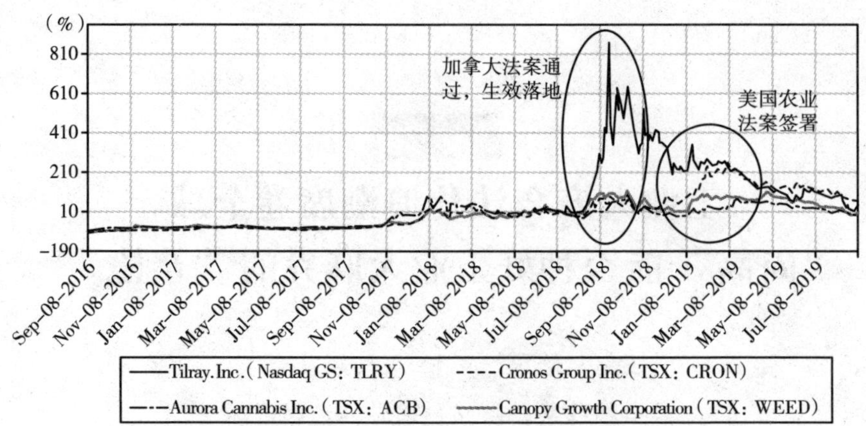

图 1　加拿大和美国法案通过后相关公司股价涨幅

资料来源：CapitalI Q

2019 年初，众多国内上市公司表示涉足工业大麻行业。从 2019 年 2 月至 4 月，工业大麻的概念板块涨幅超过 100%，遥遥领先于其他概念板块。直至 2019 年 3 月 27 日国家禁毒委下发通知表明严把工业大麻许可审批关，这股热潮才有所降温。而随着 8 月、9 月大麻收获季的到来，沉寂的工业大麻指数再次上涨（见图 2）。

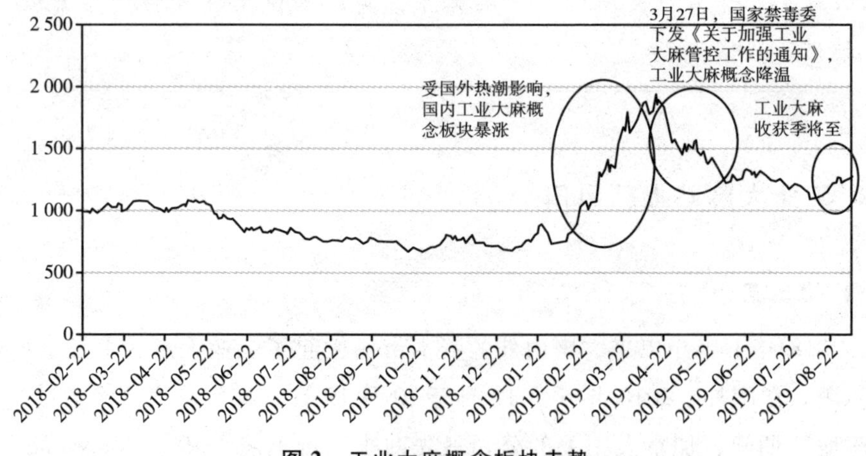

图 2　工业大麻概念板块走势

资料来源：Wind

（二）百亿元规模的蓝海市场

受益于近年来多个国家对大麻二酚应用解禁，工业大麻和从工业大麻等植株中提炼出来的大麻素（CBD）市场规模增长快速。根据 Zion 市场研究，2018 年全球工业大麻市场约为 39.7 亿美元，预计到 2025 年将达 96.4 亿美元，而 CBD 的增长更为显著（见图 3）。

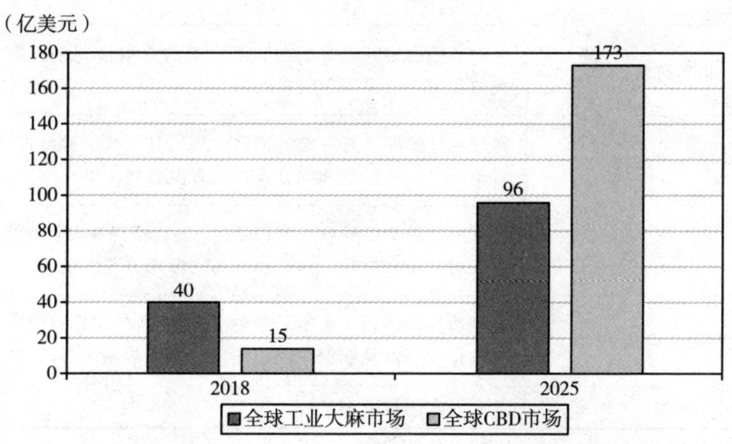

图 3　全球工业大麻、全球 CBD 市场预计

资料来源：Zion 市场研究

二、被解禁的工业大麻和毒品大麻的区别

（一）大麻的分类依据

大麻的分类依据是大麻中 THC（四氢大麻酚）含量。THC 含量低于 0.3% 的被称为“工业大麻”，我国称为“汉麻”；THC 高于 1% 的属于娱乐大麻/毒品；THC 含量在 0.3% ~1% 之间的为中间型大麻。CBD 和 THC 虽然同为主要的大麻素，但两者在精神活性作用上存在极大差异。

（二）CBD 的医疗用途

CBD 被认为具有镇痛、放松等多种医疗用途，其原理是虽然人体中的生理系统内源性大麻素系统（ECS）对人体机能起调节作用，但外源大麻素能够间接作用于 ECS，阻断能分解内源性大麻素的 FAAH 酶的自然代谢。即：服用 CBD 可以让更多的大麻素在体内存在，补充体内必需大麻含量，从而参与痛觉、情绪、应激等多种重要生理治疗过程（见表 1）。

表 1　　CBD 的主要医疗用途

类别	应　用
治疗焦虑、失眠或睡眠障碍	大麻二酚在失眠或睡眠问题上具有缓解作用，同时可以缓解肌肉紧张及压力等
止痛消炎	大麻二酚通过环氧合酶和脂氧合酶的双重抑制来发挥止痛和抗炎的作用，效果强于阿司匹林
神经保护作用	对难治性癫痫具有一定的抑制效果，且能减少癫痫的发作频次；对于阿尔茨海默病和帕金森症也有抑制的效果
抗肿瘤	具有一定的抑制肿瘤细胞的增殖、转移或诱导其自噬或凋亡的作用，对神经胶质瘤、白血病和前列腺癌等有一定的作用
代谢和免疫调节	通过调控炎性因子水平、控制干扰素的产生等起到代谢和免疫调节作用，对早期糖尿病、类风湿性关节炎均有一定效果
其他	具有一定的抗菌和护肝作用

资料来源：CNKI

（三）从种子选育到终端消费的全产业链

工业大麻的产业链主要由上游的植株种植、中游的提纯和加工和下游的应用销售构成（见图 4）。从全球范围来看，工业大麻的需求已经被激发，虽然中国市场目前不确定性比较高，但是已知的确定增量会促使国内外各个竞争对手在各自市场加快“圈地”。

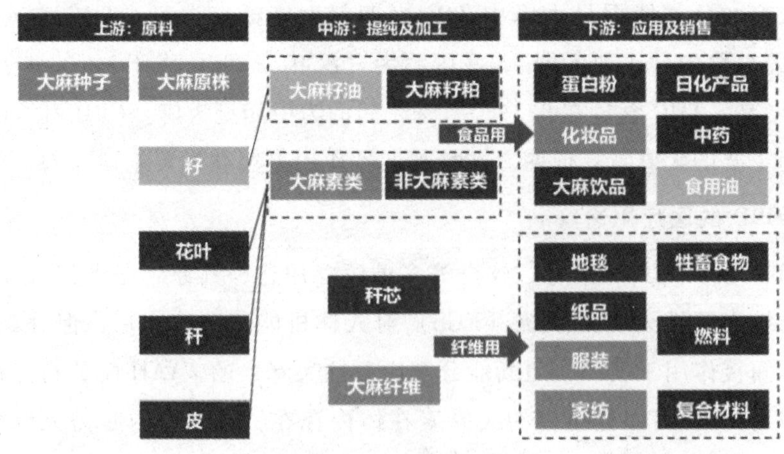

图 4　工业大麻产业链

三、全球合法化浪潮推动行业快速发展

（一）政策和科研是两大驱动力

政策是推动工业大麻行业发展的主导因素，早在1996年以色列就将医用大麻列为重点国家计划，而2017年以来多个国家实现工业大麻合法化，推动了整个行业爆发式发展。从全球范围内看，截止到2019年1月，41个国家宣布医用大麻合法，超过50个国家宣布了CBD合法（见图5）。

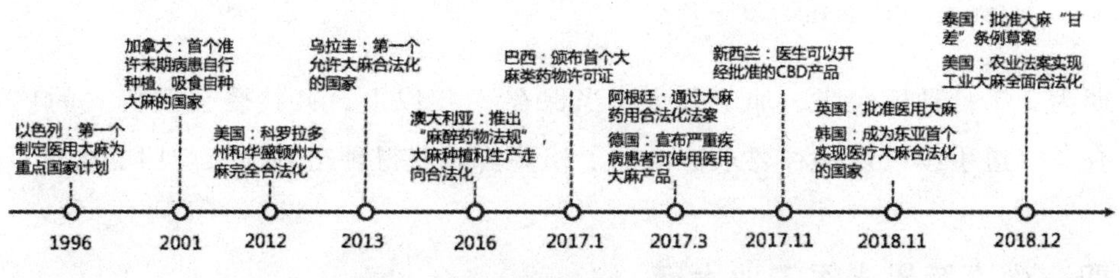

图5　全球部分国家大麻合法化进程

资料来源：公开资料整理

科学研究在该领域的不断进步是另一大主要推动力，除主要的医药用途外，工业大麻在日常生活中的商业应用的想象空间巨大。CBD在国外已被尝试加入食品、饮料、化妆品、保健品等。

（二）中国居于产业上游，牌照价值万金

大麻在中国种植和应用的历史悠久，使用方向涵盖纺织、食用、药用等方面。全球606项涉及大麻的专利中，有309项来源于中国。同时，我国是全球主要的大麻种植区域。根据国家统计局数据，2009年我国工业大麻产量为1.24万吨，2016年达到7.7万吨，工业大麻原麻产量占全球总产量的25%，种植面积占全世界的一半左右，处于整个行业的上游（见图6）。

我国对工业大麻管理较为严格，牌照数量较少，目前只有云南和黑龙江明确工业大麻合法。根据《云南省工业大麻种植加工许可规定》，从事工业大麻相关业务需要取得工业大麻种植许可证、工业大麻加工许可证。由县级以上公安机关负责工业大麻种植许可证、工业大麻加工许可证的审批颁发和监督管理工作；工业大麻种植许可证和工业大麻加工许可证的有效

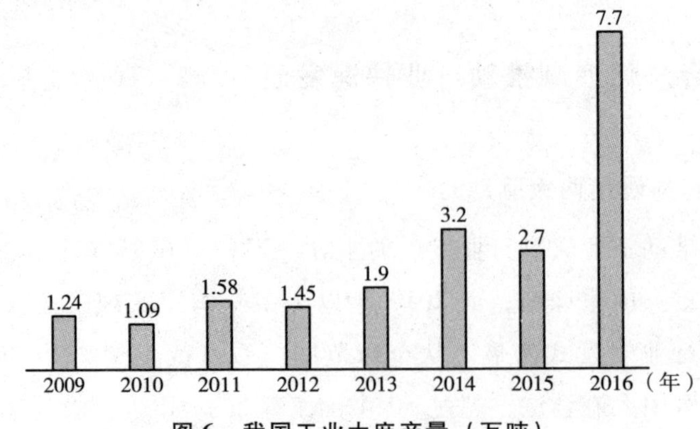

图 6　我国工业大麻产量（万吨）

资料来源：国家统计局

期为 2 年；种植台账、加工台账应当保存 3 年以上，并接受公安机关的核查。道道手续以及种种要求都增加了相关公司获得种植和加工牌照的难度。

四、尚高跨界进军工业大麻

（一）公司业务介绍

尚高于 2016 年 9 月在纳斯达克上市，是中药材产品、有机农产品、罗布麻、工业大麻以及其他生物科技产品的生产商和销售商。公司业务整体以罗布麻加工为核心。近两年公司正在寻求转型以扩大收入，2019 年三财季公司累计营业收入 2 360 万美元，同比减少 33. 3%，核心业务罗布麻同比减少更是超过 90%。这主要与公司转型加大对工业大麻的投入导致其他业务萎缩有关（见表 2）。

表 2　　业务经营数据

品种	2018 年前三季度（百万美元）	2019 年前三季度（百万美元）	变动（%）
营业收入	35. 4	23. 6	-33. 3
罗布麻	10. 4	0. 6	-94. 2
草药	10. 3	10. 1	-1. 9
其他农产品	14. 7	12. 9	-12. 2

资料来源：CapitalIQ

（二）深思熟虑后的战略布局

尚高此次对山西宏田嘉利的收购是其进军工业大麻的举措之一。2019年3月，尚高成立了专注于大麻业务的子公司——北京天益新麻生物科技有限公司，并定下了深耕汉麻，从种植、CBD加工、发展CBD衍生物到汉麻综合利用的整套发展规划。

新麻生物的业务分为工业大麻的育种种植、CBD提取、产品研发销售三大部分（见图7）。2019年4月上旬，新麻生物与黑龙江省鹤岗市人民政府签署了合作协议。预计在2020年，基地1期工程建成后，将实现每年1万亩工业大麻的种植与加工能力，年产CBD 30吨以上，将成为中国最大的工业大麻加工基地之一。所生产的CBD将在中国及美国、加拿大等市场销售，预计年收入最多可达2亿~3亿美元。

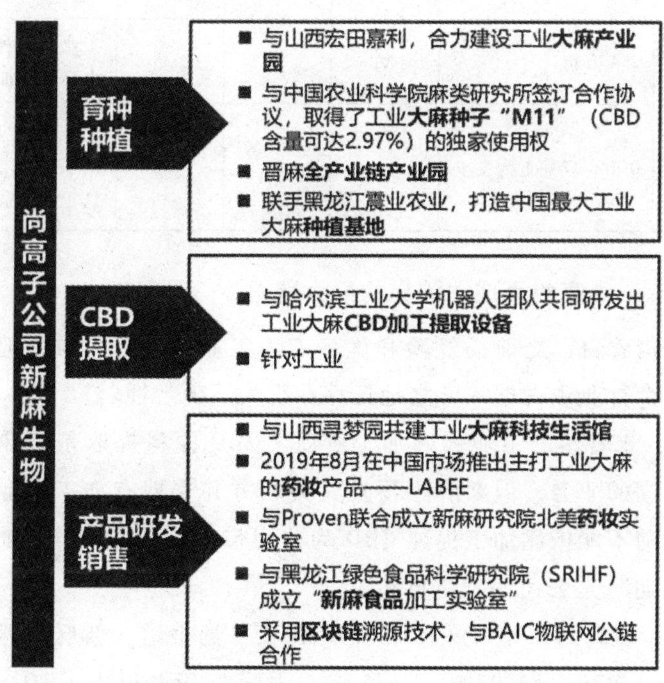

图7　新麻生物主要业务内容及进展

转型不久的尚高面临的主要竞争对手包括行业老玩家汉麻集体、美瑞健康国际等（见表3）。这些公司近期也是行动频繁，加快全产业链的布局，争取稳固自己的地位。

表 3　　新麻生物及主要竞争对手对比

公司及主要竞争对手列举	种植规模	产业链布局			技术和牌照
		上游种植	中游提取加工	下游应用	
汉麻集团	100 万亩（意向面积，2018 年已种植 10 万亩）	√	√	√	中国唯一一家拥有工业大麻种植许可证及大麻花叶加工许可证且符合中国 GMP 的持牌公司
顺灏股份	10 万亩（2019 年 3 月第一期 1 000 亩）	√	√	√	工业大麻种植许可证、加工许可证仍在审批中
新麻生物	2 万亩（未来 3 年内）	√	√	√	工业大麻种植许可证
康恩贝	2.4 万亩	√	√	√	工业大麻种植许可证，大麻花叶加工许可证
美瑞健康国际	0 亩，以加工为主		√	√	工业大麻业内第一时间获得高新技术企业认定的企业

（三）风险点：尚高能否成功跨界的五大疑问

尚高凭借着自己之前的经验和优势走入工业大麻的大风，但是能否扶摇而上在整个行业中占据一席之地还存在很大不确定性。

疑问 1：未着落的工业大麻加工资质。CBD 原料提取是工业大麻产业中毛利率最高的业务，但新麻生物及其关联方并未拥有加工工业大麻的合法资质，目前不能依靠加工提纯 CBD 为公司带来营业收入，“加工许可证获批不及预期”是公司的首位风险。

疑问 2：虚高的工业大麻种子 CBD 含量。据报道，新麻一号花叶中的 CBD 含量为 1.82% ~2.97%，是目前“中国公开报道中 CBD 含量最高”的工业大麻品种，但依照经验，工业大麻规模化种植之后，CBD 含量会比实验室测得结果少很多。并且在欧美一些国家，个别品种的工业大麻 CBD 含量已经达到了 10%。

疑问 3：罗布麻的种植经验是否可用。据某工业大麻投资公司的工作人员介绍，国内的罗布麻目前都是野生品种，还没能很好地进行驯化，因此新麻生物的种麻经验有待考量，并且工业大麻与罗布麻习性差异大，可比性不高。

疑问4：是否有能力拓展下游。一方面，中国工业大麻的行业环境对于下游应用是严格限制的；另一方面，新麻生物作为行业后来者，2019年才开始种植第一批大麻，从上游发展到下游需要一定时间，所能获得的资源和合作有待考察。

疑问5：融资方式风险较大。在投资方式上，新麻生物的项目通过区块链平台进行交易，第一期对外发售2亿股，每股售价0.1美元，累计融资2 000万美元。投资者需要在币贝交易所上，利用虚拟货币认购一种名为“WEED通证”的电子通证，从而间接持有新麻生物的优先股。这类融资方式在国内处于监管模糊的地带，未来可能会被认定为非法公开融资，风险较大。

五、总结

对于工业大麻行业公司而言，牌照是入局关键。参考国内以往有牌照限制和垄断的行业，如表4所示的烟草、食盐行业等，率先获得相关牌照并掌握更多生产资源的企业，往往有更大机会在行业中占有一席之地，并且有助于未来向行业下游拓展。

表4　存在牌照限制的类似行业

行业	牌照	主要企业及其市场份额	
烟草	烟草专卖	中国烟草总公司	98%
食盐	食盐生产、批发许可证	中国盐业集团	30%
		广盐集团	12%
移动通信	全电信业务牌照	中国移动	59.6%
		中国联通	20.5%
		中国电信	19.9%

资料来源：公开资料整理

借助各国政策的逐渐放开和科研投入的加大，尚高在整体经营较低迷的时期抓住此次工业大麻行业发展机会，对公司来说是一个战略转折点。收购山西的宏田嘉利能够帮助尚高在转型后扩大生产规模，加快扩张速度。然而，子公司新麻生物目前仅有种植许可证，能否获得加工许可证以及争取更多种植面积很大程度上决定了公司的未来发展。

想成为投融资观察报告创作团队的一员吗？微信扫描本书第351页二维码，现在就加入我们吧！

No. 29

“内容差异化 + 核心资源”壁垒，“极宠家”可否成为中国版 PetSmart *

主笔： 刘海洋

资料收集： 徐照青、戎易人、黎文砚

交易概览：

2019 年 8 月 21 日，宠物医疗行业新瑞鹏集团向宠物本地生活新零售品牌“极宠家”投资 5 亿元人民币。这是极宠家在过去先后获得中宠股份和瑞鹏集团几轮融资之后，新瑞鹏集团对其进行的又一轮投资，在投资金额上刷新了宠物行业融资规模的历史。

一、宠物市场规模增长，消费升级趋势明显，产品、服务诉求多元化

根据“狗民网”连续三年发布的中国宠物行业白皮书，中国宠物市场规模以 18% 的增速迅猛增长，预计在 2019 年市场规模将突破 2 000 亿元。市场增长的主要因素是养宠人数的持续增长和产品、服务诉求的升级。

2018 年，宠物保有量已经达到 9 149 万只，但相较于发达国家市场，渗透率还有很大的提升空间（见图 1、图 2）。

---

* 本文写于 2019 年 9 月。

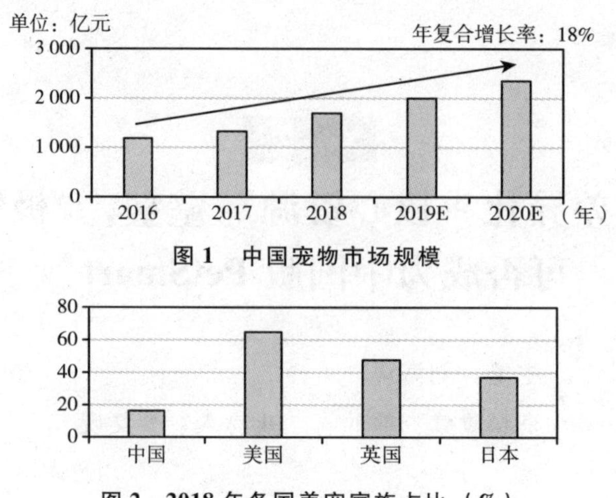

图1　中国宠物市场规模

图2　2018年各国养宠家族占比（%）

资料来源：智研咨询

中国宠物行业白皮书显示，宠物生态圈和产业链呈现多元化趋势。以最主要的宠物品类（猫和狗）的消费为例，传统的主粮消费分别仅占45%和36%。随着品牌教育深化和消费者不断成熟，宠物医疗作为刚需开始强势崛起，保健品、药品等也随之占据重要地位，其他高附加值商品和服务也在消费升级浪潮中获得了机会（见图3）。

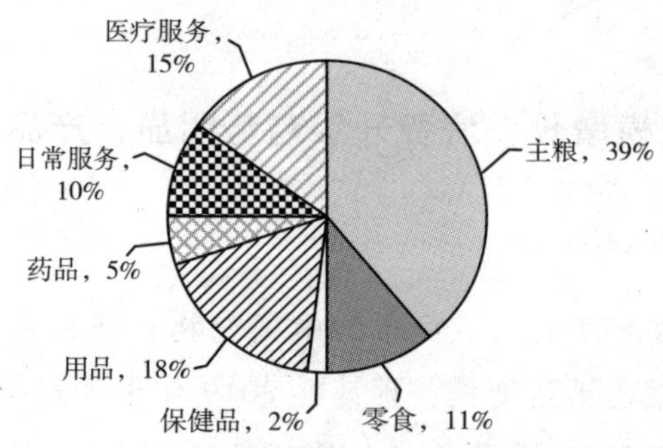

图3　2018年中国宠物猫狗消费结构

二、线上化比例远高于发达国家，线下渠道盈利不易

然而，虽然行业整体“机会无限多”，但线下门店大都“赚钱没把握”。相比发达国家，中国宠物市场线上化比例远高于发达国家，呈现出“线上实物，线下服务”的独特特征（见图4）。带来这一现象的主要原因

有二：其一，我国养宠人群呈现年轻化特征，平均年龄远低于发达国家；其二，发达国家养宠风潮远早于电商兴起，而我国宠物消费则与电商同期发展，消费者的消费习惯具有一定历史性特征。

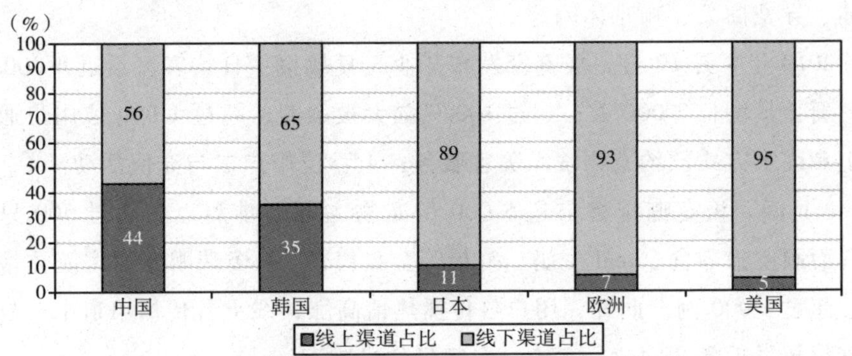

图 4　2018 年各国及地区线上和线下渠道占比比较

资料来源：Euromonitor

借助宠物商品具有一定重量和体积、适合运输的特点，供应链上游诞生了一批纯线上宠物食品和用品品牌，比如做主粮的比瑞吉、耐威克，做用品的皮蛋、小佩，做保健品的卫仕等；中游的平台端则有 Mollybox（盲盒订阅模式）等垂直电商。相较之下，线下渠道则是另一番景象。据测算，线下门店人工成本较高，服务本身仅能起到引流作用或至多微利，而线上渠道的强势导致大多数门店无法通过宠物活体销售和实物商品销售盈利。有人对 O2O 玩家“小佩宠物”、纯线下连锁店“宠儿宠物”、夫妻老婆店“宠物梦公馆”等多家门店进行访问，均处于亏损边缘。

在这样的光景下，线下门店亟须通过内容体验性和服务差异化实现溢价。近年来，中国线下零售业受到电商的不断冲击。虽然低体验性的标准化产品线上化严重，高体验性的优质内容仍非常吸引消费者，尤其是富有创新元素的精品内容，仍能助力商家提高单价，实现高毛利。而在服务方面，部分细分品类存在一定发展壁垒，若能把握优势资源，则有望在竞争中维持较高利润率。

三、“极宠家”：万众瞩目的宠物“4S 店”

2019 年 8 月 16 日，占地 4 200 平方米的全球超级宠物乐园——极宠家

（JACKPET）在南京市江宁区双龙大道正式开业，以“让养宠生活更快乐”为宗旨，服务于南京本地的养宠人士。该乐园容纳了宠物生态中几乎全部环节：猫犬活体领养、洗护美容、猫犬商品、宠物寄养、宠物医疗、异宠活体、异宠商品、咖啡休闲等。

2019年8月19日，极宠家发布开业3日战报：日均客流量近4 000人次，新会员增长7 000人；超过100只猫犬被领养；超过1 000位用户通过线上和线下方式预约宠物洗澡美容服务；上百位用户参与充值活动。

3日间，极宠咖啡售出超5 000份宠物主题咖啡甜点、超过500只鹦鹉，而顽皮猫零食、zeal牛奶、鲜粮等全数售罄。4楼瑞鹏宠物医院体检和问诊超过1 000例。此外，用户自传播热情高涨，线上各传播渠道中，自传播素材超过千条，阅读、评论、点赞量超过千万。

这样的成绩来源于极宠家作为线下宠物店的一系列成功措施。

首先，极宠家在打造精品内容方面投入力度很大。这与美国同行Petco和PetSmart当前打造概念店的举措不谋而合。与绝大多数零售需要“省时间”因而适合线上化相比，“陪伴宠物式”零售能让消费者心甘情愿地花费时间。这一点使得极宠家突破了传统宠物门店的覆盖半径，无须通过依赖便捷性来获客。极宠家靠近南京市中心的百家湖商圈，方圆1公里内有8家线下宠物门店，但极宠家的获客半径显然远远超过了传统门店所能达到的1～2公里，瞄准了有能力支付精品内容溢价的消费者。

其次，极宠家创新引流模式，有效把握增量市场。国内宠物市场的一个重要增长点在于宠物渗透率仍远未饱和。极宠家认为，当前宠物消费的增量市场要远远大于存量市场，因而首创了“最低充值1 999元即可免费领养活体动物”的新颖引流模式，赚取后期宠物投入，做大宠物生态整体。此外，在行业的标准尚未确立的背景下，“不断强化标准，包括健康标准的输出、供应链的管理”等计划，进一步提高生态链的质量，也就具备了进一步提高客单价的潜力。

八大业态中，极宠家创造的宠物咖啡等新兴网红概念表现亮眼，在综合性商圈中扮演利润产品角色。极宠家一贯致力于满足消费者快速更迭的需求，并通过创新使得该商业模式实现可持续发展。

四、新瑞鹏：资源助力，把握行业制高点

宠物医疗和宠物食品一样，已经成为宠物消费中相对刚需且重视质量的品类。当前，宠物医院存在兽医资源匮乏，在业兽医普遍从业时间短、学历水平较低等问题，导致相当比例的消费者对宠物医疗服务不满意（见图5）。同时，相当比例的宠物主对宠物医院服务有超越现状的期待，尤其是对宠物营养学知识及周边产品存在需求（见图6）。然而，在医疗行业的硬件和生产技术方面，国内企业普遍还处于早期，无法掌握核心资源。种种供求不平衡将宠物医疗行业推上行业制高点。

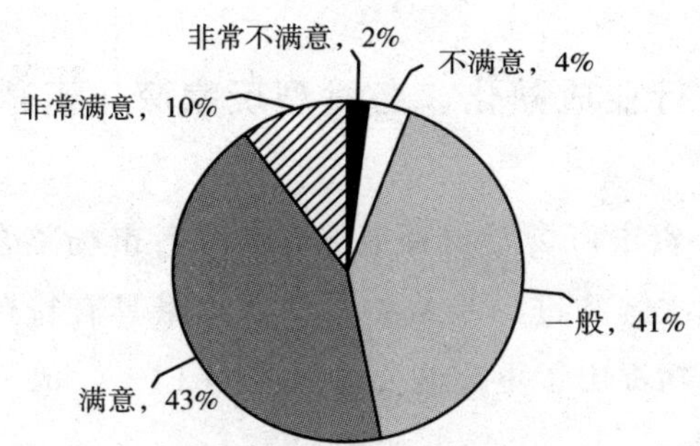

图5　医疗服务满意度调研结果

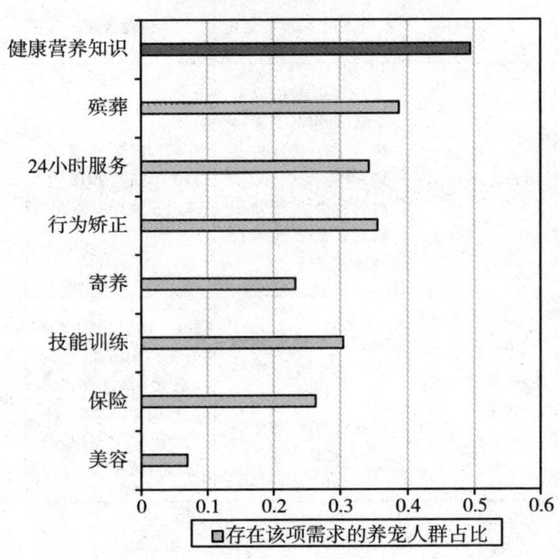

图6　各类宠物服务需求占比

投资方新瑞鹏集团拥有出色的医疗实力和市场占有率。截止到2018年底，中国共有17 000多家宠物医院，其中仅有不足10%为连锁机构。2018年8月，宠物医疗连锁企业瑞鹏集团与高瓴资本全面整合，以高瓴资本原有630多家医院与瑞鹏集团仅400家医院整合成立新瑞鹏集团，占据了绝对的市场优势。在上游资源、服务运营和品牌效益方面，新瑞鹏集团均能有效为极宠家赋能。在壁垒较高的背景下，由医疗服务带来的导流将为极宠家创造可持续竞争优势。

由此，极宠家和新瑞鹏实现品牌和运营双方协同。对于近两年始终保持高速并购的新瑞鹏集团而言，此次直接切入综合性零售终端，是能够实现有效协同加速规模扩张的创新尝试。

五、竞争格局：行业成熟化，各类型玩家深化运营培养竞争力

2019年以来，资本市场宠物赛道热闹非凡。市场整合和资本入局、加注，催化了行业的洗牌和进一步成熟，筛选出最具有特色的运营模式。这意味着竞争对基本功提出了更高的要求（见表1）。

表1　宠物行业品牌分析

分类	品牌/阵营	模式特征	发展方向 & 市场定位	经营表现	成立时间	融资轮次	主要投资方
纯线上电商	Mollybox（别名“一犬一话”）	第三方平台	主营：中高档猫咪食品 & 用品，单件20～130元；盲盒30～199元/个；内容：公众号知识输出，已经放弃社群运营	2017年单月最高180万元.2018年单月最高500万元	2017	B	DCM，九合创投
	疯狂小狗	B2C自营 + 第三方入驻	主营：中档宠物狗食品/用品，单价10～15元；内容：知识/健康咨询/宠物社交等	2015年销售额1 500万元，2016年突破1亿元，2017年超过3.5亿元。2018年“双十一”当日总销售额突破4 300万元	2015	B	光点资本，复星集团

续表

分类	品牌/阵营	模式特征	发展方向 & 市场定位	经营表现	成立时间	融资轮次	主要投资方
O2O 垂直零售商	极宠家（别名云宠科技）	线上切入，近期启动线下大卖场业态	线上：入驻综合类电商第三方平台，宠物活体/食品/用品；线下：大卖场业态，清洁美容/寄养训导/医疗服务/创意食品等	线上：天猫店月销售约 1 000 万元；线下：首家门店近期起步，试营业期间单日平均客流量超过 1 000 人次	2018	Pre－A	中宠股份，新瑞鹏集团
	波奇网 & 派多格	波奇网：通过数字货币制度实现线上获客及留存；派多格：线下切入，近期接受波奇网投资实现 O2O	主营：宠物活体/食品/用品；服务：清洁美容/寄养训导	波奇网：中国最大宠物网站，宠物行业独角兽，数千万级，2017 年"双十一"销售收入 1 亿元，2018 年"双十一"销售收入 1.6 亿元；派多格：全国加盟门店超过 5 000 家	2012	D	鼎峰资产，高盛集团，招商银行
专业医疗服务商	瑞派宠物	连锁医疗服务	医疗技术研发与医疗服务提供	当前全国门店数超过 400 家，且保持稳定增长，全年接诊量超过 200 万例	2012	B＋	瑞普生物，华泰新产业基金，高盛集团

六、上市公司对标：线下宠物连锁店有望拥有 PetSmart 的光景

1986 年成立、1993 年上市的美国第一大宠物连锁服务机构 PetSmart 在 2015 年接受私有化时，对价为 87 亿美元（收购方原持股 20%）。彼时，PetSmart 已经占有 20% 的宠物市场份额，年收入突破 70 亿美元，利润额 4 亿美元以上，且仍在持续增长。与极宠家如出一辙，PetSmart 从建立之初便集中发力领养而非活体售卖，同时持续赞助支持美国各大领养协会。2017 年，PetSmart 收购全美第一大电商 Chewy 发力线上业务，同时继续线下拓店，形成新零售闭环。

相比极宠家这一中国同行，PetSmart 身处一个体量大约为 725 亿美元的宠物市场，是中国市场的将近 3 倍；而且当前美国宠物市场的线上渠道占比仅是个位数，线下渠道仍能在相当一段时间内保持其价值。不过，

美国宠物市场已经相当成熟，近十年来仅保持了4%的年复合增长率。就这一点观察，中国连锁线下宠物店比肩PetSmart仍旧可期。

七、总结

凭借内容和品牌溢价，极宠家对外将“游乐场”类型元素融入零售业态之中，有效实现了内容优化，吸引流量；对内则借助新瑞鹏的资源支持，有效获取宠物行业中壁垒较高的资源，实现相对稳定的竞争优势。由此，极宠家在一个竞争高度白热化的市场建立了差异化的格局。但更大的挑战仍在。面对竞争对手可能的模仿，以及其他玩家并购整合优化资源的浪潮，极宠家只有不断创新，满足消费者快速更迭的需求，同时利用老股东中宠股份的供应链能力，将运营沉淀为核心竞争力，才能长期保持生命力。

想成为投融资观察报告创作团队的一员吗？微信扫描本书第351页二维码，现在就加入我们吧！

No. 30

变现路上的一路下沉的“知乎”，被“快手”“百度”了一下*

主笔：刘铭基、杨涵

资料收集：刘铭基、殷俊、杨涵

交易概览：

2019 年 8 月 12 日，知乎获得 F 轮融资，交易金额 4.34 亿美元，由快手领投，百度等跟投，腾讯和今日资本等原有投资方继续跟投。这是知乎迄今为止最大的一轮融资，也是近两年来中文互联网文化和娱乐领域金额最大的融资之一。知乎宣称未来将和快手、百度展开紧密合作，在各自擅长的领域战略协助；与百度以智能小程序作为新一代的内容连接器，为全网用户提供最优质的内容体验。

目前，国内融到 F 轮还未上市的公司，几乎都是估值数十亿美元甚至百亿美元的独角兽（见图 1）。今日头条在 2018 年 10 月融到 F 轮 40 亿美元，海底捞在 2018 年 8 月融到 10 亿美元，美团在 2017 年 10 F 轮融到 40 亿美元，滴滴 2015 年 7 月 F 轮融到 30 亿美元。目前还未上市的独角兽们只剩滴滴和今日头条等新贵，同时也都是业界公认的“烧钱”大户，而知乎过往并没有大幅补贴和亏损的经历，其融资轮次如此之多仍未上市，背后自有其不上市的困境。

---

* 本文写于 2019 年 9 月。

受资方	时间	轮次	金额	投资方
知乎 领域：文化娱乐	2019-08-12	F 轮	4.5 亿美元	快手 百度
今日头条 领域：信息技术	2018-10-20	F 轮	40 亿美元	软银中国资本 春华资本 KKR
海底捞 领域：生活消费	2018-08-30	F 轮	10 亿美元	不详
美团网 领域：生活消费	2017-10-19	F 轮	40 亿美元	腾讯 红杉资本 新加坡政府投资 加拿大养老金投资公司 挚信资本 老虎基金 Coatue
滴滴出行 领域：汽车交通	2016-06-13	其他轮	6 亿美元	中国人寿

图 1　各品牌融资情况一览

一、知识付费的成功 = 知识 + 付费

2016 年开始，在庞大的互联网人数和共享经济的带动下，我国知识付费迅速发展，用户规模呈现出高速增长态势，各大平台知识付费产品雨后春笋般涌出。到 2018 年，知识付费用户规模达到 2.92 亿人，预计 2019 年将达 3.87 亿人（见图 2）。同时，随着移动支付技术的发展和整个社会对知识的迫切需求，供给方和消费者也不断增加，市场规模预计到 2020 年将增长至 235.1 亿元，4 年总体增长近 4 倍（见图 3）。

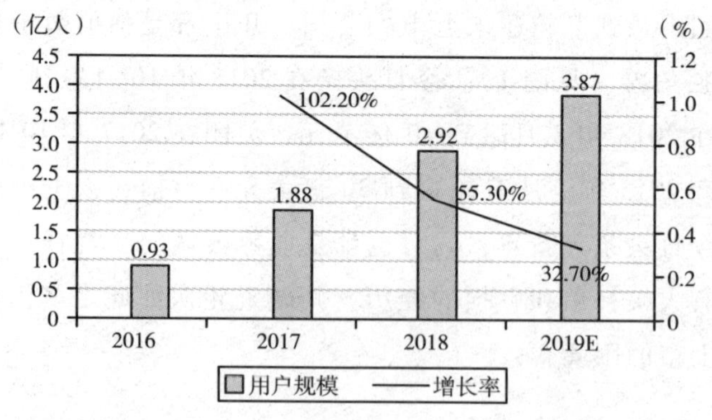

图 2　2016～2019 年中国知识付费用户规模及增长率预计

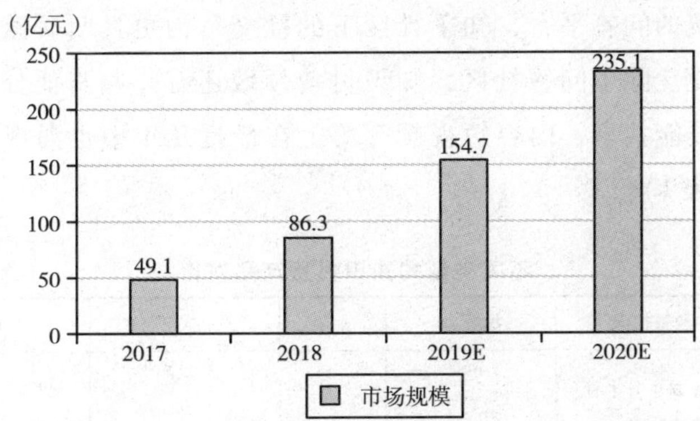

图 3　2017～2020 年我国知识付费行业市场规模

由于内容付费模式之间差异性较大，单一付费模式往往难以支撑平台的长期发展，多数平台都采取了多种付费模式相结合的方式，以期形成多元化的收入结构。其中，内容提供方与知识付费平台的积极合作，促进了业务多元化，产生了诸多服务性产品（见图 4）。

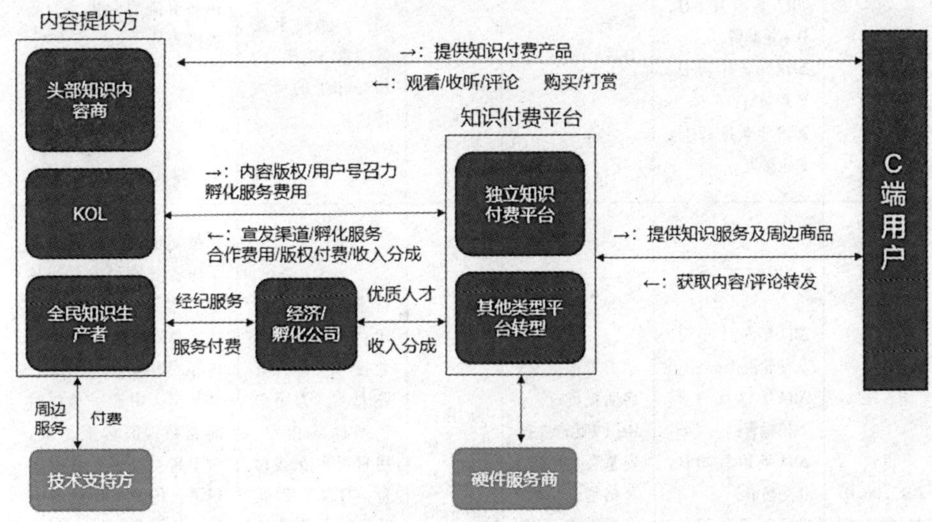

图 4　内容提供方与知识付费平台的合作

知乎所在的网络问答社区，没有明确具体的组织结构，用户根据自己的需求随时提出问题或解答问题，庞大的用户群是网络问答社区的组织基础，用户既是信息的生产者也是信息的消费者。目前市场上也涌现出各种知识社区，单从用户量来说，知乎已经处在绝对领先地位。

相比传统的问答平台，知乎社区下的社交行为更具归属感，用户群体也更加精英化。除了问答社区，知识付费领域还有一些其他分赛道，例如知识分享、技能共享、内容短视频等等。在最近几年中也涌现了大批优秀的 APP（见表 1）。

表 1　　不同类型的知识付费产品对比

APP	融资情况	投资方	业务	特点	目标用户
知乎 2011.06.08	2011 年 1 月 1 日，天使轮融资； 2012 年 1 月 1 日，A 轮融资； 2014 年 6 月 1 日，B 轮融资； 2015 年 9 月 29 日，C 轮融资； 2017 年 1 月 12 日，D 轮融资； 2017 年 10 月 1 日，D+轮融资； 2018 年 7 月 19 日，E 轮融资； 2019 年 8 月 12 日，F 轮融资	创新工场 启明创投 赛富投资 腾讯 搜狗 今日资本 华兴新经济基金 快手 百度	网络问答社区，连接各行各业的用户	知乎更像一个论坛：用户围绕着某一感兴趣的话题进行相关的讨论，同时可以关注兴趣一致的人。对于概念性的解释，网络百科几乎涵盖所有的疑问；但是对于发散思维的整合，却是知乎的一大特色	①在某一领域比较专业，希望通过分享知识获得满足感的人群； ②利用碎片时间快速学习知识的大学生和白领； ③利用知乎平台进行宣传和引流的营销号、品牌机构号
得到 2017.06.01	2013 年 3 月 30 日，天使轮融资； 2014 年 12 月 30 日，A 轮融资； 2015 年 10 月 20 日，B 轮融资； 2016 年 12 月 30 日，C 轮融资； 2017 年 9 月 25 日，D 轮融资	顺为资本 启明投资 中国文化产业投资基金 真格基金 真成投资 红杉资本 腾讯投资等	为用户提供知识分享服务的 APP	特邀和菜头、李翔、刘雪枫、卓老板等一批各行业大咖，为用户生产优质内容，用户可以在线付费，订阅获得相关内容。用户也可以在“知识干活”板块、“每天听书”等板块获得各类内容	①想充电的上班族：为了职场发展和学习职场生存技巧，希望更便捷、高效地获取优质的内容的需求。 ②开车、中产一族：时间充裕，消费能力高，对于高质量的商业财经资讯、传统文学内容有较高的需求。 ③对学习很有热情的部分在校学生；为了将来参加社会工作，希望利用碎片化时间深度学习，提升社会竞争力和规划职业方面的需求

续表

APP	融资情况	投资方	业务	特点	目标用户
在行 2015.08.27	2015年12月31日，Pre-A轮融资； 2016年6月28日，A轮融资； 2016年11月24日，A+轮融资	昆仑万维周亚辉 阿尔法公社 元璟资本 红杉资本 普思资本 腾讯 逻辑思维	知识技能共享及在线问答平台	公司开发了“在行”“分答”两款产品。“在行”主打行家与学员之间知识经验的有偿交流分享和技能服务。“分答”可以帮助用户快速连接专家，获得专业正确的问题答案	①已经工作但最目前所做的工作感到困惑的职场人士； ②寻求职业规划者； ③工作稳定，学业稳定希望寻求生活品质的人士； ④寻求生活健康指导的人士； ⑤寻求金融理财建议的人士
懂得 2017.06.01	2017年10月31日，天使轮融资	春晓资本	知识型内容短视频平台	邀请各行业专家、达人，以短视频为主、图文为辅的形式为用户讲解各类热门搜索问题	利用碎片时间快速学习知识的大学生和白领

虽然知识付费的总体规模逐年增加，但整体增速在放缓，行业玩家逐步回归理性，知乎在知识付费行业中处于头部。2016年后知乎不断试水变现，电子书、Live小讲、知乎大学、私家课、快闪课堂等各类产品逐渐增加，但最终效果和用户反馈都表现平平。

二、都说知乎变现难，究竟难在哪里

知乎的变现方式主要来自广告收入与知识付费及正在试水的电商带货。2015年知乎商业化加速之后，其广告增速较快，知识付费等产品服务也逐渐丰富。但目前核心问题仍是变现能力在可预期的未来不足以支撑起知乎的估值。相比微博，知乎广告收入少得可怜，更遑论广告大户阿里和腾讯。

知乎广告根本问题在于其存在一系列与广告天然相悖的成分，理性而认真的讨论氛围天然就与“软文”站在对立面，再加上知乎早期为了维持社区而对MCN软文等做出了表态，称“所有以盈利为目的，发布影响用户体验，并扰乱社区秩序的信息或相关行为都是不可容忍的”，使得知乎的广告广为用户诟病。广告抑制了良好社区氛围从而破坏了流量，更关键的是导致自愿分享的“大 V”等内容创作者逐渐离开，优质内容的流失增大了社区变现难度，不得不让知乎在广告变现的狂奔中放慢了脚步。

三、用户规模与内容质量社区氛围难以兼得

在知乎放开注册制之后，事实上就已经摒弃了对标产品 Quora 小而精定位。在接受连续数轮大额融资之后，知乎试图做成一款普惠产品，Slogan 也变成了“发现更大的世界”。2015 年以前知乎用户规模较小，在邀请制时代和前注册制时代凭借以李开复为代表的数个顶级精英“大 V”和优质内容形成了理性讨论的社区氛围；但随后的迅速扩张和推广，用户涌入使社区出现了“人在美国，刚下飞机”为代表的编故事编身份和所谓“杠精”抬杠的社区氛围，导致知乎内容质量和社区氛围严重变差，商业可持续性危机凸显。

四、内容创作者难以变现，流失严重

作为内容平台，内容创作者是知乎的根本。而要留住内容创作者，无非依靠物质奖励和精神上的满足感。随着社区质量的恶化，知乎内容创作者置身于各种互怼中，免费创作难以得到社交和精神价值上的回报，“大 V”群体有流失趋势。物质方面，知乎早年严打软文，不仅导致知乎广告收入低，内容创作者也难以获得收入。在相当长时间内，知乎没有对接作者的运营和客服团队，轻量化的内容运营使其对内容创作者天然缺乏掌控力，且知乎的体量和现金流也决定了其难以抵抗与头条、B 站等平台对内容创作者的争夺。

五、知乎的冲刺与突围

随着商业化的加速，知乎似乎已经在融资上市的路上骑虎难下，解决

办法只有寻找到更多用户，拿出更好的商业化变现盈利模式。早期在注册时实行邀请制和审核制的知乎，其最早的200位用户，既有李开复、王兴、王小川、徐小平、马化腾这些富有创新精神的企业家和风险投资家，也有一批默默无闻但是各自专业领域的行业翘楚。

在知乎网创办的前40天，他们创造了8 000个问题和2万个回答。这些知乎最初也是最珍视的用户，兼具专业背景与专业精神，有趣，有品，也有料。这些不计较回报又优质的回答，迅速为知乎积累了大量的原始用户。

这也决定了知乎是围绕精英阶层的知识社区。开放注册后，随着知乎用户不断增加，社区总体更加“亲民”，但总体而言其用户画像仍是主流内容平台最“精英”、最“高知”的。

六、下沉市场，搜索，与流量入口

一个数亿人的下沉市场，成为知乎未曾染指但目前来看又不可忽略的“蛋糕”。此时和快手的联合，可以进一步扩充下沉市场用户群体，一个上浮，一个下沉，相向而行的两者最终达成了合作，通过打造“全民知识内容平台”，快手上的用户有机会接入知乎，形成两者用户的互相补充。

而百度则可以作为搜索入口。在百度市值持续下跌、百家号失利的情况下，知乎的高质量内容或许能为百度带来更多的关注；而作为流量入口，百度也能够进一步引导用户流向知乎。

七、短视频与内容矩阵

知乎一直有切入短视频的打算。2018年6月初知乎对APP和首页进行改版，在原有“关注”“热榜”“推荐”的首页结构上，新增“视频”专区。2019年3月初，知乎APP再次改版，视频产品和功能进一步升级，并增加“视频回答”入口；与此同时，“即影”APP开始进行内测，但6月即宣告解散。

早在知乎进军短视频领域之前，该行业格局已经逐步形成。伴随着短视频市场规模进一步增长，中国短视频市场规模突破100亿元，市场也由快手一家独大，演变成抖音、快手平分秋色，BAT和微博等巨头全面发力，虎视眈眈，知乎显然不占优势。

在“即影”短视频尝试宣告失败后，此时入局短视频最好的方法莫过于联合快手，更高效地扩充平台短视频内容，从而打造“全民知识内容平台”从图文内容到短视频的内容矩阵。

八、AI与内容分发

快手和百度这两家公司的AI技术和分发内容能力不容小觑。百度自“陆奇时代”后的战略就是“All in AI”。作为中文最大的搜索引擎，百度虽然在移动时代因信息孤岛和屏蔽现象，搜索业务急转直下，但是其检索、匹配、分发内容的能力都属于看家本领。快手通过YCNN[①]深度学习推理引擎，利用AI给用户视频生成增加乐趣，对视频内容和用户进行理解，实现视频和用户的精准匹配，逐步成长为一家日活用户数达到1.3亿、每天产生1 500万条短视频内容、视频日均播放量达150亿次的公司。

在知乎需要商业广告盈利的情况下，其原本的推荐算法（威尔逊得分区间算法）恐怕需要进一步调整。特别是在知识营销的情景下，这套算法可能会使得广告主和用户都不够满意。

九、商业广告和知识营销模式

“知识营销”（MCN），即通过知识与“高精尖”用户沟通，包括注册机构账户回答问题、原生文章广告等。近日，知乎官方账号知乎MCN小管家发文称，将正式启动MCN机构招募，并表示“欢迎更多合作伙伴与我们一起加速成长，共同服务于优秀的内容创作者与品牌主，共建规范、透明、良性循环的商业环境，并在一个认真专业、多元有趣的社区生态中，实现

① YCNN是由快手Y－Tech团队研发的Convolutional Neural Networks（卷积神经网络）深度学习算法。

互惠共赢。”知乎方面表示，非常重视广告业务，成立了商业化事业部。目前团队处于快速增长阶段，短短一年时间已经合作了各行各业数百家知名品牌。在进行了一系列商业化动作后，官方数据显示，2018 上半年知乎营收额相比 2017 年同期增长 340% 。

十、知乎找到了新队友，上市还是个问题吗

2017 年知乎开始商业化，2018 年又大幅度裁员组织变更，现在又完成了新一轮的巨额融资。这些都被认为是知乎在为上市做准备。在完成多轮高额融资后，知乎也该向资本市场交一份答卷了。

目前知乎的变现模式主要由广告、知识付费构成，还有包括短视频、会员等多种正在尝试的方式。虽然 2018 年上半年知乎商业广告营收额相比上年同期增长 340%，但显然不足以支撑起 IPO。此外，围绕着知乎“Live”做出的包括会员制在内的一系列付费项目，收效也远不如预期。知乎变现的逻辑悖论在于用户体验和广告，知乎在品牌主眼中最大的价值恰恰是其培养出的反广告氛围，这也让软广有了可乘之机。一旦失去了这种氛围，知乎相比其他平台的优势又在哪里呢？

想成为投融资观察报告创作团队的一员吗？微信扫描本书第351页二维码，现在就加入我们吧！

No. 31

智能投研市场走热，“另类数据”可否构筑“护城河”*

主笔：刘海洋

资料收集：鉴明子、张宇、邬悦

交易概览：

“熵简科技”成立于2017年，为金融、咨询、实体企业等需要大量数据挖掘及分析的机构提供大数据基本面智能投研服务。公司曾于2018年11月获得小米领投的近亿元A轮融资。9月2日，“熵简科技”获数千万美元级B轮融资，高榕资本领投，嘉实投资等老股东跟投。本轮融资将用于关键技术持续自主研发及商业拓展。

一、自然语言处理：行业萌芽期，前景广阔但当前发展缓慢

自然语言处理（NLP）分为基础技术和应用技术，潜在应用场景十分广阔。按行业划分，包括穿戴设备、智能家居、智能汽车、智能教育、智能金融等领域。尤其在“NLP+行业”的发展趋势下，银行、电器、医药、司法、教育等领域对自然语言处理的需求都十分普遍（见表1）。

* 本文写于2019年9月。

表 1　　自然语言处理技术分类

基础技术	应用技术
语法与句法分析	机器翻译
语义分析	信息检索
语篇分析	情感分析
知识图谱	自动问答
语言认知模型	自动文摘
语言知识表示与深度学习	信息抽取
	信息推荐与过滤
	文本分类与聚类
	文字识别

在我国，国家自然科学基金、社会科学基金、“863”项目、“973”项目等都对自然语言处理的发展给予了充分支持。除了国家的资金资助外，一些企业对于相对容易市场化的项目也实施了资助。

然而，自然语言处理（NLP）机器学习所需的数据库缺乏以及语料库搭建周期长是该领域发展的主要瓶颈。当前在自然语言处理赛道上，众多高新技术企业、互联网公司及资本已经入场，但由于底层技术尚未突破，潜在应用场景的市场化开发均不甚成熟。《2018 年人工智能投资市场研究报告》显示，目前 NLP 在全部 AI 技术的应用比重仅为 7%，低于计算机视觉、数据挖掘、智能语音、机器学习及机器人等五项分支技术。

智能投研是 NLP 已被探知的重要应用领域。

二、智能投研：直击传统投研痛点，能初步解决客户价值诉求

智能投研，是服务于机构投研人员，利用大数据和人工智能技术完成“数据和信息获取→清洗→分析→决策”的投研流程，提高投研人员的效率。在我国，智能投研兴起于 2013 年，目前处于行业成长期。相比传统投研，智能投研了颠覆一系列低效率、低准确性、低时效性的传统工作方式（见表 2）。

表 2　　传统和智能投研的比较

	传统投研	智能投研
数据源	传统金融数据（宏观、行业、公司等）	拓宽数据来源至舆情数据、社交数据、卫星数据等
数据获取方式	手动搜索	网络爬虫及 AI 算法自动搜集整理，实现非结构化数据的结构化
数据处理方式	基于研究人员知识储备及分析能力处理数据	基于 NLP、知识图谱等 AI 技术自动化、系统化分析
结论呈现	人工撰写报告	智能搜索引擎、智能问答、智能研报

资料来源：中泰证券研究所

在数据源上，智能投研将数据源从结构化的公开基本面信息拓展到非结构化的舆情数据、社交数据、卫星数据等，并通过网络爬虫及人工智能算法节约了人工搜索的经济和效率成本。在数据处理方式上，智能投研运用人工智能技术使得分析和报告撰写过程趋于自动化。通过优化信息的广度、处理速度和处理质量，智能投研赢得了市场的认可，快速获取了一部分种子客户。

三、智能投研：当前着力优化应用场景，以区别于传统大型数据库并建立竞争优势

与 Bloomberg、万德数据库等传统数据库有所区别的是，智能投研机构的开发重点并非结构化的基本面数据，而是基于客户所需应用场景开发的数据及其处理工具。这类数据和处理工具能最大限度地达到高效收集数据和初步分析数据的效果，由此构成与传统数据库的第一个差异。

然而，单单依靠产品层面的优化将难以创造巨大价值。首先，应用层面的设计能力不足以构筑竞争壁垒，可能将行业导入同质化竞争；其次，为各行业打造细分应用场景很难实现规模效应；最重要的是，仅仅节约一定的运营成本和提升运营速度，所能创造的价值极其有限，种子用户之外的客户群体对于该类产品的需求有限，市场“天花板”很低。

因此，各家智能投研机构往往重点发力产业链某一环节的核心技术，同时横向拓展其技术的应用领域和行业。

四、熵简科技：另类数据构筑差异化优势

“熵”是热力学中描述系统混沌程度的度量，“熵简”寓意使用智能化的手段简化企业业务数据化和数据资产化的复杂程度，实现数据驱动、降本增效。熵简科技，是当前智能投研领域的重要玩家，主要提供另类数据及知识图谱服务，以数据服务为重。相比传统大型数据库，另类数据是其重要的竞争优势。

另类数据（Alternative Data）是一个看似新鲜实则由来已久的概念，指的是区别于传统结构化、标准化宏观经济、交易或公司数据的细分行业数据（见图1）。

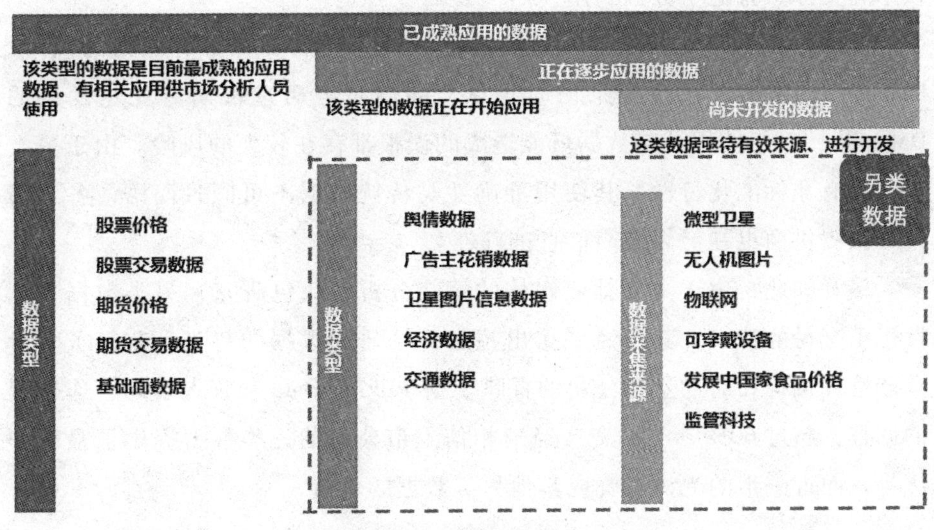

图1　已成熟应用的数据

在海外，另类数据早已创造出惊人的商业价值。1997年，密歇根大学的研究团队证明芝加哥期货交易所交易大厅音量大小能有效预测期货市场几分钟后的波动性。当前，专注社交领域另类数据的纽约新兴科技公司Dataminr估值已达到15.9亿美元，其核心技术包括深度学习、自然语言处理、先进统计建模等。

对标美国同行，熵简科技在另类数据库方面还有很长的路可走。熵简

科技当前的另类数据库覆盖电商、游戏、电影、招聘、招投标、地产、汽车、化工、农林牧渔、在线旅游等多个细分行业。“以电商为例，现在我们已经能做到大型电商全网全 SKU 的数据日度采集，中小型电商也已经覆盖完全。”A 轮融资时，创始人表示：“在游戏、能源、消费等细分领域，我们都有专门的分析师，为这一领域设计数据产品，并拓展该领域的数据源，将这些数据源做深做透。”

经过一年的发展，如今熵简的中台层以数据中台引擎 Value Simplex Brain 为支撑，在建立数据库之外，还帮助企业实现多源异构数据的融合与本地化入库、结构化封装。目前，熵简科技已为多家金融、消费、科技、咨询等跨领域头部企业提供数据中台服务，客户包括嘉实基金、东方红资管、小米、BCG 等。下游应用层，则以知识图谱引擎 Aminda System 和 NLP 技术为支撑，打通了数据到用户的“最后一公里”。

然而，在业务发展早期，另类数据的应用仍然存在不可低估的风险。Dataminr 的创始人在接受采访时承认，即便是经历过长期专业化发展的 Dataminr，对于使用社交数据可能造成的误报都存在较大的风险。由于另类数据具有非标准化特性，其使用准确性与传统数据不可同日而语，各大另类数据提供商也在努力提高信息准确性。

尽管如此，由于（如社交媒体的情绪分析和众包研究）另类数据预见性优于交易的特点，其已经展露出超越传统研究数据的势头，获得了大量资产管理机构和对冲基金公司的青睐。据 Talking Data 和宜人智库合作开展的调查，超过 60% 参与的资产经理相信上市公司的另类数据提供了最大的优势，而近一半的受访者赞成其他另类数据的价值。

五、竞争加剧，技术深化和场景专业化或成行业风向

在新兴智能投研公司崛起的同时，传统数据库正力图扭转其在另类数据方面话语权弱化的局面。2019 年 3 月，Wind 宣布上线另类数据库。以线上销量数据为例，Wind 线上销量数据覆盖超过 200 家上市公司在天猫及京东平台自 2015 年 1 月至今的月频销售数据，行业/品类颗粒度为阿里 2 级类目；深度定制数据更可到每一个 SKU 的日频销售数据，帮助投资者研究

上市公司本身及行业/品类在线上的整体销售趋势。

Wind 在数据库品类拓展方面的努力可谓是行业上游的风向标。传统数据库玩家凭借强大的数据库运作能力涉足另类数据库市场，注定了智能投研机构在中下游的场景化方面深度发力将成为行业未来的走向。

参照欧美地区成熟的智能投研市场，中国当前的智能投研市场从产业链上下游分工和数据库工作都有待进一步明确分工和专业化。除上文介绍的 Dataminr 专注于社交领域公开另类数据外，专注于寻找事件与资产的相互联系的 Kensho 被收购时对价达到 5.5 亿美元；爱尔兰公司 Eagle Alpha 在创立 3 年内实现了 560 万美元融资，从事另类数据源校验和另类数据培训与咨询。

对标成熟市场，可以预见在细分领域技术和产品的深入耕作或能成为中国智能投研机构的下一个突破口，即通过深度运作与传统数据库的广度运作构成差异。但这也意味着产品规模化的难度加剧。

对此，熵简科技已经开始拓展业务板块，利用当前已经沉淀的丰富数据中台及业务应用建设能力，打造包括知识图谱、智能投研、智能搜索、智能客服、智能营销、智能风控等在内的业务应用，有效帮助金融机构缩短业务数据化进程，快速实现业务价值（见图 2）。

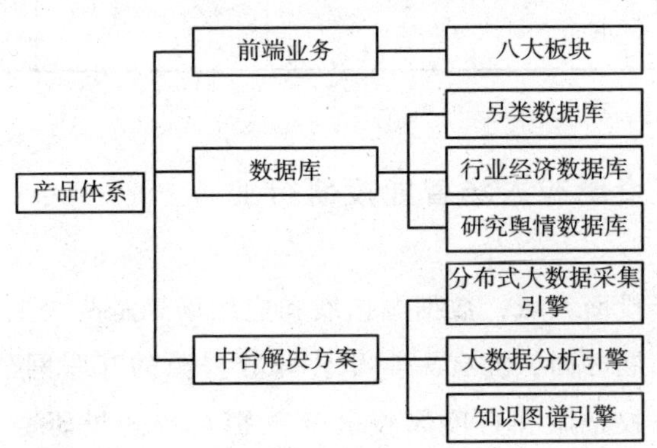

图 2　熵简科技产品体系

六、“场景专业化 + 差异化”打法，助力熵简科技异军突起

在智能投研赛道内，熵简科技是一支年轻的团队。相较其他竞品，熵

简科技的创始团队具有深厚的金融背景，对细分领域理解更为透彻，在业务领域方面的核心发力方向则是上游的另类数据收集。这个方向在一定时期内与市场上其他主要玩家构成了差异化，让熵简科技迅速在智能投研赛道上占据了一席之地（见表 3）。

表 3　公司比较

玩家	成立时间	融资	主要投资方	业务倾向	优势
熵简科技	2017.9	A 轮 1 000 万美元	清泉石资本	另类数据 投资辅助工具	团队金融背景深厚，细分领域场景理解透彻
虎博科技	2017.7	A 轮 3 300 万美元	PAC，宜信新金融产业投资基金，高榕资本	智能搜索，企业端与个人端均可使用	团队技术背景深厚，深耕 AI 领域提供 NLP 基础服务、智能搜索、舆情监控等
通联数据	2013.12	万向集团全资控股		智能搜索 投研工具 财务预测	股东背景深厚； 深耕基金客户
香侬科技	2017.12	天使轮数千万元人民币	红杉	智能金融信息平台	团队技术背景深厚

七、未来更多资源或入场智能投研行业

当前在智能投研领域，数据源拓展和应用场景是两大主要升级方向。

在数据源拓展方面，拥有大量非公开数据源的互联网公司很可能加速发力。目前，蚂蚁金服和百度风投已经分别在智能投研赛道上有所下注。若能获取大型互联网公司支持，智能投研企业便能从独家数据源方面建立竞争优势，尤其是对另类数据的把握。

八、总结

自然语言处理技术在金融领域经过约 5 年的发展，专注于二级市场场

景化产品设计的策略已经明显可见天花板。熵简科技定位另类数据这一产品形式，具有良好的可拓展性，但在规模化拓展方面存在一定障碍。在各类背景玩家纷纷入场竞争的情况下，能否拓展独家数据源，成功追逐AI技术专业化耕作和场景专业化的行业风向，率先突破技术壁垒并提高产品完成度，捕捉先发优势，将成为熵简科技未来的最大考验。

想成为投融资观察报告创作团队的一员吗？微信扫描本书第351页二维码，现在就加入我们吧！

No. 32

与阿里“联姻”，初代互联网拓荒者网易能否再创辉煌*

主笔：陶欣、梁思远

资料收集：黄蕾、桂伊琳、时雨桐

交易概览：

2018年9月6日，网易与阿里巴巴共同宣布达成战略合作，阿里巴巴以20亿美元全资收购网易考拉，考拉品牌将继续保持独立运营。交易对价20亿美元，阿里巴巴将以全现金方式支付。天猫进出口事业群总经理刘鹏将兼任考拉CEO。据阿里巴巴方面透露，网易考拉未来将不会更改名称，不会减员，但办公地址或将发生变更。

美国时间2018年9月5日收盘，网易股价较上一交易日涨1%至271.06美元，市值约350亿美元；阿里巴巴股价涨2.64%至178.94美元，市值约4 658.8亿美元。同时，阿里巴巴作为领投方，云峰基金参投网易云音乐此轮7亿美元的融资。据网易云音乐方透露，这笔融资将用于购买版权，继续打造“云村社区”。

一、网易其网

中国互联网高速发展的20年，出现了包括门户、SNS、网络游戏、电子商务、互联网金融等在内的众多风口。作为互联网浪潮中的长跑者，网

* 本文写于2019年10月。

易走过辉煌，也经过低谷（见图 1）。

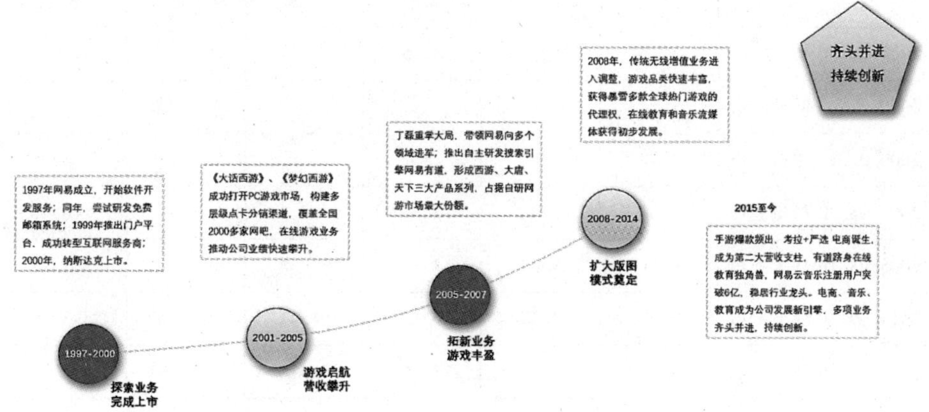

图 1　网易发展历程

资料来源：网易官网

1994～2000 年第一次互联网大浪潮，网易进入开荒时代，从三大门户到搜索引擎。

2001～2008 年第二次互联网大浪潮，从搜索引擎到社交化网络，网易解决变现难题，网游市场风起云涌，电商业务百废待兴。

2009 年至今第三次互联网大浪潮，PC 互联网到移动互联网。基于社交流量挖掘移动应用，网易多点开花，全面导流。第四次互联网大浪潮即将来临，各大公司纷纷走进云服务、大数据、人工智能。网易又能否浪头弄潮呢？

二、开荒时代

凭借“WAVS＋门户网站”业务，网易是中国首批海外上市互联网公司。网易创立于 1997 年 6 月。1997 年 11 月，网易自主研发了国内首个全中文免费电子邮件系统，逐渐成为第一中文邮箱品牌。1999 年推出“网易 163”门户网站，与搜狐、新浪、腾讯并称中国四大门户。凭借无线增值业务和门户平台广告业务的优异表现，公司营业收入实现快速发展，成功从软件开发商转型为互联网服务提供商，并于 2000 年 7 月成功登陆美国纳斯达克（见表 1）。

表 1　　上市时间与市值　　单位：亿美元

时间	搜狐	网易	新浪	百度	阿里巴巴	腾讯
2000. 04. 30 新浪上市			8. 15			
2000. 06. 30 网易上市		4. 65				
2000. 07. 31 搜狐上市	3. 98					
2004. 06. 30 腾讯上市	5. 60	22. 68	12. 34			66. 00
2005. 08. 16 百度上市	6. 00	23. 38	14. 81	39. 58		17. 22
2014. 09. 30 阿里上市	20. 00	111. 38	27. 18	765. 41	2 208. 53	1 393. 35
2019. 09. 30 截至目前	3. 99	343. 89	27. 26	358. 16	4 353. 95	4 022. 85

资料来源：Wind、同花顺

2000 ~ 2005 年，网易无线增值、广告业务快速发展。在无线增值业务上，搭乘国内 SMS 需求爆发浪潮，与中国移动、联通等运营商达成合作，抢占移动网络时代先机，向用户提供电子邮件、新闻订阅、交友互动和电话铃声等约 200 种不同服务产品和订阅包。

可以说，这个时期的网易是中国互联网公司中的弄潮儿。

三、变现时代——游戏的大局

2001 年，网易成立在线游戏事业部。网易凭借西游系列的巨大成功，在行业内建立了高品质的品牌效应，也为后续游戏的研发和运营积累了大量的用户流量和行为数据基础。公司的游戏营业收入从 2002 年 3 705 万元增长至 2008 年的 24. 98 亿元，占总营业收入的比重从 15. 9% 提升至 84% 。相关资料见图 2。

2008 年 8 月，海外游戏巨头“暴雪娱乐”首次与网易达成合作，授予其两款魔兽系列和星际争霸的代理权。2009 ~ 2011 年，在《魔兽世界》的带动下，暴雪授权游戏收入（估计值）从 3. 14 亿元增长至 15. 18 亿元，占网易游戏业务的比重从 9. 39% 提升至 23. 54% 。

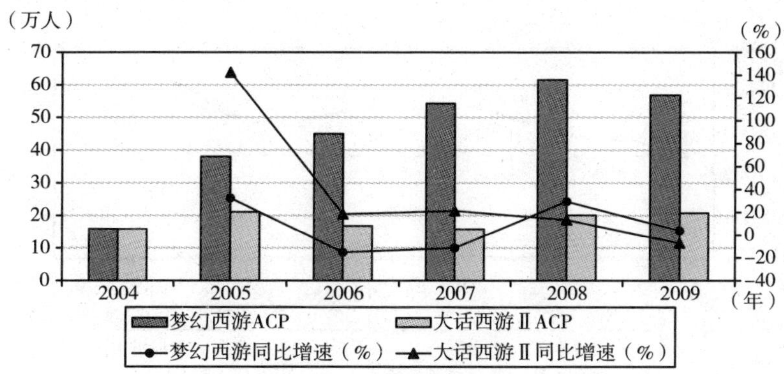

图 2　公司产品营收情况

2014 年 4 月网易发布了《新大话西游 3》改编手游《西游神魔决》。2016 年完成日系和风“CCG + RPG”游戏《阴阳师》，成为 2017 年现象级产品，随后网易手游发展开始向“类型多元、爆款迭出”转变（见图 3）。可以说，网易已经离不开游戏了。

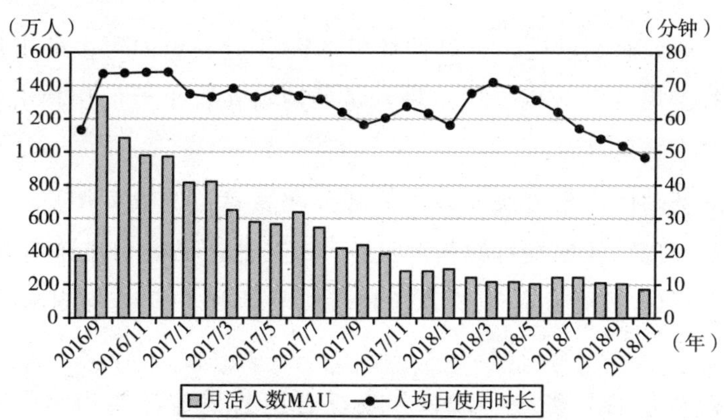

图 3　《阴阳师》MAU 和单人日均使用时长走势图

在游戏行业高速发展的时代，中国自研产品海外销售收入实现 15% 增长，重度游戏越来越受欢迎。而国内游戏市场则呈现腾讯网易双雄并立、其他公司遍地开花的格局。

相较于腾讯凭借“社交 + 游戏”的模式，通过 QQ、微信进行用户引流，获取了海量游戏用户，网易在游戏业务的用户数量上无法和腾讯相比；但是在内容和用户粘性上，网易游戏因其一贯秉持的高质量在行业占有一定地位（见图 4）。

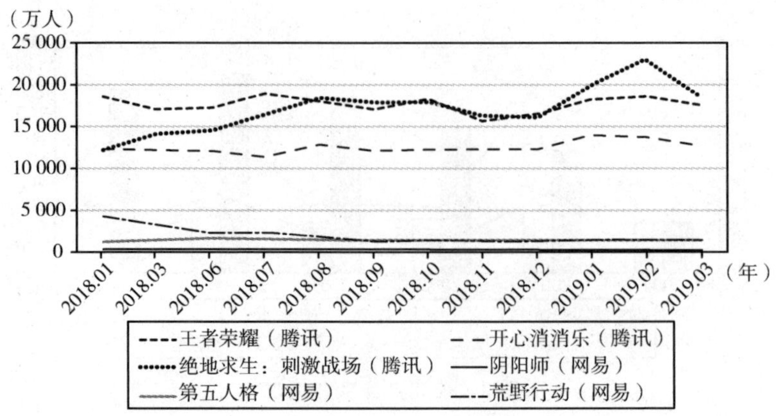

图 4 腾讯网易旗下游戏 MAU

资料来源：Quest Mobile

四、产品裂变时代

游戏的辉煌时期过后，主打情怀牌的网易似乎想向更多的市场需求拓展。但“社交属性”较弱、用户量不足的网易在各平台的用户引流联动和盈利情况都不容乐观。

网易的基础用户为游戏人群和一部分网易有道的教育用户。由于游戏用户和教育用户往往偏好目的非常明显，对其他产品的引流作用微乎其微。用户面较窄局限了网易在产品裂变时代将核心用户引流至其他产品的可能性。

网易云音乐的“黑胶”现世，象征着网易渴望深耕内容。网易开始在这一领域尝试“音乐商城 + 专辑发行 + 纯音乐直播平台”新兴变现模式。尽管网易云音乐在社区和内容方面广受好评，但在腾讯系音乐产品庞大的用户引流和版权大战下还是招架乏力；网易有道虽然赴美上市，但一直面临着巨额亏损。垂直赛道内竞争对手强大，难见盈利曙光。而“考拉 + 严选”的推出同样是“叫好不叫座”，在缺乏用户的情况下甚至一度使得网易的净利润逐年下降。

因此，尽管网易旗下产品五花八门，但游戏收入始终是其营收占比最大的一块，即使近年比重有所下降，也一直保持在 50% 以上。反观同样是游戏巨头的腾讯，尽管游戏业务的体量巨大，游戏占营收的比例却已控制在了35%以下。这也导致2018年游戏限制令时期，网易的净利润断崖式的下跌，与BAT的差距越拉越大（见图5、图6）。

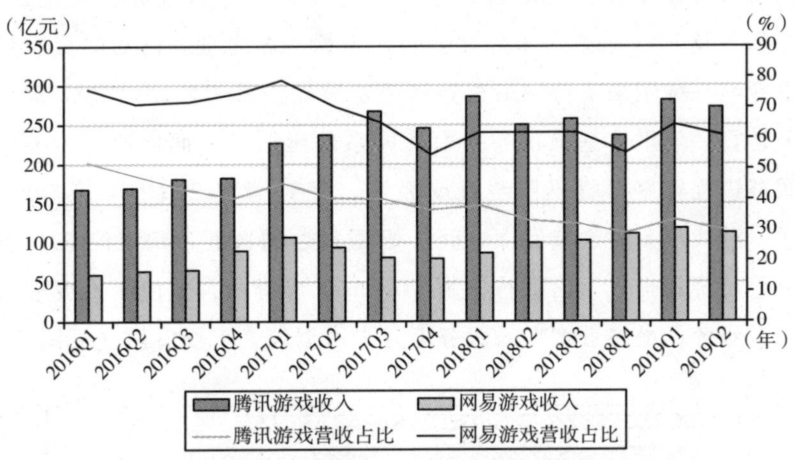

图5　2016Q1～2019Q2腾讯网易游戏收入及营收占比

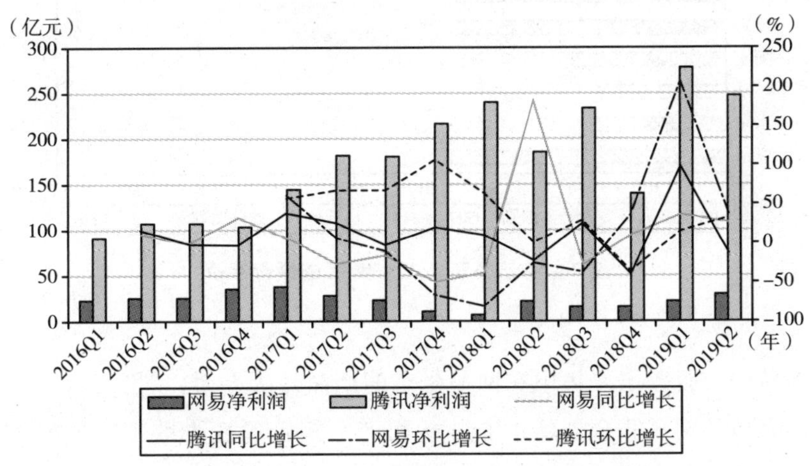

图6　2016Q1～2019Q2腾讯网易净利润及增速

资料来源：公司公告，西南证券整理，Wind

五、技术驱动生态时代

网易云的技术积累起始于1997年成立的邮箱业务，有两条主线：其一，自 2016 年对外推出网易云服务时提出的场景化，即要与业务场景紧密结合；其二，技术的服务模式要尽可能做到全线，支持私有云、公有云等多种系列的服务。

网易云与百度云、腾讯云、阿里云等相比，在云战略、实施、推广、份额上远不及 BAT 表现，未能在云时代占据一席之地。网易的云服务和大数据更像是一种用来支持网易其他赛道发展的内部工具，而 BAT 却早早瞄向了云计算。阿里云基于其电商生态体系外延服务，面向商业（TOB）企业云服务进程较好；腾讯围绕社交系统，针对消费者（TOC）基因显著，在直播、游戏等关联领域发挥空间；姗姗来迟的百度云则定位 AI，基于其搜索引擎足迹和个人云信息转化为 TOB 的无形资产，但由于百度战略重心未放于云服务，最终百度在云服务上并未占据较大市场份额（见图 7）。

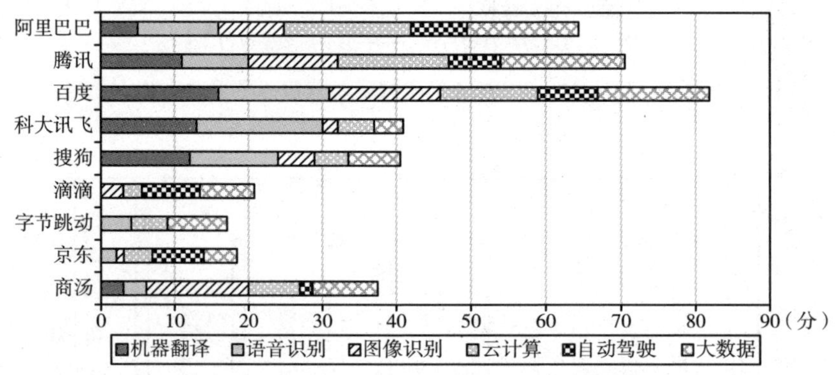

图 7　头部公司人工智能领域综合评价

资料来源：科技讯息社

网易的云服务主要集中在网易生态的产品外延方面，“网易云”的产出是全国多地的网易联合创新中心。然而产品矩阵裂变失败带来的财务压力和战略上的不够重视，导致网易在云服务和大数据上一直以来技术人才投入不足，因此其虽然在云服务方面起步较早，却一直没有真正发展起来。此外，网易的基础用户量主要来自游戏和音乐人群，其云服务在 TOB 端不具优势，在 TOC 端又难以与腾讯抗衡。

如今云服务市场格局渐渐明朗，为了挽回网易在产品裂变失败和云技术上落后带来的颓势，进一步提升网易旗下产品的质量和高度，网易 CEO

丁磊先生不得不与竞争对手阿里共同合作，以期合力实现质变突破。

六、交易过后，网易的未来

本次交易后，网易打包出售其跨境电商——网易考拉，维持其在精细电商网易严选的运营。网易考拉和天猫跨境合并能够集合两大头部跨境电商的资源，更好地保持市场领先优势；同时，网易本身在一定程度上避免了最大电商平台的围截，将资源精力配置在网易严选和其他业务上。

在音乐方面，网易云音乐可以在把持其原有流量的基础上，进一步打造其“高端”“精细化”的特质，瞄准高端人群进行收割。此次融资将用于购买版权，加速其版权收入和提升用户粘性，继续构筑“云村社区”。阿里系音乐也可与网易云音乐携手扩大用户来源和每用户平均收入（Average Revenue Per User，ARPU），与腾讯系音乐应用争锋。

网易目前的核心就是游戏业务。毫无疑问，未来网易还将继续深耕游戏业务，通过打造高品质游戏筑造护城河，吸引更多高黏度、高精准的游戏用户。尽管在用户量上很难超越腾讯，但在精耕细作下，网易游戏的用户留存率和付费意愿都有希望一举超越其他竞争对手。

通过更加精细化的定位和发展，网易有望提高单一用户毛利率，以在游戏和音乐等领域的利润推进技术革新。技术是互联网公司的核心，在大数据和人工智能方面，网易还需加强人才储备和技术储备，用全新的技术角度去理解互联网，而不是仅仅从其游戏开发或电商运营角度去提高技术。

网易未来究竟能否重整旗鼓，乘着新一波互联网浪潮，回到互联网企业第一梯队的行列，让我们拭目以待！

想成为投融资观察报告创作团队的一员吗？微信扫描本书第351页二维码，现在就加入我们吧！

No. 33

“天天充电”：再获融资，充电时我们在想什么*

主笔：宋紫珺

资料收集：黄蕾、桂伊琳、时雨桐

交易概览：

2019 年 9 月 20 日，“天天充电” 完成了 5 000 万元人民币的 Pre－A 轮融资，投资方是西安鸿瑞达投资管理有限公司。天天充电是一家电动自行车充电桩运营商，通过在固定的社区以及部分电动自行车密集区域铺设充电系统来为车主提供智能，安全的充电解决方案（见表 1）。

表 1　　安全的充电解决方案

比较项目	传统充电桩	同类型充电桩	天天充电
支付方式	投币、刷卡	微信扫码支付	微信扫码支付
计费方式	按时间计费，无法单独设置	按时间计费，固定时间	每台设备可根据所在的小区设置充电时间，充电费率
使用难度	简单，插上就用	需要用户选择自己电瓶车的充电功率	简单，插上就用
充值方式	自行准备硬币或到指定收费点充值储蓄卡	手机线上支付无须准备硬币定点充值	手机线上支付无须准备硬币定点充值
便携性	投币后，到主机上选择充电头，再到充电口充电	扫码后，到主机上选择充电头，再到充电口充电	一口一码，扫完就能用
管理方式	无法远程控制	线上智能管理平台，远程监测更方便	线上智能管理平台，远程监测更方便

* 本文写于 2019 年 10 月。

续表

比较项目	传统充电桩	同类型充电桩	天天充电
人力成本	人工收币，人工充值，现场检测消耗人力成本	线上操控无须专人看管	线上操控无须专人看管
安全级别	低	容易出现充电功率过高导致安全问题	定时充电，采用三重安全技术，物理保护，过载保护防漏电保护，使用用户原装充电设备
设备成本	低	高	低
用户场景	广泛	适用于商场等临时充电	广泛
安装成本	高	低	高

无独有偶，2019 年 5 月，专注于电瓶车换电的 e 换电公司获得来自中美绿色和信中利千万美元的 B+轮融资。

一个充电，一个换电，针对的都是传统的电动自行车市场。再向前看，在大型的新能源汽车市场上，亦存在着充电与换电之争。

一、生活中到底有哪些产品需要充电

日常生活中有无数的设备以电能为驱动。以品类来区分，需要充电的设备主要包括 3C 电子产品和出行交通工具两大类。3C 电子设备包括手机、手提电脑、耳机等。交通工具包括平衡车、电动滑板车、电动自行车以及新能源汽车。其中，有较强充电需求的主要是手机、电动自行车以及新能源汽车。

手机领域中，不断提升的系统及蕊片（System－on－a－Chip，SOC）计算能力及高清大屏带来的高能耗与手机不断追求轻薄造成的电池容量受限产生了尖锐的矛盾。虽然各个手机厂商纷纷推出了自己的快充方案，利用时间换空间，通过在 15 分钟内为手机冲入近 40% 的电量帮助消费者消除续航焦虑。但是面对抖音、头条、微信等各类“时间杀手”，手机电量依然捉襟见肘，实际使用时间往往在 5～6 个小时，充电市场依然巨大（见图 1）。

	Huawei Mate30 Pro	iPhone 11 Pro Max	小米9 Pro	OPPO Reno ACE	VIVO NEX 3
电池容量	4500mAh	3969mAh	4000mAh	4000mAh	4500mAh
有线充电功率	40W	18W	40W	65W	44W
无线充电功率	27W	7.5W	30W	不支持	不支持
电池充满时间	65min	107min	60min	28min	57min
视频播放时间	1080P画质可播放10h	最高可达20h	最高可达25h	720P画质可播放14h15min	1080P画质可播放9.5h

图 1　国内主流智能机电池参数对比

电动自行车领域则较为复杂。2019 年 4 月 15 日，中国电动车新国标正式实施，其中核心变化为电动自行车整车重量禁超 55 公斤，基本直接宣布传统铅酸电池走下舞台。巨大的存量电动自行车换电市场被打开。另一方面，劣质电动车充电器及不合格电池导致居民电动车起火事故频发，政府亦急需合适的居民电动自行车充电方案。

新能源汽车领域随着三元锂电池技术的不断向高镍迭代以及全新的纯电动汽车平台的上马，续航里程从过去 200 公里为主逐渐过渡到 400～500 公里。但是相较传统油车 600 公里左右的单次里程以及 3～5 分钟的加油时间，消费者的里程焦虑症依然需要缓解。

二、不同产品在不同场景下消费者的需求

然而，手机、电瓶车、电动车三类产品，消费者的个人诉求以及使用场景有着巨大的差异（见图 2）。

	智能手机	家用电动自行车	商用电动自行车	新能源汽车 Tesla为例
续航时间/里程敏感度	高	中	低 （满足单次配送即可）	高
充电速度敏感度	高（固定充电场景） 低（移动充电场景）	低	极高	低（家庭充电场景） 高（外部充电场景）
安全性敏感度	高	高	高	高
充电时常	~1h	~6h	~8h	~10h（慢充） ~1.5h（快充）
占整体成本比例	低	中	中	高

图 2　手机、电动自行车及新能源汽车充电场景对比

手机充电市场下，虽然智能手机的快充技术日新月异，但是依然承受不住消费者过度的手机使用需求。现代智能手机基于最大化手机电池容量以及优化手机厚度和结构的原因，放弃了有效电池体积小、机械结构不可靠的可更换电池设计，充电成为手机的唯一选择。

因此，在消费者具有长时间停留可能性的场景（如电影院、KTV、餐厅等），共享充电宝很好地满足了用户需求。同时，借由用户需要充电的“刚需”，以及相对的价格不敏感，充电宝们不断提高价格，成功破局，避免了重蹈共享单车的覆辙。

艾媒咨询预测，2019 年共享充电宝用户规模将达到 3.05 亿人/次。2020 年将突破 4 亿人/次。2019 上半年中国共享充电宝公共场所进驻渗透率仅为 31.3%，有很多公共场所可挖掘。另外，目前共享充电宝在三四线城市基本处于空白，下沉市场或将带来不小的机会。

电动自行车领域在存量市场和增量市场、在家庭场景下和在商用场景下出现了非常多的“玩法”。

在存量市场下，由于新国标对电动车重量的要求以及锂电池整体价格快速下行，锂电池电动车具有了巨大的使用和成本优势。

	锂电池				铅酸电池			
重量	净重约8kg				净重约35kg			
动力输出	• 内阻小、动力强、加速快、爬坡马力足				• 内阻大、动力弱、笨重、爬坡马力不足			
充电时间	• 支持快速1~2小时充满，充电快约4倍 • 对电池寿命无影响				• 正常充满需要8~10小时 • 小于8小时会严重衰减容量，且有鼓包风险			
单体价格	1500元				750元			
使用年限	7年				1.5年			
天均花费	0.58元				1.4元			
不同温度性能对比	40°C	20°C	0°C	−20°C	40°C	20°C	0°C	−20°C
	100%	100%	100%	85%	100%	100%	70%	40%

图 3　锂电池与铅酸电池对比

未来一两年内，中国现有的近两亿辆铅酸锂电动自行车，车主将有极强的需求将现有的电池更换为锂电池。

另一方面，在家庭市场端，传统社区大量私接电线为电动自行车充电的乱象丛生，因电线老化短路、不合格充电器以及电瓶老化产生的火灾亦频频发生。基于社区统一智能充电系统已成为政府、社区以及个人的三级需求。

在商用端，“最后一公里”解决方案（快递、外卖和闪送服务）发展得如火如荼。而这些“最后一公里”解决方案严重依赖于电动自行车。公开数据显示，2018 年，美团旗下骑手超过 270 万人，饿了么旗下蜂鸟配送骑手超过 300 万人。预计到 2020 年，中国外卖骑手总量将超过 1 000 万人。单个外卖骑手日均骑行里程约为 120 ~ 150 公里，典型的电池续航里程约为 30 ~ 50 公里，即人均需要使用 3 ~ 4 块的电池容量。加之外卖骑手对电池补电的时间敏感性极高，换电池成为唯一解决方案。

新能源汽车领域则在采用充电还是换电上有了更加广泛有趣的讨论。以比亚迪为首的老牌造车企业往往坚持充电模式，而以蔚来为首的造车新势力则选择更加具有想象空间和消费者体验的换电模式。

在新能源汽车爆发的初期，为了克服里程焦虑以及充电时间的问题，力帆、北汽以及蔚来提出了另一个补电思路——换电。通过在人流密集区域铺设换电站，为客户实现与传统燃油车一致的 3 ~ 5 分钟换电池的用户体验。

然而在供应商层面，换电站基础投入巨大，选址要求高，汽车的机械结构设计复杂，无论是对车厂还是独立第三方都是一项挑战。而在消费者端，由于电池占整车成本40%以上，采用换电模式带来的权属关系不明确以及单次换电的实际成本偏高等问题导致消费者的接受程度亦不及预期。短期来看，在个人使用的乘用车领域换电模式阻碍重重，只能成为充电模式的补充产品。而在非乘用车领域以及经营性车辆领域，由于车辆相对集中，客户对充电所造成的业务暂停时间敏感以及对续航的相对不敏感性，或存在爆发的可能性。

随着三元锂电池技术从传统的“622”技术演进到最新的“811”技术，电池能量密度实现了进一步的提升。同时，新一代新能源汽车平台将单车带电重量从原先的200公斤提升到400~500公斤。电动汽车带电重量以及单位重量能量密度的提升迅速将续航里程从原先的200~300公里提升到了500公里以上，基本追平了传统燃油汽车500公里的续航里程。

过去人们往往认为新能源汽车充电时长较长，无法与传统燃油车3~5分钟即可加注满燃油的高效相比。即使是Tesla的超级充电亦需要近1.5小时才能将汽车充满。但是，最新Taycan纯电动跑车搭载的800V快充系统可以实现在15分钟内为汽车补电80%。比亚迪的600V快充亦可以在30分钟内为电动车补充50%的电量。加之新能源汽车的主要行驶区域为市内交通，人们往往驾驶往返于家、公司以及商城等休闲娱乐场所，在这些场景下，人们的停留时间较长，完全可以实现汽车充足补电。

三、基于不一样的场景，企业应该如何满足需求

在共享充电宝领域，中国整体赛道已经基本奠定了“三电一兽”的行业格局，“街电”“小电”“来电”和“怪兽”四家公司占有近97%的市场。其中，街电市场排名第一，2018年街电实现营收超8亿元，营业利润约3 700万元。根据聚美发布的2018年财报显示，街电灯线等业务带来了超过9亿元的营业收入，占比超过20%。

随着各大玩家进一步对下沉市场的开拓以及对各个使用场景的深挖，共享充电宝的渗透率还将进一步上升（见图4）。但共享充电宝的盈利模式仍是一个困局。虽然整体单价已从早期的每小时1元甚至0.5元提价到现在的每小时5元到8元，并借助部分人借后忘记还等原因开展了类充电宝出售业务，但是之前资本方关注的其他衍生收入来源却依然匮乏，广告开展乏力，数据产出价值低的问题无法解决。共享充电宝们的破局之路依然艰辛。

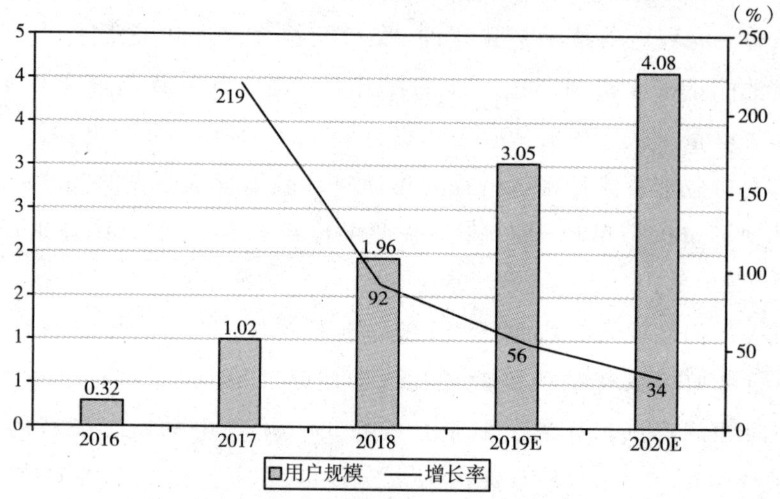

图4　中国充电宝用户规模及预测

反观电动自行车领域，不同类型的公司由于切入市场的角度不同，未进入红海竞争格局，相对较高的线下运营能力要求也让各个玩家整体盈利能力更加乐观。

2019年6月12日，“哈啰出行”“支付宝”与车用电池界龙头“宁德时代”宣布成立合资公司，进军两轮电动车市场，首期投资10亿元，为两轮电动车提供换电服务。利用哈啰出行强大的线下运营网络和“CTAL宁德时代”优秀的电池技术和成本优势快速切入新国标带来的存量市场，帮助消费者完成对现有电瓶车的改造升级。

另一方面，以e换电为首的“车+电+柜”一体化运营团队，专注于细分的外卖站点配套服务市场，以定制车辆的租售服务为基础，为“快递小哥"提供电池租赁和充换电服务，收取月租。

在家庭细分场景下，以天天充电为首的社区充电解决方案供应商开始快速起量。但由于消费者端需求点较弱，纯粹由客户端驱动的业务发展路径在短时期难有太大突破，更多发展依赖于政府采购行为以及部分新建社区的建设需求。整体商业模式尚在打磨阶段。

整体来看，虽然电动自行车有着数亿的存量客户端用户以及巨量的细分场景用户，但是资产重，业务资源控制力要求高，重线下运营，整个行业从 2017 年开始萌芽到现在竞争发展速度超乎想象，很有可能会快速进入红海阶段，并非一门完全"躺赚"的生意，这对服务提供商提出了严峻的挑战。目前这个领域的模式上仍是面向商业为主战场，但是拥有几亿用户的客户端市场才是真正适合拥有成熟渠道资源的传统电动车生产商和经销商的土壤，目前客户端市场尚未出现巨头。

在新能源汽车领域，短期来看，充电模式大局已定。但是相对于电动汽车保有量的快速增长，我国的充电基础设施发展严重滞后，目前每个充电桩需服务平均 3.4 辆新能源汽车（见图 5）。

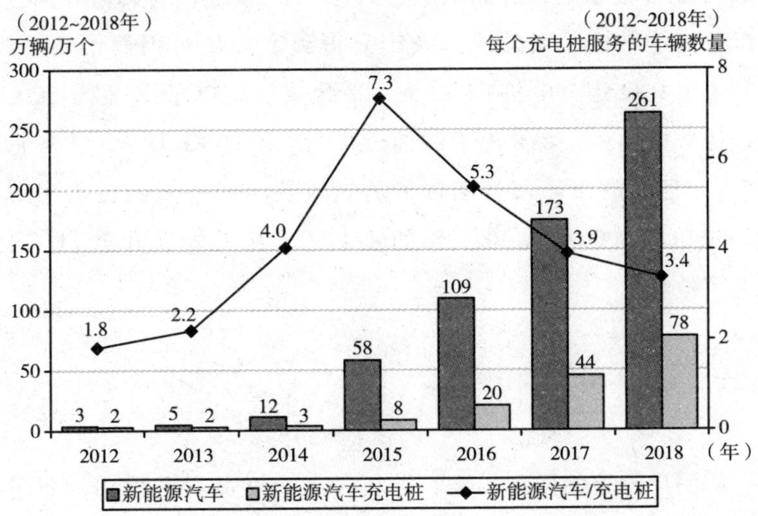

图 5 中国新能源汽车保有量与充电桩数量

资料来源：中国电动汽车充电基础设施年报，电动汽车充电基础设施发展指南（2015—2020），中国电动汽车充电基础设施促进联盟，联讯证券，OFWeek，L. E. K. 研究与分析

对于私人充电桩，受小区车位以及输电线路布局等基础设施的限制，普及率仍然很低（约 22%），短期内改善的机会有限。国家能源管理局曾设定到 2017 年底建成 70 万个私人充电点的目标，实际建成率只有 40% 左右。原因主要有二：短期来看，缺少用于私人充电桩的足够专属个人空间；长远来看，现有住宅小区的电力容量有限，无法满足大规模充电桩的扩容需求。

而公共充电桩领域则仍处于“烧钱圈地”阶段。过重的前期资本投入、较低的充电毛利水平和实际充电设施利用率造成的低盈利能力对相关充电服务企业的运营形成严重挑战。目前来看，公共充电桩的利用率大概小于 15%。而据行业专家估计，只有当利用率超过 30% 时，充电桩才能达到收支平衡。

但 2019 年 4 月 29 日，特锐德正式宣布旗下从事充电桩业务的子公司“特来电”跨过盈亏平衡线，开始盈利，为充电桩运营企业带来了一股春天的暖意。

5 年时间内，特来电累计投资 50 多亿元，前 4 年累积亏损 6 亿元，于 2018 年跨过盈亏平衡线，开始盈利。特来电能够盈利的关键有两点：新能源汽车行业高速转暖、研发投入及产品得到客户认可因而销量大幅增长。目前，特来电共投建充电桩 21 万个，平台累积充电量 22 亿千瓦。中国充电联盟统计数据显示，特来电上线的公共充电桩近 13 万个，市场占有率第一（40%）。巨大的市场占有率带来的规模效应和众多的技术诀窍一举将 2018 年特来电的充电量从 2017 年的 4.4 亿千瓦大幅提升至 11.3 亿千瓦，从而实现了盈利。

四、总结

本文从用户需求的角度出发，分析了各个产品以及使用场景下，用户们的真实想法，并进一步地与目前各个赛道上的玩家模式结合进行了产品层面的剖析，解释了各个玩家商业模式背后的思考。

在 2018 ~ 2019 年的资本寒冬里，充电/换电领域不断出现投融资案例也证明了该领域实在的用户需求。但是，整体盈利模式的单一、线上线下精细化运营能力的要求以及大规模扩展带来的重资本投入仍然在不断挑战着创业的企业。如何在进一步提高主业毛利润的同时进一步开展增值附加业务，对现有客户实现二次营销以提高企业的整体价值将成为一个重要的课题。

想成为投融资观察报告创作团队的一员吗？微信扫描本书第351页二维码，现在就加入我们吧！

No. 34

XTransfer：当支付跨境国界，助力中小企业海外收付*

主笔： 江思帆

资料收集： 李九璐、赖俊元

交易概览：

2019 年 10 月 10 日，XTransfer 宣布完成 1 500 万美元 B1 轮融资 eWTP 基金领投，招商局创投、零一创投、云启资本和高榕资本跟投，浅月资本担任独家财务顾问。本轮融资将进一步用于 XTransfer 拓展国际金融网络、各国金融牌照申请、团队和技术升级以及市场推广。

一、跨境支付流程概述

跨境支付流程分收单、收款和结汇三个阶段（见表 1）。

表 1

项目	细分	服务对象	国际玩家	国内玩家	发展优势	核心技术	牌照	盈利
收单	外卡收单	2B	Paypal	Ocean-payment 钱海	中国企业出口需求	风控	全球卡组织联盟 PCI 认证；属地做资金的清分；卡组织认证	1% ~1.5%
	境外收单	2C		支付宝、银联	中国消费者进口需求大	流量，消费习惯		较低

* 本文写于 2019 年 11 月。

续表

项目	细分	服务对象	国际玩家	国内玩家	发展优势	核心技术	牌照	盈利
收款	第三方收款公司	2B/2C	Paypay、WorldFirst、Skyee	连连支付、Payoneer、XTransfer	场景需求大	合规能力	相关国家的跨境支付牌照	0.5%
结汇	银行+持跨境支付牌照的第三方公司		传统银行+合作机构	传统银行+合作机构			结售汇业务经营资格	

(一) 收单——头部之争

收单，即帮助商户收取异国消费者的费用，是跨境支付的伊始，也是至关重要的一环。

收单包括两个步骤：对消费者发起的交易进行安全确认，交易信息在收单行、卡组织、发卡行和商户的链条上向前传导审核；待信息确认后，卡组织向发卡行发出扣款指令，在卡组织的清算中心清算后归集到收单行。

在中国市场，根据进出口的不同需求，收单又分为外卡收单和境外收单（见图1）。外卡收单主要面向出口，帮助中国企业在海外对消费者进行收单；境外收单则主要是面向进口需求，帮助国外企业对中国消费者在海外的消费进行收单。

图1　收单分类

1. 外卡收单

（1）在外卡收单领域，国际支付公司发展历史悠久，占据领先地位。国内玩家也在抢占市场份额，包括 Oceanpayment 钱海、iPayLinks。

（2）外卡收单流程较为复杂，受到金融牌照的严格限制，牌照主要包括三类：一是基于金融网关业务的全球卡组织联盟 PCI 认证；二是在属地做资金的清分（如中国香港 MSO）；三是卡组织的认证（Visa、Mastercard 认证服务商、AE、银联国际）。

从利润来看，外卡收单的费率在整个产业链比较高，毛利收益可达 1%～1.5%。但是高收益也意味着高风险。收单是支付流程的开始，其风险把控决定着整个支付的顺利进行。风控是外卡收单最核心的竞争力，做不好就面临着高额罚单后置风险。

2. 境外收单

境外收单的业务，主要涉及中国消费者购买国外商家的商品。由于该模式依赖于中国消费者的本土支付习惯，目前其业务主要被支付宝、财付通、银联三家垄断。支付宝为 54 个国家和地区提供境外线下支付服务；微信支持 49 个境外国家和地区，有近 1 000 家合作机构；银联卡覆盖全球 174 个国家和地区的 5 200 万家线下商家。

但同时，新型境外收单公司瞄准特定场景，做出行业支付解决方案。受到出国旅游、留学市场的推动，面向特定行业的支付公司与支付宝等进行合作，拓展当地商户资源及聚合支付服务。

但是境外收单不涉及严格的牌照管理，同时技术壁垒低。在三家独大的情况下，新的公司不得不以降价吸引客源，导致利润下行。

（二）收款——新玩家的诞生

在完成收单之后，资金从收单行流向客户。由于一些支付机构往往是“一对多”，流向客户的资金往往是在其现有资金池进行划分。具体来看，收款主要分为传统模式和新型第三方收款（见图 2）。

图 2　收款分类

1. 传统收款方式包括银行电汇、香港离岸账户等。银行电汇采用 SWIFT 清算系统。但是电汇一方面手续费高，一方面速度很慢，仅仅适用于大额 B2B 交易。而之前流行的中国香港离岸账户虽然可以方便地收到海外汇款，但是该方式近年来受到严格审查，且将离岸账户中的金额转移到中国内地银行账户较为麻烦。

2. 第三方收款的兴起。第三方收款主要在各国建立自己的资金池，将境内外的资金链条打通。该领域存在多家国际巨头。随着中国需求端的增长，2014 年开始，本土收款公司以低费率为卖点进入市场。而混乱的价格战一度让行业费率先从超过 2% 下降到 1%，再降至 0.5%。

收款的流程虽然没有收单复杂，但是在跨区域合规上也需要严格把控。收款机构需要保证资金在境内与境外的合法性，需要在各国取得相关的经营牌照。

值得注意的是，中国对于跨境支付的严格管制也许会让本土企业获得更大的“蛋糕”。国际收款机构，如 Payoneer、WorldFirst 作为境外持牌机构（没有获得在中国跨境支付的许可）和境内持牌机构合作，为中国跨境电商卖家提供跨境支付服务。而该种合作方式涉及“二清”，即：绕过持牌支付机构和银行让资金滞留在自有平台，形成的“资金池”，带来系统性资金风险。

2019 年 7 月 15 日，央行支付结算司表示：“凡是没有取得监管许可而为中国境内居民提供跨境支付结算服务的，都属于跨境无证经营，境内机构 6 个月内必须停止与无证跨境机构进行合作。”这意味着该类公司如果无法取得牌照，只得退出中国市场，或是像 WorldFirst 一样被蚂蚁金服收购。相比之下，本土起家的有牌机构若是合规需做好境外资金布局，更有机会实现弯道超车。

（三）结售汇业务

结售汇是跨境支付的最后一步，涉及币种的转化。中国外汇受到国家的严格控制。该业务是传统银行的领地，部分持牌第三方收付机构仅仅将其作为核心业务的增值与延伸。

二、异军突起的 XTransfer

在众多 2B 跨境支付的企业中，XTransfer 直击中小企业全球收付款的痛点。它是一家专注为外贸企业提供一站式跨境金融服务的金融科技公司，主要服务于进出口贸易的 B2B 中小企业，通过星展银行的二级账户提供海外开户、全球本地收付、汇兑、汇率风险管理等业务，其迅速崛起的背后主要有以下四点原因：

（1）在“一带一路”政策背景下，许多中小企业进出口需求大。中国现在是全球第一大出口国、第二大进口国，有超过 500 万家中小企业活跃在外贸领域。随着拥有离岸账户资质的银行政策进一步收紧，中小企业跨境支付难度和成本进一步加大。

（2）中国香港离岸账户合规审查越来越严格，加上中小企业对于银行来说议价能力较低，离岸账户的操作以后会越来越困难。

（3）XTransfer 提供的离岸账户服务，已经做到零开户费、零收款手续费，最快当天开户成功，支持美元、英镑等 14 个主流币种；XTransfer 本地收款服务，可为企业在美国和欧元经济区开设本地账户。由于不通过中间行交易，手续费更低。

（4）XTransfer 受益于银行合作获得的批发价汇率，能够提供本币支付以及锁汇产品，帮助客户降低汇率波动的风险。

因此，年收汇金额处于几十万美元的中小企业往往偏好选择 XTransfer 此类服务商。截至 2018 年 10 月，XTransfer 服务的企业客户已超过 10 000 家。

三、合规为王——牌照的核心竞争力

国家外汇管理局发布的《支付机构外汇业务管理办法》实施，意味着过去跨境外汇支付业务试点支付机构迎来“转正”阶段，也意味着未能获得跨境外汇支付业务资质却仍在进行跨境外汇支付业务的企业或将进入“业务调整期”。

不可否认，获得牌照是跨境支付企业的生存根基。截至目前，XTransfer 已经获得中国香港金钱服务经营者牌照（MOS），完成美国、加拿大 MSB 备案，获得英国 API 牌照（见表 2）。由上述全球跨支付行业分析可知，XTransfer 目前的主要发力点不在收单而在收款上。目前其全球收款业务依赖于与星展银行的合作，其他业务版图仍在扩充之中。通过与银行合作获取牌照说明的锁汇产品是它较大的一个亮点。

表 2　　牌照说明

牌照	中国香港 MOS	英国 API	美国 MSB	加拿大 MSB
功能	提供国际汇款收款服务； 提供货币兑换服务（一般金钱业务）	提供主要面向欧洲地区的收付款服务	除了一般金钱业务，MSB 是虚拟货币交易所及其管理者在美国境内从事数字资产的相关业务的必要凭证	除了一般业务，是 ICO 交易平台币与场外 OTC 法币业务的必要凭证

四、不同细分赛道上的新型收款公司——竞品分析

跨境支付产业链冗长，各部分的功能与价值也不尽相同。随着产业的竞争加剧，细分赛道成为许多企业的发力点。同时，中国中小企业对外贸易的发展使得 2B 端“小额多次”支付业务需求不断上涨，促成了 2B 端的细分业态。

在收单上，国内企业如钱海公司专注做中国跨境电商的海外收单，而国际收单巨头 WorldPay 早已建立了全球收单网络。在全球收款上，除了老资格的西联，期望更低手续费的中小企业更加欢迎新型第三方收款机构，如深耕行业支付的易宝、开设离岸欧洲账户的泛付 PanPay（见表 3）。

表 3　　第三方收款机构

项目	细分领域	主要功能	体量大小	力量支持	劣势
连连支付	全球收付	跨境收款，代付款	全球第四大收款公司，年交易额 800 亿美元	依靠母公司连连数字获得多国经营牌照	
易宝	本国行业支付解决方案	深耕保险，航空，金融的国内和跨境支付	年交易额 5 000 亿元	拥有旅行业务子公司，助于发展行业支付	存在多次违规清算被叫停业务
泛付	全球收款	开设境外银行账户直连欧盟央行清算系统全，进行全球收付款		一位欧洲区股东，负责对所收购欧洲银行的与国内离岸账户的衔接	着重发展货币清算，未来发展具有不确定性
XTransfer	全球收款	星展银行下虚拟账户	目前用户体量：5 万		仅收海外货款，审核严格

五、交易评价——绕不开的管制？非银行类跨境支付何去何从

（一）核心业务不稳定，具有极强依赖性

在外汇受到严格管制的中国，仅仅用虚拟的离岸账户避开监管不是长久生财之道。在各类业务上，XTransfer与银行的紧密合作，让我们看到一个“银行部分业务代理商”的影子。比如现在体量惊人的WorldPay，最早创办时就是为银行的联网存储和信贷业务提供技术支持，而在今天它也经历着不断被并购和分离。

（二）存在即合理

跨境支付盘旋交错的复杂产业链，注定了几乎不会出现一家独大的情况，任何一个细分领域的企业都有机会成为小赛道上的独角兽。而传统的银行类金融机构也不会承揽所有业务。对于金融科技定位的XTransfer而言，如何用好沉淀下来的流量优势和技术优势，决定了其未来的命运。

（三）如何为自身加码——“管道策略”下的增值服务

本质上，XTransfer目前仅仅是在为中小企业收海外货款提供便利，从竞争激烈的收款链条上分得一羹。但是真正要把业务做大，就一定要想好如何用好现有的数据做增值服务。

以iPayLinks为例，其通过跨境收付款业务掌握公司的数据，基于对企业资金流通状况的掌握，与银行等金融机构合作，由iPayLinks提供风控模型和相关报告，并向其开放数据进行授信。所谓“管道策略”，即客户数据会在iPayLinks管道内流通，对金融机构有违约情况，iPayLinks就可以截断它的资金。而一些金融平台很难清楚了解商家经营情况，容易产生比较大的风险，使得该业务重要性凸显。而瞄准中小企业的XTransfer又将如何为自己加码，让我们拭目以待。

No. 35

VIPKID：15 个月“融资长跑”背后，在线少儿英语盈利的困局与破局*

主笔：张健聪

资料收集：王心璐、吴姝峣

交易概览：

2019 年 10 月 8 日，在线青少儿英语品牌 VIPKID 正式确认获得腾讯领投的 1.5 亿美元 E 轮融资。本轮融资后，双方将继续在互联网教育、人工智能、云服务、教育公益等领域深化合作。此前，腾讯参与了 VIPKID 的 D 轮和 D+轮的战略融资。

一、15 个月曲折融资路，昔日资本宠儿为何遭遇融资难

VIPKID 作为行业龙头，一直以来受到资本的密切关注，从天使轮至 D 轮皆有知名机构参与。然而从 2018 年年中开始计划的 E 轮融资竟持续了 15 个月之久。本轮融资原计划融资 5 亿美元，后缩水至 1.5 亿美元，同时估值从预期的 60 亿美元降至 45 亿美元。VIPKID 的老股东创新工场此前已经部分退出，作为大股东之一的红杉资本，在新一轮中也没有跟投（见图 1）。

VIPKID 的融资困难一方面体现了“资本寒冬”下，投资人普遍谨慎的态度；另一方面也体现了 VIPKID 本身盈利困难，存在一定合规、财务数据存疑等问题。

---

* 本文写于 2019 年 11 月。

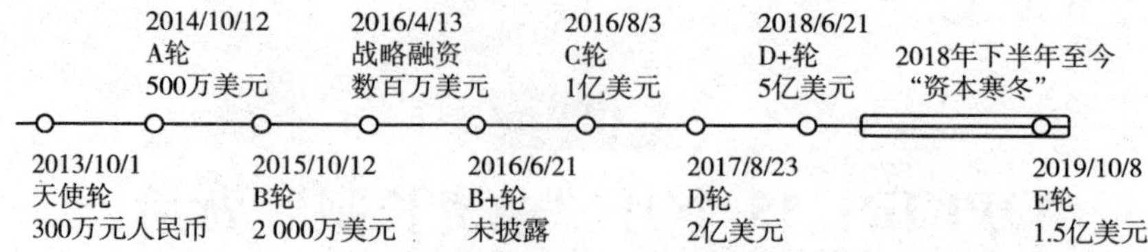

图 1　VIPKID 融资历程

2019 年前三季度中国股权投资市场募资总额约 8 310 亿元，同比下降 20.4%（见图 2）。

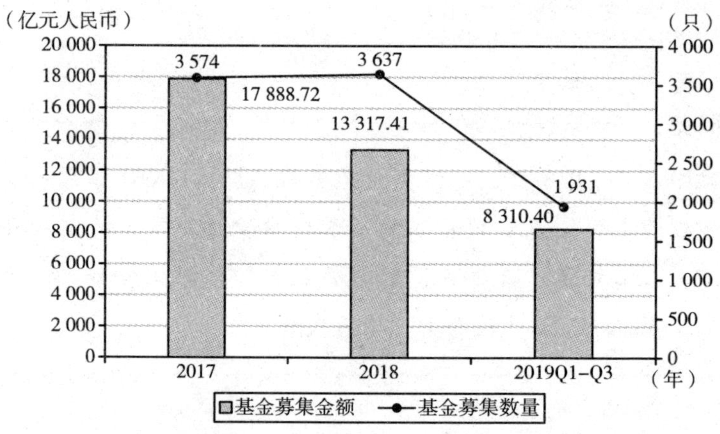

图 2　2017～2019 年中国股权投资基金募资情况（包括早期投资、VC、PE）

在经历了数年风险投资的“黄金时代”后，2018 年下半年，市场出现了“资本寒冬”。受二级市场多家在线教育企业出现“估值倒挂”、基金募资困难的影响，机构在逐步提高对项目的要求的同时将估值也进行了下调。VIPKID 的融资进程也因此受到了影响。

另外，根据 2018 年第四季度数据，作为在线少儿英语的头部选手，VIPKID 独占 68% 的市场份额。然而，在拥有极高市场份额的情况下，VIPKID 仍然无法盈利，这让投资人对于这个赛道的投资更加谨慎（见图 3）。

就在 2019 年初 VIPKID 洽谈 E 轮融资之前，2018 年 11 月，教育部等部委印发《关于健全校外培训机构专项治理整改若干工作机制的通知》，要求强化在线培训监管。VIPKID 在合规性方面存在一定的风险。

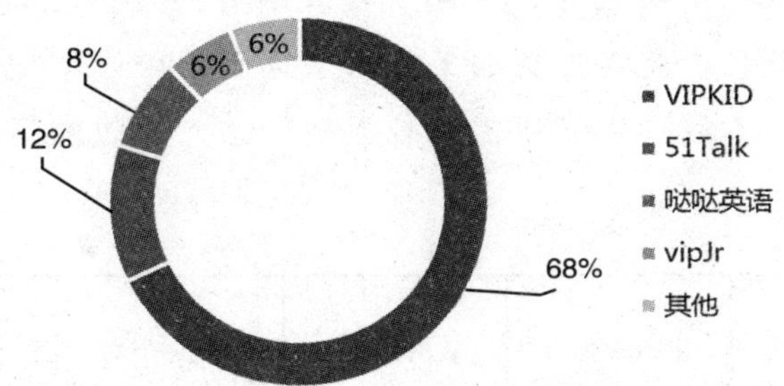

图 3　2018 年 CR4 市场份额占比

二、在线少儿英语盈利之问，VIPKID 为何“规模不经济”

作为在线少儿英语赛道上当之无愧的“领头羊”，VIPKID 独占过半的市场份额，但仍然持续亏损，让人不禁发问：为何 VIPKID 在占据高市场份额的情况下仍然无法盈利？

从销售收入的角度来看，销售收入等于单价乘以销售量。VIPKID 补贴后的课时均价已达百元以上，每学期课程价格已接近 2 万元，对于多数非一线城市的家长来说，VIPKID 的价格已达可承受范围的上限（见表 1）。

表 1　价格比较

项目	VIPKID	51Talk	DaDa 英语	VipJr
融资轮次	E 轮	IPO 上市	D 轮	F 轮 + 战略融资
市场占有率	68%	12%	8%	6%
课时单价	200 元	40 元	110 元	140 元
销售形式	套课	套课/月卡	套课	套课

同时 VIPKID 的市场占有率已接近峰值，即使在线少儿英语市场仍处于增量状态，但一二线城市的市场已趋于饱和，在下沉市场的竞争中，VIPKID 不占优势。据此推断，在现有产品形态没有改变的情况下，VIPKID 的销售收入增长空间不大。

从成本的角度来看，VIPKID 的主要成本为市场推广（获客）与北美外教的工资。整个在线教育市场的获客成本近两年来一直居高不下。通过购买线上、线下流量进行推广的方式不仅价格高昂，而且由于过程中较多的环节和较低的转化率，平均获客成本可达万元左右。另外，由于经济发展程度较高，北美外教的工资水平远高于中国本地的教师工资水平，再加上 1 对 1 教学本身所需外教人数较多，外教的运营成本也十分庞大（见图 4）。

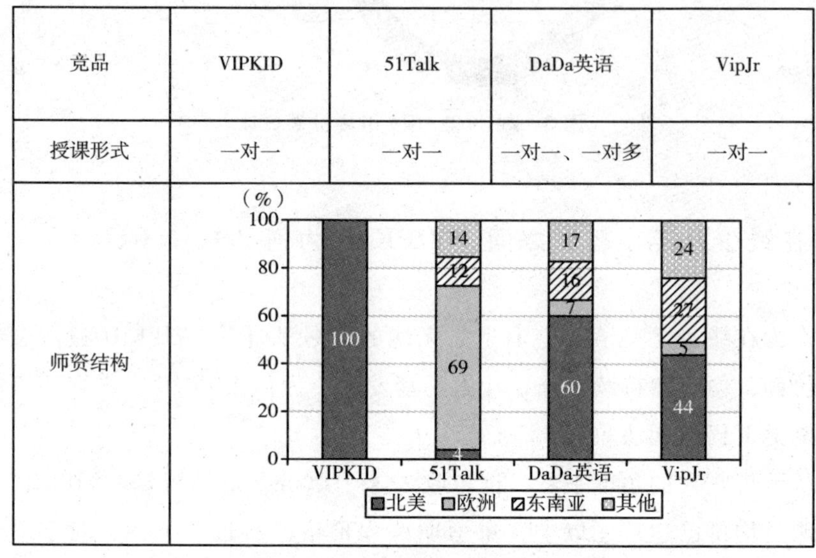

竞品	VIPKID	51Talk	DaDa英语	VipJr
授课形式	一对一	一对一	一对一、一对多	一对一
师资结构				

图 4　师资结构对比

遭遇瓶颈的销售收入以及高企的成本使得占据市场龙头地位的 VIPKID 难逃“规模不经济”的魔咒。

当然，盈利问题同时也困扰着在线少儿英语这条赛道上的其他选手。因此，头部选手们纷纷开始探索自己的盈利模式。

三、VIPKID：打通全 K12 教育体系，延长产品价值链

在 2018 年 8 月的“V + 战略发布会”上，VIPKID 发布了六大品牌：VIPKID、Lingo Bus、跟大熊玩英语、SayABC、自由星球、VIP 蜂校。在推出六大业务板块的同时，VIPKID 还推出了四大课程体系——超能系列、全能系列、赋能系列、启能系列。这四个系列直接覆盖了 0 ~ 18 岁年龄段英文学习的所有需求，延伸了自己的产品价值链。

四、DaDa：双管齐下，积攒前端用户、开发全新场景

一是推出 DaDababy，试图用低价的或免费的低幼课程进入市场，树立品牌形象同时建立前端的自有流量池。

二是推出 DaDa TV，抢占客厅场景。为 C 端用户提供大屏授课方式，同时为 B 端合作提供可能。

五、51Talk：差异化战略聚焦二三线下沉市场

与 VIPKID、DaDa 等主打北美或欧美外教不同，51Talk 于 2018 年砍掉了旗下的美教业务，专注于菲律宾外教在线少儿英语。对于二三线城市的用户来说，实际学习效果与性价比是首要考虑因素。另外，相较于一线城市的学生，二三线城市学生的英语水平相对薄弱，需要具有针对性的课程。在高性价比的差异化打法下，51Talk 目前 70% 以上的学员来自二三线城市。

六、校外培训机构规范趋严，在线少儿英语市场或受冲击

2018 年 8 月 22 日，《国务院办公厅关于规范校外培训机构发展的意见》强调，校外培训机构不得一次性收取时间跨度超过 3 个月的费用；培训结束时间不得晚于 20：30，不得留作业；从事学科培训的教师应具有相应教师资证。

收费时间的缩短可能会影响课程的打包出售，从而影响不同阶段课程的设置、课程的单价与用户的留存。培训时间的限制会影响直播课的开展时间。但最大的政策风险来源于外教是否具有相应的教师资格。从实际操作的角度来看，统一组织外教来中国参加教师资格考试显然不现实。那么如何认定外教是否具有相关教师资质，如何在实际可行的情况下保证外教团队的质量，是整个行业需要思考的问题。

七、总结

教育类产品本身具有的刚需性、高频性、全民性三大属性使得教育行业本身的盈利能力毋庸置疑。从头部上市公司的情况来看，虽然受到在线教育浪潮与政策收紧的冲击，教育行业整体的盈利状况较好。即使对比其他行业，教育行业的盈利能力也是较为亮眼的（见表 2）。

表 2 盈利情况

教育行业头部上市公司 2018 年盈利情况				
	新东方	TAL 好未来	中公教育	精锐教育
营业收入	30.69 亿美元	25.63 亿美元	62.37 亿元人民币	28.63 亿元人民币
净利润	2.28 亿美元	3.65 亿美元	11.5 亿元人民币	2.14 亿元人民币
利润率	7.36%	14.24%	18.49%	7.47%

教育行业与其他行业利润率比较					
行业	教育	制造业	生物医药	零售业	计算机
平均利润率	8.20%	2.59%	13.15%	2.3%	8.13%

在线少儿英语作为资本热衷的赛道之一，在激烈的市场竞争性与营销补贴下，即使是头部选手也面对着巨大的盈利压力。目前，在资本有退潮迹象的时候，VIPKID 再度融资 1.5 亿美元，说明在线少儿英语从长期来看仍有较大的投资价值。

但是，盈利的问题是摆在 VIPKID 面前的一座大山。如何盈利考验着各大在线少儿英语教培企业的战略选择和内部运营等。以 VIPKID、DaDa、51Talk 为首的头部公司也已开始做出了各自的尝试。VIPKID 作为行业龙头，在一定程度上有改变整个行业的能力。如何有效降低获客成本，带领行业走出盈利困境是 VIPKID 急需面对和解决的困难。

想成为投融资观察报告创作团队的一员吗？微信扫描本书第351页二维码，现在就加入我们吧！

No. 36

进口品集合店“KK馆”：如何成为新零售资本神话*

主笔： 沈雨晴

资料收集： 孙泽宇、张晨辰

交易概览：

2019年10月23日，新零售企业广东快客电子商务有限公司（简称“KK馆”）宣布完成1亿美元D轮融资，同时正式升级为“KK集团”。本轮融资由eWTP科技创新基金领投、五岳资本跟投，原有股东经纬中国、黑藻资本等跟投。距离2019年3月C轮融资仅半年的时间，KK集团就创造了当年新零售领域融资规模之最，成为不折不扣的“独角兽”。据了解，本轮融资完成后，KK集团估值将超10亿美元。

2019年5月，KK集团推出“THE COLORIST调色师”和“KKV”两个全新品牌，两者的定位分别是彩妆集合店和家居生活集合店。据悉，KKV目前已在全国50多个城市设立门店，“THE COLORIST”的深圳和广州两店在国庆期间日均客流量超1.4万人次。KK馆充分利用了新零售的跨界思维和高效管理两大打法，在迅猛发展的同时又能保持门店的火爆度，在短时间内快速成长为行业翘楚。

* 本文写于2019年11月。

一、零售业态近四十年变迁史

从 20 世纪 90 年代开始，随着消费者收入结构的变化，中国零售行业经历了“超市大卖场”、网上购物到“线下体验 + 线上购物”的转变，商家的理念也从经营“货”向经营“人”转变（见图 1）。

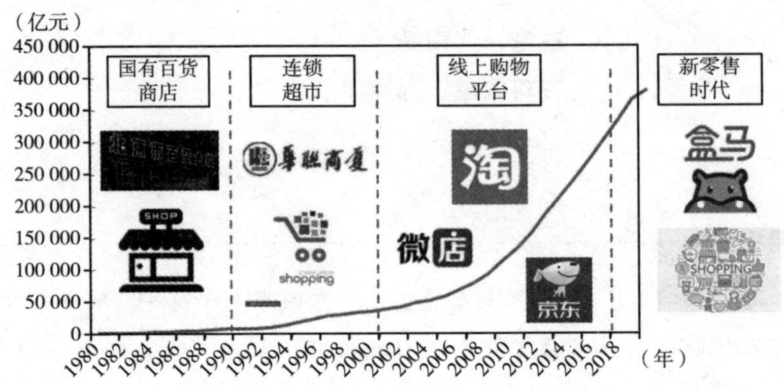

图 1　1980 ~ 2018 年中国社会消费品零售总额

从 1990 年开始，以上海联华超市为代表的大型连锁超市通过类工业化扩张方式，标准化、流程化重组物流渠道，规模化复制信息流和资金流，实现零售行业的崛起（见图 1）。21 世纪之后中国进入电子商务时代，支付宝、微信钱包等新技术涌现，电商平台形成 C2C 与 B2C 并存的局面，彻底颠覆了连锁超市的营业模式。技术的创新不仅培养了消费者线上购物的习惯，也推动了各大电商企业不断丰富品类、优化物流和售后服务，积极下沉渠道发展农村电商、跨境网购等新的增长。根据国家统计局公布的数据，2010 ~ 2015 年，国内网络购物市场的复合年增长率约 47.17%，经历了一段黄金期（见图 2）。

2016 年线上购物市场触及瓶颈，增速大幅放缓，同时新零售时代拉开帷幕。阿里巴巴推出线下超市“盒马鲜生”之后，越来越多的电商平台利用消费升级做“大数据驱动”的线下生意。艾瑞咨询调研数据显示，2017 年通过线下商场超市消费的用户占比高达 93.4%，而通过线上零售渠道进行消费的用户占比为 79.5%。在线下消费用户中，大型超市是最主要的零

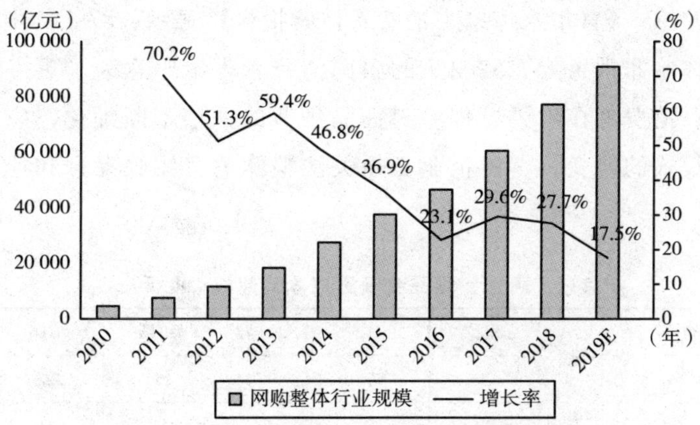

图 2 中国网络购物市场规模与增长率变化

售场景。线下网购热度高涨的同时，2017 年中国网络零售市场规模突破 6 万亿元人民币，同比增长 29.6%，是多年以来增速首次回升（见图 3）。

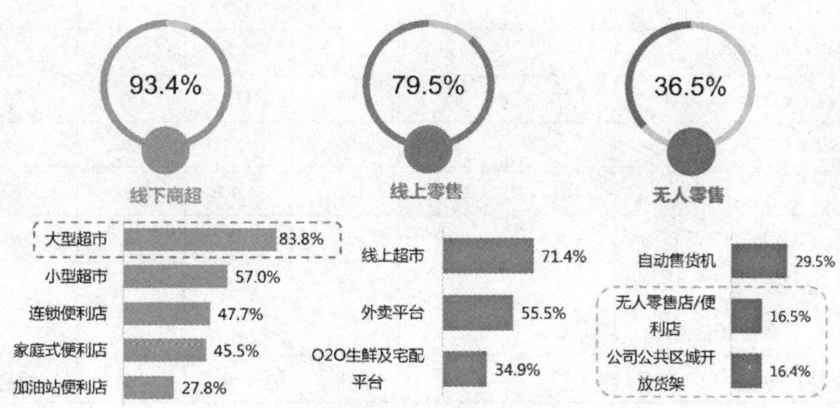

图 3 2017 年中国零售用户消费场景分布

样本：整体零售用户 N＝982；于 2017 年 8～9 月通过 iClick 网上调查获得

二、零售业线上线下融合大势所趋

这一转变的背后是有多个因素的。一方面，网购市场竞争加剧，纯电商红利已过，以阿里巴巴、京东、唯品会等电商巨头为例，其获客成本在 2012 年至 2017 年间上涨接近 10 倍，平均超过 200 元/人，加重企业营运负担（见表 1）。另一方面，用户画像发生改变，消费者更注重零售商品品质和购物体验感。《普华永道未来消费者体验报告》显示，87%的中国消费者认为客户体验非常重要，52.2%的中国消费者表示愿意为了更好地体验而付出对价。消费者在购买过程中对商品细节的评估不断细化，应对这一偏好和消费模式的转变，零售企业必须关注整体消费体验提升和业务生态的重构。

表 1　　京东、阿里、唯品会获客成本均超过 200 元/人

京东	2012	2013	2014	2015	2016	2017
活跃用户数量（百万）	29	47	97	155	227	293
新增用户数（百万）	29	18	49	58	72	66
营销/广告费用（亿元）	11	16	40	77	106	149
获客成本（元/人）	37	88	82	132	148	226
阿里巴巴	2012	2013	2014	2015	2016	2017
活跃用户数量（百万）		255	350	423	454	552
新增用户数（百万）		255	95	73	31	98
营销/广告费用（亿元）	36	45	85	113	163	273
获客成本（元/人）		18	90	155	526	279
唯品会	2012	2013	2014	2015	2016	2017
活跃用户数量（百万）	4	9	24	37	52	58
新增用户数（百万）	3	5	15	12	16	6
营销/广告费用（亿元）	2	5	12	21	28	30
获客成本（元/人）	77	87	78	170	183	523

三、“跨界思维 + 快时尚”元素，网红店的获客心机

新零售时代，“新中产、年轻人”被定义为目标用户群体。这类群体与社交媒体深度结合，因此品牌营销的最终目的就是争夺用户注意力，是品牌方迎合用户沟通与情感维系的诉求。

网红门店的典型特征是富有设计感、爆款单品和舒适的零售体验。出于流量热度维持和成本管控考虑，快消品牌将多元化 SKU 和大面积门店重新包装成“快时尚”文化，通过线上引流、线下消费、持续发酵的模式迅

速扩大品牌知名度，从而实现网红店的效果。

过去线下零售的单门店打法为什么不适用于现在？因为交易模式的转变带动商家经营策略转变。海量的商品、订单、消费者、信息处理，使得“前店后仓”的经营模式成为更多品牌方的选择。H&M、ZARA等快消服装品牌，线下开设的大多为面积1 200～3 300平方米的大型直营门店，平均两周店面陈列的SKU就会全部翻新，紧跟时尚潮流元素。也有品牌方如星巴克，采用大旗舰店和小SKU店结合的方式，将线上营销和线下体验做成全闭环的形式，牢固品牌的价值地位。

爆红的KK馆，线下单店占地约200平方米，商品SKU多达2 000种。例如，通过马卡龙色布局，将各类网红单品以巧妙的组合呈现在消费者面前。这种风格在其他两个品牌门店也有鲜明体现，例如KKV的“口红墙”“饰品墙”以及“THE COLORIST”的“美妆蛋墙”。用鲜明的门店风格代替产品风格符合进口品集合店的定位。换句话说，不受制于产品的束缚反而是一种更高效的方式。这一策略也适用“连锁店＋经销商”的模式进行快速扩张。

四、大数据赋能，效率极致化

大面积门店带给消费者的是沉浸式体验。此外，仓储与数据深度结合正逐渐成为快时尚文化的重要部分。新零售场景下的仓储领域，通过技术提升原有员工的工作效率和准确率，以实现仓储高效稳定的运作，为新零售的物流配送提供更有利的支持。

以KK馆为例，为了取得价格优势而与供应商进行大规模的现金采购，一旦采购完成，销售风险就由KK馆独自承担，供应商无须承担退换货。这一保证让供应商普遍愿意与KK馆合作。

但是现金采购对商品的动销率要求很高，如果门店的单品销售率较低，商家就会有库存积压，从而造成资金回流慢，影响门店后续发展。因此，从零售门店到仓储物流的变形，更深层次是供应链效率提升，是中台思维的体现。

五、新零售供应链的核心：打造“智慧中台”

互联网领域所谓的“中台思维”，是整合了业务、数据、技术、工具，对业务模型、数据模型进行抽象化、标准化、组件化封装，具有对外输出标准化服务能力的平台（见图 4）。新零售行业正在汲取互联网思维，强调用户体验、快速迭代和数字运营的策略，将效率用最小的成本来验证。

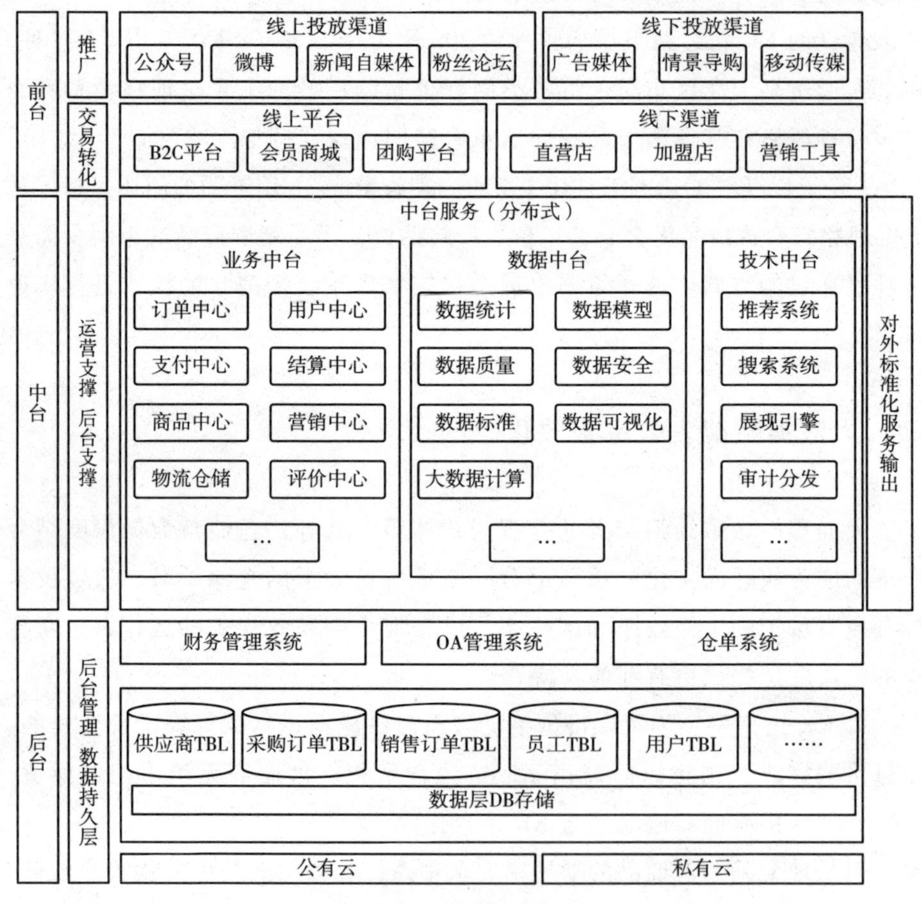

图 4　业务流程

在中台思维下，品牌方把数据提到资产层面，将数据赋予高度的流通性，将策划、设计、生产、分销、零售等各个业务部门以及产业上下游联动，充分及时地共享相关数据。所以，新零售企业需要驾驭数据流和智能化的数据链路管理。

从技术上来说，要做到这些要素的快速、优化匹配，就必须要求“人－货－场”数据的中心化，并且能够在所有销售触点和业务节点全流通。这是一种数据处理和驱动业务的能力，和业务流程优化没有必然关系。零售要快，业务流程也是短而快，从订单到收入，很多时候是1天甚至更短的时间，而不是几周甚至几个月才能完成的业务流程。

六、总结

KK集团成立于2014年，转型于2018年，爆发于2019年。其在零售集合店赛道上屡创佳绩，在资本寒冬及实体零售下行的大背景下反而呈现出强劲的开店势能，证明整个市场仍充满机会。零售业态的格局不断重构，极致的体验、技术革新和商业效率，以及精细化的运营、数据化的驱动、差异化的供给，已成为新零售企业从竞争中脱颖而出的秘籍。无论是消费端、技术端还是商业端，“年轻人喜欢的店”不仅拼颜值，更拼实力，永远不是一件容易事儿。

No. 37

元年科技：传统企业数字化转型的助推器*

主笔：陶欣

资料收集：李九璐、赖俊元

交易概览：

2019年10月18日，管理会计专业服务及信息化产品提供商元年科技宣布完成新一轮融资，由中银国际和渤海产业基金联合领投，同创伟业、高瓴资本、宽带资本跟投，将投入元年新一代数字化转型和中台业务产品的研发和运营中，推动元年完成其中台架构下的新战略布局。

元年科技2000年诞生于清华园，是一家专注于财务及管理咨询、教育和信息化服务的机构，其特点是提供是以管理会计为核心"咨询+软件+服务"的一体化解决方案，主要为企业提供EPM模块和软件产品。

一、EPM概念

企业绩效管理系统（EPM），是指企业针对业务绩效制定计划、编制预算、预测、报告，以及合并和最终确定财务结果的过程。EPM软件通常与企业资源计划（ERP）系统协同工作，可以提供关于运营数据的管理洞察，是对ERP系统的一种有力补充。换而言之，ERP负责"运营"业务——企业日常事务活动；EPM负责"管理"业务，即分析、洞察和报告业务状

* 本文写于2019年12月。

况。同时，如果不同子公司使用不同的 ERP 系统，EPM 系统的应用能够使总公司更加便捷地将数据汇总到 EPM 来进行分析。

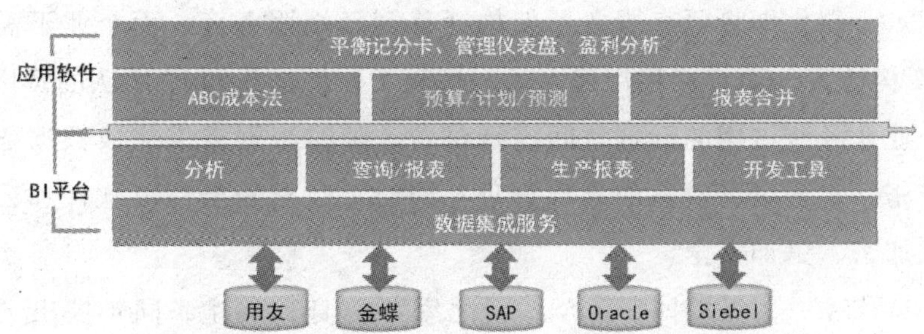

图 1　EPM 系统信息技术基础架构示意图

资料来源：安信证券研究中心

国际上对 EPM 的探索从 20 世纪 90 年代就开始了。目前国际上 EPM 主要有三大厂商：Oracle 的 Hyperion、SAP 的 BPC 和 IBM 的 Cognos。而国内对 EPM 的研发仅不到 10 年。本土厂商相对分散，EPM 服务主要由三大国际厂商的国内代理商提供。随着中国厂商自研能力的提高，国内厂商例如元年科技、F - One 等也纷纷推出自主研发的产品。

二、EPM 在中国的发展趋势：国产替代和云端化

（一）国产替代

本土厂商虽在 EPM 软件领域起步较晚，且部分采取的是定制开发的模式，产品成熟度与技术先进性和国际品牌厂商相比较低，但其解决方案和营销模式充分本土化，无论是系统的使用习惯还是实施服务、运维效率，都最大程度地贴合了本土企业的需求。

另外，国外软件在性价比上，相比国内软件又略显不足，通常专注于那些已装备 CRM 或 ERP 软件的中大型企业。而中国存在着大量的中小型企业，迫切需要引入性价比高的 EPM，元年科技旗下自有产品正定位于中小企业市场需求。政策不断推进国内管理会计体系的建设，支持国内企业推出自研产品，实现技术的自主性，以保证数据安全。

（二）云端化

随着工业 4.0、物联网和 5G 的发展，云端化和智能化被 EPM 软件商提上日程。云端化即将原有服务器架构迁移到云端服务商，而企业不需要自建 IT 架构体系，而直接租用云空间，摆脱了硬件迭代和 IT 团队的费用，能够按企业业务所占用的云端空间进行付费，随时根据需求完成数据备份和数据扩张，实现更高效率的支出管理；同时，数据安全性由软件和云服务商双重加密，更加安全。

2011 年，“金蝶微博”（今“云之家”前身）诞生，同年提出“云管理”战略。之后又陆续推出金蝶云苍穹、云星空等企业级云原生平台，与华为、京东等签署合作协议。2018 年云服务占比首次超过 30%。

2013 年，甲骨文发布面向云计算的数据库 Oracle 12c，而此时公司已超越 IBM，成为继 Microsoft 后全球第二大软件公司；2017 年，发布基于机器学习的全自动数据库 Oracle 18c。

2016 年 SAP 加快云化进程，面对大型企业推出 S/4HANA Cloud，云业务占比逐年增长，2018 年占总营收比例达到 20%。

2017 年 7 月，用友推出市场上首款完全云化的 ERP 产品——U8 Cloud。2019 年 8 月，用友将推出基于 Serverless 云架构的 U8 Cloud 3.0。

在各个软件巨头纷纷进行云化的历程中，云平台将企业级数据汇集成社会级数据，并在云端后台接口各使用端集成海量数据，真正实现了社会级的数据挖掘现象。智能化则在模组中引入机器学习和人工智能，在原有的预算绩效管理基础之上推出了预测算法，提供了更加精准的决策依据。

三、元年科技的发展之路

元年科技于 2000 年由清华大学经管学院著名教授发起设立，是国内成立时间最早的一家管理会计专业服务及信息化产品提供商，早期主要为国内大型企业实施操作国外软件，提供高端 EPM 产品，后逐步运营自主产品的研发、销售、实施和运维服务业务。2015 年，元年科技在新三板挂牌上市，成为国内首家以管理会计信息化产品和服务为主业的公众公司（见图 2）。

一是以管理会计为核心

支持企业分析模拟、决策支持和管理控制的专业咨询服务和软件平台，包括全面预算管理、成本管理、管理会计报告和经营分析、财务报表合并、绩效管理等管理会计专业体系的咨询和软件平台。

二是以财务共享为核心

推动财务转型、提升企业运营层面效率的专业咨询服务和软件平台，包括费用支出控制和网络报销、财务共享服务中心建设、集云模式的费用管控和企业商城一体化的云快报平台。

三是基于商业智能（BI）平台和大数据

包含企业运营环节所需的客户分析、销售分析、运营分析、供应链分析、人力资源分析等业务层面的分析体系咨询和软件平台。

四是以企业信息化规划和互联网转型为核心的管理咨询专业服务

包括企业信息化规划、互联网+转型、供应链优化、集团管控体系、组织和流程优化、战略规划等咨询专业服务。

图 2　元年科技的业务范围

元年在 EPM 领域深耕多年，作为国内领先的企业绩效管理解决方案提供商，成功地为国开投集团、中国中铁等国有企业集团，海尔集团、国美电器、恒大地产等国内大中型企业提供了专业的咨询服务。公司软件产品及服务已被广泛应用于房地产、煤炭、零售、制造、能源、烟草、保险、交通运输、家电、通信、金融等多个行业领域。

元年科技同时还为企业管理系统提供 EPM 软件产品和装载 EPM 模块，主要竞争对手为用友、金蝶、景华等。元年在产品功能和专业上占优势，同时在公司规模和市场份额上把握一定话语权（见图 3）。

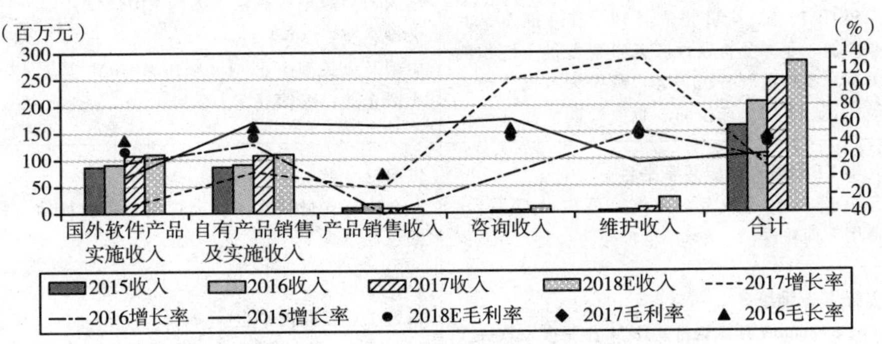

图 3　元年科技 2015～2018 年收入构成及变化趋势图

资料来源：公司年报 2018 年数据由半年报换算

四、元年和用友的比较

从业务模式上说，元年科技与用友等国内一批 ERP 公司有较强的可比性。2015 年，元年科技于新三板挂牌上市，2018 年 12 月决定摘牌准备转板 IPO。目前，元年科技的 PE 估值在 17～18。对标用友网络上市后市盈率激增至 64（见图 4）。

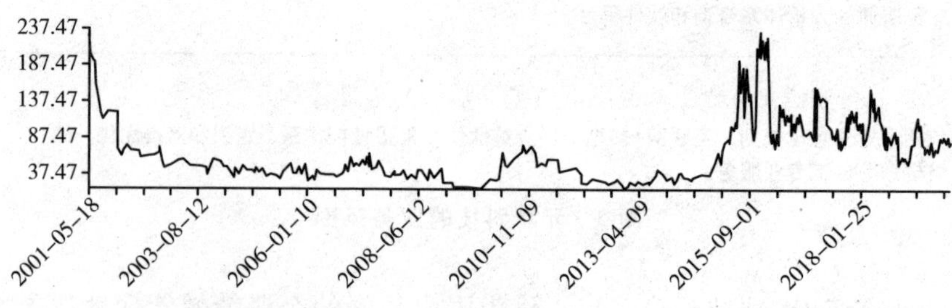

图 4　用友 2001 年上市后市盈率（PE/TTM）变化趋势

元年科技和用友网络的产品矩阵及发展历程详细对比见表 1 和图 5。

表 1　　　　元年云和用友云的产品矩阵

元年云	用友云
元年云 元年云商旅、元年云采购、元年云费用、元年云销售、元年云财务、元年云税务、元年云计划分析	用友云 NC Cloud 大型企业数字化平台、营销云、采购云、协同云、财务云、人力云、工程云、数据云、U8 Cloud、税务云、通信云、小惟企业云、云市场
元年 C1 智能化管理平台 元年 C1 预算、合并报表管理、作业成本、商业智能、业务分析软件；元年智能供应链预测决策、多维盈利分析、客户画像大数据、销售绩效管理、房地产投前、货值管理平台	面向不同规模企业提供不同 ERP 产品 大型企业：NC6 U9、 中型及成长型企业：U8 + PLM CRM 小微企业：畅捷通 T + 系列
元年 E7 业财税智能共享平台 元年 E7 财务、税务、采购、商旅共享平台、费用管理软件	供应链金融 友金所、支付结算、现金管理、企业征信、数据风控
实施 & 运维服务 Oracle Planning 预算软件、HFM 合并报表软件实施、SAP BPC 预算、合并报表软件实施、管理会计报告平台、BI 大数据分析平台实施及运维	精智工业互联网平台 行业涉及政务、建筑、意料、链融、能源、广信、烟草、汽车、餐饮、教育等

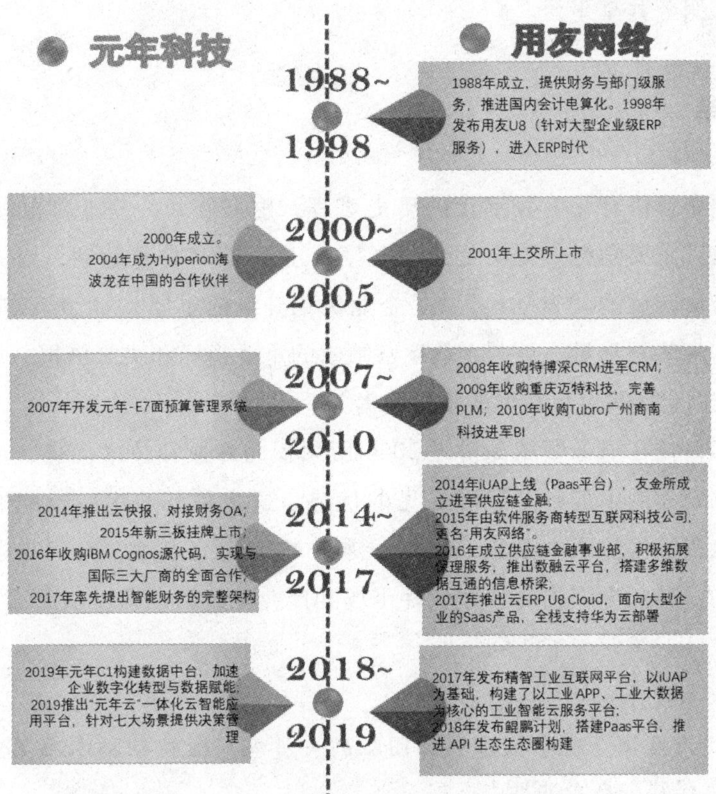

图 5　元年云和用友网络的发展历程

通过对比，可以看出元年的发展根植于管理会计与数据赋能，为 EPM 决策者服务；用友的发展逻辑在于企业业务系统的数字化转型及附加模块的全面提升。

根据披露，元年未来发展以智能财务和数据中台为核心，延续其财务本质的强势竞争力，着力加强对新一代智能共享平台和智能管理平台的研发。将人工智能底层技术应用于财务领域，构建“业－财－税”深度一体化的智能共享平台，提供针对企业数字化、智能化的应用级、业务级的基础设施服务，将人工智能技术应用于智能共享平台和数据中台的构建，加速推动中国企业实现数字化转型。

而用友将以云为底层逻辑，云服务业务发展 PaaS、SaaS、BaaS、DaaS 赋能企业客户，帮助众多的企业迈向云端，实现创变，建立为三大中台（技术中台、数据中台和业务中台）定位于一个综合型、融合化、生态式的企业级云服务共享平台。

五、总结

回顾企业信息化、数字化的历史进程，财务在每一次企业转型的过程中都扮演着重要角色。无论是会计电算化还是 ERP 普及运动，财务都是推动企业全面转型的“发动机”，是企业优化升级的重要“抓手”。同时，财务数据本身就是衡量、评判企业运营绩效的重要指标和决策依据，承担着引领企业全面走向数字化转型的重要职责。

元年科技在财务领域深耕近 20 年所累积的专业和技术优势，使其在企业数字化的大潮中拥有了显而易见的优势，这也是其此次融资能够吸引数家知名投资机构的根本原因。同时，乘着数字化的浪潮，元年得以凭借其既往优势，进入更广阔的管理软件市场和产业互联网的蓝海。

想成为投融资观察报告创作团队的一员吗？微信扫描本书第351页二维码，现在就加入我们吧！

No. 38

梯影传媒：获腾讯投资，梯媒行业或将三足鼎立*

主笔：侯雅楠
资料收集：侯雅楠、梁梓泳

交易概览：

2019 年 10 月 29 日，梯影传媒已完成 B 轮融资，融资金额未透露。本轮融资由腾讯领投，深创投、猫眼娱乐、远望资本、创世伙伴资本（CCV）、Ares Management（锐盛投资）、蓝图创投跟投，博将资本及老股东 IDG 资本也参与了本轮融资。梯影传媒是创新楼宇电梯媒体的前瞻性广告公司，成立两年内接连得到百度风投、红杉中国、IDG 投资。自成立初始，公司即定位为“高端商务楼宇效果媒体运营商”。

一、线上线下广告阵地之争

近年来随着互联网用户的增长速度大大放缓，互联网用户转化率逐年降低，线上广告流量红利逐渐消失，线下广告重回大众视野。从 2010 年至 2019 年前三季度各媒介广告刊例花费变化可以看出，中国线上广告市场刊例收入总体增速高于线下广告市场，但随着互联网红利消退，线下广告市场也逐渐成为巨头必争之地（见图 1）。

---

* 本文写于 2019 年 12 月。

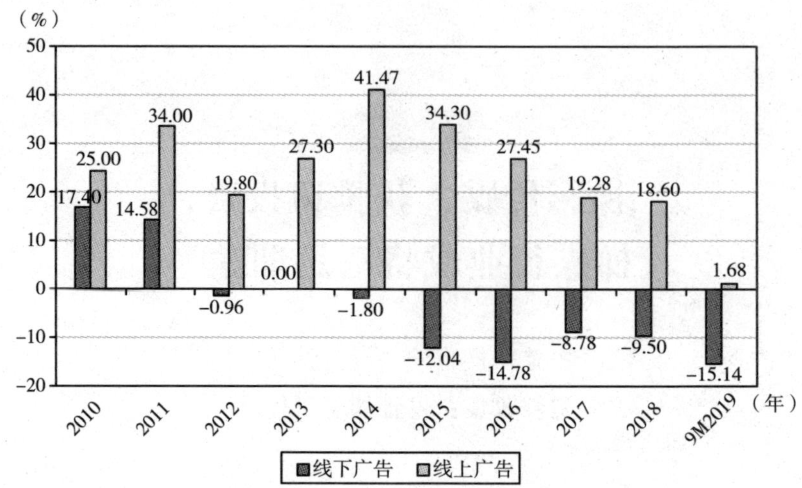

图 1　2010 年至 2019 年前三季度各媒介广告刊例花费变化

资料来源：方正证券研究所（线下广告为电视、报纸、杂志、广播、传统户外平均值，线上广告为电梯电视、电梯海报、影院视频、互联网平均值）

目前我国线上广告占比将近 90%，线下广告占比仅 10%。具体来说，线上广告和线下广告存在如图 2 所示的区别。

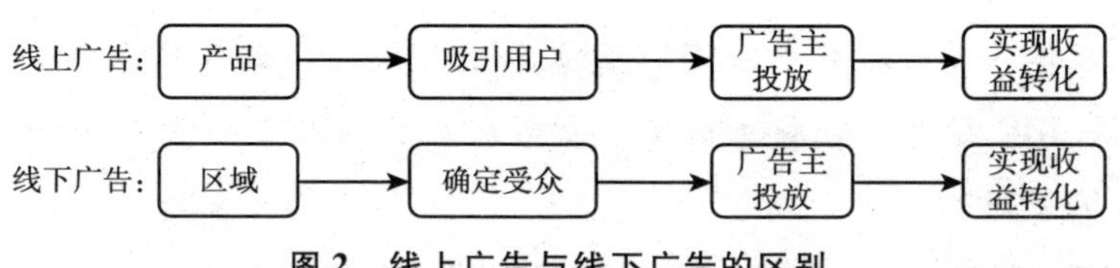

图 2　线上广告与线下广告的区别

具体来说，产品可以复制模仿，而区域具有不可复制性。一个区域被一家公司占有后，后进入者就很难再次进入该区域，形成了线下广告的一定壁垒。同样，在用户方面，线上用户具有重叠性，同一个用户可以同时从多个平台获得广告讯息；而在线下某些用户群体只会出现在一些固定的区域，例如白领只会出现在商区办公楼，对学校附近广告的投放就不能影响这部分受众，具有不可重叠性。

以上特性决定了线上广告平台“强者恒强”，平台可以通过各种产品吸引用户，进而可以获得越多的广告费，财务状况越来越雄厚，平台就能获得更大的发展，由此循环。而对于线下广告平台来说，由于各种因素，比如上游物业的偏好等问题，占领线下所有区域基本不现实，这就决定了线上广告必定获得比线下更大的市场份额。然而由于我国广告市场体量巨大，即使占据90%的线上广告被BAT三大巨头瓜分，占据10%的线下广告也仍然有巨大的潜在市场，不论是整体市场规模还是增速都还有较大的空间（见图3）。

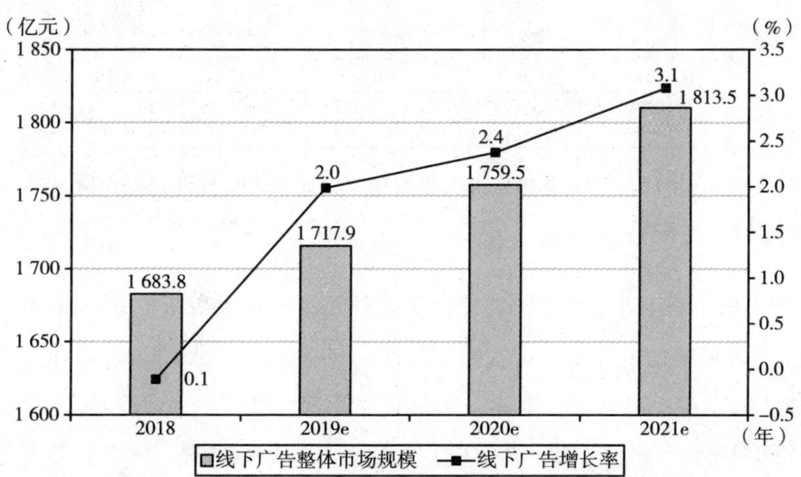

图3　2018～2021年线下广告市场整体规模及增速

资料来源：艾瑞咨询

二、梯媒行业前景广阔

从广告主需求方面来说，随着线上流量逐渐枯竭，广告主普遍面临流量越来越贵以及流量红利消失殆尽的困境。尤其是BAT等流量巨头，更是在线上流量逐渐瓜分完毕且属地越来越清晰后，纷纷开始部署线下流量阵地，而梯媒行业成为最被看重的地带。在户外各场景中，电梯场景发展稳定且势头强劲，成为投资方敢于下注的赛道。首先，梯媒行业经过十几年的发展，市场认可度越来越高，成为线下除了传统户外、交通类媒体中唯一市场份额连年增长的场景。再者，随着基础建设的发展，电梯的存有量规模“天花板”越来越高，新竣工的住宅和办公类楼宇数量均保持逐年增长，不断为梯媒公司提供新的开发空间，而且相对于传统户外媒体来说市场化运营程度高（见图4）。

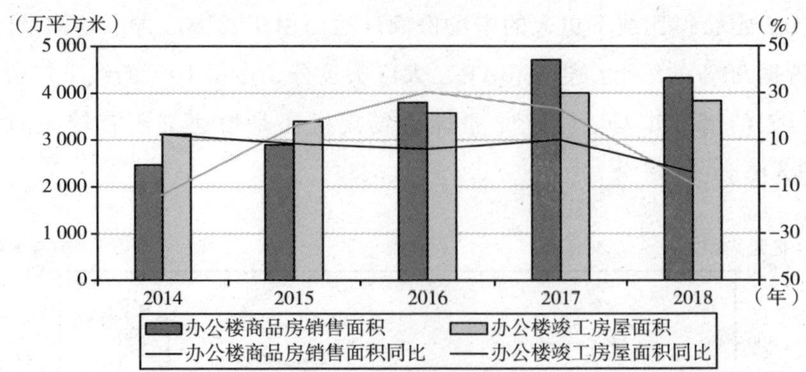

图4　2014~2018年中国办公楼房屋竣工面积与销售面积变化情况

资料来源：国家统计局

梯媒在品牌引爆方面有较高的价值。首先，梯媒覆盖了3亿城市中产，同时具有"高频曝光+封闭场景+强制关注"的特点，广告到达率高。对于写字楼和住宅的使用人群来说，电梯几乎是必经场景，每天一定会途经2~4次。电梯内空间封闭，手机信号差，需要时刻关注电梯的运行情况，乘客很难专注在其他活动上，这种短时间内的不稳定状态加强了对于周围环境的"强制性"关注。

电梯广告的到达率仅次于互联网广告和电视广告，眼球份额占比达19%，与广告收入份额错配。据尼尔森研究，全媒体广告中，电梯广告的到达率高达74%，成为仅次于互联网和电视的有效广告渠道。平均每人每天观看广告时长统计中，电梯广告以19%的眼球份额居第三位，仅次于互联网广告（26%）和电视广告（21%）（见图5）。比较而言，行

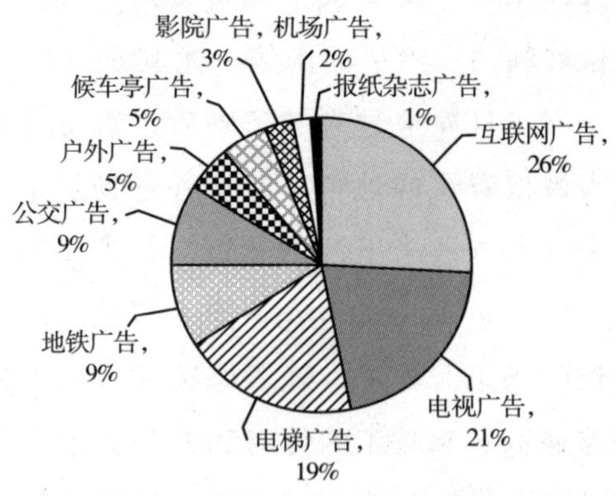

图5　全媒体广告眼球份额

资料来源：尼尔森，基数N=3069

业龙头分众传媒楼宇广告为121亿元规模，占比不到2%，有较大提升潜力。

三、梯影传媒简介

梯影传媒是创新楼宇电梯媒体的前瞻性广告公司，定位成为“高端商务楼宇效果媒体运营商”，主要业务为电梯投影广告，主要用途是将广告主的宣传画面存储到投影设备中，设备将画面投影到写字楼电梯内壁的上方，在电梯门完全关闭后开始投射画面，在电梯门打开前关闭画面，以此引起乘坐电梯受众的关注，将广告信息传播。投影画面科技感强、分辨率高、互动性强，受众的接受度高。

梯影传媒的投影功能包含四点：智能控制、物联网操控、APP传输和数据分析（见图6）。具有六大媒体优势：到达率高，影院级别的视听感受具有无与伦比的强制性收看效果；时效性强，广告画面通过物联网远程实时上刊，发布最短以分钟为计量单位；品质高端，影像分辨率高，冲击力强；受众精准，可做到受众属性标签化，后台具有大数据收集、分析、应用功能；互动性强，受众可通过手机与设备实时互动，参与广告主的营销活动；区域性强，可根据广告主的LBS定位需求覆盖特定楼宇（见图7）。

智能控制

梯影设备具备自适应智能开关控制系统，根据电梯门开关状态来控制投影开启或关闭，该系统适用于所有电梯。

物联网操控

投影媒体的操控系统采用物联网操控，包含后台升级推送、数据库统计分发，支持定时开关机功能及断电保护功能。

APP传输

画面上刊方式为通过物联网数据传输，当电梯轿厢内不具备信号时，可通过移动端APP软件控制投影设备互联。

数据分析

后台下单系统具备大数据分析功能，实现线下媒体的效果转化及效果可归因。

图6　梯影传媒业务功能详解

目前，梯影传媒已获得百度风投2 500万元A轮融资，红杉资本、IDG资本、百度风投1.2亿元A+轮融资，以及本次腾讯、远望资本、IDG资本、蓝图创投等参与的B轮融资。

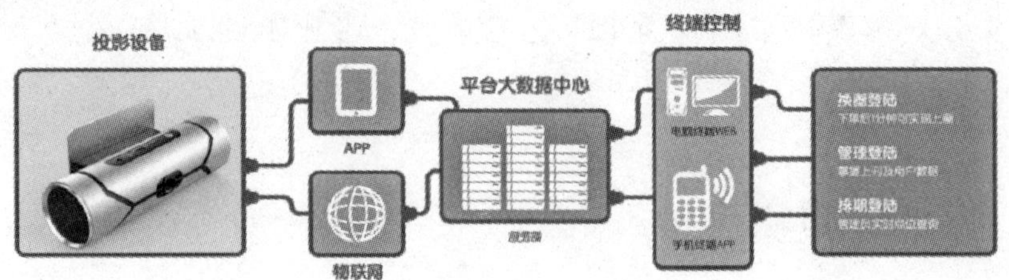

图 7　梯影传媒媒体优势

资料来源：梯影传媒官网

四、梯媒行业竞争格局

目前梯媒行业头部玩家共三家，分别是分众传媒、新潮传媒和梯影传媒。这三家中分众传媒定位于电梯电视媒体和电梯海报媒体，是楼宇媒体广告巨擘，成立 16 年市场占有率第一，形成较强的网络效应。新潮传媒是一家“传统媒体＋互联网”的科技媒体创新企业，专注中产家庭消费的社区媒体平台，市场份额居第二，成立不久的梯影传媒目前排在第三（见表 1）。

表 1　发展情况

公司	覆盖数量
分众传媒	电梯电视媒体中自营设备约 72.4 万台，覆盖全国约 150 个城市以及韩国、新加坡、印度尼西亚的 17 个主要城市，加盟电梯电视媒体设备约 2.5 万台，覆盖全国 74 个城市和地区；电梯海报媒体中自营媒体约 193.8 万个，覆盖全国约 220 个城市，外购合作电梯海报媒体约 8.5 万版位，覆盖全国约 165 个城市
新潮传媒	已在全国 100 个城市有 70 万部电梯智慧屏，每天覆盖 2 亿中产家庭人群，成为 16 000 个客户的共同选择
梯影传媒	已覆盖全球 60 多个城市、近 10 万部电梯，每天影响近亿商务白领人群

从图 8 可以看出分众主要阵地在一二线城市，但自 2018 年第三季度起，分众传媒受竞争格局变动影响开始抢占点位，加密原有一二线网络，并加速向三四线城市下沉。此外，大力开展海外扩张业务，将商业模式出海。

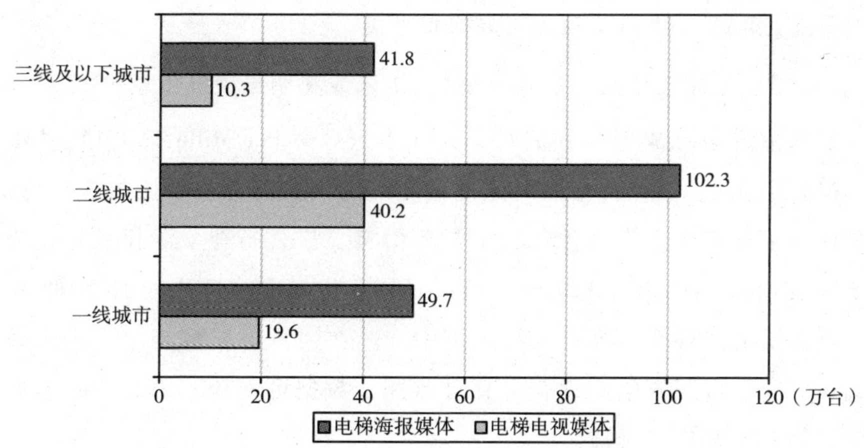

图 8　分众传媒截至 2018 年末国内自营部分媒体资源数量

资料来源：分众传媒 2018 年度报告

从竞争力来看，作为生活圈媒体龙头、梯媒行业的开创者，分众传媒常年保持梯媒市场垄断地位。电梯媒体的上游是楼宇物业，下游是各品牌广告主，分众占据超过 90% 的市场份额，对上下游具有较高的议价能力，掌握定价权，享受高达 70% 的毛利率。新潮传媒目前融资超过 60 亿元人民币，公司估值超过 20 亿美元，公司采用数字化战略，已与长虹、康佳等签署了战略合作协议，促进电梯场景下的智能终端的开发，共同打造智能的物联网电梯电视，并在京东 10 亿元战略投资的帮助下细化线下广告投放颗粒度，实现线下广告“人、货、场、时”的精准匹配，以期进一步提升线下广告触达的效果。而梯影传媒切入的电梯门区域作为差异化的空白市场，既不和传统巨头正面交锋，又对物业方是个增量收入市场，同时聚焦商务楼宇电梯，抢占核心资源。在此次腾讯领投的 B 轮融资之后，梯影也将获得腾讯的战略、技术、资金等支持，进一步扩大市场占有率，抢占核心点位。

2018 年 7 月，阿里巴巴用 150 亿元获得分众传媒 10% 的股权。2018 年 9 月，京东收购快发云并更名为京东钼媒。2018 年 11 月，百度宣布战略投资新潮传媒，领投共计 21 亿元人民币。2019 年 8 月，京东战略投资新潮传媒，领投 10 亿元。2019 年 10 月，腾讯领投梯影传媒的 B 轮融资。

至此，BAT 三大巨头纷纷入局梯媒市场。

（一）阿里巴巴赋能分众“U 众计划”，未来或将明显提升单点价值

目前主流信息流平台刊例每千人成本（Cost Per Mille，CPM）基本在 50～240 元之间，具体价格取决于覆盖受众的消费能力以及广告位的价值，即使按五折计算，多数信息流广告实际 CPM（广告行业实际投放价格为刊例价×折扣率）在 20～120 元之间；而分众传媒电梯广告的 CPM 低于 20 元，且覆盖的主要受众为一二线城市中产。在阿里巴巴赋能之下未来数据打通后，分众传媒有望实现全屏幕可监测，数据可回流，则有望吸引更多广告预算并提升广告价格。

2019 年 1 月，阿里巴巴与分众传媒共同宣布推进“U 众计划”。“U 众计划”既是分众在阿里赋能之下加速数字化的经验积累，也是阿里巴巴和分众以产品化形态及战略赋能品牌营销的新开始。截至 2019 年 1 月，“U 众计划”已覆盖 20 个城市，超过 20 万块屏幕，参与品牌超过 10 个。实现稳定监测城市 28 个，可监测屏幕 1.2 万块，规划第二阶段实现稳定监测城市达 49 个，可监测屏幕 16 万块，并推出 4 个可监测套餐。

被阿里巴巴赋能的数字化分众，已经实现了网络可推送、实时可监测、洞察可回流、效果可评估。分众传媒不仅是一个最具品牌引爆力的媒体，更通过数字化改造，成为融入品牌全域营销、提升品牌消费者资产的核心平台。它可以协助品牌精准投放，屏与端流量互动，助力品牌在数字时代提升销售转化率。

2019 年“6·18”电商活动期间，分众的智能屏已接入“阿里妈妈”平台，天猫品牌商家可通过“阿里妈妈”在分众楼宇媒体终端上做投放。目前，主要以时长为主进行计价，来自阿里巴巴积累的丰富数据，有助于广告主评估分众楼宇媒体的投放效果。

（二）百度聚屏联盟新潮传媒，共同打造万物互联的场景营销新平台

百度随着自身人工智能和产品结合的推进以及在线下战场上的进军，智能家庭、智能交通都是线下领域的核心，因此百度选择新潮也是守中带攻的一步战略，既可以遏制分众在中小楼宇的扩张，又可以通过价格战降低分众的收益率，同时通过新潮的线下打击对阿里的新零售和大数据体系

施加压力。百度投资后，新潮传媒也正式成为百度聚屏的媒体联盟伙伴新成员。百度聚屏是百度新推出的联盟广告样式，聚合了包括智能电视、楼宇商超屏、影院娱乐屏（取票机、LED）、出行屏幕（公交巴士、地铁隧道、机场火车站）及智能手机 APP 在内的多类屏幕，能够精准覆盖消费者全场景触点，实现线上线下广告整合、精准程序化投放。未来百度将通过“百度聚屏”平台，在数据、算法、智能广告分发等方面赋能新潮传媒，共同打造万物互联的场景营销新平台，为广告主提供新场景下的营销通路。

（三）腾讯联合梯影传媒，入局梯影行业

随着“分众+阿里”“新潮+百度、京东”的行业格局逐渐形成，腾讯或也看到了梯影传媒所蕴藏的无限潜能。从位置看，梯影传媒所切入的电梯门是楼宇场景下最强制性被观看的位置；从对外宣导的形象看，梯影传媒是三家中最具备互联网基因的媒体。梯影传媒的设备全部采用物联网云传输，并自主开发智能上刊系统，实现广告画面可实时上刊，这对广告的时效性来说具有极大意义。同时，梯影传媒还和线上数据及平台打通，既可以实现发布的有效监测，也能满足受众消费需求的精准推送，还可以做到自身屏幕与受众移动端的无缝互动，极大地为广告主实现了传播价值以及效果转化。这一步步正是要解决线下媒体的监测、转化、精准三大痛点（见图 9）。

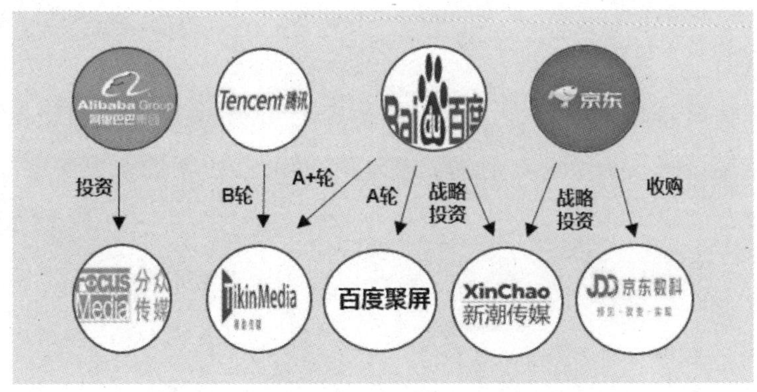

图 9　互联网巨头和户外广告公司关系图

五、总结

我国广告市场中线上广告与线下广告占比约为 90% 和 10%，因此线上广告平台逐渐取代线下广告平台是必然趋势，而 BAT 近期在线上线下整合领域的一系列动作和策略，除了是在梯媒行业的不断布局之外，更是三家巨头在未来线下逐渐转为线上的趋势下市场份额的提前争夺和竞争。楼宇媒体行业是否将形成三足鼎立的态势，还是要看 BAT 分别给予它们多少资源、技术和资金支持，未来我们拭目以待。

想成为投融资观察报告创作团队的一员吗？微信扫描本书第351页二维码，现在就加入我们吧！

No. 39

“编程猫”：少儿编程龙头突破行业发展“三道枷锁”*

主笔：张健聪

资料收集：李任翾、胡月

交易概览：

2019年11月4日，在线少儿编程平台编程猫正式对外宣布获得单轮4亿元人民币融资，此次C轮融资后，编程猫共累计融资金额10亿元。本轮编程猫的投资由中俄基金（中俄两国共同成立的跨国私募股权基金）领投，高瓴资本、赛富投资基金、光大控股新经济基金、粤科金融集团、南方传媒、SBI学大教育基金、盛宇投资、侨兴基金等共同投资，现有股东清流资本、猎豹移动、展博创投、松禾资本等持续追加投资。据报道，编程猫在C轮融资后，将继续凭借自主研发能力，持续产出教学内容与技术服务，并将正式开始筹划科创板上市工作。

一、少儿编程赛道热度不减，是真实价值体现还是资本炒作过热

（一）信息技术进步、国家政策支持、教育观念转变“三驾马车”助推少儿编程赛道蓬勃发展

随着信息技术发展，人类进入以人工智能、大数据、区块链等技术

* 本文写于2019年12月。

代表的“第四次工业革命”，相关人才需求进一步提升。根据麦可思研究院发布的《2019 年中国大学生就业报告》，计算机科学、信息技术及相关专业学生毕业三年后月收入普遍高于平均水平（见图 1）。综合考虑就业率、薪酬、深造率等指标，计算机类也成为 2019 年最热门的本科专业大类。

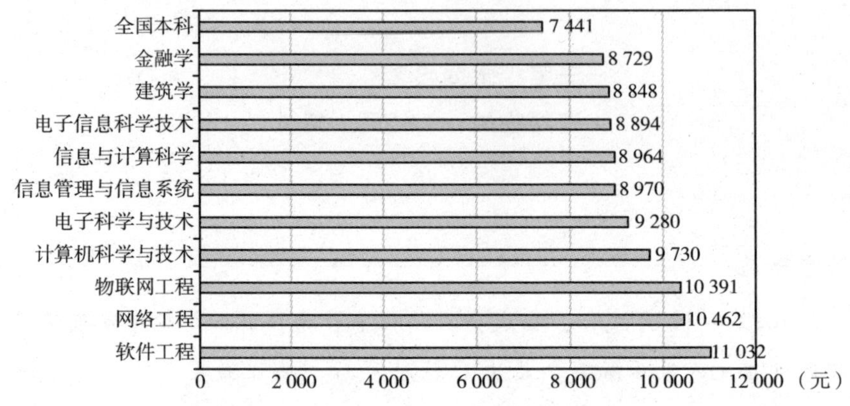

图 1　不同专业学生毕业三年后月收入

资料来源：麦可思研究

除了自上而下的行业人才需求，素质教育在政策层面的支持与家长层面的认可，也使少儿编程行业迎来了自己的春天。

2018 年 8 月 22 日，国务院办公厅发布了《关于规范校外培训机构发展的意见》，对校外培训机构的场地、师资、教学内容、教学进度、收费等均做了严格的要求。之后，各级教育主管部门便开始对传统的校外 K12 培训机构展开了严格的整顿（见表 1）。

表 1　2018 年下半年起校外 K12 培训机构相关政策文件

发布时间	政策文件	主要内容
2018 年 8 月	《关于规范校外培训机构发展的意见》	对校外培训机构的设置标准、审批登记、培训行为、日常监管等作出具体规定
2018 年 12 月	《中小学生减负措施三十条》	严禁超标培训、严禁招生与升学挂钩
2019 年 2 月	《教育部 2019 年工作要点》	深化入学改革，规范校外培训机构

续表

发布时间	政策文件	主要内容
2019 年 6 月	《关于开展校外培训机构专项治理“回头看”活动的通知》	核查存在问题的机构是否完成整改，还有哪些机构需要整改； 各地要提出深化治理的步骤和措施，巩固治理成效，务求在减轻中小学生课外负担方面取得新突破
2019 年 7 月	《关于深化教育教学改革全面提高义务教育质量的意见》	严禁以各类考试、竞赛、培训成绩作为招生依据，不得以面试、评测等名义选拔学生

与 K12 教育在政策层面上的高压不同，近年来出台的多个有关素质教育的执行层政策，正式将素质教育推向全民化。其中《新一代人工智能发展规划》《普通高中课程方案和语文等学科课程标准（2017 年版）》《教育信息化 2.0 行动计划》等政策也自上而下地推动了少儿编程行业发展（见表 2）。

表 2　2016～2019 年少儿编程、素质教育相关政策

发布时间	政策文件	主要内容
2017 年 8 月	《新一代人工智能发展规划》	在中小学阶段设置人工智能相关课程，鼓励社会力量参与寓教于乐的编程教学软件、游戏的开发和推广
2018 年 1 月	《普通高中课程方案和语文等学科课程标准（2017 年版）》	必修课程要求设计和表示简单算法； 掌握一种程序设计语言的基本知识，利用程序设计语言实现简单算法； 能够运用数据结构合理组织、存储数据，选择合适的算法编程实现、解决问题； 会利用开源人工智能应用框架，搭建简单智能系统
2018 年 4 月	《教育信息化 2.0 行动计划》	完善课程方案和课程标准，充实适应信息时代、智能时代发展需要的人工智能和编程课程内容； 推动落实各级各类学校的信息技术课程，并将信息技术纳入初、高中学业水平考试

同时，逐渐成为家长主体的“80 后”“90 后”普遍受教育程度较高，对素质教育的认可程度也更高。年轻一代家长往往有更多的机会接触到计算机、大数据、人工智能等科技业态，意识到信息技术对工作效率的提升和未来蓬勃发展的趋势后，他们会更希望尽早培养孩子相关能力，增强孩子未来的竞争力。

（二）目标学生群体与 K12 教育高度重合，市场前景广阔

少儿编程的目标学生群体与 K12 教育高度重合，学员的最低年龄在 3 岁左右，这一时期的儿童已经初步具备了一定的认知水平；学员的年龄最高可以到 16 ~ 17 岁，也就是高一高二学生。据教育部统计，2018 年我国 3 ~ 18岁的人口约为2.36 亿人。据测算，2018 年的市场规模约为 250 亿 ~ 350 亿元（见图 2）。随着获客单价和渗透率的提高，少儿编程将快速成长为一个年产值过千亿元的市场。

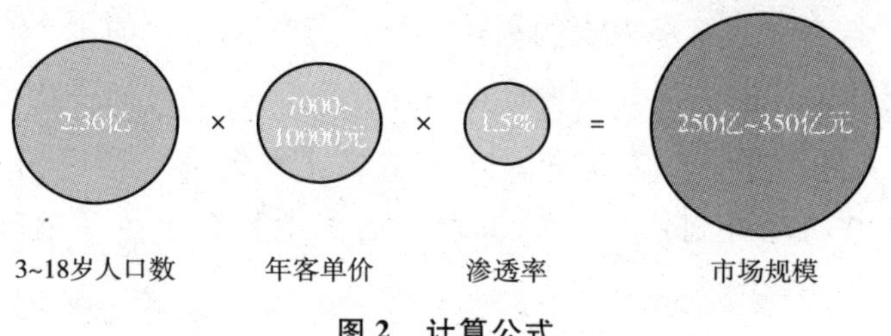

图 2　计算公式

资料来源：教育部、草根调研、艾瑞咨询

（三）同质化、优质师资稀缺、获客成本高，少儿编程“三道枷锁”的困局

虽然少儿编程赛道享受着多重的利好，但尚处于初级阶段的少儿编程也存在着各种问题（见图 3）。

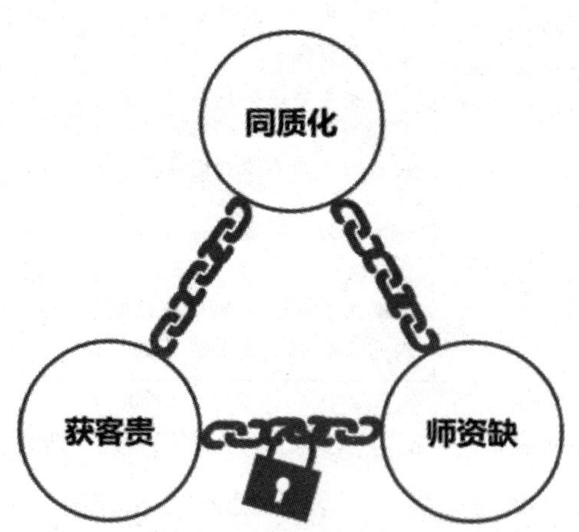

图 3　限制少儿编程行业发展的三道枷锁

作为一个新兴行业，少儿编程并没有一个标准化的课程体系。大多数机构引进国外教程，使用已有的少儿编程语言进行教学，课程同质化严重。

同时，由于解决一个“问题”可以有很多种途径，不存在标准答案。所以，如何在教学中引导和培养学生的发散性思维和独立思考能力，同时兼顾趣味性，对于课程的研发而言是极大的挑战。因此，只有极少数公司选择自己研发课程。

优质师资稀缺是少儿编程行业所需要克服的第二个问题。目前，高等教育阶段缺乏计算机师范方向系统性的人才培养，学生缺乏教学方面的知识和技能，相关方向的人才供给不足。另外，在人力资源上少儿编程也与目前处于上升阶段的计算机、人工智能、大数据等行业处于竞争关系。薪资上的劣势也使少儿编程公司难以与其竞争（见表3）。

表3　　计算机专业人才薪资

职位	编程猫 Python 老师	编学边玩 Python 老师	中软国际 Python 开发	达观数据 Python 开发工程师
行业	少儿编程	少儿编程	计算机	数据服务
工作地点	深圳	武汉	上海	上海
薪资水平（元）	8 000 ~ 12 000 元	8 000 ~ 13 000 元	8 000 ~ 13 000 元	15 000 ~ 30 000 元
学历要求	本科	本科	本科	本科
工作经验	不限	不限	一到两年	不限

资料来源：51JOB、华兴证券

另外，现阶段编程仍未被完全纳入课程标准，少儿编程教育的刚需性依然较弱，难以对标数学、英语等学科，而且家长对价格的敏感程度较高，难以通过提高客单价来提高收入。另外，相较于绘画、乐器、舞蹈等兴趣班，少儿编程教育的学习周期更长，可展示性较弱，难以满足一般家长对兴趣班的需求。选择少儿编程教育的家长更多的是出于尊重孩子本身的兴趣和对孩子未来的考量。这就导致少儿编程教育的潜在客户密度要远低于一般兴趣班，转化率也更低。

（四）获客成本居高不下，用户价值发掘不足，在线教育面对盈利困局

虽然少儿编程培训机构的教学途径可以不仅局限于线上，但目前线下门店的推广依然很难跳出一线城市。因此，少儿编程依然以在线教育为主，尤其是“在线小班课”和“在线一对一”的形式。

在线教育产品的推广极度依赖线上、线下流量渠道的推广。这种投放

方式在流量日益昂贵的今天，对在线教育公司造成了不小的成本压力。并且，由于较低的转化率，导致最终平均获客成本极高。部分在线教育公司的平均获客成本可达万元。同时，激烈的市场环竞争导致在线教育公司不得不以亏损为代价，利用体验课、低价客等手段抢占学生的“学习入口”，这无疑又为高企的获客成本雪上加霜。

另外，在线课程由于无法做到老师与面对面的交流与沟通，在服务上的“获得感”不如线下课程。因此，家长对于在线教育的客单价较为敏感。因此，在线教育产品难以通过提高客单价来提高营收。

（五）市场已开始向头部玩家集中，小公司开始出现经营问题

虽然少儿编程仍处于发展的初级阶段，但进入市场的“窗口期”已经过去。受行业发展与在线教育盈利问题的影响，少儿编程融资事件大幅下降，市场中的资金集中度增加，并已经开始出现了如编程猫、傲梦青少儿编程、小码王等融资数额过亿元的“头部”选手（见图 4、表 4）。同时，编程猫近两年的融资频率频繁，其累计融资金额已接近 10 亿元。少儿编程领域这一细分赛道集中的大额融资也预示着未来头部选手之间更加激烈的市场竞争，以及中小机构更加困难的生存局面。

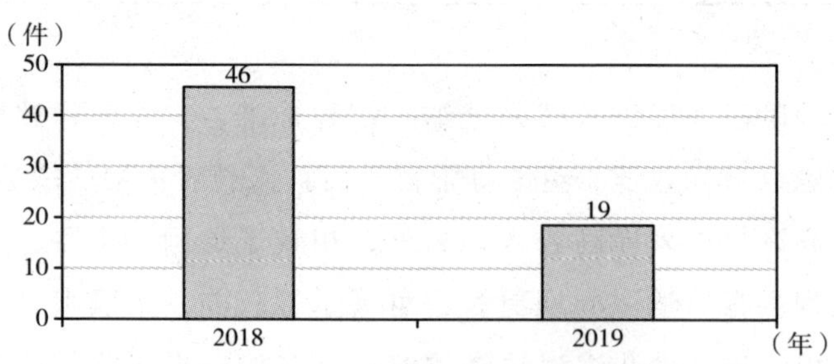

图 4　少儿编辑融资事件数量

资料来源：36 氪

表 4　2018～2019 年获得亿元融资的少儿编程培训机构

时间	标的	轮次	金额（人民币）
2019 年 11 月	编程猫	C 轮	4 亿元
2019 年 2 月	小码王	B + 轮	1 亿元
2019 年 2 月	核桃编程	A + 轮	1.2 亿元

续表

时间	标的	轮次	金额（人民币）
2019 年 1 月	编程猫	B + 轮	数亿元人民币
2018 年 9 月	傲梦青少儿编程	B 轮	1.2 亿元
2018 年 5 月	编程猫	B 轮	3 亿元
2018 年 5 月	小码王	B 轮	1.3 亿元

资料来源：网络公开资料

在头部玩家频繁获得资本青睐的同时，也相继有部分少儿编程培训机构爆出资金链断裂等经营问题，市场开始出现优胜劣汰，少儿编程教育或将进入"淘汰赛"。

二、突破"三道枷锁"，编程猫盈利可期

（一）编程猫简介

2015 年 3 月，编程猫（深圳点猫科技有限公司）于深圳成立。编程猫面向 7～16 岁少儿，拥有一套自主研发的国内著名图形化编程工具平台，包括 2D 图形化编程创作平台"源码编辑器"、3D 图形化编程创作平台"代码岛"和教师教学管理系统"未来教室"。编程猫 2018 年营业收入实现 10 倍增长，单日营收破千万元，半年收入近亿元。现有教研团队 800 人，师资队伍 400 人。未来将线上线下同步发力，预计三年内，在全国 100 座城市设立 1 000 个编程学习中心。编程猫同时覆盖 C 端和 B 端业务，目前与 8 000 余所公立学校建立了合作关系，致力于成为"工具 + 培训 + 社区"一体化的编程教育解决方案提供商（见图 5）。

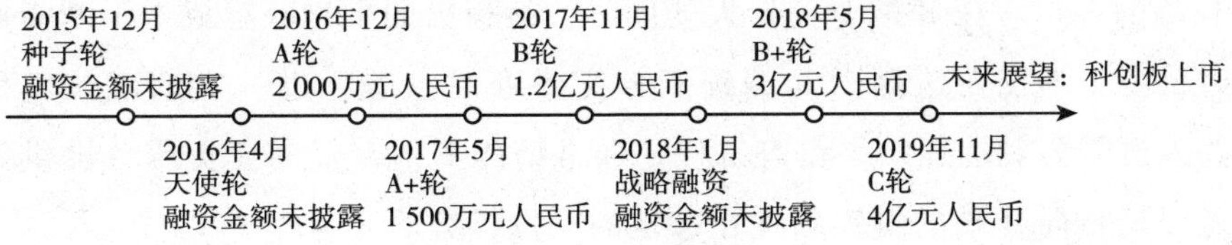

图 5　发展历程

（二）挣脱锁链，编程猫的“三板斧”

在面对高企的C端获客成本时，编程猫选择了对B端进行布局。目前，编程猫已经与11 500多所中小学和机构达成了合作。

少儿编程机构进校有着先天性的优势。除近几年政策的支持外，由于编程并不属于教学要求的内容，相应的教研教学力量缺乏，一般中小学鲜有能力研发高质量的少儿编程课程。因此，绝大多数中小学均存在着教学能力的空白，这就为少儿编程机构进校提供了先天性的条件（见表5）。

表5　部分少儿编程培训机构业务模式

品牌	线上	线下	C端	B端	软件	机器人
编程猫	√	√	√	√	√	√
编玩边学	√		√		√	√
VIPCODE	√		√		√	√
核桃编程	√		√		√	
童程童美	√	√	√	√	√	√
小码王		√	√	√	√	√
极客晨星	√	√	√		√	
火箭实验室		√	√	√	√	√

资料来源：华创证券

进入中小学的少儿编程机构相当于获得了学校的背书。开设校内编程相关课程活动，可在一定程度上提高学生及家长的认知度，增强学生对编程的了解和兴趣。基于学校的背书和在校内的体验，拥有B端资源的机构更具有竞争优势：编程猫可以通过较低的成本将中小学内的学生转化为自己C端的客户。在B端业务扩大的同时，编程猫的平均获客成本不断降低。同时，由于学校在选择少儿编程服务提供商时，需经过一定的审核流程，相关人员需要对选择结果负有责任，通常情况下不会轻易变更服务提供商，因此提早布局B端的编程猫存在一定的先发优势。

同时，编程猫选择了自主研发课程与产品体系，以差异化提高自身用户粘性与客单价。目前，编程猫已完成了其矩阵式计算思维课程体系3.0

(MMC3.0）的迭代。MMC3.0能够更好地根据不同年龄阶段孩子的认知水平，提供更有针对性的课程与教学形式（见图6）。新一代的思维课程也更多地加入了其他学科的内容并对接中小学课程标准，进一步打造具有差异化的课程体系，以提高自身产品力，提高用户的付费意愿。

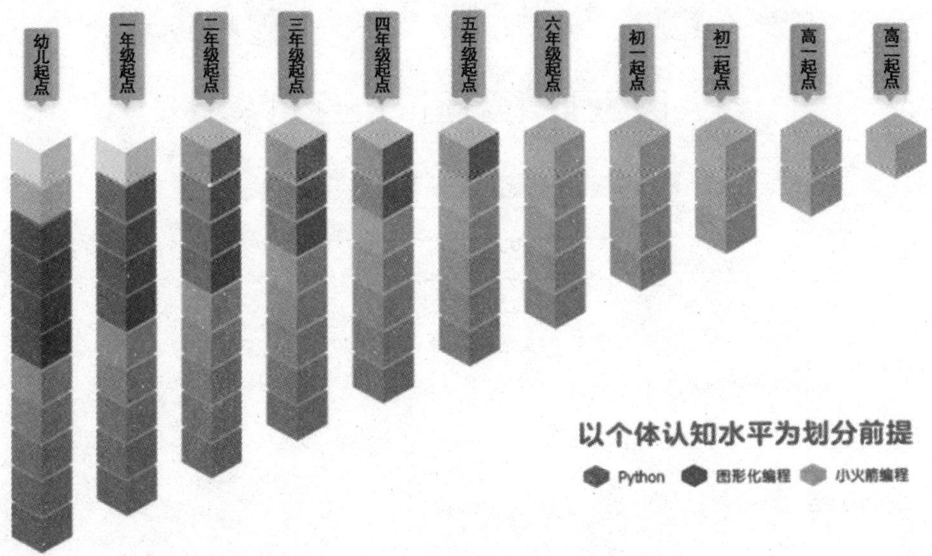

图6　编程猫课程体系

资料来源：编程猫

从另一个维度，编程猫还有寒暑假研学营、国内外少儿编程赛事等一系列产品。这种多元的产品体系有利于进一步发掘用户价值，提高客单价。

另外，编程猫也在积极与高校合作，共同研发少儿编程相关课程，联合培养少儿编程教育方面的人才。截至目前，编程猫已与北京师范大学、上海师范大学、华南师范大学、陕西师范大学、华中师范大学、首都师范大学、东北师范大学、江西师范高等专科学校等多所师范院校合作开展编程课程内容建设、编程教育课题研究，致力于推进专业人才培养模式变革，培养少儿编程教育领域专业人才。未来，编程猫的研发成本和人力资源成本也可以得到明显的改善，这些后备教师资源也为编程猫抢占下沉市场提供了可能（见图7）。

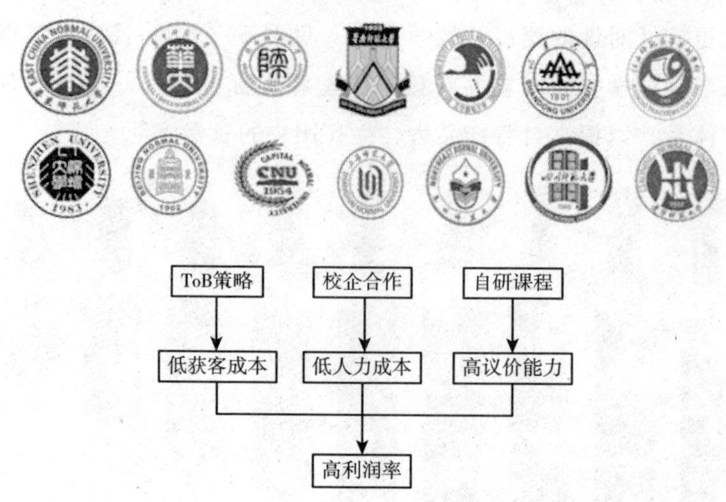

图 7　编程猫部分合作院校

资料来源：网络公开资料

三、总结

在政策红利、市场需求的双重加持下，少儿编程市场一直是资本热衷的赛道之一，整个行业尚处于初级阶段。虽然市场进入的窗口已基本关闭，资源也有向头部玩家集中的趋势，但整个市场依然还有着巨大的潜力。在 C 端市场竞争激烈、同质化问题突出的情况下，编程猫选择自研课程体系，同时将战略核心转向 B 端市场，编程猫作为垄断性半开放的 B 端，具有一定的先发优势。本轮融资后，编程猫也有望成为教育行业的科创板第一股。

想成为投融资观察报告创作团队的一员吗？微信扫描本书第351页二维码，现在就加入我们吧！

No. 40

VPhoto：获亿元融资，让照片“飞”起来*

主笔：侯雅楠

资料收集：侯雅楠、梁梓泳

交易概览：

2019年4月22日，VPhoto宣布再获1亿元融资，由达晨创投和广发信德领投，缇子资产跟投。此前VPhoto融资主要集中在2017年，一年便完成了4轮融资。时隔18个月完成此次B轮融资。达晨创投是目前国内规模最大、投资能力最强、最具影响力的创投机构之一；广发信德是广发证券股份有限公司的全资子公司，参与领投为此次交易提供了信用背书；缇子资产因与广发证券联合，也参与了本轮融资。

一、我国图片直播行业前景巨大

我国摄影行业是个巨大的市场。数据显示，2018年我国摄影行业的市场规模已接近4 000亿元，增长前景巨大。但传统摄影20多年一直沿袭着作坊式的作业流程，导致照片交付很慢，不能满足商业公关立即发布的需求。这时图片直播行业应需求而生。图片直播又称为“云摄影”，相比传统摄影，摄影师在拍摄照片的同时，照片第一时间通过设备传到云端，后台立刻利用人工智能或人工协同修图，再通过云相册的形式及时发布，使得用户可以在1~5分钟内看到精美大片，极大提升了行业的效率并降低了人

* 本文写于2019年12月。

工成本。随着 5G 和人工智能时代的来临，纪实摄影的增长和传统摄影的萎缩形成了剪刀差，图片直播的市场需求与日俱增，迎来巨大的成长机会（见图 1）。

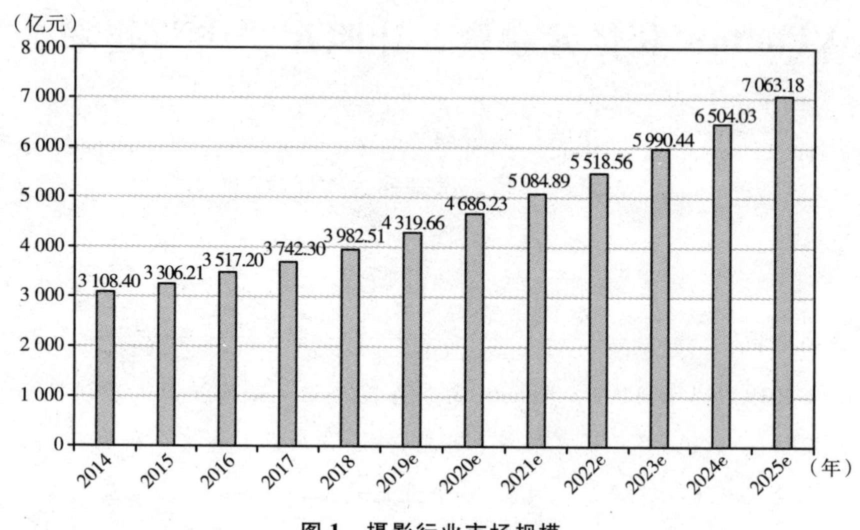

图 1　摄影行业市场规模

资料来源：观研天下

图片直播行业有三个核心的技术问题：一是即拍即传——现场拍片完毕可在 1 秒钟将照片上传至云相册。目前市面上有佳能、尼康等几大品牌超过 1 000 款单反相机；有苹果、华为等几大品牌数千款手机；安卓和 IOS 操作系统代码结构千差万别。现场存在 4G、WIFI 等错综复杂的网络环境，这些场景都需要技术一一克服。二是即传即修——照片上传完毕后同步在云端完成 AI 或人工修图。直播现场要把不同品牌款式的相机拍摄的成百上千张约 10M 的图片即时传到云端，相机与手机或者硬件的适配性、稳定性十分关键。三是即修即享——照片修完后一键分享到朋友圈等社交平台。

以上三点体现出图片直播具有一定的技术壁垒。

二、图片直播行业未来发展机遇与挑战并存

（一）图片直播未来充满发展机遇

首先，活动摄影作为一种企业推广的新脉络，本身有较大的市场发展

空间，而图片直播选择了一个非常有需求的切入点发展细分市场，为各种商业活动带来持续性话题，可提高企业知名度，形成粉丝经济时代的爆炸性流量裂变，为企业带来盈利。

其次，图片直播抓住了摄影行业关键的逻辑痛点——使摄影师专注于摄影本身。

图2中可以看出摄影师只要专注摄影，其他的平台运营和后期处理都有公司负责，提高出片效率。此外，流水线作业可以提高人员精细化管理，将不同水平的修图师分配至不同难度的修片，多线程分工协作保证出片质量，而且云平台作业打破了后端人才的区域性限制，更好地实施人才统筹运用（见图2）。

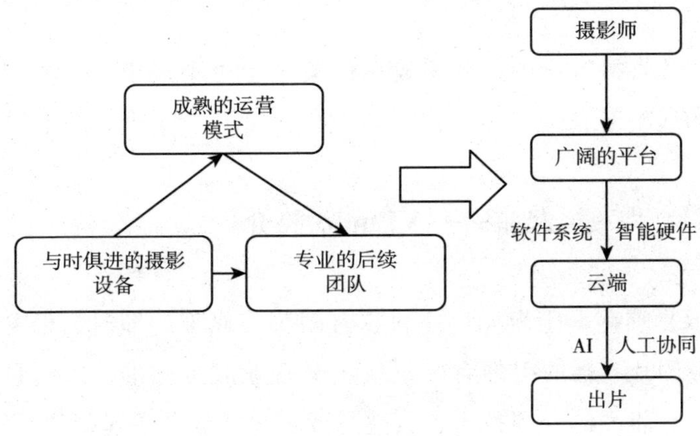

图2　图片直播模式

（二）图片直播行业依然面临重重挑战

第一，摄影作为艺术创作，产品服务标准化问题并未得到妥善解决。独立摄影师的水平难以标准化，后端品控难以保证，与客户关于审美的主观判断容易产生纠纷。当用户需求与摄影师服务端对摄影作品的认知产生分歧时，平台需要出台具体措施进行解决，保护签约摄影师和客户的权益。

第二，如何吸引行业内“头部”摄影师是平台亟待解决的一个问题。摄影技术平庸的摄影师大多依赖平台给予订单获得提成，而越出色的摄影师越不愿意被流程体系所束缚。因此如何招募到技术高超且忠于平台的头部摄影师是需要思考的问题。同时，各个平台的签约摄影师之间不存在壁垒，如何减少签约摄影师的流动性和头部摄影师的流失率就成为决定平台能否在行业内立稳脚跟的决定因素之一。

第三，图片直播平台同样面临着共享经济时代的永恒难题，即如何建立对摄影师的评价体系。另外，如何利润分摊、如何保证签约摄影师的拍摄状态避免发挥失常给平台带来负面影响，这些都是图片直播行业急需解决的痛点，同时也决定了哪些玩家可以突出重围。

第四，一些非常高端的活动和企业，由于时效性、风险控制以及保密性等问题，他们不愿意招募不熟悉的摄影师进行拍摄，这就对图片直播平台形成了一定门槛，如何获取到这部分客源也是图片直播平台后续需要思考的问题。

目前图片直播行业中，玩家较多但集中于中小规模，想要突出重围还需要更多的战略部署。

三、让照片“飞”起来——VPhoto 简介

VPhoto 是唯存（上海）网络科技有限公司旗下的即时影像共享服务平台，是专业图片直播的引领者。重新定义行业服务标准，以高科技研发为驱动，拥有智能硬件专利技术，自建行业云，开创“快速影像系统”，为客户提供基于即时影像直播服务的场景化营销传播解决方案，致力于让更多用户享受到专业极速的影像直播服务体验。目前 VPhoto 拥有“10 万 +”服务客户，“5 000 万 +”浏览用户，覆盖“204 个 +”国家和地区，拥有“5 000 位 +”签约专业摄影师，累计进行了“17 亿次 +”精准营销展示。

其特有的技术优势分为硬件与软件两部分。硬件为单反智能无线传输器 VBox6，克服了线上传输的诸多障碍：节省手机内存；节省操作时间；交付便捷；无切断手机功能与软件使用的不便；丢掉硬盘；省钱；无须反复连接。软件为配套的影像云管家。影像云管家是 VPhoto 旗下的专业影像管理平台（见图 3）。自建行业云，研发单反智能无线传输器 VBox 6，连接单反相机及专属 APP 使用，实现影像的即拍即传、云端存储、图库管理、实时分享协作交付、直播营销等多种功能，率先为影像行

业提供全流程的解决方案，为各类拍摄场景的影像从业者打造更智能、便捷的影像工作方式。与摄影工作室相比，流程简化，出片时间大大缩短（见表1）。

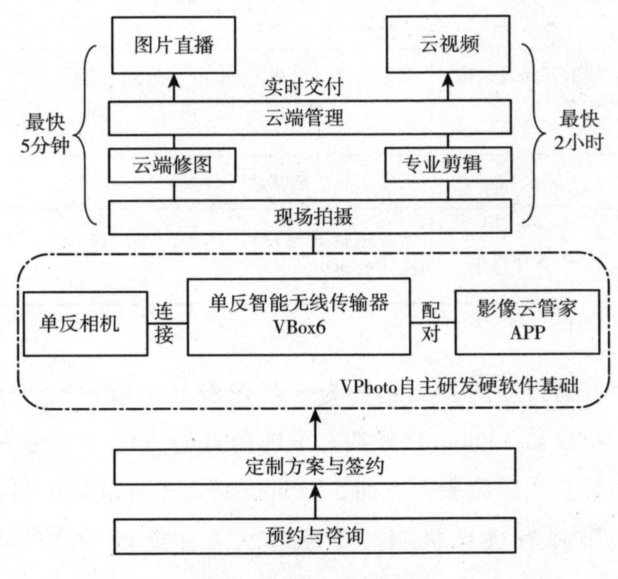

图3　VPhoto 业务流程

资料来源：公司官网

表1　VPhoto 和工作室的区别

	VPhoto	摄影工作室
业务流程	图片直播和云视频两个业务，通过预约与咨询后，制订方案并签约，通过 VPhoto 提供的独家硬软件基础支持。 具体来说，摄影师的单反相机与单反智能无线传输器 VBox6 连接，传输器再与影像云管家 APP 匹配，三者连接构成，摄影师现场拍摄后，图片进行云端修图，视频进行专业剪辑，上传到云端管理，即可输出分享	摄影师拍照、上传，进行后期处理：设计，主要是对照片进行裁剪、拼接、加入文字、添加艺术效果等；修片，主要是调整照片的亮度、对比度、色彩，淡化皱纹、黑点等；修改，针对客人的建议来对照片进一步修改完善等；冲印和制作，通过专业的设备制作相册、版画等产品
花费时间	图片直播最快仅需 5 分钟，云视频最快仅需 2 小时	3～7 天

VPhoto 迄今为止已募集超 2 亿元人民币，在图片直播行业中是绝对的头部玩家（见表2）。

表 2　　VPhoto 融资历程

阶段	融资金额	投资方	融资时间
天使轮	数千万元人民币	峰瑞资本、黑马基金、幂秘资本	2016 年 5 月
Pre－A 轮	未透露	未透露	2017 年 3 月
A 轮	数千万元人民币	青松基金（领投）	2017 年 7 月
A＋轮	未透露	东方富海	2017 年 9 月
Pre－B 轮	未透露	天和文化产业基金（领投）、磐石资本	2017 年 11 月
B 轮	1 亿元人民币	达晨创投（领投）、广发信德（领投）、缕子资产	2019 年 4 月

资料来源：IT 桔子

未来图片直播行业的发展趋势为“影像服务＋版权内容＋社交平台”的综合平台，而目前 VPhoto 已经拥有了前两者的属性，也在慢慢发展社交平台的战略部署。在影像服务方面，VPhoto 制定了规范化机制：

第一，摄影师有挑选机制，要经过八关才能成为 VPhoto 的认证摄影师；

第二，为行业打造了 SOP 标准（标准操作规程）、内部晋升机制、降级机制和雪藏机制。

通过层层平台级的运营和管理保证稳定的、标准化的输出。

在版权内容方面，VPhoto 致力于成为内容提供商。在与各大活动签约时，会尽量说服对方同意“共享版权”，这样平台就拥有了版权，通过这种方式获得大量版权内容，为后续业务开展奠定基础。

四、VPhoto 天然“B2B2C”属性，借 C 端体验反促 B 端业务

在云摄影的硬件领域，VPhoto 和 YAOPAI 是该领域的主要代表。虽然二者的商业模式有重合之处，但两家企业的商业模式布局却有着根本的不同。这与两家企业的未来规划密切相关，更与未来市场前景息息相关（见表 3）。

表 3　　VPhoto 和 YAOPAI 的优/劣势

	融资状况	商业模式	优势	劣势
VPhoto	见文中	平台 2B 2C	VPhoto 是图片直播领域里硬件投资最大的厂商，也是最早的市场开拓者，获得了累计上亿元的融资。目前平台上的摄影师和修图师已经超过 3 000 名，累计拍摄了 5 000 多万张照片，服务了 87 个国内城市以及 16 个海外城市。其核心产品 Vbox 历经多年的更新升级已发展到 6.0 版	硬件成本高、服务费用高，软件兼容性差，硬件折旧费用高，Vbox 续航问题有待解决
YAOPAI 云摄影	天使轮：300 万个人投资者 Pre - A 轮：1000 万元人民币起点资本（领投）	平台 2B 2C	摄影平台，通过平台把专业的摄影服务覆盖全国。采用“专业单反相机 + 独创智能硬件 p - pro + AI 智能修图 + 三方品控台 + Saas 云”系统管理模式，使得最终用户在云相册得到照片的时间缩短为 5 分钟，同时还能实现现场高清照片实时直播功能。具有人脸识别、热门看点以及区块链版权保护等功能，帮助用户快速找到自己的照片并赋予其文字内容，最终生成海报分享	基于微信公众平台发展起来，体量不及 VPhoto，同时具有硬件方案的弱点

通过图 4 所示，商业模式剖析可以看出两家企业的不同点是商业模式带来的反馈。VPhoto 的模式是 B2B2C，即 VPhoto 满足企业的需求，企业将成功分享宣传给客户。在这个过程中，企业可以使流量快速变现，使 VPho-

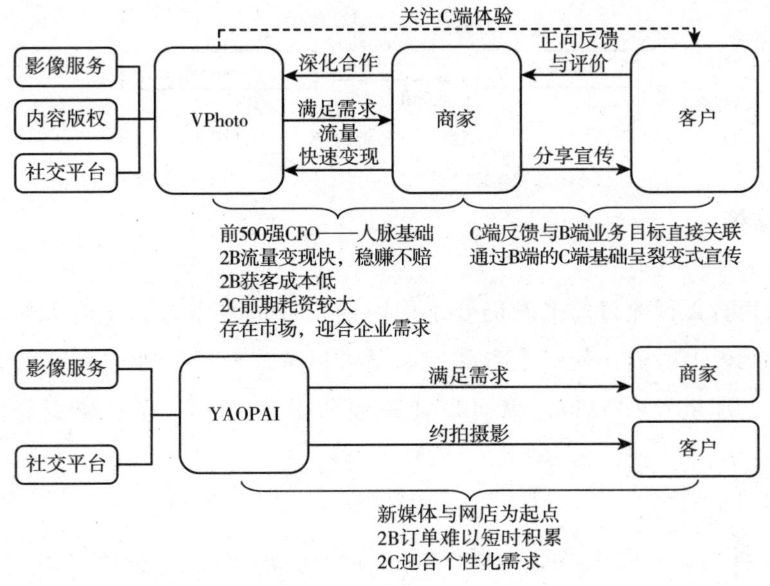

图 4　VPhoto 与 YAOPAI 的商业模式

to 盈利，VPhoto 对 C 端的专注，也让 C 端更能感受到影像中呈现的 B 端内容，B 端得到客户的良好反馈，与 VPhoto 加深合作与联系。而 YAOPAI 的商业模式是 2B 和 2C 双线开展，各自独立，承担的业务分别是企业服务和约拍摄影等。其这样布局主要是因为 YAOPAI 新媒体与网店为起点的背景，2B 订单难以短时积累，以及 2C 更能迎合个性化需求。

具体来看 VPhoto 商业模式中三者的联系，由 VPhoto 创始人背景带来天然的 2B 优势使其客户资源充裕且稳定（见图 5）。对接 B 端刚需与充足资金带来稳定的盈利，为后期研发提供有力的资金保障。同时，牢牢把握 B2B2C 模式下的潜在盈利点，关注 C 端体验和 C 端对 B 端的直接正向反馈，促进 B 端与 VPhoto 深化联系与合作，形成良好的利益循环。稳定 B 端合作，借 B 端平台与基础对外宣传并获得 C 端认同。此时，2C 的成本大大降低。现阶段的 VPhoto 着力点仍为影像服务，打造规模化、标准化的工作流程。通过精准分工，形成生产协作系统，服务于影像服务的业务，使 B 端直接受益。VPhoto 的商业模式以其扎实的业务基础与盈利水平，节约流量转化成本与获客成本，目前已在硬件领域领先，市场占有率较高，优势显著。

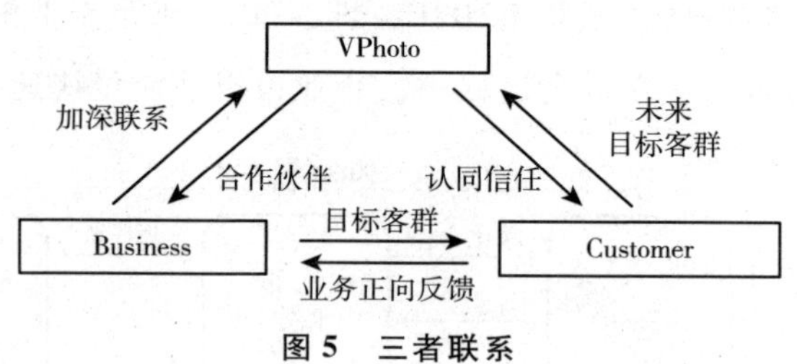

图 5　三者联系

五、总结

图片直播行业目前来看仍处于中前期，VPhoto 作为行业内头部玩家已获得亿元以上融资，受资本青睐，如果可以抢先解决行业内存在的几个共性问题，那么未来 VPhoto 就可以让视频和图片“飞”得更快更稳，前景可期。

想成为投融资观察报告创作团队的一员吗？微信扫描本书第351页二维码，现在就加入我们吧！

投融资观察训练课程

融资并购信息整理，行业知识深入分析训练

通过对每日投融资信息的分析整理，培养学员对于投融资事件及资本市场变化的敏感性，养成关注资本市场动向的职业习惯。完成行业及投融资研究报告，参与项目讨论会，分享观点与见解，提升研究能力，汲取行业观点。

（一）报名方式：扫描二维码，完善个人资料，申请加入

（二）课程内容

1. 我们需要你每周至少有一天（双休日除外）的时间，根据我们提供的交易清单，分析当天发生的融资及并购交易，并且进行信息的翻译、整理、汇总；

2. 从中挑选出 1 ~ 2 项你认为具有代表性的交易，作为当天的精选交易，撰写并提交一份交易分析报告，并完成交易语音播报的录制；

3. 在项目讨论会上，与一起进行日常工作的组员合作完成简单的展示，并向项目组的导师汇报交流；

4. 根据项目讨论会的交流内容，记录反馈及讨论内容，撰写并提交交易报告初稿，根据导师反馈及修改意见，对交易报告进行精修。

（三）课程招收对象

1. 大二及以上，会计或金融相关专业，有案例分析或相关比赛经验为佳；

2. 有投融资或企业并购相关实习经验优先；

3. 信息收集及整理能力强，Excel 熟练者优先；

4. 项目回顾讨论会两周一次，其余日常工作可以远程完成，每周一天，持续一个月以上。